高等院校金融类专业系列教材

财产保险

Property Insurance

主　编　施建祥

副主编　沈　蕾

ZHEJIANG UNIVERSITY PRESS

浙江大学出版社

图书在版编目（CIP）数据

财产保险 / 施建祥主编. —杭州：浙江大学出版社，
2010.1（2016.1 重印）
（高等院校金融类专业系列教材）
ISBN 978-7-308-07270-0

Ⅰ.财… Ⅱ.施… Ⅲ.财产保险－高等学校－教材
Ⅳ.F840.65

中国版本图书馆 CIP 数据核字（2009）第 242535 号

财产保险

主　编　施建祥
副主编　沈　蕾

丛书策划　朱　玲　樊晓燕
责任编辑　朱　玲
文字编辑　王元新
封面设计　卢　涛
出版发行　浙江大学出版社
　　　　　（杭州天目山路 148 号　邮政编码 310007）
　　　　　（网址：http://www.zjupress.com）
排　　版　杭州中大图文设计有限公司
印　　刷　杭州丰源印刷有限公司
开　　本　710mm×1000mm　1/16
印　　张　23.75
字　　数　450 千
版 印 次　2010 年 1 月第 1 版　2016 年 1 月第 3 次印刷
书　　号　ISBN 978-7-308-07270-0
定　　价　42.00 元

前　言

　　《财产保险》是金融、保险专业一门重要的专业课，也是根据我国保险法划分的两大保险类别之一。在国外，财产保险经过几百年的发展，已经成为家庭保障、企业管理、社会稳定的重要工具，也成了百姓生活的重要组成部分，财产保险已渗透到社会生活的方方面面。而在我国，财产保险发展历史不长，新中国成立之后又曾停办了20多年，无论是理论研究，还是保险教学，都因此停顿下来，财产保险教材建设也严重滞后。近年来，随着国内保险业的恢复与发展，保险教育与人才培养逐步走上正轨，国内也出版了不少财产保险教材。但总体来看，要么内容显得陈旧，要么内容过于庞杂，既没有很好反映财产保险理论研究最新成果和保险法最新修改内容，又没有将财产保险与保险原理的课程内容作严格区分。我们作为保险专业教师，从事财产保险教学多年，深切感受到高校金融保险专业教学需要一本既有理论深度，又有实务操作，既有条款解释，又有案例分析，并尽可能地反映近几年财产保险创新成果的新教材。这也是我们编写本教材的初衷和出发点。

　　基于财产保险课程实务性较强的特点，我们在广泛搜集目前国内所经营险种的主要条款和实际案例基础上，结合多年的教学经验来编写本教材。在编写过程中，我们力求做到三个结合，即将财产保险的发展历史与最新改革内容相结合，将财产保险的基本理论与实务操作相结合，将财产保险条款解释与实际案例分析相结合。全书共10章，分三大部分：第一部分介绍财产保险的基本原理，主要阐述财产保险的含义与分类、财产保险合同内容、财产保险的数理基础及财产保险经营管理的方法，即本书的第1章至第4章；第二部分介绍有形财产保险的主要险种，主要阐述火灾保险、运输工具保险、国内货物运输保险和工程保险的主要内容，即本书的第5章至第8章；第三部分介绍无形财产保险的主要险种，主要阐述责任保险、信用保险与保证保险的主要内容，即本书第9章和第10章。

　　本书由浙江工商大学金融学院保险系施建祥教授担任主编，负责写作提纲的设计、全书定稿前的修改和总纂,具体编写了第一章、第二章、第五章、第七章和第十章。浙江财经学院金融学院保险系沈蕾老师担任副主编,负责保险条款和实际案例的收集整理,并对部分章节进行了修改,具体编写了第三章、第四章、第六章、第八章和第九章。

目前我国保险业正处在迅速发展时期,财产保险理论在不断发展,财产保险产品在不断创新,保险法也处于不断修订完善中。在这种情况下,要编写一本既能反映最新理论研究成果,又能体现最新实务改革内容,融理论性与实用性为一体的财产保险学教材确实不易。为了使该教材尽可能达到上述要求,我们参阅了大量国内外成熟的财产保险学教材,在此,向所有参考文献的著作者深表谢意。同时,也要感谢浙江省教育厅把本教材列为浙江省高等教育重点建设教材,使我们有充足的经费来写作和出版本教材。

由于编者对财产保险的理论研究不深,业务理解不透,再加上资料和水平所限,书中定有纰漏和错误,敬请读者和学界同行批评指正。

编　者
2009 年 10 月

目　录

第一章

财产保险导论

◆ **学习目标**

1. 掌握财产保险的含义与分类。
2. 理解财产保险的性质。
3. 理解财产保险与人身保险的区别。
4. 理解财产保险的职能与作用。
5. 了解国内外财产保险的发展历史。

第一节　财产保险的含义与种类

一、财产保险的含义

财产保险是保险学科的重要组成部分,是我国保险立法按保险业务范围划分的两大保险类别之一。财产保险是以财产及其相关利益和损害赔偿责任为保险标的,以自然灾害、意外事故为保险责任,以补偿被保险人的经济损失为基本目的的保险。对于财产保险的含义,可以从三方面理解:第一,保险标的是以物质形态、非物质形态存在的财产及其相关利益;第二,承保风险一般是灾害事故;第三,当被保险人因保险事故遭受经济损失时,保险人负责赔偿。

财产保险有广义和狭义之分。在国外,习惯上把保险分为寿险与非寿险,因而广义的财产保险通常是指除寿险以外的一切保险,包括财产损失保险、责任保险、信用保证保险、健康保险和人身意外伤害保险等。狭义的财产保险则仅指财产损失保险,其保险标的是各种有形的财产物资,包括火灾保险、运输工具保险、运输货物保险和工程保险等。

在我国,传统上把保险分为财产保险与人身保险,而人身保险通常又包括人寿保险、人身意外伤害保险和健康保险。因此,财产保险通常不包括健康保险和人身意外伤害保险。在 1995 年颁布的《中华人民共和国保险法》中也规定人身意外伤害保险和健康保险由人寿保险公司经营。但在 2003 年对保险法修订后,规定财产保险公司和人寿保险公司均可经营人身意外伤害保险和健康保险。本书所讲的财产保险通常都不包括人身意外伤害保险和健康保险。

财产保险在不同国家或地区还有不同名称,其含义与承保范围也有一定差异。例如,我国台湾地区叫产物保险,其范围较窄,强调以物质性财产为保险标的,类似我国大陆的财产损失保险;在日本叫损害保险,其范围要广得多,不仅承保物质性财产,还承保责任和信用风险,甚至包括意外伤害和医疗费用;在欧洲很多国家,直接叫非寿险,其含义是最广泛的,除人寿保险以外的所有险种的总称。

二、财产保险的种类

财产保险有多种分类方法,按保险经营范围,可分为广义财产保险和狭义财产保险;按保险标的是否有形,可分为有形财产保险和无形财产保险;按保险保障范围,可分为财产损失险、责任保险和信用保证保险。财产保险的分类体系如图1-1 所示。

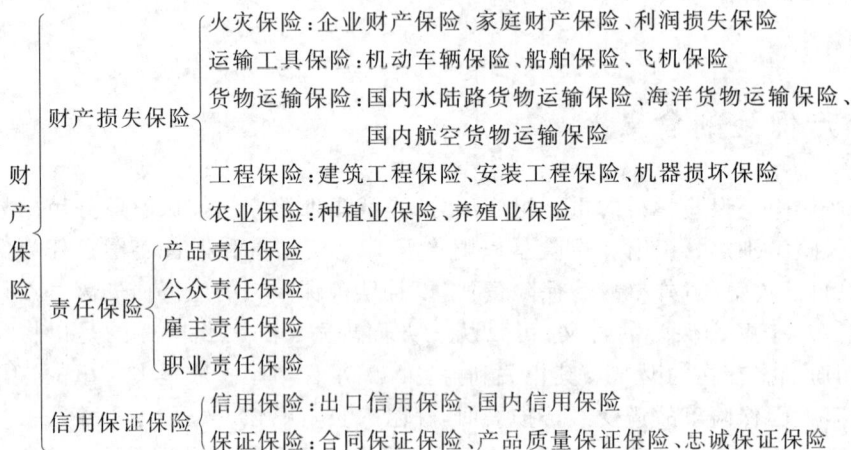

```
              ┌ 火灾保险:企业财产保险、家庭财产保险、利润损失保险
              │ 运输工具保险:机动车辆保险、船舶保险、飞机保险
     财产损失保险┤ 货物运输保险:国内水陆路货物运输保险、海洋货物运输保险、
              │            国内航空货物运输保险
              │ 工程保险:建筑工程保险、安装工程保险、机器损坏保险
财              └ 农业保险:种植业保险、养殖业保险
产            ┌ 产品责任保险
保     责任保险┤ 公众责任保险
险            │ 雇主责任保险
              └ 职业责任保险
     信用保证保险┌ 信用保险:出口信用保险、国内信用保险
              └ 保证保险:合同保证保险、产品质量保证保险、忠诚保证保险
```

图 1-1　财产保险的分类体系

(一)财产损失保险

1. 火灾保险

火灾保险是指以存放在固定场所并处于相对静止状态的财产物资为保险标

的,由保险人承担财产遭受火灾及其他自然灾害、意外事故损失的经济赔偿责任的一种财产保险。

火灾保险是一个发展历史悠久的险种,之所以命名为火灾保险,是强调这类财产保险承保的是火灾这种风险所造成的财产损失。事实上最初的火灾保险承保的风险的确只有火灾一种,以后才将承保风险逐步扩展到火灾以外的其他自然灾害和意外事故,但人们习惯上还是称之为火灾保险。如今的火灾保险,从保险责任范围看,已经从传统的火灾扩展到爆炸、雷击和空中运行物体坠落等意外事故,而后又扩展到暴风、暴雨、洪水、雪灾、崖崩、泥石流等各种自然灾害;从保险标的范围看,从最初的不动产(建筑物)逐步扩大到动产(室内各种财产),再扩大到与物质财产有关的利益,如预期收入和租金收入等;从承保的损失看,从承保直接损失,扩大到部分间接损失,如利润损失等;从赔偿范围看,从最初仅赔偿物质财产损失,扩大到因灾害事故发生时对保险标的采取施救措施而引起的必要合理的施救费用。

火灾保险的主要险种有企业财产保险、家庭财产保险和利润损失保险。

(1)企业财产保险,是承保国内各种经济组织形式的企事业单位、团体法人和其他民事主体所合法拥有、占用、使用、经营、管理、租赁、保管或其他与之有经济利害关系的财产。从保险责任范围看,它分为基本险和综合险两种。

(2)家庭财产保险,是承保国内城乡居民、个体工商户、家庭手工业者及其家庭成员合法拥有、占有、使用以及代他人保管或与他人共有的财产。

(3)利润损失保险,也称营业中断保险,是承保企业单位因自然灾害、意外事故导致厂房、机器设备等财产发生物质上直接毁损,使企业单位在一个时期内停产、减产造成减少或丧失的利润收入。该险种是从属于企业财产保险的,只能以企业财产保险的附加险形式予以承保。

2.运输工具保险

运输工具保险是承保用于载人或载运货物或从事某种交通作业的各类运输工具。运输工具的一个显著特征是经常处于移动状态中,在移动过程中面临的地区、环境和自然风险又各不相同,加上驾驶人员的素质有别,所以它们发生的风险事故复杂多样,一旦发生事故,不但运输工具本身遭受损失,而且还会因本身发生意外而产生对所载人、货物以及对运输工具以外的人员和财产造成损害,依法应承担民事赔偿责任。因此,运输工具保险通常把第三者责任保险列入基本险范围,或干脆作为一项基本的保险责任,如船舶保险。

运输工具保险主要险种有机动车辆保险、船舶保险和飞机保险。

(1)机动车辆保险,包括机动车辆损失保险和机动车辆第三者责任保险两个基本险和若干附加险。它主要承保汽车、摩托车、拖拉机等各种机动车辆,因机动车辆遭受自然灾害、意外事故造成车辆本身损失以及在使用车辆过程中依法应承担的民事损害赔偿责任,由保险人给予赔偿。

(2)船舶保险,承保在国际航线上航行的远洋船舶和在国内沿海内河航行的各类船舶。保障的范围涉及船舶本身损失以及与船舶有关的各种利益、船舶在航行中引起的碰撞责任、共同海损等。船舶保险主要有远洋船舶保险和沿海内河船舶保险两种。

(3)飞机保险,承保各种类型的客机、货机、客货两用机及从事各种专业用途的民用飞机。保障的范围包括飞机本身及其设备、仪器和其他附件的损失以及在营运过程中应对公众、机上旅客和托运货物承担的法定责任。飞机保险主要有机身保险、第三者法定责任保险和旅客法定责任保险三个基本险,另设承运货物责任险和战争劫持险等若干附加险。

3.货物运输保险

货物运输保险是承保装载在运输工具上、处于运输过程中的各种货物。运输过程中的货物的显著特点是具有流动性,使它们有可能遭受到的自然灾害和意外事故更多更广,发生事故损失的地点也不确定,而不同地点的货物价格存在差异,使保险人难以按出险时的实际价值来核定损失,因此一般都实行定值保险。

货物运输保险主要险种有国内水陆路货物运输保险、国内航空货物运输保险和海上货物运输保险。

(1)国内水陆路货物运输保险,承保通过国内沿海、江河、公路、铁路等运输的各种货物,在运输过程中因保险责任事故发生造成的损失由保险人承担赔偿。

(2)国内航空货物运输保险,承保通过飞机运输的各种货物,承保的风险是以空运途中发生的自然灾害和意外事故为主。

(3)海上货物运输保险,承保以海上运输方式运输的各种货物,承保的风险以海上自然灾害、意外事故和其他特殊风险为主。

4.工程保险

工程保险的承保标的是在建工程和安装工程项目。现代建筑工程和安装工程的特点是规模宏大,设计与施工技术日趋复杂,建筑材料、施工机械、大型机器设备的价值及工程造价昂贵。工程项目在施工、安装、试运行过程中,既有遭受火灾、雷击、洪水、暴风、暴雨等自然灾害和意外事故的可能,又可能因设计错误、工艺不善,甚至施工人员违规操作或破坏行为所引起的事故损失。一旦事故发生往往损失巨大,传统的财产保险根本适应不了现代工程项目对风险保障的需要,工程保险应运而生。

工程保险主要险种有建筑工程保险、安装工程保险和机器损坏保险。

(1)建筑工程保险,承保各类建筑工程项目以及在建筑施工过程中的物料、机器、设备和装置等,并设第三者责任险作为附加险,对工程项目在建筑期间造成第三者财产损失或人身伤亡而依法应由被保险人承担的经济赔偿责任予以承保。

（2）安装工程保险，承保各类安装工程项目以及在安装施工过程中的机器、机械设备、装置和物料等，并附设第三者责任险加保第三者责任。

（3）机器损坏保险，承保各类已经安装完毕并投入运行的机器设备因人为的、意外的或物理的原因造成的物质损失。

5.农业保险

农业保险是农业生产者以支付保险费为代价把农业生产经营过程中由于灾害事故所造成的财产损失转嫁给保险人的一种制度安排。农业保险源于18世纪德国农户互助的合作组织。后来，私人保险公司曾涉足农业保险领域，但由于农业生产的高风险，商业化经营大都失败。后来只有少数农业险种实行商业化经营。从20世纪30年代开始，一些国家政府开始从政策方面扶持农业保险，建立政策性农业保险制度模式，使之成为支持农业的一种政策工具。改革开放以来，我国政府也非常重视农业风险转移和政策性农业保险制度建立。从21世纪初开始，全国各地都纷纷实行政策性农业保险的试点工作，并形成了各种有效的模式。

农业保险主要险种有种植业保险和养殖业保险。

（1）种植业保险，承保植物性生产为保险标的的保险，如农作物保险、林木保险等。

（2）养殖业保险，承保动物性生产为保险标的的保险，如牲畜保险、家禽保险、水产养殖保险等。

（二）责任保险

责任保险是以被保险人对第三者依法应承担的民事损害赔偿责任作为保险标的的保险。责任保险承保的是被保险人依法对受害人应承担的民事损害赔偿责任，即侵权责任和违约责任。侵权责任是指行为人因侵害他人合法财产权利或人身权利而依法应承担的民事损害赔偿责任，又分为过失责任和绝对责任两种。违约责任是指根据合同规定订立合同一方对另一方或其他人的损害应负的赔偿责任。

责任保险的主要险种有产品责任保险、公众责任保险、雇主责任保险和职业责任保险。

（1）产品责任保险，承保产品制造商、销售商和维修商因制造、销售和维修的产品有缺陷而引起的依法应对受害的消费者、用户或其他人承担的经济赔偿责任。

（2）公众责任保险，承保企业、团体、家庭、个人和各种组织在固定场所或地点进行生产经营活动或日常生活中，因意外事故引起的依法对受害的不确定公众承担的经济赔偿责任。

（3）雇主责任保险，承保雇主对所雇员工在受雇期间遭受的职业病或人身意外伤害，依法或按照雇佣合同规定应承担的经济赔偿责任。

(4)职业责任保险,承保各种专业技术落后人员因职业或工作上的疏忽或过失引起的依法应对受害的他人承担的经济赔偿责任。

(三)信用保证保险

信用保证保险是以无形的信用风险为保险标的,由保险人以保证人身份为义务人提供信用担保,或担保义务人的信用,当由于义务人的行为或不行为导致权利人遭受经济损失且义务人无力补偿时,替义务人赔偿权利人损失的财产保险。

1.信用保险

信用保险是由权利人提出投保要求,要求保险人担保义务人信用的保险。

信用保险的主要险种有出口信用保险和国内信用保险。

(1)出口信用保险,承保作为权利人的出口商因作为义务人的买方不履行贸易合同的义务而遭受的经济损失。

(2)国内信用保险,承保买卖、租赁、借贷等合同中作为权利人的一方因义务人的另一方违约行为遭受的经济损失。

2.保证保险

保证保险是由义务人根据权利人的要求,向保险人提出投保要求,要求保险人作为保证人担保自己信用的保险。

保证保险的主要险种有合同保证保险、产品保证保险和忠诚保证保险。

(1)合同保证保险,承保因义务人不履行各种合同的义务而导致权利人的经济损失。

(2)产品保证保险,承保义务人因其制造或销售的产品质量上存在缺陷而造成产品本身损坏导致权利人的利益损失。

(3)忠诚保证保险,承保由于义务人的不诚实或不忠诚行为而导致权利人的经济损失。

第二节　财产保险的性质与特征

一、财产保险的性质

(一)财产保险属于商业保险范畴

我们知道,客观风险、剩余产品和商品经济是商业保险产生、存在和发展的自然基础、经济基础和社会基础,三者缺一不可。因此,商业保险产生、存在和发展的一般理论同样适用于财产保险。财产保险业务运行必须服从商品经营的共性理论,严格遵循商品经营所必须遵循的游戏规则,财产保险商品设计、开发、管理和销售的全过程都必须注意其运行过程的商业价值,不符合商品经营原则的业务是对保险商品观的扭曲,没有市场价值的业务是对保险商业运行的破坏。因此,认识和理解财产保险业务的运行是保险商品运行的一个重要组成部分,区别财产保险和社会救助及相关行为的关系,立足于商品经营和市场价值的观念来讨论财产保险业务的运行,使财产保险的运行既要符合保险商品经营的法律规定,又要围绕物质财产或经济利益保障的特殊性,适应相关的经营理论和游戏规则的要求。

(二)财产保险必须以能用货币衡量的财产或利益为保险标的

财产保险的保险利益必须是投保人对保险标的具有的合法的、确定的经济利益。无法用货币来衡量价值的财产或利益,由于无从确定其保险利益,就不能成为财产保险的保险标的,如空气、河流等。

(三)财产保险所提供的是风险保障

作为社会经济的稳定器,财产保险的核心内容是对可以用货币衡量或标定价值的财产或利益提供风险保障,这既反映了财产保险的基本功能,又揭示了财产保险的自然属性。要认识财产保险的运行过程必须紧密围绕"提供风险保障"这一核心。

(四)财产保险遵循损失补偿原则

对于物质财产或经济利益的保障必须采取损害填补的方式来解决,这是财产保险业务正常运行的基本要求。财产保险本身只能通过保障方式,保障被保险的物质财产或经济利益所体现的经济价值在整个保险期间不会因为保险风险而发生量的变化。无论被保险的物质财产或经济利益是否遭遇意外风险的破坏,被保险人所拥有的始终是与保险人签订保险合同时的物质财产价值,既不会由于保险而贬值,又不会由于得到保险赔偿而升值。如果财产保险提供的是一种对于保险标的自身经济价值的增值服务,就会导致各种形式的道德风险,从而破坏保险经营的财务稳定性,使财产保险具有赌博的性质。所在,财产保险的目的在于损失补偿,而这种补偿是以恢复物质财产或经济利益原有的经济价值为界限的。

二、财产保险的特征

与人身保险相比，财产保险主要有以下特征。

（一）保险标的具有可估价性

人身保险的保险标的是人的寿命和身体。而无论是人的寿命还是身体，都无法用货币来度量其价值，因此具有不可估价性。

财产保险的保险标的价值是可以确定的，即具有可估价性。对于有形财产而言，其本身就有客观的市场价值；对于无形财产而言，投保人对其具有的经济利益也必须是确定的，或是由法律来规定的，否则不能作为保险标的。

（二）保险金额与保险标的估价的一致性

人身保险的保险金额是由合同双方当事人约定的。由于人身保险的保险标的没有保险价值，因此其保险金额不是在对保险标的的估价的基础上确定的，而是由投保人根据被保险人对人身保险的需要和投保人缴纳保险费能力，并在基本排除道德风险的前提下，与保险人协商确定的。

财产保险的保险金额是依据对保险标的的估价来确定的。由于财产保险的保险标的本身具有保险价值，因此保险金额是在对保险标的的估价的基础上确定的。保险金额可以根据标的的市场价值确定，也可以按照账面价值或重置价值确定。

（三）保险金支付具有补偿性

人身保险是给付性保险。被保险人因意外事故或疾病造成伤残或死亡时，其伤残程度难以用货币衡量，人的生命更是无价的。因此，在人身保险事故发生后，保险人按照保险合同的事先约定给付保险金。

财产保险是补偿性保险。财产保险的标的损失是可以用货币来衡量的，在保险事故发生后，保险人对被保险人的赔偿遵循损失补偿原则，即在保险金额限度内，按照保险单约定的赔偿方式，损多赔多，损少赔少，不损不赔，被保险人最终不能获得超过实际损失的额外利益。

（四）保险期限的短期性

人身保险特别是人寿保险，其保险期限一般长达几年到几十年。也正因为其保险期限长，使人身保险既具有保障性，又具有储蓄性。而保险费一般又是分期缴纳，缴费期较长，考虑到随着年龄增长，收入逐步减少，但死亡率却不断上升，投保人的缴费负担越来越重,因此人身保险通常采用年度均衡保费制。保险人因此每年都有稳定的保险费收入,其形成的保险基金可进行中长期投资。

财产保险的保险期限一般为一年或一年以内。由于期限短,在保险实务中要求投保时一次性缴清保险费,保险费不计利息;其形成的保险基金不能作为保险人中长期投资的资金来源。财产保险通常只有保障性,一般不具有储蓄功能,保险单也没有现金价值。

(五)单个保险合同的非对等性

人身保险合同具有储蓄和投资功能,除了在保险期内被保险人死亡,保险人向受益人支付死亡保险金外,通常在保险单到期后保险人还要支付满期保险金。因此除定期寿险外,人身保险的单个合同具有对等性。

财产保险通常只具有保障功能,虽然从总体看,保险人收取的纯保险费形成的保险基金全部用于补偿被保险人的经济损失,保险人与被保险人的关系是完全平等的。但从单个财产保险合同看,投保人所缴纳的保险费与将来得到的赔偿款是不对等的,有可能缴纳几百元保险费而获得几万甚至几十万的保险金赔偿,也可能连续多年缴纳保险费却没有任何保险金赔付。

第三节 财产保险的职能与作用

一、财产保险的职能

财产保险作为一种商业活动,必须在社会经济活动中通过自身的职能体现其存在的社会价值和意义。财产保险的职能分为基本职能与派生职能两方面。

(一)财产保险的基本职能

1.损失补偿职能

损失补偿职能是指财产保险承保人通过各种保险业务的开办来筹集保险基金,用以在发生保险事故造成被保险人保险利益损失时,依据保险合同,按所保标的的实际损失数额给予补偿。财产保险的产生是因为社会需要有专门的行业来承担组织损失补偿的责任,财产保险承保人筹集资金是为了组织损失补偿。建立和发展财产保险制度,就可以通过保险人的工作,对遭受损失的被保险人进行及时的经济补偿,受灾单位或个人就能够及时恢复受损的财产或利益,从而保障生产和经营持续不间断地进行。

2.分散危险职能

对于难以预测的危险事件的发生,可以运用财产保险功能,通过保险费把集中的危险分散给大家,同时又可以用固定的小额保费支出来弥补不固定的损失。而财产保险公司是根据长期积累下来的对各种灾害事故造成损失的统计资料,研究产生损失的原因及规律,按不同危险分别制定出不同的费率,据以收取保费的。这对于每一个负担保费的被保险人来说是科学合理的,体现了分散危险、共同互助的特点。

(二)财产保险的派生职能

1.防灾防损职能

财产保险防灾防损工作的最大特点就在于积极主动地参与、配合其他防灾防损部门扩展防灾防损的工作。这主要体现在:从承保到理赔注重防灾防损工作,从而增加财产保险的经营效益;促进投保人的风险管理意识,从而促使其加强防灾防损工作。

2.融通资金职能

财产保险的融资职能是财产保险公司参与融通社会资金的职能,财产保险公司可以通过积聚保险基金和融通资金来稳定企业财务并应付巨灾事故的发生。其融资职能主要体现在两个方面:一方面具有筹资职能,另一方面通过有价证券等投资方式体现投资职能。

二、财产保险的作用

财产保险的作用表现在宏观和微观两个方面。

(一)财产保险的宏观作用

财产保险的宏观作用是保险对全社会和整个国民经济总体所产生的经济效应,具体表现在以下几个方面。

1.有利于国民经济持续稳定发展

由于财产保险具有损失补偿职能,任何单位只要缴纳了保险费,一旦发生保险事故,便可立即获得保险补偿,消除因自然灾害和意外事故造成的经济损失引起的企业生产经营中断的可能,从而保证国民经济向既定目标持续稳定发展。

2.有利于科学技术的推广应用

任何一项科学技术的产生和应用,既可能产生巨大的物质财富,又可能遭遇到各种风险事故所造成的经济损失,尤其是现代高科技的产生和应用,既克服了传统生产技术上的许多缺陷,又会产生新的风险。风险一旦发生,其损失可能是巨大的,远非技术发明者所能预料和承受的,而有了财产保险提供保障,尤其是高科技保险的发展,为新科学技术推广应用提供了经济保证,变不确定为确定,加快了新技术的开发利用。如宇宙飞船的研发、现代卫星技术的应用等,如果没有航天保险,那么相关的制造商和开发商都将受到很大的限制。

3.有利于财政收支和信贷收支计划平衡

财政收支计划和信贷收支计划是国民经济宏观调控的两个方面。自然灾害和意外事故的发生,都将会造成财政收入的减少和财政支出的增加,造成银行贷款到期收回的困难,还会增加贷款发放,从而给国家宏观经济调控带来困难。如果单位参加了保险,财产损失得到保险赔偿,恢复生产经营就有了资金保障。生产经营一旦恢复正常,就能保证财政收入的基本稳定,银行贷款也能得到及时偿还。由此可见,财产保险确实对财政收支平衡和信贷收支平衡发挥着保障作用。

4.有利于促进国际收支平衡

保险是对外贸易和国际经济交往中不可缺少的环节。财产保险(如海洋货物运输保险、海外投资保险等)不仅可以促进国际贸易、扩大海外投资或引进外资,使国际交往得到保障,而且还可以带来巨额无形的贸易净收入,成为国家积累外汇资金的重要来源,有利于促进国际收支平衡。

(二)财产保险的微观作用

财产保险在微观经济中的作用是指财产保险作为经济单位和个人风险管理的财务处理手段所产生的经济效应,其具体表现在以下几个方面。

1.有利于企业及时恢复生产经营和稳定收入

任何性质的企业在生产经营中都可能遭受自然灾害和意外事故的损害,造成经济损失,重大的经济损失甚至会导致企业经营中断。保险作为分散风险的中介,每个企业可通过向保险人缴纳保险费的方式转嫁风险,一旦遭受保险责任范围内的损失时,便可及时得到保险人的经济补偿,从而及时购买受损的生产资料,保证企业连续不断地进行生产,同时也减少了利润损失等间接损失。

2.有利于企业加强经济核算

每个企业都面临风险事故造成损失的可能,一旦发生灾害事故,轻则减产,重则停产,这必然影响企业的经济核算。通过参加保险的方式,将企业难以预测的巨灾和巨额损失,化为日常固定的、少量的保险费支出,并列入营业费用,这样便可平均分摊损失成本,保证企业经营稳定,加强经济核算,从而准确地反映企业经营成果。

3.有利于促进企业加强风险管理

保险公司作为经营风险的特殊企业,在其经营过程中积累了丰富的风险管理经验,为其提供风险管理的咨询和技术服务创造了有利条件。保险公司促进企业加强风险管理主要体现在保险经营活动中,包括:通过合同方式明确规定双方当事人对防灾防损负有的责任,促使被保险人加强风险管理;指导企业防灾防损;通过费率优惠以促进企业减少风险事故;从保险费收入中提取一定的防灾防损基金,促进社会风险管理工作的开展。

4.有利于安定家庭和个人生活

通过家庭财产保险可以保障家庭财产的安全;通过车辆保险可以保障拥有私家车的车主安全;通过责任保险来保障肇事者因民事损害依法对受害者承担赔偿责任的能力。所有这一切,都有利于安定家庭和个人的日常生活。

5.有利于提高企业和个人的信用水平

在日常生活和工作中,每个企业或个人均有遭受责任风险和信用风险的可能,企业和个人可以通过购买责任保险将自己可能承担的民事损害赔偿责任转嫁给保险公司,大大降低了自己的法律风险,提高了自己的市场信誉;通过购买保证保险,如消费贷款保证保险,则为义务人的信用风险提供了经济保障,提高了个人的信用水平。

第四节　财产保险的产生与发展

一、古代财产保险思想

(一)西方古代财产保险思想的产生

早在公元前 2000 年,在地中海一带广泛的海上贸易活动中,商人对载货船舶在海上航行遇到危险的情况下,为船货共同安全而采取抛弃货物所造成的损失或产生的费用,采用"一人为众,众人为一"的共同海损分摊方式。到公元前 916 年,在著名的《罗地安海商法》中正式对共同海损分摊作出明确规定:"凡因减轻船只载重投弃入海的货物,如为全体利益而损失的,须由全体分摊归还。"其成为著名的共同海损分摊原则。该原则可以说是海上保险的萌芽,也是古老的财产保险思想。公元前 700 年,古希腊的船东以船舶作为抵押物从放款人那儿获得航海资金的海上借贷形式,在传到意大利之后,到中世纪又渐变为冒险借贷,最终在 14 世纪中期演化成无偿借贷。在这种借贷关系中,由船东(或货主)以放款人的身份在航海之前出借一笔名义上的款项给资本所有人,如果船舶(或货物)安全抵达目的地,借贷合同取消,后者无须履行偿还债务的义务;如果船舶(或货物)中途沉没或毁损,船东(或货主)则有权要求资本所有人偿还那笔名义借款。这种假借贷关系,加上放款人在事先而且是私下付给名义借款人的风险负担费,表明它已具有海上保险的雏形。

(二)中国古代财产保险思想的产生

在我国,财产保险思想有较悠久的历史,救济后备制度是这种思想的具体实践。我国古代的救济后备一般采取实物形式,即后备仓储制度。根据《周礼·大司徒》记载,从公元前 11 世纪的周朝开始,就已建有后备仓储的制度。又如西汉宣帝时创建的"常平仓"、隋文帝所推行的"义仓"等。此外,宋朝和明朝还出现了民间的"社仓"制度。这些都是中国古代的财产保险思想。

二、西方近代财产保险的产生与发展

(一)海上保险的产生与发展

世界上第一张保险单是于 1347 年 10 月 23 日由意大利商人乔治·勒克维纶签发的一份航程保单,承保的是从热那亚到马乔卡的一段航程保险。这一张保单的出现,意味着原始形态的财产保险已完成了向具有现代基本形式的财产保险转变。但正式作为近代财产保险开始的标志应该是比萨保单(1384 年)和佛罗伦萨保单(1393 年)的诞生。这些最早的保险单上载明了保险人承保的风险,尤其是佛罗伦萨保单更明确列出"海上灾害、天灾、火灾、抛弃、王子禁止和捕捉"为其承保内容,事实上已具有现代保险单的格式。随着海上贸易中心从地中海向英伦三岛的转移,英国凭借其 17 世纪建立的海上霸主地位,取代了意大利而主宰了海上保险市场。1668 年,爱德华·劳埃德在伦敦开设的咖啡馆演变为从事海上保险的劳合社,对推动英国海上保险的发展起到了重要作用。

(二)火灾保险的产生与发展

与海上保险相比,火灾保险产生要晚一些,主要原因在于货物在航运中的火灾风险已包括在运输保险的承保范围之内,不需要单独的火灾保险,加上早期固定财产的火灾损失可以由"基尔特"(guild),即行会组织用会员定期缴付会费的方式来补偿,所以对火灾保险的需求不迫切。随着海上贸易发展和商业投资的增加,商品经济中的火灾风险日益增加,促进了火灾保险的产生。尽管在15世纪德国的一些城市就已出现专门承保火灾损失的保险合作社,并于1676年由46个保险合作社合并成立第一家城市公营的火灾保险机构——汉堡火灾保险社,但真正意义上的火灾保险却是在17世纪中期那场伦敦大火之后。1666年9月2日伦敦发生大火,这场大火持续了5天,使伦敦城约80%的房屋被毁,20万人无家可归,财产损失在1000万英镑以上。次年,英国牙科医生尼古拉斯·巴蓬独资开办了一家专门承保火灾保险的营业所,开创了私营火灾保险的先例,1680年,他又通过集资正式创办了火灾保险公司,并使用火险差别费率经营业务。1705年又改名为菲尼克斯火灾保险公司,与18世纪在英国陆续成立的各种组织形式的火灾保险公司一起,促进了早期火灾保险业的发展。险种差别费率的方法被沿用至今,而巴蓬也被尊称为"现代火灾保险之父"。

(三)责任保险的产生与发展

19世纪法国拿破仑法典中开始出现民事损害赔偿责任的规定,奠定了责任保险产生的法律基础。而1855年英国铁路乘客公司率先开办了铁路承运人责任保险,开创了责任保险的先河。1875年伦敦地方铁路客车公司发行了用于火车意外事故第三者责任保险单;1880年英国规定了雇主对雇员的意外伤害负赔偿责任,后来,雇主责任保险公司也对非本单位雇员的意外伤害负赔偿责任,并承接了电梯责任保险,成为公众责任保险的开端;1896年,北方意外保险公司对药剂师开错处方的过失提供职业损害保险,开创了职业责任保险的先河;1890年,海上事故保险公司就啤酒含砷引起的消费者中毒,对特许售酒商提供保险,这是较早的产品责任保险。此后,又相继于1923年开办了会计师责任保险,1932年出现了个人责任保险。

汽车第三者责任保险始于19世纪末。1895年英国保险公司率先推出了汽车第三者责任保险。美国于1898年全面推广这项业务,并使汽车第三者责任保险成为责任保险市场的主要业务。

(四)信用保证保险的产生与发展

信用保险产生于19世纪中叶的欧美国家,当时称为商业信用保险,主要由一些私营保险公司承保,业务仅限于国内贸易。第一次世界大战后,信用保险业务得到了长足发展,1919年英国首先成立了出口信用担保局,创立了一套完整的信用保险制度,以后各国纷纷仿效,开始了政府介入出口信用保险的时代。第二次世界大战后,美国于 1948 年根据《对外援助法》,开始实施马歇尔计划,并开始实行投资风险保险制度。进入 20 世纪 60 年代,许多亚、非、拉国家宣布独立后,为了维护民族主权,发展本国经济,纷纷颁布法令,采取对外资企业实行国有化,给发达国家海外投资带来了损失。欧美国家为了保障本国对外投资者的经济利益,纷纷创办了海外投资保险。

保证保险是随着商业信用保险的发展而产生的,它产生于美国,随后西欧、日本等经济发达国家和地区纷纷也开办了此项业务。最早产生的保证保险是忠诚保证保险,不过最初只是由一些个人、商行或银行办理,大约在 19 世纪初就出现了。稍后出现了合同保证保险,主要担保建筑和公共事业的签约人履行规定的义务,并在签约人破产或无力履行合同时,代为偿还债务。进入 20 世纪后,保证保险得到迅速发展,尤其是 20 世纪 30 年代经济大危机之后,美国率先开办了存款保险,而后其他发达国家纷纷仿效,这是典型的保证保险。到 20 世纪 50 年代后,随着住房、汽车等消费信贷的发展,消费贷款保证保险得到很大发展。

三、中国近现代财产保险的发展历史

(一)新中国成立前的财产保险业

1. 外商财产保险公司垄断时期

尽管财产保险思想在我国古代早有萌芽,但由于商品经济长期不发达,导致我国财产保险起步较晚。1805 年英国商人在我国广州开设第一家外商保险公司——谏当保安行,这是外商在中国开设最早的保险公司,主要经营海上保险业务。到 1870 年前后,英商在上海开设的财产保险公司就有扬子、香港、保安、太阳、中华和巴勒等 6 家。进入 20 世纪后,美国、法国、德国、瑞士等国的保险公司相继来华设立保险公司分公司或代理机构,经营财产保险业务,完全垄断了我国的保险市场。

2. 我国民族财产保险业发展时期

随着我国民族资产阶级的发展,新兴的航运、外贸也开始产生和发展起来。以清政府洋务派首领李鸿章为后台,于 1872 年在上海成立了轮船招商局,因其在向英商保险公司投保船舶保险时,受到百般刁难,遂于 1875 年在上海开设了一个附属保险机构,即为保险招商局,专门承保轮船招商局的轮船、货栈及运输货物保险。为彻底摆脱依靠外商保险公司的阴影,轮船招商局又分别于 1876 年开办了仁和水险公司,于 1878 年将保险招商局扩建并改称为济和船栈保险局,两家公司最后于 1887 年合并,称为仁济和水火保险公司,也因此被认为是我国第一家民族保险企业。

其后，我国民族财产保险业得到了一定发展。从 1865 年到 1912 年的 40 多年间成立了财产保险公司 27 家，1912 年到 1925 年成立了财产保险公司 19 家，1935 年增至 48 家。

1935 年至 1943 年，国民党政府相继成立了"中央信托局保险部"、"中国农业保险公司"、"太平洋保险公司"、"资源委员会保险事务所"等保险机构。

抗日战争胜利后，各官僚资本及民营保险公司纷纷将其总公司从重庆迁到上海，保险业务又发展起来。当时外商的财产险承保能力和华商相比，火险方面外商为华商的 10 倍，水险方面外商为华商的 50～60 倍。据统计，到 1949 年 5 月，上海约有中外保险公司 400 家左右，其中华商保险公司只有 126 家。

(二)新中国的财产保险业

1. 新中国成立初期财产保险的建立与发展

新中国成立后，宣告了新中国成立前半殖民地半封建性质的保险业结束，揭开了中国保险史新的一页。中央人民政府开始着手对新中国成立前保险市场进行整顿，并采取三大措施。

(1)对官僚资本保险公司实行没收政策。没收并接管的共计 21 家，被接管的财产保险机构中就有"中、中、交、农"四家银行所建的中央信托局产物保险处、中国产物保险公司、太平洋保险公司和中国农业保险公司等。

(2)对民族资本保险公司实行赎买政策。对一般民营资本的保险公司首先要求重新登记和缴纳保证金，经批准后复业。经重新登记复业的民族资本保险公司共 63 家，绝大多数是经营财产保险业务的，其中经营火险的 55 家、经营水险的 2 家、兼营水火险的 1 家、兼营水火及其他险的 4 家。这些公司中的 47 家通过参加"民联分保交换处"摆脱了与外商保险公司的分保关系，以后淘汰只剩下 28 家，又通过赎买政策，于 1951 年末和 1952 年初分别合并组成公私合营的太平保险公司和新丰保险公司。两家公司于 1956 年又合并为太平保险公司，并移居我国香港地区专营海外保险业务。

(3)对外商保险公司实行取缔政策。当时表面上让外商保险公司重新登记后复业，但实际上是取缔他们的在华特权，限制并切断其业务来源。经批准复业的 42 家外商保险公司由于没有了业务，包括直接业务和分保业务，无法立足，最终只得申请停业，于 1952 年底全部撤离我国保险市场。

对新中国成立前保险市场整顿的同时，1949 年 10 月 20 日中国人民保险公司作为全国性的统一集中的国营保险公司正式成立，举办为国民经济各部门服务的各种保险业务，主要是以国家机关、国营企业财产为承保对象的火灾保险和运输保险。我国财产保险在新中国成立后一段时期内获得蓬勃发展,为恢复国民经济作出了不小贡献。

但由于对商品经济的认识不足,对商业保险的经济补偿职能没有很好地理解,加上缺乏经验,我国财产保险时起时伏,走了一段曲折发展的道路,具体在开展业务的过程中也出现了一些失误。如在新中国成立初期颁布一系列强制保险条例,在全国范围内推行企业财产、船舶和铁路车辆等强制保险,没几年又逐渐全部停办;1951 年在农村全面开展牲畜保险和试办棉花收获保险,后由于发生强迫命令的情况,大部分农业保险业务又告停办;1958 年在极"左"思想的影响下,认为自然灾害和意外事故所造成的财产损失完全可以由国家财政和集体经济包下来,这是社会主义制度优越性的体现,财产保险作为资本主义制度的产物,在社会主义中国已经没有继续存在的必要,从 1959 年起,国内财产保险业务全部停办。

2. 20 世纪 80 年代后国内财产保险业的恢复与发展

党的十一届三中全会后,使停办达 20 年之久的国内保险业重新恢复。由于对保险商品论的重新认识,财产保险的经济补偿作用得到肯定,国内财产保险业务得到迅速发展。尤其是随着社会主义市场经济地位的确立以及国民经济健康快速的发展,我国财产保险市场出现了翻天覆地的变化,具体发展成就表现在以下几个方面。

(1)财产保险费收入迅速增长

财产保险业的繁荣主要源于中国国民经济的高速发展以及国民经济环境的变化。除了 20 世纪 80 年代初期刚恢复国内保险业务时,在保险费收入基数较低水平下所出现的快速增长现象外,后来年份的财产保险业务状况与整个经济环境都有直接的关系。1993 年后,国内投资非常活跃,经济发展再度繁荣,直接拉动当年财产保险业务成为整个 90 年代增幅最高的年份。1997 年亚洲金融危机加之我国实行宏观经济紧缩政策,直接导致以社会物质财产作为保险标的的财产保险业务开始进入低速增长时期。进入 21 世纪后,随着宏观调控政策取得成效,国有企业改制,中小民营企业的快速发展,房地产市场的繁荣,使财产保险得到空前的发展。具体如表 1-1 所示。

表 1-1 2000—2008 年中国财产保险业务发展状况

年份	保费收入(亿元)	保费增长率(%)	财险保费收入(亿元)	财险保费增长率(%)
2000	1599.7	10.74	606.0	12.3
2001	2112.3	32.04	691.1	14.0
2002	3053.1	44.59	773.2	11.9

续表

年份	保费收入（亿元）	保费增长率（%）	财险保费收入（亿元）	财险保费增长率（%）
2003	3880.4	27.10	865.6	12.0
2004	4318.1	11.28	1124.8	19.0
2005	4927.3	13.95	1283.5	14.1
2006	5641.0	14.40	1581.1	23.2
2007	7053.7	25.00	2086.5	32.0
2008	9784.1	39.10	2336.7	17.0

资料来源：根据中国保险年鉴各期数据整理

（2）财产保险经营险种不断开发

1980 年财险恢复之初，国内开办的财产保险险种仅有企业财产保险、家庭财产保险、国内货物运输保险、国内船舶保险和汽车保险等 5 种。在过去的 20 多年间，为适应市场经济发展需要和满足企业及公众日益扩大的保险需求，除提供各种传统的财产保险外，还不断开发推出新的财产保险产品，如建筑和安装工程保险、海上石油开发保险、核电站保险、卫星发射保险、出口信用保险、海外投资保险、产品责任保险、雇主责任保险等，目前财产保险险种已达 200 多种。当然，目前财产保险的业务量主要还是集中在老三险（企业财产保险、机动车辆保险和货物运输保险），尤其是机动车辆保险，占到财产保险业务量的 2/3 以上，新开发的险种业务量占比还比较小，需要进一步发展。具体业务结构如表 1-2 所示。

表 1-2　2007 年我国财险公司主要险种保费收入结构情况表

险　种	保费收入		占财险公司保费比重	与上年相比变化情况
	金额（亿元）	同比增长（%）	（%）	（%）
企业财产保险	186.83	19.08	8.97	−0.99
家庭财产保险	17.01	51.14	0.82	0.10
机动车辆保险	1484.28	33.98	71.14	0.90
其中:交强险	536.69	145.31	25.72	11.85
工程保险	31.48	28.46	1.51	−0.04
责任保险	66.60	18.92	3.19	−0.36
信用保险	34.78	21.33	1.67	−0.15
保证保险	4.24	−49.45	0.20	−0.33

险　种	保费收入		占财险公司保费比重（％）	与上年相比变化情况（％）
	金额（亿元）	同比增长（％）		
船舶保险	31.28	12.40	1.50	−0.27
货物运输保险	63.11	15.61	3.02	−0.44
特殊风险保险	24.48	19.08	1.17	−0.13
农业保险	53.33	529.22	2.56	2.02
健康保险	14.44	63.41	0.69	0.13
意外伤害保险	74.31	20.14	3.56	−0.36

资料来源：根据中国保险年鉴各期数据整理

（3）财产保险经营主体日益增加

新中国成立后长期由中国人民保险公司独家垄断经营财产保险业务的局面，终于在 1987 年交通银行上海分行设立保险部（太平洋保险公司的前身）和 1988 年深圳平安保险公司的先后成立而打破。自 1992 年起，随着保险市场的改革开放，一批又一批的外资保险公司进入我国财产保险市场。截至 2008 年底，全国财产保险公司有 47 家，其中内资财险公司 27 家。2008 年保费收入超过 20 亿的财产保险公司如表 1-3 所示。

表 1-3　2008 年主要财产保险公司保费收入情况

公司名称	性质	成立时间	总部地址	保费规模（亿元）
中国人民财产保险股份有限公司	国有控股	1949	北京	1016.56
中国太平洋财产保险股份有限公司	股份制	1991	上海	278.17
中国平安财产保险股份有限公司	股份制	1988	深圳	267.51
中华联合财产保险股份有限公司	股份制	1986	乌鲁木齐	191.25
大地财产保险股份有限公司	股份制	2003	上海	94.24
天安保险股份有限公司	股份制	1995	上海	66.98
永安财产保险股份有限公司	股份制	1996	西安	56.06
阳光财产保险股份有限公司	股份制	2005	北京	52.89
安邦财产保险股份有限公司	股份制	2004	北京	48.18
太平财产保险股份有限公司	股份制	2001	深圳	42.61

续表

公司名称	性质	成立时间	总部地址	保费规模（亿元）
都邦财产保险股份有限公司	股份制	2005	北京	38.99
出口信用保险公司	国有	2001	北京	35.01
永诚财产保险股份有限公司	股份制	2005	上海	26.14
华泰财产保险股份有限公司	股份制	1996	北京	24.88

资料来源：根据中国保险年鉴各期数据整理

（4）财产保险中介进入市场

长期以来，我国财产保险市场除了兼业保险代理机构（如货物运输部门、车辆销售 4S 店）外，其他各种形式的保险中介机构一直处于缺位状态。随着保险市场的发育成长，保险中介在财产保险业中的重要性日益显现，成为当今财产保险市场不可缺少的基本要素之一。截至 2007 年底，全国共有保险专业中介机构 2331 家，同比增加 221 家。其中保险代理机构 1755 家，保险经营机构 322 家，保险公估机构 254 家。2007 年全国保险公司通过保险中介渠道实现保费收入 5793.38 亿元，占全国保费收入的 82.34%，其中财产保险公司通过保险中介渠道实现保费收入 1434.13 亿元，占其保费收入的 68.74%。在保险中介机构中，保险经纪人公司的主要业务是财产保险，2007 年保险经纪公司共实现佣金收入 20.19 亿元，其中财产保险经纪佣金收入达 15.36 亿元，占全部经纪业务收入的 76.08%。2007 年保险经纪收入排前 10 名的保险经纪公司如表 1-4 所示。

表 1-4   2007 年经纪收入前 10 名的保险经纪公司情况

排名	机构名称	营业收入（万元）	占比（%）
1	长安保险经纪有限公司	23755.21	11.77
2	江泰保险经纪有限公司	14063.22	6.97
3	北京联合保险经纪有限公司	13329.93	6.60
4	达信保险经纪有限公司	9464.63	4.64
5	韦莱保险经纪有限公司	9093.76	4.50
6	中怡保险经纪有限公司	8960.19	4.44
7	航联保险经纪有限公司	6913.02	3.42
8	华泰保险经纪有限公司	6424.24	3.18
9	长城保险经纪有限公司	6101.03	3.02
10	竞盛保险经纪有限公司	5281.90	2.62
合　　计		103287.13	51.16

（5）财产保险经营日趋专业化

在 1995 年之前，作为我国保险市场主力的三家保险公司，即中国人民保险公司、中国太平洋保险公司和中国平安保险公司，均实行产寿险综合经营。为推动我国保险业的健康发展，根据 1995 年颁布的《中华人民共和国保险法》的产寿险分业经营的要求，1996 年中国人民保险公司率先进行分业经营，在中国人民保险集团公司（以下简称"中保集团"）下设中保财产保险有限公司、中保人寿保险有限公司和中保再保险公司三个专业子公司。1998 年，中保集团公司又被撤销，产寿险彻底分业经营，分别成立中国人民保险公司、中国人寿保险公司和中国再保险公司。2003 年 7 月，中国人民保险公司实行股份制改革，更名为中国人保控股集团公司，发起设立了中国人民财产保险股份有限公司，并于同年 11 月在我国香港特别行政区上市。中国太平洋保险公司于 2000 年底完成产寿险分业经营，更名为中国太平洋（集团）股份有限公司，下设中国太平洋财产保险股份有限公司。中国平安保险公司自 1996 年起内部分为经营产险和经营寿险两个系统，2003 年分业改革完成，更名为中国平安保险（集团）股份有限公司，由集团控股正式成立中国平安财产保险股份有限公司。中国平安保险（集团）公司和中国太平洋保险（集团）公司均在上海交易所上市。另外，为了更好地进行专业化服务，中国人民保险控股集团公司于 2005 年 4 月 8 日设立中国人民健康保险股份有限公司，这是我国首家专业化的健康保险公司。2005 年我国第一家全国性专业汽车保险公司——天平汽车保险股份有限公司正式开业。它是我国首家专营汽车保险业务的财产保险公司。

与此同时，从有利于政策性保险的经营，我国也实行政策性保险与商业性保险分别经营。2001 年 12 月 19 日我国在多哈加入世贸组织后，20 日便成立了中国出口信用保险公司，专门经营政策性的出口信用保险业务。2004 年，为了更好地为农业和农民提供风险保障，上海市成立了安信农业保险股份有限公司，吉林省也成立了安华农业保险股份有限公司。2006 年 3 月，浙江省由中国人保财险浙江分公司牵头，由 10 家财产保险公司参加，组建了政策性农业保险"共保体"，专门经营政府委托并有财政补贴的政策性农业保险业务。

◆ 本章小结

1. 财产保险是以财产及其相关利益和损害赔偿责任为保险标的，以自然灾害、意外事故为保险责任，以补偿被保险人的经济损失为基本目的的保险。财产保险有广义与狭义之分。广义的财产保险是指除寿险以外的一切保险，而狭义的财产保险仅指财产损失保险。

2.我国财产保险习惯上分为财产损失保险、责任保险和信用保证保险三大类。财产损失保险是以有形财产物资为保险标的的保险,责任保险是以民事损害赔偿责任为保险标的的保险,信用保证保险是以信用风险为保险标的的保险。

3.财产保险从性质上看属于商业保险范畴,遵循损失补偿原则,与人身保险相比,具有保险标的的可估价性、保险金额与保险价值的基本一致性、保险赔偿的补偿性、保险期限的短期性和单个保险合同的不对等性等特征。

4.财产保险具有损失补偿和分散风险的基本职能,还具有防灾防损和融通资金的派生职能。财产保险在宏观和微观两方面发挥相应作用。

5.财产保险是从"一人为众,众人为一"的共同海损分摊思想开始发展起来,从海上保险到火灾保险,再到责任保险和信用保证保险,经历了300多年的发展历史,当今财产保险在整个国民经济和社会生活中的作用越来越大。

关键术语

财产保险　损失补偿　财产损失保险　责任保险　信用保险　保证保险
防灾防损　融通资金　共同海损分摊　劳合社　　仁济和保险公司

思考题

1.如何理解财产保险的含义?
2.财产保险的分类体系是怎样的?
3.财产保险与人身保险有何区别?
4.如何理解财产保险的性质?
5.财产保险的基本职能与派生职能有哪些?
6.简要分析西方近代财产保险发展史。
7.中国财产保险的发展现状如何?

第二章

财产保险合同

◆ 学习目标

1. 理解财产保险合同应遵循的原则。
2. 掌握财产保险合同的特征与分类。
3. 理解财产保险合同的基本要素。
4. 了解财产保险合同订立、变更与终止的规定。

第一节　财产保险合同应遵循的原则

一、保险利益原则

(一)保险利益的含义

保险利益是指投保人或被保险人对保险标的具有法律上承认的利益。衡量投保人或被保险人对保险标的具有保险利益的标志,是看投保人或被保险人是否因保险标的的损害或灭失而遭受经济上的损失。因此,保险利益体现的是投保人或被保险人与保险标的之间的经济利害关系。

(二)保险利益的成立条件

保险利益成立需满足以下三个条件。

1. 合法利益

投保人或被保险人对保险标的所具有的利益必须被法律认可,符合法律规定,受到法律保护,与社会公共利益相一致。非法利益不受法律保护,自然不能作为保险利益。任何人对走私品、违禁品、非法经营的财产没有保险利益,对贪污、诈骗、盗窃得来的财产也无保险利益。

2.经济利益

投保人或被保险人对标的要具有可以用货币计算或估价的经济利益。因财产与责任保险合同都是补偿性合同,保险保障是通过货币形式的经济补偿来实现的,因此保险利益必须是可以用货币计算衡量的,以作为赔偿计算的依据。票据、账册、文件等虽对所有人十分重要,但因这类标的的利益是无法用货币计算的,所以无法作为财产保险合同的保险标的。

3.确定利益

确定利益是指投保人或被保险人对保险标的所具有的现有利益和期待利益。现有利益是指已经存在的利益,如财产所有权或使用权等;期待利益是指将来一定可以得到的利益,并且这种利益不能单凭投保人的主观臆测,必须是可以实现的,如预期利润等。

(三)保险利益原则的含义

保险利益原则是指投保人或被保险人必须以其所具有保险利益的标的投保,否则保险合同无效。当保险人发现投保人对保险标的的不具有保险利益时,可单方面宣布合同无效。当保险合同生效后,投保人或被保险人失去了对保险标的的保险利益,则保险合同也随之失效。

(四)财产保险的保险利益来源

1.财产损失保险的保险利益

(1)因财产所有权产生的保险利益。财产的所有权人对其所有的财产有保险利益,因为其所有的财产一旦损失就会给他们带来经济损失,他们可以为该项财产投保。如车主可以为自己所有的汽车投保机动车辆保险。

(2)因财产占有权、经营权、使用权产生保险利益。财产的占有人、经营人和使用人对其占有、经营和使用的财产有保险利益,因为这些财产一旦损失同样会给他们带来不同程度的经济利益损失,所以可以为各自有保险利益的财产投保。

(3)因有效合同而产生保险利益。根据合同约定,财产的保管人、承租人、承运人、承包人对其负责保管、租赁、运送、承包的财产负有一定的义务,如果这些财产受损,他们就应该为自己未履行好义务而负有经济责任,因此产生了保险利益,也就可以为各自有保险利益的财产投保。如工程项目承包人可以为其负责承建或安装的工程项目投保建筑工程保险或安装工程保险。

(4)因对财产拥有法律上的权利而产生保险利益。财产抵押权人、质押权人、留置权人因债权债务关系而对抵押、质押、留置的财产具有经济上的利害关系,这些财产受损必然会给他们带来不同程度的经济利益损失,因此有保险利益,他们可以为各自有保险利益的财产投保。如银行可以为企业借款人抵押的机器设备投保企业财产保险。

2.责任保险的保险利益

(1)因承担过错侵权责任而产生的保险利益。个人或法人对其在民事活动中有可能承担的过错侵权责任有保险利益,因为他们要为自己的过错侵权行为给他人造成的财产损失或人身伤害依法承担赔偿责任,而这种赔偿责任直接影响他们的现有经济利益,所以他们可以为各自有可能承担的过错侵权责任投保。如医生可以为自己在提供专业服务时有可能承担的过错侵权责任投保医生职业责任保险。

(2)因承担无过错责任而产生的保险利益。个人或法人对其在民事活动中有可能承担的无过错责任有保险利益,因为尽管他们没有过错,但依法仍要对他人遭受的损害承担赔偿责任,这就需要对无过错侵权责任投保。如车主在使用汽车过程中发生意外事故致使行人受伤,自己虽无过错责任,但根据《道路交通安全法》的规定还是要承担一定赔偿责任,这就需要投保交通事故第三者责任强制保险。

(3)因承担违约责任而产生的保险利益。个人或法人对其在从事生产、经营活动过程中有可能承担的违约责任有保险利益,因为他们由于没有履行或没有完全履行合同而给合同另一方造成损害,根据合同规定应承担赔偿责任,他们可以为可能承担的违约责任投保。如承运人可以为自己有可能对承运的旅客或货物承担的违约责任投保承运人责任保险。

3.信用保证保险的保险利益

(1)因对他人的信用而产生保险利益。权利人与义务人之间存在着经济上的利害关系,权利人有可能因义务人未履行其应尽的义务而遭受经济损失,因此对义务人的信用有保险利益。如出口商担心进口商不讲信用而导致外汇无法收回,可以进口商的信用投保出口信用保险。

(2)因对自己的信用而产生保险利益。权利人与义务人之间存在着经济上的利害关系,权利人通常要求义务人为自己的信用提供担保,而义务人由于对自己的信用有保险利益,可以按照权利人的要求以自己的信用投保,让保险人为自己的信用提供担保。如雇员为了表示对雇主的忠诚,雇员可以投保雇员忠诚保证保险。

(五)财产保险的保险利益时效

根据《保险法》第12条第二款规定:"财产保险的被保险人在保险事故发生时,对保险标的应当具有保险利益。"可见,财产保险合同允许投保人在投保时对保险标的不具有保险利益,但要求被保险人在保险标的发生保险事故损失而提出索赔时必须具有保险利益。

(六)财产保险的保险利益转移

保险利益转移是指被保险人在财产保险合同期间将自己对保险标的的保险利益转移给受让人,而合同继续有效。保险利益转移的原因主要有以下三种。

1.因财产继承而引起的转移

世界上大多数国家的保险立法规定,当财产保险合同的被保险人死亡时,其继承人可以自动获得保险利益,也就是说,该合同仍因继承人的保险利益存在而继续有效。我国《保险法》对此没有作出规定,但在实践中是承认这种保险利益自动转移的。

2.因财产转让而引起的转移

对财产保险合同的保险利益是否能随保险标的的所有权转让而转移,世界各地的保险立法规定不一。如德国、法国、日本等国承认这种保险利益自动转移;奥地利则规定,属于不动产的保险标的的转让而引起的保险利益可自动转移,属于动产的保险标的的转让而引起的保险利益不可以自动转移。我国《保险法》第49条规定:"保险标的转让的,保险标的的受让人承继被保险人的权利和义务。保险标的转让的,被保险人或者受让人应当及时通知保险人,但货物运输保险合同和另有约定的合同除外。"可见,我国保险法承认了因保险标的所有权转让而引起的保险利益转移,但要求被保险人或受让人应当及时通知保险人。

3.因企业破产而引起的转移

大多数国家承认,当财产保险合同的被保险人破产时,保险利益转移给破产债权人或管理人,但通常规定有一定期限。在规定的期限内,合同有效,若发生保险事故造成保险标的损失,破产债权人或管理人可以被保险人身份向保险人请求赔偿;超过这一期限,破产债权人或管理人应与保险人解除合同。我国《保险法》对此虽没有作出规定,但我们在实际业务中也是可以借鉴国外的做法的。

二、最大诚信原则

(一)最大诚信原则的含义

最大诚信是指当事人要向对方充分而准确地告知有关保险的所有重要事实,不允许存在任何虚伪、欺骗和隐瞒行为。

最大诚信原则是指保险合同当事人订立保险合同及在合同有效期内,应依法向对方提供影响对方做出是否缔约及缔约条件的全部实质性重要事实,同时绝对信守合同订立的约定与承诺,否则,受到损害的一方,可以以此为理由宣布合同无效或不履行合同约定的义务或责任,甚至可以要求对方对因此而受到的损害予以赔偿。

最大诚信原则作为财产保险的一项基本原则,贯彻于财产保险合同的始终。在订立或履行财产保险合同的整个过程中,双方当事人都必须以最大诚意,履行自己应尽的义务,互不欺骗和隐瞒,恪守合同的认定与承诺,否则就会导致合同无效。正因为如此,该保险基本原则在保险业发达国家,被有些学者称崇为"帝王原则"。

(二)最大诚信原则的内容

最大诚信原则的内容主要包括告知与说明、保证、弃权与禁止反言。

1. 告知与说明

(1)告知,即保险合同订立前、订立时及在合同有效期内,投保人对已知或应知的危险和与标的有关的实质性重要事实向保险人做口头或书面的申报。

我国《保险法》第16条规定:订立保险合同,保险人就保险标的或者被保险人的有关情况提出询问的,投保人应当如实告知。

投保人故意或者因重大过失未履行前款规定的如实告知义务,足以影响保险人决定是否同意承保或者提高保险费率的,保险人有权解除合同。

前款规定的合同解除权,自保险人知道有解除事由之日起,超过三十日不行使而消灭。自合同成立之日起超过两年的,保险人不得解除合同;发生保险事故的,保险人应当承担赔偿或者给付保险金的责任。

可见,我国保险法规定的告知形式是询问、回答、告知,即投保人只认定保险人询问的问题是重要事实,应如实告知,对询问以外的问题则无告知义务。而关于采取哪种询问方式,是书面、口头或其他方式,我国保险法没有规定。关于故意或重大过失未履行如实告知义务,保险人可以解除合同,但强调必须足以影响保险人决定是否同意承保或提高保险费率的情形,换言之,如果投保人故意未告知的事项和保险人是否同意承保或提高保险费率无关,则保险人也不得解除合同。

基于我国保险法关于投保人如实告知义务所作出的规定,我们建议保险公司在实务中注意以下三点:

第一,从有利举证的角度,建议保险公司采用书面询问方式或其他有利于保存证据方式对投保人进行询问。

第二,保险公司在保单销售及核保过程中应更加严格、规范,因保险人对保险标的的风险评估将不能完全依赖投保人的告知,即使投保人未履行如实告知义务,保险人的合同解除权也受到一定限制。

第三,保险公司要及时行使解除权,在发现投保人有不实告知情形时,应在30天内行使解除权,否则解除权会丧失。

(2)说明,即保险人在与投保人订立保险合同时应主动向后者说明合同条款的内容,特别要对合同中的责任免除条款作明确的说明。说明有明确列明和明确说明两种形式:明确列明是指保险人将投保人所投保财产保险险种的条款内容在保险合同中列明,便可视为已履行了对投保人的说明义务;明确说明,则指保险人除了将保险条款的内容在保险合同中明确列明外,还必须对投保人进行明确提示,并加以适当、正确的解释。

我国《保险法》第17条规定:订立保险合同,采用保险人提供的格式条款的,保险人向投保人提供的投保单应当附格式条款,保险人应当向投保人说明合同的内容。

对保险合同中免除保险人责任的条款,保险人在订立合同时应当在投保单、保险单或者其他保险凭证上作出足以引起投保人注意的提示,并对该条款的内容以书面或者口头形式向投保人作出明确说明;未作提示或者明确说明的,该条款不产生效力。

根据《保险法》关于保险人明确说明义务的有关规定,我们建议保险公司在实务中应注意以下三点:

第一,保险公司应严格遵守保险法规定,履行在投保单上附格式条款的义务。

第二,保险公司对免责条款的提示可以选择在投保单、保险单或其他保险凭证上任意一处作出,但如果仅仅在保险单上提示,可能会给保险公司带来风险,因此,建议选择在投保单上做统一提示。

第三,根据具体保险条款的特点,将散布在保险条款各个位置中的免责条款向投保人作出足以引起他注意的提示。

2.保证

(1)保证的含义

保证是保险人与投保人在财产保险合同中约定,投保人和被保险人承诺对某一事项的作为或不作为,或者担保某一事项的真实性。

保证一般在财产保险合同中有明确的书面规定,故谓之保证条款。保证条款不仅出现在财产保险单中,也存在于投保单上,而且通常是采用在投保单上注明的方式加以规定。

(2)保证的形式

保证根据其存在的形式可以分为明示保证和默示保证。

明示保证,是指以书面形式在财产保险投保单或保险单中直接加以明确保证。如投保人在投保企业财产保险附加盗窃险时保证做到 24 小时有警卫值班，即为明示保证。

默示保证，是指没有在财产保险合同中用文字载明，但从习惯或社会公认的角度看，投保人以作为或不作为的间接方式来表明的保证。如海上保险中，有船舶适航、适货、不绕道的保证，即为默示保证。

3. 弃权与禁止反言

弃权，是指保险人放弃其在财产保险合同中因投保人和被保险人违反告知义务或不履行保证而产生的合同解除权；禁止反言，则是指保险人一旦放弃了其拥有的合同解除权，日后不得再向被保险人主张这一权利。

显然，弃权与禁止反言是最大诚信原则中为终止保险人因投保人和被保险人违反告知义务或保证而产生的保险合同解除权的形式。例如，投保人在投保家庭财产保险时隐瞒房屋处于地势低洼地并年久失修的重要事实，但保险人在保险期内发现后并未提出解除合同，即可视为保险人放弃对投保人违反如实告知义务而可行使的解约权，若以后因房屋因年久失修而倒塌，保险人就不能以对方的不诚信为由拒绝承担赔偿责任。

三、近因原则

(一)近因原则的含义

1. 近因

近因是指引起保险标的损失的最直接、最有效、起决定作用的原因，而并非是时间上、空间上最近的原因。

2. 近因原则

近因原则是指凡引起保险事故发生、造成保险标的损失的近因属于保险责任，保险人承担赔偿责任；若近因属于除外责任，保险人不负赔偿责任。

(二)近因原则的应用

1. 单一原因导致损失

如果保险标的遭受的损失由单一原因所致，该原因即为近因。若该原因属于保险责任事故，则保险人负赔偿责任；反之，若该原因属于责任免除范围，则保险人不负赔偿责任。

2. 同时发生多种原因导致损失

如果多种原因同时作用于保险标的，发生无先后之分，对损失结果的形成有

直接、实质的影响效果,则原则上都是近因。具体分以下三种情况加以处理:

(1)若同时发生的多种原因均属保险责任,则保险人应负责全部损失的赔偿。

(2)若同时发生的多种原因均属责任免除,则保险人不负任何赔偿责任。

(3)若同时发生的多种原因既有保险责任,又有责任免除,则应加以严格区分,若能区分保险责任和责任免除所造成的损失的,保险人只负保险责任所致损失的赔偿责任;若不能区分保险责任和责任免除所造成损失的,则不予赔偿。在保险实务中,很多情况下损害是无法加以区分的,保险人有时会与被保险人协商解决,对损失按比例进行分摊。

3.连续发生多种原因导致损失

如果多种原因连续依次发生,且有前因后果的关系,则按以下三种情况分别加以处理:

(1)若连续发生导致损失的多种原因均属保险责任,则保险人应负全部损失的赔偿。

(2)若连续发生导致损失的多种原因均属责任免除,则保险人不负赔偿责任。

(3)若连续发生的原因中含有除外风险或除外责任,则又分两种情况:

若前因是保险责任,后因是除外责任,且后因是前因的必然结果,则保险人对全部损失负责赔偿。

若前因是除外责任,后因是保险责任,后因是前因的必然结果,则保险人对所有损失均不负赔偿责任。

4.间断发生多种原因导致损失

在这种情况下,致损原因有多个,但互相之间没有因果关系,后来发生的灾害事故是一种新的独立的原因,后因不是前因直接的必然结果,前因与后因之间的连续发生了中断,则新介入的独立的原因是近因。若近因属于保险责任,则保险人负赔偿责任;若近因不属于保险责任,则保险人不负赔偿责任。

四、损失补偿原则

(一)损失补偿原则的含义

损失补偿原则,是指当保险标的发生保险责任范围内的事故时,被保险人有权按照保险合同的约定获得保险赔偿,但同时被保险人不能因保险赔偿而获得额外利益。该项原则包含两层含义:其一,投保人投保财产保险,目的是将保险财产可能发生的风险转移给保险人,一旦约定的保险事故发生并造成保险财产损失,他就有权依据保险合同获得损失赔偿。这就叫"有损失,有补偿"。其二,被保险人获得的赔偿只能使其恢复到遭受事故损失前的经济状况。这就叫"损失多少，赔偿多少"。

(二)损失补偿原则的限制条件

1. 以实际损失为限

保险人对被保险人的赔偿不能超过保险财产的实际损失，全部损失全部赔偿，部分损失部分赔偿。保险财产的实际损失一般是根据发生损失时的市价来确定的，这是因为财产的价值经常发生变动，只有以受损时的市价作为依据计算赔款，才能使被保险人恢复到受损前的状况。例如，某企业投保机器设备，投保时机器设备的市价为 10 万元，而发生保险事故时机器设备的市价仅为 8 万元，保险人只能按实际损失赔偿 8 万元。

2. 以保险金额为限

保险人对被保险人的赔偿不能超过保险金额。这是因为保险金额是以保险人已收取的保险费为条件确定的保险最高责任限额，超过这个限额，就会使保险人处于不平等地位。因此，即使保险财产因通货膨胀而涨价，保险人的赔偿仍应低于或等于保险金额。如上例中，如果机器设备在发生保险事故时涨价到 12 万元，但保险人只能赔偿 10 万元。

3. 以保险利益为限

保险人对被保险人的赔偿不能超过被保险人对受损财产所具有的保险利益。如果保险财产在受损时权益已经全部转让，保险人因被保险人丧失保险利益而不赔；如果保险财产受损时已部分转让，保险人对转让部分财产损失不予赔偿。如上例中，如果被保险人把其中一台设备转让给另一厂家，价值 4 万元，则保险人最多只能赔偿 6 万元。

(三)损失补偿的方式

1. 现金赔付

保险人可以通过计算估价保险财产的损失来确定应赔付的金额，并支付相应价值的货币。

2. 修复

修复即对保险财产受损部分进行修理。当保险财产的损失相对来说不很严重时，或者可以通过修理恢复它的原有形态和使用功能时，修复成为保险人选择的赔偿方式。如机动车辆保险的理赔一般采用修复方式。

3. 更换

更换即对受损保险财产的组成部分进行更换。保险人通常赔偿一件与受损财产同等规格、型号、性能的物品。当然,受损财产一般是旧的,而用新的去更换,会让被保险人得到额外利益,因此,除非投保人按重置价值保险,否则保险人会考虑折旧因素,赔偿时作一定扣除。

五、保险代位原则

(一)保险代位原则的含义

保险代位原则是指保险人按照法律或根据财产保险合同的约定,在赔偿被保险人因保险事故遭受的经济损失以后,取代被保险人的地位向保险财产损坏负有责任的第三者进行追偿;或者在按保险金额赔偿被保险人因保险事故遭受的全部损失以后,取得对该受损财产的所有权。前者称为权利代位,后者称为物上代位。

我国《保险法》第60条规定:因第三者对保险标的的损害而造成保险事故的,保险人自向被保险人赔偿保险金之日起,在赔偿金额范围内代位行使被保险人对第三者请求赔偿的权利。

前款规定的保险事故发生后,被保险人已经从第三者取得损害赔偿的,保险人赔偿保险金时,可以相应扣减被保险人从第三者已取得的赔偿金额。

保险人依照本条第一款规定行使代位请求赔偿的权利,不影响被保险人就未取得赔偿的部分向第三者请求赔偿的权利。

(二)代位追偿权的实施要求

(1)造成损害事故发生的原因及受损的保险财产,都属于保险责任范围,保险人应承担赔偿责任。

(2)保险事故发生是由于第三者的责任所造成的,被保险人有权依法向肇事的第三者请求赔偿。

(3)保险人根据财产保险合同的规定对被保险人履行了赔偿责任之后。

(4)保险人的代位追偿金额仅限于其对被保险人的赔付金额之内。如果保险人从第三者追偿得到的金额超过实际支付给被保险人的赔偿金额,其超过赔偿金额部分应归被保险人所有。

(5)保险人的追偿不能影响被保险人就未取得保险赔偿的部分向第三者行使索赔权。保险事故发生后,被保险人若先向保险人索赔但获得的赔偿金额小于第三者给他造成的损失时,他仍有权就未取得保险赔偿的部分向第三者请求赔偿,且享有优先权。

(三)代位追偿权的对象限制

我国法律对财产保险合同中的代位追偿对象有所限制。《保险法》第62条规定:除被保险人的家庭成员或者其组成人员故意造成本法第60条第一款规定的保险事故外,保险人不得对被保险人的家庭成员或者其组成人员行使代位请求赔偿的权利。

不能追偿的原因是,被保险人的家庭成员或者其组成人员往往与被保险人具有一致的利益,如果保险人在赔偿被保险人后再向这些人追偿,与向被保险人本人追偿没有什么区别,被保险人的损失事实上得不到任何补偿。当然,如果保险财产的损坏是由于被保险人的家庭成员或者其组成人员的故意行为造成的,保险人则仍然对他们拥有代位追偿权。

六、分摊原则

(一)分摊原则的含义

分摊原则产生与重复保险有关,没有重复保险,也就没有分摊原则的适用问题。所谓重复保险,是指投保人将同一保险标的、同一保险利益、同一保险事故分别与两个或两个以上的保险人订立保险合同,且其保险金额的总和超过保险价值的保险。在重复保险的情况下,一旦保险标的物因发生保险事故造成损失,被保险人可以向任何一个保险人索赔,但他所能获得的最高赔偿金额仍应是保险标的损失的实际价值。为了防止被保险人获得双份赔偿,一般需要在保险人之间进行分摊。

分摊原则是指在重复保险情况下,当保险事故发生时,各保险人应采取适当的分摊方法分配赔偿责任,使被保险人既能得到充分的补偿,又不会超过其实际损失而获得额外的利益。

(二)分摊方式

1.比例责任分摊

比例责任分摊是指在保险财产发生损失时,各个保险人按各自承保的保险金额与所有保险人承保的保险金额之和的比例来计算各自应分摊的赔偿责任。其计算公式为:

$$各保险人承担的赔款＝损失金额×\frac{该保险人承保的保额}{各保险人承保的保额总和}$$

例如,某企业就一批价值200万元的存货,分别向 A、B 两家保险公司投保了企业财产保险,保险金额分别为 100 万元和 200 万元,保险财产发生 120 万损失,按照比例责任分摊方式计算两家公司的赔款分别是:A 保险公司应分摊 40 万元,B 保险公司应分摊 80 万元。

2. 限额责任分摊

限额责任分摊是指在保险财产发生损失时,各个保险人按各自单独承保情况下应承担的赔偿责任限额与所有保险人单独承保情况下应承担的赔偿责任限额之和的比例来计算各自应分摊的赔偿金额。其计算公式为:

$$各保险人承担的赔款 = 损失金额 \times \frac{该保险人的单独责任限额}{各保险人单独责任限额之和}$$

如上例中,A 公司单独承保的责任限额为 100 万元,而 B 公司单独承保的责任限额为 120 万元,则按照限额责任分摊方式,A 保险公司应分摊 54.5 万元,B 保险公司应分摊 65.5 万元。

3. 顺序责任分摊

顺序责任分摊是指各保险公司按出立保单的时间顺序依次承担赔偿责任。先出单的保险公司首先在其承保的保额限度内负责赔偿,后出单的保险公司则只在损失额超出前一家保险公司的保额时,才在自己承保的保额限度内赔偿超出的部分。

如上例中,先由 A 保险公司赔偿 100 万元,余下 20 万元由 B 保险公司赔偿。

显然,比例责任分摊方式能较好地体现当事人双方权利与义务对等关系,被许多国家保险公司在理赔实务中所采用。而顺序责任分摊方式,由于出立保险单的顺序并不意味着保险公司享受权利大小的顺序,会导致权利和义务不一致,从而显失公平。这一方法一般用于母公司下属子公司之间的承保。

我国《保险法》第 56 条第二款规定:重复保险的各保险人赔偿保险金的总和不得超过保险价值。除合同另有约定外,各保险人按照其保险金额与保险金额总和的比例承担赔偿保险金的责任。可见,我国是采用比例责任分摊方式。

第二节　财产保险合同的含义与分类

一、财产保险合同的含义

财产保险合同是投保人与保险人之间订立的关于财产保险关系的建立、变更、终止及双方权利义务关系的协议。所谓财产保险关系,是指财产保险合同以财产及有关利益为保险标的,双方当事人即是在合同所明确的保险财产或利益上建立保险关系。双方的权利义务关系则体现在:投保人为取得对其投保财产或利益因自然灾害或意外事故而遭受损失的经济保障,要向保险人支付保险费;保险人在收取保险费后,对合同约定的事故发生且造成保险财产或利益的损失,应按照合同补偿被保险人。

二、财产保险合同的特征

(一)财产保险合同的一般特征

财产保险合同是民事合同的一种,具有民事合同的共性,其一般特征有:
(1)合同双方当事人必须具有完全的民事行为能力。
(2)合同双方当事人的意思表示必须完全一致。
(3)合同内容必须合法,投保人对保险标的必须具有保险利益。

(二)财产保险合同的独有特征

1.财产保险合同是双务合同

合同有双务合同和单务合同之分。单务合同是指对当事人一方发生权利,对另一方只发生义务的合同,如赠与合同等。而双务合同则是当事人双方都享有权利并承担相应义务,并且在保险合同中一方的权利恰好为另一方的义务。财产保险合同的投保人有按约定缴纳保险费的义务,而保险人则负有在保险事故发生时进行赔付的义务,且双方的权利义务关系互为相反。

2.财产保险合同是最大诚信合同

在财产保险合同中,保险人承保的风险在很大程度上依赖于投保人或被保险人的诚实信用程度。因为保险标的在被保险人的控制之下,保险人无法控制风险,被保险人若申报不实、隐瞒或欺诈,将可能导致保险人对风险大小的判断失误,对保险费率厘定不准,甚至会影响保险公司的经营稳定。

3.财产保险合同是附和合同

附和合同是指当事人的一方提出合同的主要内容,另一方只是做出接受或拒绝的决定,一般没有商议变更的余地。财产保险合同就是附和合同,保险人依照一定的原则,制定出财产保险合同的基本条款,投保人通常只能接受或拒绝,一般没有修改条款的权利。这就是典型的附和合同,也称格式合同。

4.财产保险合同是射幸合同

射幸有碰运气、碰巧的意思。射幸合同是合同的效果在订约时不能确定的合同,即合同当事人一方的履约有赖于偶然事件的发生。财产保险合同的投保人按规定支付保险费的义务是确定的,而保险人仅在保险事故发生时承担赔偿责任,即保险人的义务是否履行在保险合同订立时尚未确定,而是取决于偶然的、不确定的自然灾害或意外事故是否发生。但需要注意的是,保险合同的射幸是仅就单个保险合同而言的,就被保险人的全体而言,保险人所收取的保费与最终支付的赔款是相对应的。

(三)财产保险合同区别于人身保险合同的特征

1.财产保险合同是补偿性合同

保险合同按性质分为补偿性合同和给付性合同两大类,人身保险合同是给付性合同,而财产保险合同是补偿性合同。因为财产保险是以财产及其有关利益为保险标的,当承保的财产或利益遭遇到保险责任范围内的灾害事故而蒙受损失时,保险人负责赔偿,保险人是根据保险标的遭受的实际损失进行经济补偿的,显然是以补偿为其基本特征的。

2.财产保险合同具有代位追偿的法律效力

当财产保险合同承保的保险标的的损失是由第三者责任造成时,被保险人作为损失者享有向保险人请求赔偿的权利。一旦保险人按照合同补偿了被保险人的损失后,保险人便成为损失者,就可以获得代位追偿权向第三者责任方请求赔偿。代位追偿权的规定,是为了防止被保险人在遭受一次损失后有可能获得重复补偿,即同时从保险人和第三者责任方得到赔偿,从而保证损失补偿原则的实施。而人身保险合同不存在代位追偿问题,是因为生命是无价的,不能谈补偿。

3.财产保险合同是短期性合同

财产保险合同的保险期限一般有按日期计算、按航程计算和按工期计算三种。绝大多数险种按日期计算,通常为一年或一年以内。而人身保险合同尤其是人寿保险合同,一般长达几年到几十年。

三、财产保险合同的分类

(一)按承保风险责任范围不同划分,财产保险合同分为单一风险保险合同、综合风险保险合同和一切险保险合同

1.单一风险保险合同

单一风险保险合同是指只承保一种风险责任的保险合同。如地震保险合同、农作物雹灾保险合同等。

2.综合风险保险合同

综合风险保险合同是指承保两种以上特定风险责任的保险合同。这种保险合同必须把承保的风险责任一一列举,只要损失是由于所保风险造成的,保险人就要负责赔偿。如车辆损失保险、企业财产保险等。

3.一切险保险合同

一切险保险合同是指除了列明的除外不保风险外,保险人承担其他一切风险责任所造成的保险标的损失的保险合同。

(二)按保险金额确定方式不同划分,财产保险合同分为特定式保险合同、总括式保险合同、流动式保险合同和预约式保险合同

1.特定式保险合同

特定式保险合同是指保险人对所保的同一地点、同一所有人的各项财产,均逐项列明保险金额,发生损失时对各项财产在各自的保险金额限度内承担赔偿责任的保险合同。

2.总括式保险合同

总括式保险合同是指保险人对所保的同一地点、同一所有人的各项财产,不分类别,只确定一个总的保险金额,发生损失时不分损失财产类别,只要在总保险金额的限度内,都可以获得赔偿的保险合同。

3.流动式保险合同

流动式保险合同是指通常事先不规定保险金额而只预先确定一个保险人所承担的最高责任限额。保险人按约定的办法预收并结算保险费,投保人定期向保险人报告其财产的实际价值,只要其报告属实,发生保险责任事故损失,保险人就在约定的最高责任限额内予以赔偿。这种合同适合财产流动性较大的单位,如大型的周转性仓储业投保。

4.预约式保险合同

预约式保险合同是指保险人与投保人之间就一定的业务范围签订的无限期的保险合同,在合同中约定保险责任范围、保险财产范围、保险费结算办法及每一风险单位或每一地点的最高保额。在预约保险合同有效期内,投保人需就每笔业务向保险人及时进行书面申报,凡属合同约定范围内的标的均自动承保。这种保险合同主要适用于外贸企业的货物运输保险。

（三）按保险价值在订立合同时是否确定划分，财产保险合同分为定值保险合同和不定值保险合同

1. 定值保险合同

定值保险合同是指在订立保险合同时，投保人和保险人事先约定保险标的的价值作为保险金额，并将两者都载明于保险合同中，在保险事故发生时，不考虑标的价值发生变化与否，保险人均以保险金额作为赔偿的依据。发生全部损失时，按保险金额赔偿；发生部分损失时，按损失程度赔偿。

定值保险合同适用于价值变化较大或价值不易确定的特定标的，如运输中的货物、字画、古玩等。其优点是在发生保险事故后不必对损失额进行评估，简化了理赔环节，减少了双方当事人的纠纷。其缺点是易被投保人故意高估保险价值而进行保险欺诈。

2. 不定值保险合同

不定值保险合同是指在订立保险合同时并不约定保险标的价值，只列明保险金额作为赔偿的最高限额，保险价值要等到事故发生时再确定。在不定值保险合同中，由于保险金额是在订立合同时确定的，而核定保险价值则是在保险事故发生时，因此，保险金额与出险时的保险价值相比较，可能出现三种情况：保险金额等于保险价值的足额保险，保险金额小于保险价值的不足额保险，保险金额大于保险价值的超额保险。

（四）按当事人不同划分，财产保险合同分为原保险合同和再保险合同

1. 原保险合同

原保险合同是指投保人直接与保险人订立的保险合同。保险标的遭受损失时，由保险人直接向被保险人或受益人履行赔偿或给付义务。合同直接保障的对象是被保险人。

2. 再保险合同

再保险合同是指保险人将其承担的保险业务以承保形式部分转移给其他保险人的保险合同。合同直接保障的对象是保险人。

四、财产保险合同的形式

根据合同法规定，合同有书面形式、口头形式和其他形式三种。根据我国《保险法》第13条规定："投保人提出保险要求，经保险人同意承保，保险合同成立。保险人应当及时向投保人签发保险单或者其他保险凭证。保险单或者其他保险

凭证应当载明当事人双方约定的合同内容。当事人也可以约定采用其他书面形式载明合同内容。"可见,保险合同必须采用书面形式。财产保险合同的形式主要有投保单、暂保单、保险单、保险凭证、批单。

1. 投保单

投保单也称要保书或投保申请书,是投保人向保险人申请订立保险合同的书面要约,也是保险人审查并决定是否接受投保人投保申请的书面文件。投保单一经保险人承诺并盖章,即成为保险合同的组成部分。投保单通常由保险人根据业务种类的不同分别设计并统一印制,在投保单中列明订立保险合同所必需的项目,内容包括保险人需要了解的有关投保人申请保险的目的、内容,还包括保险险别、保险条件和保险费率等各项直接反映保险单构成的基本要素。投保人应按照所列项目逐一据实填写,以供保险人决定是否承保,若投保人填写不实将直接影响保险合同的有效性,一旦保险事故发生,投保人或被保险人的要求将无法得到保障。

2. 暂保单

暂保单是保险人在签发正式保单之前为了满足投保人的保险需求而出具的临时保险凭证。暂保单内容较为简单,只载明基本的保险项目,如当事人的姓名、险别、保险标的、保险金额、责任范围等重要事项。暂保单的法律效力与正式保单完全相同,但有效期通常以 30 天为限。投保人要按投保单注明的保险期限计算缴纳保险费,而保险人对于保险标的在暂保单有效期内出险要承担保险责任。如果保险人签发正式保险单,则暂保单自动失效;如果暂保单有效期满,保险人没有签发正式保险单,则暂保单失效,保险人必须按短期费率的规定退还未保日期的保险费。

保险人之所以在出立正式保险单之前出具暂保单,主要基于以下原因:

(1)保险代理人在承揽到保险业务后,在保险人还没有办妥保险单手续之前,为了避免业务外流,先出具暂保单,作为投保人已参加保险的证明。

(2)保险公司的分支机构在承揽到超出自己业务审批权限的业务或危险单位比较特殊的业务后,在上级公司还没有作出承保与否的正式答复之前,为了避免业务外流,分支机构可出具暂保单,作为投保人已参加保险的证明。

(3)在保险人和投保人洽谈或续订保险合同时,双方已经就主要的保险条件达成共识,但有一些细节问题还没有达成一致之前,保险人为了给投保人提供保障,同时避免业务外流,可以出具暂保单,作为保险的证明。

暂保单通常是在保险市场竞争激烈的情况下为争取业务而签发的,但并不是订立保险合同的必需程序。

3. 保险单

保险单简称保单,是保险人和投保人之间订立保险合同的一种正式书面凭证。保险单是保险人在合同成立时签发,保险单上将保险合同的全部内容详细列明,通常包括声明事项、保险事项、除外事项和条件事项。当保险标的遭受保险责任范围内的损失时,保险单是投保人索赔的主要凭证,也是保险人处理赔案的主要依据。

4. 保险凭证

保险凭证又叫"小保单",是一种简化了的保险单,是保险人签发给投保人证明保险合同已经订立的一种书面文件。保险凭证所记载内容较简单,但其法律效力与保险单相同,凡保险凭证未列明的内容均以相应的保单条款为准,而当两者有抵触时以保险凭证上的内容为准。

保险凭证通常在以下三种情况下使用:

(1)在团体保险中,保险人通常只签发一张正式保险单,而给每一个参加保险的人签发一张保险凭证,以证明其参加了保险。

(2)在一张保单承保多辆汽车时,为了向沿途交通管理部门证明每辆车已经参加保险而签发的单车保险凭证。

(3)在签有货物运输预约保险合同的情况下,需要对每一笔货物签发单独的保险凭证。

5. 批单

批单是保险合同双方当事人对于保险单内容进行修订或增减的证明性文件,是变更保险单内容的批改书。批单通常在以下两种情况下使用:一是对已经印刷好的标准保险单所作的部分修正;二是在保险单生效后对于某些保险项目进行的调整。在保险合同订立后双方当事人可以通过协议更改和修正保险合同的内容。若投保人需要更改保险合同的内容,须向保险人提出申请,经保险人同意后出立批单,任何单方面的修改都不产生法律效力。批单一经签发,自动成为保险合同的重要组成部分,当批单内容与保险合同相抵触时,以批单为准。当对同一项内容先后作了两次批改,则后批优于前批;既有打字批改,又有手写批改,则手写优于打字。

第三节　财产保险合同的主体、客体与内容

一、财产保险合同的主体

1. 保险人

财产保险合同的保险人，是指与投保人订立财产保险合同，并承担赔偿保险金责任的财产保险公司。

根据我国《保险法》的规定，要成为财产保险合同的保险人，须具备以下三个条件：

(1)必须依法取得经营资格，包括依法设立、依法经营财产保险业务。

(2)必须以自己的名义订立财产保险合同。

(3)必须依照财产保险合同承担保险责任。

2. 投保人

财产保险合同的投保人，是指与保险人订立财产保险合同，并按照合同负有支付保险费义务的自然人、法人和其他组织。

要成为财产保险合同的投保人，必须具备以下三个条件：

(1)必须具有民事权利能力和民事行为能力。

(2)必须对其投保的财产标的物具有保险利益。

(3)必须与保险人订立财产保险合同并按约缴付保险费。

3. 被保险人

财产保险合同的被保险人，是指其财产受到合同保障，并享有保险金请求权的自然人、法人和其他组织。

要成为财产保险合同的被保险人，必须具备以下两个条件：

(1)必须是其财产受合同保障的人。

(2)必须享有保险金请求权。

因为大多数情况下，财产保险合同的投保人往往为自己的利益投保，所以投保人与被保险人通常是同一人，但也有并非同一人的情况，如企业单位为每一位职工投保家庭财产保险的情况。在财产保险合同中，通常没有受益人，因为在财产遭受损失后，被保险人可以直接请求赔偿。如果被保险人在保险事故中死亡，则财产继承人自动获得保险金的请求权。

二、财产保险合同的客体

合同的客体是指合同主体的权利、义务共同指向的对象。对于保险合同的客体，理论界有争议，有人认为是保险标的，也有人认为是保险利益。我们认为，财产保险合同的客体应当是被保险人对其要求保险人保障的保险标的所具有的保险利益。

我们知道，投保人与保险人订立财产保险合同时，必然会确定具体的保险标的，即明确什么财产或什么利益要求保险人提供保障，这些财产及其有关利益也就是合同上所约定保险事故发生的本体。一旦保险标的因保险事故发生而遭受损失，保险人就应当承担保险责任。但保险人承担的责任不是保证保险标的不发生事故，而只是承担对被保险人因保险标的灭失或毁损所带来的经济损失的补偿责任。换句话说，保险人保障的不是保险标的，它保障的是被保险人对保险标的所具有的经济利益，即保险利益。

三、财产保险合同的内容

(一)财产保险合同的主要条款

财产保险合同条款是规定保险人与被保险人之间基本权利与义务的条文，一般是由保险人事先在保险单上印好的。财产保险合同主要条款类型如下。

1. 基本条款

基本条款是关于保险合同当事人和关系人权利与义务的基本事项，主要包括保险责任、责任免除、被保险人的义务及赔偿处理等内容。

2. 扩展责任条款

为满足不同的被保险人对财产的保险需要，保险人可以在基本条款的基础上扩展保险责任范围。通常以附加险办法解决。

3. 限制责任条款

保险人在承保一般危险责任时，针对某种保险标的的特殊情况，作出特殊限制责任的规定。如有些国家规定，建筑物未占用达 60 天以上，保险人可终止合同或拒绝承担保险责任。

4. 保证条款

保证条款主要是明确被保险人保证在财产保险合同有效期内应予遵守的规定。如投保人在投保车辆险时，附加"保证车辆在完好状态下行驶条款"，被保险人必须严格遵守,否则保险人可以拒赔。

5.特别说明条款

特别说明条款是一种对特殊情况做特别说明的条款。如在承保银行抵押品时,要指定银行为优先受益人,须附加特别说明条款。

(二)财产保险合同的主要内容

根据我国《保险法》第 18 条规定,财产保险合同应当包括下列内容。

1.保险人的名称和住所

保险合同订立后,保险费的缴纳、风险增加的告知和保险金索赔等都涉及保险人的名称和地址,因此,保险人的名称和住所必须载明于保险合同中。

2.投保人、被保险人的姓名或者名称、住所

保险合同订立后,风险发生原因的调查、保险费的催缴和保险金的赔付等都会涉及投保人、被保险人的名称和地址,同时也涉及发生争议时的诉讼管辖问题,因此,投保人、被保险人的名称和住所必须载明于保险合同中。

3.保险标的

财产保险合同的标的是有形财产、责任、利益和信用等。保险标的不同,保险种类及合同性质也会有所不同,因此,保险合同中对保险标的的状况、性能、坐落地点等都要详细记载。

4.保险责任和责任免除

保险责任是规定了保险人对被保险人承担经济保障的具体范围,是保险条款的重要内容。保险责任通常包括基本责任和特约责任。责任免除是对风险责任的限制,是保险人不负责赔偿的范围。我国《保险法》第 17 条规定:"对保险合同中免除保险人责任的条款,保险人在订立合同时应当在投保单、保险单或者其他保险凭证上作出足以引起投保人注意的提示,并对该条款的内容以书面或者口头形式向投保人作出明确说明;未作提示或者明确说明的,该条款不产生效力。"

责任免除可以分为三类:第一类是原因免除,即不承保的风险,对这些风险造成保险标的的损失不负责任,如战争风险、核风险等;第二类是损失免除,即不承担赔偿责任的损失,如自然损耗、正常维修费用等;第三类是项目免除,即不承保的标的,如货币、有价证券等。

5.保险期间和保险责任开始时间

财产保险合同的保险期间,是指保险人按照合同约定为被保险人的保险财产承担保险责任的起讫期限,也是财产保险合同的有效期限。财产保险合同的保险期限一般有两种计算方法:一是按自然日期计算,一般是一年,也可以是短期保险;二是按一个事件始末计算,如货物运输保险是按航程计算,工程保险是按工期

计算。

保险责任开始时间,是由投保人和保险人在合同中约定。在我国,订立财产保险合同时普遍实行"零时起保制",即某年某月某日零点开始,到某年某月前一日的 24 点止。至于按一个事件始末计算,则按各自方式确定,如货物运输保险是按"仓至仓"条款执行,其保险责任是以被保险货物运离保险单载明起运港发货人的最后一个仓库或储存场所开始,到被保险货物运抵保险单载明目的港收货人第一个仓库或储存场所终止。

6. 保险金额

在财产保险合同中,保险金额是投保人以其保险利益为基础对保险财产实际投保的金额,也是保险人计算保费的依据和承担赔偿保险金的最高限额。

7. 保险费及支付办法

财产保险合同中的保险费,是指投保人根据合同的规定,为取得保险人对保险财产提供保障而支付给保险人的费用。财产保险的保险费计算通常有三种方式:①保险费=保险金额×保险费率,如火灾保险、货物运输保险等;②保险费=基本保险费+保险金额×保险费率,如车辆损失保险;③单位保险金额对应固定保险费,如部分责任保险。

不同的财产保险合同,保险费的支付办法也不相同,具体由保险双方在合同中约定,但通常要求投保人在投保时一次付清,当然也可以经保险人同意后分期支付。但如果投保人到期不支付保险费,则保险人可以诉讼方式强制要求投保人支付保险费。

8. 保险金赔偿办法

财产保险合同的赔偿方式因险种不同而不同,但有三种赔偿方式较为常用,即比例赔偿方式、第一损失赔偿方式和免责限度赔偿方式。

(1)比例赔偿方式,即按保险财产的保险金额与保险价值的比例来计算保险赔款,其计算公式为:

$$赔款=损失金额×\frac{保险金额}{保险价值}(保险金额≤保险价值)$$

上述计算方法是适用于不定值保险中的足额或不足额保险,如果超额保险,则视同足额保险。如果是定值保险,则不再考虑出险时的保险价值,在保额以内损多少赔多少。

(2)第一损失赔偿方式,即按保险财产的实际损失赔偿,只要损失额在保险金额以内,视为第一损失,保险人均予以赔偿,损失额超过保险金额部分,视为第二损失,保险人不予赔偿,由被保险人自己承担,其计算公式:

$$赔款=损失金额(损失金额≤保险金额)$$

　　这种赔偿方式的特点是在计算赔款时,不必去考虑是否是足额保险还是不足额保险,只要损失金额是在第一损失部分价值即保险金额之内,保险人对第一损失部分给予足额赔偿。在我国,第一损失赔偿适用于家庭财产保险的赔款计算。例如,张某将其价值30万元的室内财产投保家庭财产保险,保险金额15万元,后在保险期内遭受火灾损失,假定损失金额为10万元,则保险人应赔偿10万元,如果损失为16万元,则保险人应赔偿15万元。

　　(3)免责限度赔偿方式,即在保险财产的损失金额超过规定免责限度的情况下,按所发生的全部损失金额赔偿,或按损失金额与免责限度之差额赔偿。免责限度是指由保险人规定一定限度内的损失免除赔偿责任的比例或金额,若用比例来规定,称作免赔率;若用金额来规定,称作免赔额。免责限度有相对免赔和绝对免赔之分。

　　①相对免赔率(额)赔偿,是指当保险财产发生的损失不超过规定比例(金额)时,保险人不承担赔偿责任;当保险财产发生的损失超过这一规定比例(金额)时,保险人赔偿全部损失而不作任何扣除。其计算公式为:

　　　　　赔款＝保险金额×损失率　　(损失率＞免赔率)

或　　　　　赔款＝损失金额　　　　　(损失金额＞免赔额)

　　采用相对免赔率(额)赔偿的目的,主要是为了减少或避免因大量的小额赔款而必须进行的理赔手续并节省费用。但采用相对免赔率(额)也会存在一定的道德风险,当损失率(额)接近免赔率(额)时,被保险人有故意扩大损失以达到免赔率(额)的动机。

　　②绝对免赔率(额)赔偿,是指当保险财产发生的损失不超过这一规定比例(金额)时,保险人不承担赔偿责任;当保险财产损失超过这一比例(金额)时,保险人只赔偿超过部分的损失。其计算公式为:

　　　　　赔款＝保险金额×(损失率－免赔率)　(损失率＞免赔率)

或　　　　　赔款＝损失金额－免赔额　　　　　(损失金额＞免赔额)

　　采用绝对免赔率(额)赔偿,有助于促使被保险人在投保以后加强对保险财产安全维护的责任心,同时也避免了故意扩大损失的道德风险发生。

　　例如,某批货物投保货物运输保险,保险金额为200000元,保险单规定有1%的相对免赔率,假定该批货物因保险事故发生而受损1500元或2500元,保险人的赔偿分别为不赔(1500＜200000×1%)和赔偿2500元(2500＞200000×1%);如果保险单规定的是1%的绝对免赔率,则保险人的赔偿分别是不赔(1500＜200000×1%)和赔偿500元(2500－200000×1%)。

　　9.违约责任和争议处理

　　违约责任是指保险合同当事人因过错致使合同不能履行而应当承担的责任。

争议处理条款是解决保险合同纠纷所使用的条款。

10.订立合同的年、月、日

订立合同的年、月、日是保险合同订立的基本信息,对于确定保险费的缴付期、保险期限都有重要意义,在特定情况下,对核实赔案的事实真相可以起到关键作用。

第四节　财产保险合同的订立、变更、解除与终止

一、财产保险合同的订立

(一)订立财产保险合同应遵循的原则

我国《保险法》第11条规定:"订立保险合同,应当协商一致,遵循公平原则确定各方的权利和义务。除法律、行政法规规定必须保险的外,保险合同自愿订立。"可见,订立财产保险合同必须遵循以下三个原则。

1.公平原则

公平原则是指财产保险合同的订立,要求双方当事人所享有的权利和承担的义务对等,不应该存在只让一方享有权利而另一方承担义务的现象。当然,就总体来说,保险公司收取的保险费与"危险团体"保险事故的发生是基本一致的,但保险合同是射幸合同,具体到每一份保险合同,是否发生保险事故是不确定的。

2.协商一致原则

协商一致原则是指财产保险合同订立过程中,双方当事人应该在法律地位完全平等的基础上,在法律、法规允许的范围内,充分协商,在各自意思真实表示的前提下达成协议,任何一方不得将自己的意志强加于对方。

3.自愿订立原则

自愿订立原则是指双方当事人在订立保险合同时,不受他人意志的干涉或强迫,当事人有权在法律允许的范围、方式内自主决定保险合同的订立,任何在威胁、强迫、欺诈等不自愿的情况下签订的保险合同都是无效合同。

(二)财产保险合同的订立、成立与生效

1.订立

合同的订立通常分为要约与承诺两个过程。财产保险合同的订立是投保人提出投保申请和保险人决定承保的过程,或者说是投保人提出要约和保险人作出

承诺的过程。投保也称要保,是指对投保财产具有保险利益的自然人或法人,向保险人申请订立财产保险合同的行为。在我国,投保要求须以填写投保单的形式向保险人提出。承保,是指保险人对愿意购买财产保险的自然人或法人所提出的订立财产保险合同的申请经过审核后同意接受的行为。在我国,保险人表示承保的形式是在投保人填写的投保单上签章。

2. 成立

完成了订立财产保险合同的法定程序后,财产保险合同成立。关于成立,存在一些争议,有人认为财产保险合同应该从保险人签发保险单或保险凭证时才开始成立;也有人认为,财产保险合同的成立应以投保人缴付保险费为条件。我们认为,这些看法实际上是混淆了成立与生效这两个概念,合同成立与生效并不是一回事。

财产保险合同何时成立呢? 我国《保险法》第 13 条第一款规定:"投保人提出保险要求,经保险人同意承保,保险合同成立。保险人应当及时向投保人签发保险单或者其他保险凭证。"可见,财产保险合同的成立取决于双方当事人就合同的条款达成一致意见,也就是保险人在投保人填写的投保单上签章同意承保,而不是保险单或保险凭证的签发,更不是保险费的缴付。财产保险合同实际上在保险单签发之前已经成立。至于签发保险单和缴付保险费,是合同成立后当事人双方应当履行的义务。

3. 生效

财产保险合同的成立只是说明合同已经存在,已经成立的财产保险合同是否有效则涉及合同的生效问题,所以合同成立不一定等于合同生效。财产保险合同的生效,是指依法成立的合同对合同主体产生法律约束力,双方当事人、关系人依照合同开始享有权利并承担义务。

我国《保险法》第 13 条第三款规定:"依法成立的保险合同,自成立时生效。投保人和保险人可以对合同的效力约定附条件或者附期限。"在我国保险实务中,财产保险合同通常是附期限生效,普遍实行"零时起保制",也就是合同从"起保日"(通常是合同成立的次日或约定的未来某一日)零时生效。我国《保险法》第 14 条规定:"保险合同成立后,投保人按照约定交付保险费,保险人按照约定的时间开始承担保险责任。"可见,财产保险合同成立后,投保人按约定方式交付保险费,但合同还是从约定时间开始产生法律效力。例如,某企业于 8 月 1 日上午向某保险公司投保企业财产保险,约定 8 月 2 日零点起保,保险公司允许投保人于 8 月 5 日缴纳保险费,结果在 8 月 3 日出险了,保险公司就没有理由以投保人未履行缴费义务而拒绝承担赔偿责任,因财产保险合同已经生效。

当然,在实务中为了防止投保人故意拖欠保险费,保险人与投保人在订立合同时可以特别约定合同的生效条件,如约定投保人缴付保险费为合同生效条件,在这种情况下,财产保险合同只有在投保人缴纳了保险费后才生效。

二、财产保险合同的变更

财产保险合同的变更,是指在合同有效期内,双方当事人根据情况变化,按照法律规定的条件和程序,对原合同的某些条款进行修改或补充的法律行为。我国《保险法》第 20 条规定:"投保人和保险人可以协商变更合同内容。变更保险合同的,应当由保险人在保险单或者其他保险凭证上批注或者附贴批单,或者由投保人和保险人订立变更的书面协议。"

财产保险合同的变更主要涉及主体变更、内容变更和效力变更。

(一)主体变更

财产保险合同主体的变更是指当事人、关系人的变更,包括保险人、投保人、被保险人等的变更。财产保险合同主体的变更大多是由保险标的所有权转移而引起的,如买卖、赠与、继承等法律行为而使保险标的所有权发生转移。我国《保险法》第 49 条规定:"保险标的转让的,保险标的的受让人承继被保险人的权利和义务。保险标的转让的,被保险人或者受让人应当及时通知保险人,但货物运输保险合同和另有约定的合同除外。"可见,保险法明确了保险标的转让,被保险人的权利义务由受让人承继,无须保险公司同意,除货物运输保险合同外,被保险人或受让人具有通知义务。可见,不同财产保险合同对投保人、被保险人变更是有区别的,分为以下两种情况。

1.具有通知义务的变更

在一般财产保险合同中,当保险财产因出售、赠与而发生转让,虽然受让人承继被保险人的权利和义务,但必须及时通知保险人,以便变更保险合同主体,保险人也可以在危险显著增加的情况下增加保险费或解除保险合同。否则,因转让导致保险标的危险程度显著增加而发生的保险事故,保险人不承担赔偿保险金的责任。

2.不具通知义务的变更

在货物运输保险合同中,当被保险货物出售转让时,投保人、被保险人都可直接将保险单背书转让给受让人,受让人自动成为新的被保险人,被保险人或受让人不需要通知保险人。

(二)内容变更

在财产保险合同中,合同内容变更涉及的具体事项很多,包括保险财产存放地点的变更,保险财产的种类、数量、价值的变更,保险财产用途和风险程度的变更,保险金额的增加或减少的变更,保险费缴付方式的变更,保险期限的变更等。

(三)效力变更

财产保险合同效力变更涉及合同的无效与失效。

1.无效

财产保险合同的无效是指合同虽然已经成立,但因违反法定或约定的事项,在法律上不发生任何效力。无效合同可以分为全部无效和部分无效。全部无效是指合同全部不发生效力,如双方当事人进行的行为是国家法律所禁止的,则该合同全部无效。部分无效是指保险合同中有一部分无效,而其他部分仍然有效,如超额保险合同,仅是超额部分无效。

2.失效

财产保险合同的失效是指合同成立时有效,后来因为某种原因的产生导致合同失效。失效不需要当事人作意思表示,只要失效原因一出现,合同就失去效力。

(四)变更程序

变更财产保险合同与订立财产保险合同一样,也必须经过一定的法定程序,先由投保人、被保险人提出变更申请,然后由保险人进行审核,作出接受对方变更要求的决定。双方根据变更的内容,就保险费的增或减或不变等问题进行协商,达成变更的一致意思表示。最后由保险人在保险单或保险凭证上进行批注或出具批单附贴于后,变更事项自此生效。

三、财产保险合同的解除

财产保险合同的解除,是指合同尚未履行完毕,合同有效期也未届满,双方当事人中的任何一方依照法律或约定解除原有的法律关系,财产保险合同的效力提前终止。财产保险合同的解除分为法定解除和约定解除两种。

(一)法定解除

法定解除是指在财产保险合同履行过程中,合同当事人一方或双方行使法律赋予的权利解除合同。

对于投保人来说,财产保险合同成立后,除了《保险法》有规定或财产保险合同另有约定外,拥有随时解除合同的权利。财产保险合同因投保人行使法定解约权而被解除后,如果保险责任尚未开始,保险人应在扣除手续费后退还保险费;如果保险责任已经开始,保险人则可以收取自保险责任开始之日起至合同解除之日止的保险费,剩余部分退还投保人。

对于保险人来说,财产保险合同成立后,除了《保险法》有规定或财产保险合同另有约定以外,保险人不能任意解除合同。保险人可以行使解约权的法定事项如下:

(1)投保人在与保险人订立财产保险合同时故意隐瞒重要事实,不履行如实告知义务。

(2)投保人在与保险人订立财产保险合同时因过失不告知重要事项,这些事项足以影响保险人决定是否承保或提高费率。

(3)被保险人在未发生保险事故情况下谎称发生保险事故,或故意制造保险事故,以欺诈保险金。

(4)被保险人未履行其维护保险财产安全的义务。我国《保险法》第51条第三款规定:"投保人、被保险人未按照约定履行其对保险标的的安全应尽责任的,保险人有权要求增加保险费或者解除合同。"

(5)被保险财产在保险合同有效期内危险显著增加的。我国《保险法》第52条规定:"在合同有效期内,保险标的的危险程度显著增加的,被保险人应当按照合同约定及时通知保险人,保险人可以按照合同约定增加保险费或者解除合同。"

(6)投保人、被保险人违反合同中与保险人约定的保证等。

(7)保险标的发生部分损失保险人履行了赔偿义务后。我国《保险法》第58条规定:"保险标的发生部分损失的,自保险人赔偿之日起三十日内,投保人可以解除合同;除合同另有约定外,保险人也可以解除合同,但应当提前十五日通知投保人。"

财产保险合同因保险人行使法定解除而被解除后,如果是由于投保人"故意不告知"、"违反保证"、"实施保险欺诈"等,保险人不退还保险费,也不承担合同解除前发生事故损失的赔偿责任;如果是由于投保人"过失不告知",保险人可退还保险费,但不承担合同解除前发生事故损失的赔偿责任。

(二)约定解除

约定解除是指在财产保险合同履行过程中,当事人双方通过事先的约定或事后的协商同意解除合同。

财产保险合同若采用约定形式解除,其前提是不能损害国家和社会公共利益。此外,对规定投保人不得在保险责任开始后行使法定解除的货物运输保险合同和运输工具航程保险合同,双方同样不能以约定形式解除。

四、财产保险合同的终止

财产保险合同终止,是指合同效力的消灭,双方当事人之间由合同所确定的保险权利义务关系因法律规定或合同约定的原因出现而不再存在。

导致财产保险合同终止有以下三种情况。

(一)期满终止

在财产保险合同有效期内,没有发生保险事故,或者是保险财产发生部分损失,保险人也承担了赔偿责任,直到保险合同期满,合同自然终止。

(二)履行终止

在财产保险合同有效期内,发生了保险事故并造成保险财产损失,不管是发生一次事故还是数次事故,只要保险人负责赔偿的保险金达到保险金额,即使合同没有到期,合同效力也终止了。

(三)灭失终止

在财产保险合同的有效期内,保险财产因非保险事故发生而全部灭失。由于导致财产灭失的事故不属于保险责任,保险人不承担赔偿责任,然而此时保险标的实际已经不存在,没有了承保对象的保险合同自然就终止了。

❖ 本章小结

1.财产保险合同在订立和履行过程中,必须遵循保险利益原则、最大诚信原则、损失补偿原则、保险代位原则、分摊原则和近因原则。

2.财产保险合同是投保人与保险人之间订立的关于财产保险关系的建立、变更、终止及双方权利义务关系的协议。财产保险合同既具有一般民事合同的共性,又具有保险合同的特性。财产保险合同是补偿性合同。

3.财产保险合同的形式有投保单、暂保单、保险单、保险凭证和批单等形式。

4.财产保险合同由主体、客体和内容三要素构成。主体是投保人、保险人、被保险人。客体是投保人对保险标的所具有的保险利益。内容主要由双方当事人姓名、住址、保险责任与免责、双方权利与义务、赔偿方式等构成。

5.财产保险合同的订立是投保人提出投保申请和保险人决定承保的过程。财产保险合同成立不等于生效,在我国保险实务中,财产保险合同通常是附期限生效,普遍实行"零时起保制",也就是合同从"起保日"(通常是合同成立的次日或约定的未来某一日)零时生效。

6.财产保险合同的变更主要涉及主体变更、内容变更和效力变更三项内容。财产保险合同的变更也必须经过一定的法定程序,先由投保人、被保险人提出变更申请,然后由保险人进行审核,作出接受对方变更要求的决定,最后由保险人在保险单或保险凭证上进行批注或出具批单附贴于后,变更事项自此生效。

7.财产保险合同的解除,是指合同尚未履行完毕,合同有效期也未届满,双方当事人中的任何一方依照法律或约定解除原有的法律关系,财产保险合同的效力提前终止。财产保险合同的解除分为法定解除和约定解除两种。

8.财产保险合同终止,是指合同效力的消灭,双方当事人之间由合同所确定的保险权利义务关系因法律规定或合同约定的原因出现而不再存在。通常有期满终止、履行终止和灭失终止三种情况。

◆ 关键术语

财产保险合同　保险利益原则　最大诚信原则　损失补偿原则　保险代位原则　分摊原则　近因原则　特定式保险合同　总括式保险合同　流动式保险合同　预约式保险合同　定值保险合同　不定值保险合同　投保单　暂保单　保险单　保险凭证　批单　比例责任赔偿方式　第一损失赔偿方式　免责限度赔偿方式　财产保险合同订立　财产保险合同生效　财产保险合同变更　财产保险合同解除　财产保险合同终止

◆ 思考题

1.在财产保险合同中如何运用保险利益原则?

2.为什么在财产保险合同中必须强调最大诚信原则?

3.损失补偿原则的含义及限制条件各是什么?

4.保险代位求偿必须满足哪些条件?

5.重复保险分摊的方式有哪几种?

6.在财产保险理赔中近因如何确定?

7.财产保险合同的主要特征有哪些?

8.简述财产保险合同的订立、成立与生效的关系。

9.财产保险合同变更的主要内容有哪些?

第三章

财产保险数理基础

◈ 学习目标

1. 掌握财产保险费率的含义、构成及厘定原则。
2. 熟悉财产保险费率厘定的方法和基本步骤。
3. 理解财产保险责任准备金的含义和种类。
4. 了解财产保险业务财务稳定性的确定方法。

第一节 财产保险费率的厘定

一、财产保险费率的含义

(一)财产保险费的含义

财产保险费是保险人按照财产保险合同的约定为其所承保的财产及其有关利益因自然灾害或意外事故造成的损失承担赔偿责任而向投保人收取的费用。财产保险费是财产保险赔偿基金的主要来源,也是保险人履行赔偿义务的基础。对于投保人来说,财产保险费就是其购买财产保险产品所支付的费用。

财产保险费可以分解为纯保费和附加保费两部分。其中,纯保费是财产保险人用来建立保险赔偿基金,将来用于赔偿的那部分保费,也称为净保费;附加保费主要用于财产保险人的各项业务开支和预期利润,包括职工工资、业务费、管理费、代理手续费、税金、利润等。

(二)财产保险费率的含义与构成

财产保险费率即财产保险价格,是保险人按单位财产保险金额向投保人收取的保险费,是保险人计收财产保险费的标准。通常以每百元或每千元的保险金额应缴的保险费来表示。财产保险费率与财产保险费之间一般存在以下关系：

财产保险费＝财产保险金额×财产保险费率

与财产保险费的分解相对应,财产保险费率也是由纯费率和附加费率两部分组成。财产保险的纯费率与保险标的损失频率和损失金额有密切的关系,一般而言,损失频率和损失金额越高,纯费率越高。财产保险的附加费率与保险公司具体开支和费用管理具有密切关系,除了保险税金、固定资产折旧等支出具有刚性外,其他费用支出,公司管理越严,支出金额越少,相应附加费率就越低。

财产保险费率虽是财产保险商品的价格,但它与一般商品的价格不同,主要在于其费率的厘定在实际成本发生之前,费率厘定是否适当,取决于保险人根据损失经验数据对各种风险事故的预测是否与各种风险事故的实际发生频率和损害程度相一致。而且,就单个保险关系而言,保险费率与将来保险金的赔付并没有对等关系。

二、财产保险费率厘定的基本原则

由于财产保险技术的复杂性以及保险业在保障整个社会安全运行中的重要地位,财产保险费率受政府的管制较严,因此费率厘定既要遵守有关法律规定,又要遵循业务原则。

(一)法律原则

1.充分原则

充分原则是指财产保险人收取的保险费足以应付赔款的支出及各种营业费用、税收及公司的预期利润。其核心是保证财产保险人有足够的偿付能力,否则财产保险人会破产和倒闭,投保人在经济上也将蒙受损失。

2.合理原则

为了保护投保人及被保险人的利益,财产保险费率的制定应尽可能合理,保费的多少应与财产保险种类、保险期限、保险金额等相对应。如果财产保险费率过高,投保人实际缴付的财产保险费多于他们获得保险保障的实际价值,这就损害了投保人及被保险人的利益。

3.公平原则

公平原则是指费率计算上的公平,财产保险人向投保人收取的保险费,应当与保险标的的风险程度相适应。风险性质相同的被保险人应承担相同的保险费率,风险性质不同的被保险人,则应承担有差别的保险费率。也就是说,对风险程度高的保险标的,按较高的保险费率收取保险费;对风险程度低的保险标的,则应按较低的费率收取保险费。

（二）业务原则

1. 稳定原则

财产保险费率在一定时期内应保持稳定,否则,既会使投保人难以制定保费预算,又不利于保险公司的财务核算。而且,如果费率时常波动,会使投保人的投保行为发生不利于保险公司经营的变化,如费率经常上涨,势必会激起投保人的不满,以致减少对保险的购买;如费率经常下降,投保人也将会减少保险购买,以等待一个更低的价格。

2. 简明原则

财产保险的费率制度应该容易被人理解,财产保险公司的业务人员只要花很少时间就能根据保险标的的风险状况和投保人的要求报出保险费。还应该让投保人懂得保险费是如何确定的,以便使他们在减少保险费用上采取积极措施。

3. 灵活原则

虽然财产保险费率应保持一定的稳定性,但当外部环境、保险责任以及保险需求状况发生变化时,费率也应做出及时的调整。如随着我国人民生活水平的提高,人均汽车拥有量逐年增加,但由此引发交通拥挤并使交通事故发生的概率增加,汽车保险的费率应该随之提高以反映现实的风险状况。又如责任保险,当法律规定的责任事故的损害赔偿金额增加时,责任保险的费率也应该反映这种情况。

4. 促进防灾防损原则

财产保险费率的制定,一方面是要鼓励和引导被保险人从事预防损失的活动,比如当被保险人配置防火救火设备以减少火灾风险,配备防盗装置以降低盗窃风险等的时候,可适当降低费率。另一方面保险公司也应积极从事防灾防损活动,其所需经费,在厘定保险费率时应予以考虑。

三、财产保险费率厘定的一般方法

一般来说,财产保险费率的厘定方法可分为三种：观察法、分类法、增减法。

（一）观察法

观察法又称个别法或判断法,是指具体观察和分析某一特定保险标的的风险因素,估计其损失概率,单独确定其费率的方法。在标的数量较少的情况下,如果把各种危险生硬地集中在一起厘定费率,无疑违反了大数法则,更不用提费率厘定的准确性了。利用观察法制定费率,虽然没有充足的以往可信的损失统计资料为依据,但精算人员仍会运用相关的数据并结合自己的专业知识和经验判断来得出费率。可见,该方法既有一定的主观性和灵活性,也有一定的科学性。

(二)分类法

分类法是将性质相同或相近的风险分别归类,而对同一分类中的各风险单位,制定出相同的费率。这是最常用的也是最重要的费率厘定方法。由于分类法制定的费率所反映的是某一群体的平均损失经验,因此,在决定分类时,应注意某一种类中各单位的风险性质是否相同以及在适当的时期中其损失经验是否一致,以确保费率的精确度。分类法的思想符合保险运行所遵循的大数法则。大数定律要求保险标的损失概率相同,只有标的物面临同质危险,才能较好地符合这个条件,而且,为了使总体损失的发生具有相对稳定性,各分类中保持风险的数量充分也是很重要的。

分类费率可通过两种方法来计算,即纯保险费率法和损失比率法。

纯保险费率法先以某一类同质风险以往的实际损失为计算基础而得出纯费率,然后根据附加费用、承保利润等得出附加费率,两者相加即得到毛费率。因为纯保险费率法是建立在每风险单位的损失基础之上的,若风险单位不易认定或各风险单位存在异质性,该方法就不适用。可见,纯保险费率法的应用以大量同质的风险单位为基础。

损失比率法将风险发生可能性大致相同的若干小类保险标的归为一大类,然后以该大类中全部的实际损失比率代替各小类保险标的的损失经验,当该大类的费率确定之后,再根据实际情况调整各小类保险标的的费率。在财产保险中,如果分类过多过细,一定期间内只有少量风险单位,不足以作为决定费率的基础,这时纯保险费率法就不适用,而若采用损失比率法来合并多数风险性质较为接近的风险类别,确定出费率的一般水准后再根据实际情况进行调整,就显得较为科学合理。

(三)增减法

增减法是在凭借分类法确定的基本费率的基础上,再依据实际情况予以细分所测定的费率。增减法适用于较大规模的投保人,这是因为:对小规模投保人而言,费率的些许变动对其影响不大,但对大规模投保人而言,由于保险金额高,费率稍微发生变动对其要缴纳的保险费大小就会产生较大影响。由于增减费率所花的费用较大,从成本收益的角度来看,只有经过调整的保费存在较大变动的情况下,调整保费的费用支出才可能得到弥补。

增减法主要分为三种:表定法、经验法和追溯法。

1.表定法

表定法在对每一风险单位确定一个基本费率的基础上,根据个别标的的风险状况对基本费率作增减修正。大的厂房、商业办公楼和公寓的火灾保险普遍使用表定法,保险公司通常根据每栋建筑物的建筑结构、占用、消防、周围环境风险、保养等确定具体的费率。可见,表定法能够比较充分地反映保险标的的风险状况,并在一定程度上促进防灾防损。但采用该法的管理费用较高,而且,该法只注重物质或有形的因素而忽视了人的因素,具有一定的片面性。

2.经验法

经验法根据被保险人过去的损失记录,对按分类法计算的费率加以增减,但当年投保人要缴纳的保险费数额并不受当年被保险人损失经验数据的影响。假如被保险人以往的损失经验数据低于同类别的平均数字,就降低对被保险人收取的费率;反之,就提高费率。在确定费率调整幅度时,实际的损失经验数据要根据可靠比数和趋势因素进行修正。按经验法制定的费率其计算公式如下:

$$M = \frac{A - E}{E} \times C \times T$$

式中:M—— 保险费率调整的百分比;

$\quad\quad A$—— 被保险人以往若干年的实际平均损失;

$\quad\quad E$—— 被保险人适用某分类时的预期损失;

$\quad\quad C$—— 可靠比数;

$\quad\quad T$—— 趋势因素。

其中,T 要考虑保险标的平均赔款支出的趋势以及物价指数的变动等因素。

【例 3-1】 某企业就其拥有的 50 辆某种类型机动车辆向保险公司投保车辆损失险,保险公司根据分类法制定的费率规定对该类车每辆收取的车辆损失险纯保险费为 2000 元,假定预期损失比率为 60%。但依据实际统计损失资料,该企业过去三年中每辆车平均赔付仅 1500 元。赔付状况的可靠比数 $C = 80\%$,考虑到合同签订后的机动车辆总赔付支出增加及物价指数上升的因素,趋势因素 T 取值为 1.1。那么保险公司就机动车辆损失险应向该企业收取多少数额的保险费?

解:先计算保险费率调整的百分比。

$$M = \frac{A - E}{E} \times C \times T$$

$$= \frac{1500 - 2000}{2000} \times 80\% \times 1.1$$

$$=-22\%$$

由于 M 为负值,所以保险公司对该企业收取的纯保险费应减少,每辆车的车损险的纯保险费为:

$$2000\times(1-22\%)=1560(元)$$

最后,计算实际应收的总保险费:

$$1560\div60\%\times50=130000(元)$$

3. 追溯法

追溯法是与经验法相对的一种调整费率方式,它是以保险期间内被保险人的实际损失为基础来确定当期保险费的方法。由于被保险人实际应缴保险费在保险期满后才能计算出来,因此,使用这种方法时须在保险期开始前先确定预缴保险费;在保险期满后,再根据实际损失对已交保费进行调整修正。保险人在使用追溯法时,一般会规定最低保费和最高保费,如果在保险期间实际损失额小,被保险人只需缴付最低保费,如果实际损失大,被保险人则缴付最高保费。实际缴付的保险费一般在最低和最高保额之间,具体取决于被保险人在保险期间的实际损失数据。由于按照追溯法计算的保险费与被保险人的当期损失有很大的正相关性,所以,该法能极大激发被保险人的防损动机。

图 3-1 简要说明了追溯法的应用。ABCD 表示追溯法的保费。AB 表示最低

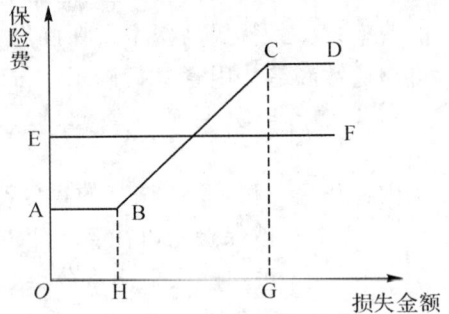

图 3-1　追溯法的应用

保费,在索赔金额不超过 H 时适用;CD 表示最高保费,在索赔金额等于或超过 G 时适用。BC 表示保费随着索赔金额的变化而变化。EF 是标准保费,即使用分类法确定的保费。

四、财产保险费率厘定的基本步骤

财产保险费率的厘定是以损失概率为基础的,它先通过对保额损失率和均方差的计算求出纯费率,然后再计算附加费率,最后得到毛费率。

(一)计算纯费率

纯费率根据平均保额损失率和安全系数来确定,其计算公式为:

纯费率＝平均保额损失率×(1＋安全系数)

1. 计算平均保额损失率

保额损失率是同类业务一定期间保险赔偿金额(赔款数额)与承保责任金额(保险金额)之比。它是由该类保险标的的平均出险次数、毁损率、毁损程度和受损标的的平均保额与所有保险标的的平均保额之比四个因素决定的。

关于保额损失率这一概念,需要注意的是:第一,保额损失率不是保险标的的损失额与保额之比,而是赔款与保额之比。这是因为在保险实务中,由于保险责任和各种赔偿方式的具体规定,保险人实际承担的赔偿金额与保险标的的实际损失金额总是存在着差异。第二,计算保额损失率的数据必须源于保险公司的经验。由于投保人逆选择的影响,保险财产的损失率一般要高于社会平均财产损失率,因此计算保险费时只有使用保险公司的经验数据,才是公平合理的,才符合费率厘定的充分性原则。

以下我们举例说明平均保额损失率的计算。

【例 3-2】 某公司过去 10 年甲项保险业务各年保额损失率统计如表 3-1 所示。

表 3-1 某公司甲项保险业务的一组保额损失率数据(甲组)

年 数	1	2	3	4	5	6	7	8	9	10
保额损失率(‰)	6.1	6.1	5.8	6.4	5.7	5.9	5.5	6.3	5.9	6.2

解:设 X_i 为不同时期的保额损失率,$\overline{X}$ 为平均保额损失率,即 $\overline{X} = \dfrac{1}{n}\sum_{i=1}^{n} X_i$,$n$ 为期限,则可得出以下公式:

$$\overline{X} = \frac{\sum_{i=1}^{n} X_i}{n}$$

$$= \frac{6.1‰ + 6.1‰ + 5.8‰ + 6.4‰ + 5.7‰ + 5.9‰ + 5.5‰ + 6.3‰ + 5.9‰ + 6.2‰}{10}$$

$$= 6‰$$

为了使平均保额损失率更精确,并可以近似地替代损失概率,必须选择适当的历年保额损失率。所谓"适当"是指:① 必须有足够的年份,一般至少需要有保险事故发生比较正常的连续 5 年的保额损失率的数据;② 每年的保额损失率必须根据大量的统计资料而得到;③ 这一组保额损失率必须是稳定的。为此引入稳定性系数(K)这一指标来反映某一组保额损失率的稳定性,其计算公式为:

$$K = \frac{\sigma}{\overline{X}}$$

其中，σ 为均方差，即 $\sigma = \sqrt{\dfrac{\sum\limits_{i=1}^{n}(X_i - \overline{X})^2}{n}}$。

稳定性系数 K 越大，这组保额损失率的稳定性就越差，即各年保额损失率差别越大，损失赔付情况越不平衡；反之，稳定性系数越小，该组保额损失率的稳定性就越好，即各年保额损失率差别就越小，损失赔付情况就越均匀。一般而言，稳定性系数在 10％ 以内，说明得到的保额损失率的数据比较理想，可以此来确定纯费率。

【例 3-3】 某公司除了前例中提到的甲项保险业务的保额损失率数据（称为甲组数据），还有另一组乙项业务的保额损失率的数据（称为乙组数据），具体如表 3-2 所示。试比较两组数据的平均保额损失率和稳定性系数。

表 3-2 某公司乙项保险业务的一组保额损失率数据（乙组）

年 数	1	2	3	4	5	6	7	8	9	10
保额损失率(‰)	7.5	3.6	6.8	5.4	3.7	8.9	5.9	7.1	3.9	7.2

解：第一步，计算甲组保额损失率的平均保额损失率和稳定性系数 K。

平均保额损失率：$\overline{X}_甲 = 6‰$

标准差：$\sigma_甲 = \sqrt{\dfrac{\sum\limits_{i=1}^{n}(X_i - \overline{X}_甲)^2}{n}} = \sqrt{\dfrac{0.76}{10}}{1000} = 0.276‰$

稳定性系数：$K_甲 = \dfrac{\sigma_甲}{\overline{X}_甲} = \dfrac{0.276‰}{6‰} = 0.044$

第二步，计算乙组保额损失率的平均保额损失率和稳定性系数 K。

平均保额损失率：

$$\overline{X}_Z = \dfrac{\sum\limits_{i=1}^{n}X_i}{n}$$

$$= \dfrac{7.5‰ + 3.6‰ + 6.8‰ + 5.4‰ + 3.7‰ + 8.9‰ + 5.9‰ + 7.1‰ + 3.9‰ + 7.2‰}{10}$$

$$= 6‰$$

标准差：$\sigma_Z = \sqrt{\dfrac{\sum\limits_{i=1}^{n}(X_i - \overline{X}_Z)^2}{n}} = \sqrt{\dfrac{29.78}{10}}{1000} = 1.726‰$

稳定性系数：$K_Z = \dfrac{\sigma_Z}{\overline{X}_Z} = \dfrac{1.726‰}{6‰} = 0.288$

第三步:比较和分析。

甲乙两组的平均保额损失率均为 6‰,但它们的稳定性系数却相差很大。计算结果表明,数组甲比数组乙稳定得多,而且其稳定性系数不到 5%,因此数组甲可以作为甲项业务确定纯费率的依据。而数组乙由于各年份保额损失率波动太大,稳定性系数都快接近 30% 了,所以必须增加观察年度或扩大调查统计,才能据以确定可靠的纯费率。

2. 确定安全系数

根据一组适当的保额损失率,我们能够得到纯费率的近似值——平均保额损失率,但还不能直接将其定为纯费率。事实上,平均保额损失率既然是以往各年份保额损失率的算术平均值,那么就必然会出现某些年份的保额损失率高于或低于平均保额损失率的情况。倘若我们直接将平均保额损失率作为纯费率,那么一般说来每两年就会有一年的赔偿金额超过当年的纯保费。因此,纯费率的最终确定还要在平均保额损失率的基础上进行修正,而修正是在平均保额损失率的基础上附加一定的安全系数来实现的。

确定安全系数的方法有两种:一种是均方差法,即在平均保额损失率的基础上加上若干倍的均方差数值;另一种是经验法,即根据经验估计来确定系数附加。

(1)均方差法

利用均方差法时纯费率的确定公式为:

纯费率=平均保额损失率+N×均方差 (N 取 1,2 或 3)

下面仍以例 3-2 的数据为例,分析纯费率的确定:

若附加一次均方差,则纯费率为:6‰+0.276‰=6.276‰。假设保额损失率的发生是服从正态分布的,那实际保额损失率超过纯费率的概率为 15.866%。

若附加二次均方差,则纯费率为:6‰+2×0.276‰=6.552‰,实际保额损失率超过纯费率的概率为 2.275%。

若附加三次均方差,则纯费率为:6‰+3×0.276‰=6.828‰,实际保额损失率超过纯费率的概率为 0.135%。

可见,附加均方差的倍数越多,赔偿金额超过纯保险费的可能性越小,保险公司的经营就越稳定,但同时投保人的负担也就越重,不符合费率厘定的合理性原则。一般认为,所附加均方差与平均保额损失率之比以 10%~20% 为宜,如例 3-2 这种情况,附加二次或者三次均方差都可认为是合适的。

(2)经验法

在实际工作中,如果某组保额损失率数据的稳定性系数不是太大,保险人可以根据经验估计在平均保额损失率的基础上,直接加上 10%~20% 的安全系数。其计算公式为:

$$纯费率＝平均保额损失率×（1＋安全系数）$$

(二)计算附加费率

附加费率可按单位保额所需的附加费用来确定,即

$$附加费率＝\frac{附加费用}{保险金额}×100\%$$

由于实务中通常按保险费的一定比例提取附加费用,如营业税、代理手续费、业务费之类,为了与此相适应,上述公式可变形为:

$$附加费率＝\frac{保险费×按保费提取附加费用的比例}{保险金额}×100\%$$

$$＝保险费率×按保费提取附加费用的比例$$

另外,附加费率也可由纯费率的一定比例来决定。

(三)计算毛费率

纯费率和附加费率之和就是毛费率,用公式表示为:

$$毛费率＝纯费率＋附加费率$$

按上述公司计算出的毛费率还必须进行分项调整,调整后得到的毛费率才具有较强的实用价值。

第二节　财产保险责任准备金的提取

保险准备金是指保险人为保证其如约履行保险赔偿或给付义务,根据政府有关法律规定或业务特定需要,从保费收入或盈余中提取的与其所承担的保险责任相对应的一定数量的资金准备。为了保证保险公司的正常经营,保护被保险人的利益,各国一般都以保险立法的形式规定保险公司应提存保险准备金,以确保保险公司具备与其保险业务规模相应的偿付能力。财产保险准备金主要有未到期责任准备金、未决赔款准备金和保险保障基金三种。

一、未到期责任准备金

(一)概念

未到期责任准备金是指在准备金评估日尚未终止保险责任而提取的准备金,

包括保险公司为保险期间在一年以内(含一年)的保险合同项下尚未到期的保险责任而提取的准备金,以及为保险期间在一年以上(不含一年)的保险合同项下尚未到期的保险责任而提取的长期责任准备金。财产保险的合同期限大多为一年,当然也有少数保险合同期限会超过一年。在每个会计年度末,必然会有部分保单的有效期还未截止,要延续到下一年度。所以,即便保险公司在该年度已经收取这些保单的所有保费,但这些收取的保费不能全部确认为该年度的保费收入,必须按保单剩下的有效期的长短提存未到期责任准备金,为保险公司将来履行保险责任做准备。

(二)提取方法

未到期责任准备金的计提方法有年平均法、季平均法、月平均法和日平均法。

1.年平均法

年平均法假定保险公司一年中承保的所有保单是在 365 天中逐日均匀生效的,即每天生效的保单数量及保险金额大体相等,每天收取的保险费数额也差不多,这样一年的保单在当年的会计年度末还有 50% 的有效部分未到期,则应提留有效保单保费的 50% 作为准备金。该方法计算简便,但不是很准确。我国的保险公司曾经采用过此法。

2.季平均法

季平均法考虑了保险公司在不同的季度保险业务数量的差异性,但假设在每一季度中承保的所有保单是逐日生效的,且每天生效的保单数量、每份保单的保额及保险费大体均匀。因此,每季度末已到期责任为 1/8,未到期责任为 7/8,而后每过一季,已到期责任加上 2/8,未到期责任减去 2/8。其计算公式如下:

$$P = \sum \left[\frac{A_n \times (2n-1)}{8} \right]$$

其中,$n = 1,2,3,4$;A_n 为某季度的自留保险费;P 为会计年度末的未到期责任准备金。

3.月平均法

月平均法考虑了保险公司在不同的月份保险业务数量的差异性,但假设在每个月中承保的所有保单是逐日生效的,且保单数量、保额、保费大体均匀。对于 1 年期保单来说,出立保单的当月已到期责任为 1/24,23/24 的保费则是未到期责任准备金。以后每过 1 个月,已到期责任加上 2/24,未到期责任准备金减少 2/24,到年末,1 月份开出的保单其未到期责任准备金为保费的 1/24,2 月份的是 3/24,其余类推,12 月份的保单则为 23/24。这种方法比年平均估算法和季平均估算法都精确,适用于各月内每日开出保单份数与保额大致相同而各月之间差异较大的业务。其计算公司如下：

$$P = \sum \left[\frac{A_n \times (2n-1)}{24} \right]$$

其中，$n = 1,2,\cdots,12$；A_n 为某月的自留保险费；P 为会计年度末的未到期责任准备金。

4.日平均法

日平均法就是在结算日根据会计年度内每天签发的保单来逐日算出未到期责任准备金，然后将其相加汇总的一种方法。这种方法计提的未到期责任准备金精确度高，但工作量大。其计算公式如下：

$$P = \sum \left[\frac{A_n \times (2n-1)}{730} \right]$$

其中，$n = 1,2,\cdots,365$；A_n 为某日的自留保险费；P 为会计年度末的未到期责任准备金。

二、未决赔款准备金

未决赔款准备金，也称赔款准备金，是指保险公司为尚未结案的赔案而提取的准备金，包括已发生已报案未决赔款准备金、已发生未报案未决赔款准备金和理赔费用准备金等。

(一)已发生已报案未决赔款准备金

已发生已报案未决赔款准备金是指为保险事故已经发生并已向保险公司提出索赔，保险公司尚未结案的赔案而提取的准备金。其提取方法有逐案估计法、案均赔款法等。

1.逐案估计法

逐案估计法即由理赔人员逐一估计每起索赔案件的赔款额，然后记入理赔档案，到一定时间对这些估计的数字汇总，并进行修正，据以提留准备金。这种方法比较简单但工作量大，适用于索赔金额确定，或索赔数额大小相差悬殊而难以估算平均赔付额的财产保险业务，如火灾保险、信用保险。此方法主要凭估算人的主观判断，而事实上任何案件都要有损失理赔人和当事人的磋商，任何悲观和乐观的人为因素都会造成估计偏差。另外，由于还要考虑很多诸如通货膨胀、理赔后果等非人为因素，估计数额有时难免会出现偏差。

2.案均赔款法

案均赔款法即先根据保险公司的以往损失数据计算出平均值，然后再根据对将来赔付金额变动趋势的预测加以修正，用这一平均值乘以已报告赔案数目就得出未决赔款额。这一方法适用于索赔次数多而索赔金额不大的业务，如汽车保险。

（二）已发生未报案未决赔款准备金

已发生未报案未决赔款准备金是指为保险事故已经发生，但尚未向保险公司提出索赔的赔案而提取的准备金。此类赔款的估计比较复杂，一般由专业的精算人员根据险种的风险性质、分布、经验数据等因素选择适当的方法进行谨慎评估提取。

（三）理赔费用准备金

理赔费用准备金是指为尚未结案的赔案可能发生的费用而提取的准备金。其中为直接发生于具体赔案的专家费、律师费、损失检验费等而提取的为直接理赔费用准备金；为非直接发生于具体赔案的费用而提取的为间接理赔费用准备金。对直接理赔费用准备金，应当采取逐案预估法提取；对间接理赔费用准备金，采用比较合理的比率分摊法提取。

三、保险保障基金

保险保障基金，是为了应对保险公司被依法撤销或者依法实施破产，或保险公司存在重大风险，可能严重危及社会公共利益和金融稳定的情形而从保费收入中提取的准备金，按照集中管理、统筹使用的原则，用于救助保单持有人、保单受让公司或者处置保险业风险的非政府性行业风险救助基金。保险保障基金制度其实是一个国家或地区为了保障保单持有人利益，维护市场信心，维护保险业的行业安全与稳定，在保险体系中通过筹集专项资金来补偿撤销或破产保险公司客户剩余利益的一种制度安排。随着保险业的快速发展及保险业外部环境的变化，保险公司面临的风险和破产的可能性并没有降低，反而有可能再增加。既然保险公司的破产不可避免，就应该有制度安排保障其破产后保单持有人的利益。纵观世界保险业发达国家，除了欧洲大陆一些国家的保险业由于采用卡特尔定价法而很少出现保险公司市场退出的问题，没有设立保险保障基金外，其他国家都普遍建立了程度不等的保险保障基金制度，构建保单持有人的"最后安全网"，用以对保险公司发生支付困难时实施紧急援助和市场退出后补偿被保险人。

我国《保险法》要求建立保险保障基金制度，并规定了"集中管理、统筹使用"的原则。2004 年 12 月 30 日，中国保监会正式发布《保险保障基金管理办法》，并于 2005 年 1 月 1 日起施行,规定财产保险、意外伤害保险和短期健康保险业务计提自留保费的 1‰作为保险保障基金。2008 年 9 月 11 日中国保险监督管理委员会、中华人民共和国财政部、中国人民银行又共同颁布了新的《保险保障基金管理办法》,并于颁布当日施行,对于保险保障基金的提取进行了调整。规定非投资型财产保险按照保费收入的 0.8‰提取;投资型财产保险,有保证收益的,按照业务收入的 0.08‰提取,无保证收益的,按照业务收入的 0.05‰提取。

第三节　财产保险业务的财务稳定性

一、财务稳定性的含义

　　财产保险业务的财务稳定性,是指就某一财险公司或其某项财产保险业务而言,保险人履行其对被保险人所承担的损失补偿义务的可靠性程度。其分为两种情况:一种是财务稳定性良好,即积蓄的保险基金足够履行可能发生的赔付义务;另一种是财务稳定性恶化,即积蓄的保险基金不足以应付突然发生的较大数额的赔款,如果发生巨额赔款将会导致经营失败或影响其财务收支平衡。

二、财务稳定性系数

　　我们一般以财务稳定系数 K 来衡量财产保险的财务稳定性,其计算公式如下:

$$\text{稳定性系数 } K = \frac{\text{保险赔款均方差 } \sigma}{\text{纯保费总额 } P}$$

　　若某项财产保险业务的纯费率(即损失概率)为 q,各危险单位的保险金额均为 a,该项业务承保的危险单位数为 n,根据损失概率预计出每年平均要支付的赔款数为 P,则

$$\sigma = a \sqrt{nq(1-q)}$$
$$P = naq$$

于是稳定性系数可表示为

$$K = \frac{a \sqrt{nq(1-q)}}{naq} = \sqrt{\frac{1}{n}\left(\frac{1}{q}-1\right)}$$

　　从上式可看出,K 与 n 和 q 成反比。因此在保额相同的同类业务中,要想增强

财务稳定性(使 K 缩小),就必须扩大业务量(即增加危险单位数,增大 n),或者提高纯费率(加大 q)。通常,增强财务稳定性的主要途径是扩大业务量,因为它比提高纯费率更为可行,而且这两种方法对于财务稳定性的影响也是以扩大业务量更为显著。一般说来,财产保险业务的财务稳定系数 K 不宜超过 10%。

【例 3-4】 保险公司某项业务承保 4000 个危险单位,每个危险单位保额相同,纯费率为 6‰,试判断其财务稳定系数 K 的高低。若其财务稳定系数 K 大于 0.1,可采用什么方法把 K 降下来?

解:$K = \sqrt{\dfrac{1}{4000}(\dfrac{1}{6‰} - 1)} = \sqrt{\dfrac{165.67}{4000}} = 0.2035$

由于 K 大于 0.1,表明该项业务的财务稳定性不佳。若要降低 K,既可采用提高纯费率的方法,又可采用扩大业务量的方法,但由于采用扩大业务量的方法更可行,所以我们在此只计算为降低财务稳定系数所需要的业务量,即:

$n = \dfrac{1-q}{K^2 q} = \dfrac{1-6‰}{0.1^2 \times 6‰} = 16567$

三、同一险种不同保额业务的财务稳定性

前面在分析财务稳定系数时,是以各危险单位的保险金额均相同为前提的,但在实务中,即便是同一险种,保险金额也不尽相同。而各危险单位保险金额的差异明显会影响到财险公司业务的财务稳定性。一般而言,财务稳定系数 K 与各危险单位保险金额的参差程度成正比,即参差程度越高,K 值越大,该项业务的财务稳定性就越差;参差程度越低,K 值越小,该项保险业务的财务稳定性就越好。

在这种情况下,我们可以按保险金额将该险种的所有业务分成若干类(如 n 类),根据前面介绍的办法计算出各类等保额业务的稳定性系数(K_i),然后再计算全部业务的稳定性系数(K'),设第 i 类业务保险赔款均方差为 Q_i,保险赔偿额为 P_i,则

$$K_i = \frac{Q_i}{P_i}, \quad K' = \frac{\sqrt{\sum\limits_{i=1}^{n} Q_i^2}}{\sum\limits_{i=1}^{n} P_i}$$

计算同一险种不同保额业务的财务稳定系数有何意义呢?从表 3-3 可获得提示。

表 3-3　同一险种不同保额业务的财务稳定系数表

类别	对每一危险单位承保金额（万元）	业务量（笔）	纯费率（‰）	保险金额（亿元）	纯保费（万元）	均方差	财务稳定系数	
一	120	1000	3	12	360	208	0.58	
二	100	2500	3	25	750	273	0.36	0.21
三	60	5000	3	30	900	232	0.26	
合计	—	8500	3	67	2010	—	—	

从表 3-3 中可看出,总的财务稳定系数比各组的稳定性系数要小得多,原因在于有的组发生正偏差,有的组发生负偏差,正负在一定程度上抵消就是该险种的财务趋于稳定。

四、不同险种组合的财务稳定性

要考察不同险种的财务稳定性,就是把不同险种的财务稳定系数加以综合,计算出财险公司全部业务的财务稳定系数,以衡量该公司总体业务财务稳定性状况。其计算方法与同一险种不同保额业务的财务稳定系数的计算方法类似,这里不再累述。

◆ 本章小结

1. 财产保险费是保险人按照财产保险合同的约定为其所承保的财产及其有关利益因自然灾害或意外事故造成的损失承担赔偿责任而向投保人收取的费用。财产保险费可以分解为纯保费和附加保费两部分。财产保险费率即财产保险价格,与财产保险费的分解相对应,财产保险费率由纯费率和附加费率两部分组成。

2. 财产保险费率厘定的法律原则有充分原则、合理原则和公平原则;财产保险费率厘定的业务原则有稳定原则、简明原则、灵活原则和促进防灾防损原则。

3. 财产保险费率的厘定方法可分为三种:观察法、分类法和增减法。财产保险费率的厘定是以损失概率为基础的,它先通过对保额损失率和均方差的计算求出纯费率,然后再计算附加费率,最后得到毛费率。

4. 保险准备金是指保险人为保证其如约履行保险赔偿或给付义务,根据政府有关法律规定或业务特定需要,从保费收入或盈余中提取的与其所承担的保险责任相对应的一定数量的资金准备。财产保险准备金主要有未到期责任准备金、赔款准备金和保险保障基金三种。

5.财产保险的财务稳定性,是指就某一财险公司或其某项财产保险业务而言,保险人履行其对被保险人所承担的损失补偿义务的可靠性程度。可通过财务稳定系数 K 值分析财产保险的财务稳定性。

❖ 关键术语

　　财产保险费率　纯费率　附加费率　毛费率　观察法　分类法　增减法平均保额损失率　稳定性系数　安全系数　保险准备金　未到期责任准备金赔款准备金　保险保障基金　财产保险的财务稳定性

❖ 思考题

1.财产保险费率厘定的原则有哪些?

2.财产保险费率厘定的基本方法有哪些?

3.简述财产保险费率厘定的基本步骤。

4.财产保险准备金的种类有哪些?

5.某公司某项财产保险业务的一组保额损失率数据如下表,试计算平均保额损失率和稳定性系数。

年　数	1	2	3	4	5	6	7	8	9	10
保额损失率(‰)	4.5	3.4	5.1	5.2	5.7	6.9	4.6	7.3	5.4	4.2

6.某财产保险公司某年当中四个季度的保费收入分别是 5000 万元、5600 万元、6400 万元和 6000 万元,试分别运用年平均估算法和季平均估算法计算该公司应提留的未到期责任准备金。

7.某财险公司经营四种不同类型的保险业务,下表是其业务经营情况的相关数据,试根据表中数据分别计算每类业务的财务稳定系数以及该财险公司总的财务稳定系数。

类别	对每一危险单位承保金额 (万元)	业务量 (笔)	纯费率 (‰)	保险金额 (亿元)
一	100	1400	3	14
二	80	2000	2	16
三	50	4000	4	20
四	30	5000	3.5	15

第四章

财产保险经营

学习目标

1. 理解财产保险经营的特性。
2. 了解财产保险的经营目标和经营风险。
3. 熟悉不同的财产保险展业渠道。
4. 掌握财产保险承保的含义与程序。
5. 掌握财产保险理赔的含义与程序。

第一节 财产保险经营概述

一、财产保险经营的特性

(一)财产保险经营具有特殊的商品属性

财产保险商品是非劳动产品,原因在于:①财产保险以风险存在为条件,而不以劳动为条件。②财产保险是损失补偿的平均分摊,分配对象是国民收入中的一部分后备基金,属分配环节,而不属生产环节。在商品货币条件下,财产保险分配采取了商品形态。③财产保险补偿是对劳动成果的纯消费行为,而不是生产性消费。虽然财产保险不是劳动产品,但是财产保险的运行机制能够满足人们对转嫁风险的需要。因此,也就取得了商品属性,并且同其他商品一样,也具有价值和使用价值,但和其他商品的价值和使用价值的决定有本质的不同。从质的规定性来讲,财产保险商品的价值是物化于保险本身的劳动,即用来生产并物化于因风险损失引起的财产保险补偿过程中所必需消耗的那部分生产资料和生活资料的劳动;而且,财产保险商品价值量的决定与一般商品不同,决定于平均保额损失率。而财产保险商品的使用价值从质的规定性上讲,表现为它能向被保险人提供经济保障,因此财产保险商品是一种保障性商品。从量的规定性讲,财产保险商品的使用价值量以货币为衡量单位,具体表现为保险金额。财产保险特殊的商品属性使其具有一定的抽象性,由于风险状况、风险规避程度和认知能力的不同,不同的人对于同一个财产保险商品的具体感知会有很大的差别。

(二)财产保险商品交易过程的非即时结清性

一般商品市场都是能够即时结清的市场。所谓即时清结的市场,是指市场交易一旦结束,供需双方立刻就能够确切地知道交易结果的市场。即使银行存款,由于利率是事前确定的,交易双方当事人在交易完成时就能够立即确切知道交易结果。而财产保险的交易活动,因风险的不确定性和保险的射幸性使得交易双方都不可能确切知道交易结果,因此,不能立刻结清。相反,还必须通过订立保险合同来确立双方当事人的保险关系,并且依据保险合同履行各自的权利与义务。因而,保险单的签发,看似保险交易的完成,实则是财产保险保障的刚刚开始,最终的交易结果则要看双方约定的保险事件是否发生。对于大部分财产保险而言,保险期限是一年的时间,其保险交易过程的时间大于一般企业的交易过程,保险交易过程期限的变长,显然将增加财产保险经营风险。

(三)财产保险合同的附和性和射幸性

由于财产保险提供的是一种无形的经济保障,财产保险市场上以货币作为支付手段的财产保险合同买卖,是财产保险商品交换的唯一方式,保险合同是财产保险商品的体化物。财产保险合同具有一般商业合同所不具备的附和性和射幸性的特点。财产保险合同的附和性是指财产保险合同条款事先由保险人拟定,投保人购买保险,要么附和保险人的合同,即同意合同条款并购买该合同,要么拒绝购买该保险,一般没有修改合同内容的权力,即使需要变更某项内容,也只能采纳保险人事先准备的附加条款。因此,在附和性合同中,保险人较之被保险人处于明显优势。财产保险合同的射幸性是指保险合同履行的结果建立在事件可能发生、也可能不发生的基础之上。在合同有效期内,假如保险标的发生损失,则被保险人从保险人那里得到的赔偿金额可能远远超出其所支出的保险费;反之,如无损失发生,则被保险人只付出了保费而没有得到任何货币补偿。保险人的情况则正好与此相反。当保险事故发生时,它所赔付的金额可能大于它所收缴的保费;而如果保险事故没有发生,则它只有收取保费的权利,而无赔付的责任。财产保险合同的射幸性特点来源于保险事故发生的偶然性。还需要指出的是,所谓保险合同的射幸性特点是就各个保险合同而言的,如果从全部承保的保险合同总体来看,保险费与赔偿金额的关系以精确的数理计算为基础,原则上收入与支出保持平衡,因此,财产保险合同不存在射幸性的问题。

二、财产保险的经营目标

财产保险的经营目标是指在分析财险公司外部环境和内部条件的基础上,确定财险公司各项经济活动的发展方向和奋斗目标,是财产保险经营的出发点和归宿点。财产保险经营是一种特殊的商品经营,其经营目标的内涵非常丰富,可具体分为三个层次:

第一,实现公司价值的最大化。这是财险公司作为一个企业追求的基本目标,也是所有企业追求的共同目标。

第二,实现公司自身安全运营进而维护社会稳定。财险公司作为商品经营者,其主观目的是追求经济收益,但是,财险保险这种商品具有良好的外部化效应,即它对经济、社会的稳定作用,对人们生活的安定作用,对科学技术发展的促进作用,对国际贸易与经济交往的保障作用,对于社会文明发展的促进作用等。财险公司经营亏损或倒闭不仅会直接损害公司自身的存在和利益,还会严重损害广大被保险人的利益,危害相关产业的发展,从而影响社会经济的稳定和人民生活的安定。因此,财险公司除追求自身利益最大化之外,还要保障自身的安全运营并兼顾宏观经济的稳定和金融体系的稳健。追求稳健和安全是财险公司实现基本目标的必要前提和保证。

第三,优化财险公司风险管理的效率。财险公司风险管理的效率是一种体现财险同业竞争关系的核心指标。虽是财险公司经营微观效率的体现,但从长远的角度来看,个别保险公司风险管理效率的提高必然会带动整个财险行业风险管理效率的提高。所以,风险管理效率的优化其实是一种中观层次的目标。

实现财险公司价值最大化作为一种微观目标,是财险公司自身本应追求的基本目标;实现公司自身安全运营进而维护社会稳定,是财险公司身处特殊行业必须肩负的宏观目标,也是其实现自身价值最大化的必要前提。介于两者之间,风险管理效率是财险同业竞争力的一个核心指标,它是实现微观目标和宏观目标的手段,也是沟通微观目标和宏观目标的桥梁,因此风险管理效率的优化是一个中介目标。

三、财产保险的经营环节

财产保险经营活动是财产保险关系不断成立和消灭的连续过程,表现为不断地进行展业、承保、防灾防损、再保险、理赔及资金运用等环节。各经营环节之间的关系如图 4-1 所示。财产保险经营的各个环节相互联系、相互依赖。展业是财产保险经营的起点和基础,承保是财产保险经营的关键,再保险是财产保险经营的保证,理赔则直接体现了财产保险经营的宗旨和目的,防灾防损直接或间接地作用于其他经营环节中,而财产保险资金的有效运用有助于财产保险的稳健和持续经营。总之,要使财产保险充分发挥其风险保障的功能,就必须加强财产保险各经营环节的经营管理。

四、财产保险的经营风险

按照财险公司面临的风险来源,可将财产保险经营风险分为外部风险和内部风险两大类。财产保险经营的外部风险是指由于外部环境的变化给财产保险公司带来的风险。主要包括市场风险、社会与政治环境风险、政策风险、巨灾风险、竞争风险等。从理论上分析,外部风险因素是财产保险公司不能完全控制的因素,而且非常复杂,对财产保险公司造成的影响很难用数量指标来描述。财产保险经营的内部风险是指财产保险公司在市场预测、产品设计、产品营销、承保、理赔、资金运用等整个过程中因管理水平不高或决策不当而出现的风险。内部风险贯穿于财产保险公司内部经营活动的各个环节,主要包括策略风险、精算风险和操作风险等。

图 4-2 是财产保险经营风险的生成机理图,从该图中,可以推出财产保险经营风险的特性。

(一)多样性

作为风险集散中介的财险公司,面临的经营风险不仅来自于其履行组织经济补偿职能所从事的保险业务,还来自于其履行资金融通职能所从事的投资业务。为了履行组织经济补偿职能,财险公司要承担多种多样的财产风险、责任风险和信用风险等承保风险。为了发挥其资金融通的职能,财险公司要承担市场风险、信用风险等投资风险。

(二)联动性

经营风险的联动性表现为财产保险公司面临的承保风险和投资风险相互渗透,互动发展。如财产保险公司进行高收益、高风险的投资,就很有可能对保险基金的安全性和流动性造成危险,伤及其承保业务的正常经营。

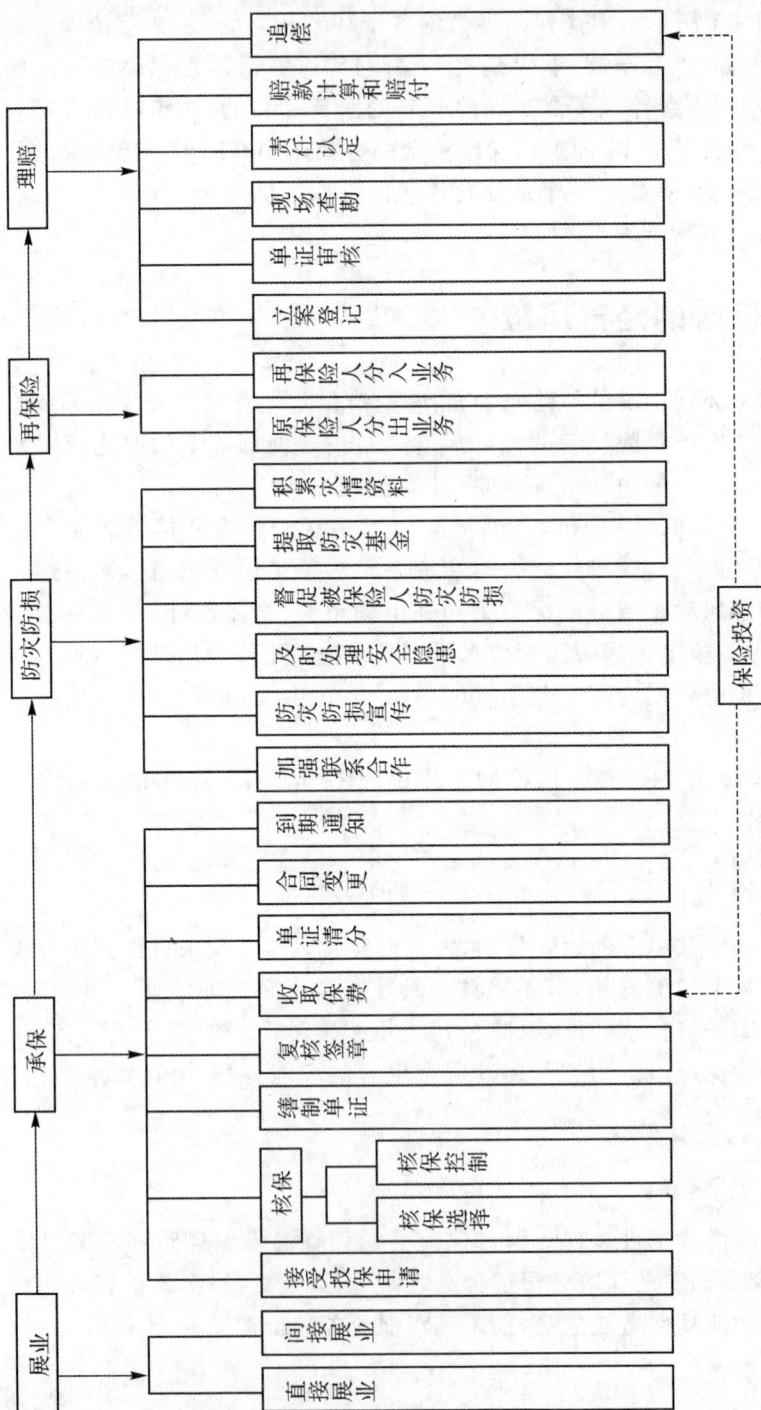

图 4-1 财产保险的经营环节

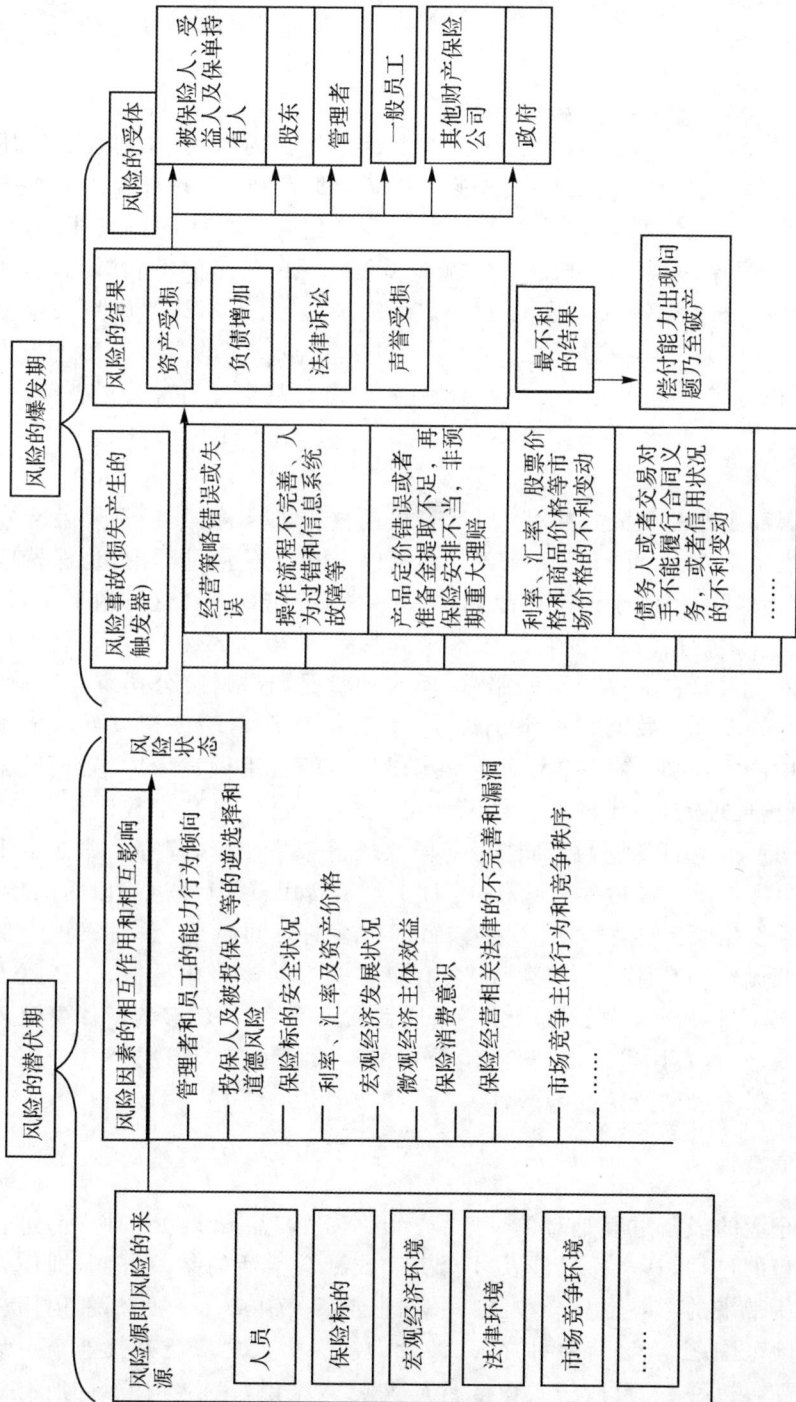

图 4-2 财产保险经营风险的生成机理图

(三)非控性

一方面,保险标的是风险作用的对象,而保险标的一般由被保险人控制,所以,财险公司所承担的承保风险责任基本上都是外在的风险,非财险公司所能完全控制,其防灾防损职能的发挥也只能在一定程度上起到推动被保险人加强风险管理的作用。另一方面,财产保险的经营风险中包含着很多的系统性风险,虽然财险公司可以采用一定的手段和方式减少系统性风险带来的不利影响,但要完全消除和规避系统性风险,根本不可能。如巨灾风险,由于不具备风险大量和风险同质等可保风险条件,巨灾风险的发生使得财产保险经营的数理基础——大数法则失效,往往造成一些财险公司的巨额亏损,严重时甚至使财险公司破产。

(四)隐蔽性

一般工商企业总是先发生费用,后获得销售收入,因而其经营风险会在较短时期内显现出来,不可能被长期掩盖。而财险公司在经营过程中,是保费收取在前,然后承担保险责任,于保险事故发生后支付保险赔款。在这种情形下,即便财险公司发生经营亏损,但只要它能够签发新保单,获得新的保费收入,就可以用新的保费收入支付原有保单项下的赔款,而这种状况如果财险公司有意隐瞒的话,也很难被外界发现。我们可以举例说明,假设一家 A 财险公司以低于成本的价格销售保单,并且同时为了扩大社会影响以较多的费用做宣传广告、捐助公益活动,为了争抢代理人,向代理人支付的佣金、手续费也明显高于其他保险公司,为了提升公司形象,租用或购买高档写字楼并进行豪华装修,等等。那么会出现什么样的结果呢? 由于是亏本销售保单,加上经营费用较高,经过一段时间后,该财险公司已经发生了一定程度的亏损。而且持续的时间越久,亏损累积金额就越大。但受低保费和其他表象的误导,会有更多的人向该公司投保,保费收入也会大幅度增长。只要该财险公司能够不断地签发新保单,有足够的新保费流入维持其保险赔款、经营费用等支出,该财险公司的经营就能持续下去。这个例子充分说明了财产保险经营风险的隐蔽性。

(五)危害性

一般企业的经营过程是对单一产品、单一系列产品或少数几种产品进行生产管理或销售的过程,其产品只涉及社会生产或社会生活的某一方面,即使企业的破产倒闭所带来的影响也只会涉及某一行业或某一领域。一般来说,财险公司所承保的风险范围之宽、经营险种之多、涉及的被保险人之广泛是其他企业无法相比的。例如,被保险人包括法人和自然人,就法人来说,包括各种不同所有制的工业、农业、交通运输业、商业、服务业和各种事业单位以及国家机关；就自然人来说，有各行各业和各个阶层的人士。无论是法人还是自然人，既可以在国内的不同地区，又可以在世界各国家和地区。正是由于被保险人的广泛性，财险业对整个社会有较大的影响和渗透。财险公司自身风险的累积和爆发容易引起较为广泛的社会危害。仍以前面所举的 A 财险公司为例，如果由于可保资源有限或经济环境发生变化，该保险公司的新保单和保费收入下降时，就会发生支付困难，甚至破产，这个时候保险公司业务量越大、涉及的被保险人数量越大，造成的社会危害也就越大。

第二节　财产保险展业

一、财产保险展业的含义和作用

（一）含义

财产保险展业就是销售财产保险商品的一系列活动，它是财产保险经营的起点。财产保险展业不同于推销保单，而是包括展业环境分析、制订展业计划到财产保险商品宣传、出售保单、提供售后服务等一系列活动。财产保险展业对于财险公司意义重大，不展业，就没有投保人，就无法建立起完整的保险关系。

（二）作用

1.使潜在的财产保险需求显性化

财产保险商品是一种"非渴求商品"，也就是消费者不会主动去购买的商品。财产保险商品提供给消费者在风险事故发生后的经济补偿，虽然财产风险、责任风险等是客观存在的，但风险是否发生、何时发生、如何发生、损失程度如何等都是不确定的，这使得一般民众在风险事故发生前往往存在侥幸心理，缺乏主动购买财产保险商品的积极性。可见，从理论上分析，不管是家庭还是法人团体，都存在对财产保险的需求，但这种需求是潜在的，需要在外部因素的激发下才能转化为现实需求。既然在现实生活中大多数人不会主动向财险公司购买财产保险，就需通过财产保险的展业帮助人们树立风险防范的意识，使其接受财产保险产品，进而采取适当的策略促其完成购买行为。

2.保证财产保险经营的稳健性和可持续性

对于财险公司来说,要降低经营风险和保险成本,就需要有大量的业务,而这一点是通过展业来做到的。财险公司只有通过展业争取到众多的投保人,才符合大数法则这一基本的保险经营原则,才能达到以众人之力补偿少数人损失的目的。展业效率越高,财产保险的保险人承保的保险标的数量越多,保险公司的财务就越趋稳定。而且,只有当财险公司通过展业使尽可能多的财产及其有关利益成为保险标的时,才能最大限度地发挥财产保险的职能和作用。

二、财险公司直接展业渠道

(一)财险公司直接展业的传统渠道

财险公司直接展业的传统渠道就是财险公司依靠本企业员工直接去招揽财险业务。该展业方式是一种垂直展业,适用于规模大、分支机构多的财险公司。财险公司员工一般较全面掌握保险知识,熟悉保险条款,具有较好开展保险业务的素质,因而有利于控制保险欺诈行为的发生。可见,这种展业方式的优势在于财险公司能有效控制承保风险,保持业务量的稳定。

传统渠道展业方式需要公司员工与大量的目标顾客进行长时间的接触,而保险公司员工数量有限,因此,其弊端也是显而易见的。首先,不利于财险公司争取更多的客户。有限的人员只能提供有限的服务,所以该方式只能把一部分潜在的财产保险需求转化为现实的购买能力,使财险公司失去了很多潜在的客户。其次,不利于扩大财险公司的经营范围。由于直销人员数量有限,他们只能侧重于进行某些大型险种的营销活动,如企业财产保险、工程保险等,而对于某些极有潜力的业务领域都无暇顾及,如家庭财产保险、机动车辆保险等业务,导致财险公司对市场需求的变化不能做出充分合理的预测而错失发展良机。最后,公司运营成本较高。该展业方式需要配备大量的人员并增设机构,大量的人工和费用开支会提高财险公司的经营成本。

(二)财险公司直接展业的创新渠道

1.电话直销

电话直销是在传统电话服务基础上发展起来的新型业务营销模式,对于保险市场的发展具有积极促进作用。电销业务是以电话为主要沟通手段,借助网络、传真、短信、邮寄、递送等辅助方式,通过保险公司专用电话营销号码,以保险公司名义与客户直接联系,并运用公司自动化信息管理技术和专业化运行平台,完成保险产品的推介、咨询、报价、保单条件确认等主要营销过程的业务。电话直销在保险行业发展很迅猛,日本以及我国香港和台湾等地区通过电话销售保险都取得了很大的成功。

为了发展和规范我国财险市场的电话直销业务,保监会于 2007 年 4 月专门发布了《关于规范财产保险公司电话营销专用产品开发和管理的通知》。该文件规定电话直销只能用于承保分散性的个人业务,并要求保险公司开发和销售电销专用产品应当具备以下条件:具有合法的电销业务办公场所;具有专门的电销管理部门,并配备符合要求的工作人员;具有专用的电销服务号码,并在销售电销产品地区的主流媒体上公布后长期使用;建立专门的电销运营基础设施和电脑系统;建有完善的专项内控管理制度和管理流程。

中国平安财险在 2007 年 8 月成为全国首家拥有车辆保险电销资格的公司,其当年电销的车险保费达到 6.9 亿元,2008 年则猛增到 16.4 亿元。从中国平安财险的例子可看出电话直销在财险市场的发展前景广阔。

电话直销的优点表现为两个方面:第一,由于其对于消费者来说具有"省钱、快捷、可靠"的特点,容易被消费者所接受,从而使财险公司获得重要的客户资源。第二,该方式对于财险公司来说,中间环节少,大大降低了销售成本。电话直销的缺点也表现为两个方面:第一,由于保单销售过程中买卖双方接触度低,两者之间不容易建立起良好的互动,因此只适合功能单一、易于解说的险种。第二,电话直销对财险公司客户资料管理平台、网络技术、信息化建设、企业品牌知名度等要求较高,财险公司前期投入巨大。

2.网络直销

网络直销是指保险公司借助于信息技术和数字交互媒体,以互联网络为主要渠道,不经过其他中间商,直接实现保险产品营销的一系列活动。网络直销利用网络信息技术有效地促进了保险公司与企业、个人之间交易活动的完成,丰富了保险的展业形式,实现了电子商务与保险业的有机结合。

保险网络直销的迅速发展,原因在于其载体——互联网络具备很多适合保险展业的特质:

(1)互联网络无处不及,有较强的广泛性,可以联络全世界的人群且无时间地域限制,扩大了目标客户的范围。

(2)互联网络可以展示商品目录、链接资料库并提供有关商品信息的查询,其信息承载量远远大于电视、报纸等其他媒体,且可以根据市场情况及时变化,便于客户了解企业动态。

(3)可以和顾客做互动双向沟通、可以收集市场情报、可以进行产品测试与消费者满意调查等,能对客户的要求和建议及时做出积极的反馈,便于把握市场的真正需求。

(4)互联网络能缩短保险交易的中间环节,降低交易成本。由于直销提供服务的成本低,它可以依靠较低的费率、优质的服务等优惠条件来吸引新客户。

(5)互联网络使用者数量快速成长并遍及全球,使用者多属年轻人、中产阶级和高学力者,因此是一个极具开发潜力的市场渠道。

保险网络直销的优点不仅在于其大大降低了保险展业成本,还在于其拓展了保险展业的时间和空间,扩展了保险公司的客户群体。但网络直销也有缺点,由于网站建设投资额大,网络加密技术要求高,所以前期投入巨大。

三、财险公司间接展业渠道

(一)财险公司间接展业的传统渠道

1. 保险代理人展业

保险代理人是根据保险人的委托,在保险人授权的范围内代为办理保险业务,并向保险人收取代理手续费的单位或个人。对于财险公司而言,代理人展业是十分经济的展业方式,既可以获得大量的业务,又大大节省了机构设置费用和人工费用。

按照代理性质的不同,保险代理人可分为专业代理人和兼业代理人两种。专业代理人是指受保险人的委托,以保险人的名义专门为保险人代理保险业务,并向保险人收取代理手续费的单位或个人。专业代理人按其法律特征可分为个人代理人和专业代理公司。个人代理人展业的优势是财险公司运营成本较低,个人代理人展业欲望较强。其劣势是人员流失率较高且素质参差不齐,为客户提供的服务质量难以控制,同时由于利益驱动,其招揽的保单的质量有时会存在问题,甚至会产生欺诈行为。专业代理公司展业的优势是财险公司前期投入少,且业务员的不当行为由代理公司负责,可减少纠纷。其劣势是相对于直接展业和个人代理人展业,财险公司对其控制力较差,业务不稳定,易与别的公司签约。

兼业代理人是指主营业务不是保险业务,但因其行业特点便于在主营业务之外兼营代理保险业务并获取代理手续费的单位。目前财产保险的兼业代理人主要有运输公司、汽车经销商等单位。兼业代理专业的优势在于财险公司通过利用代理人的主营业务关系就能轻易拥有很多准客户。其劣势是销售的财险产品范围受到很大的限制,而且,兼业代理人可代理多家财险公司产品,对财险公司依赖性低,销售产品的动力会受多家财险公司支付不同的代理手续费的影响。

在很长一段时间里,我国财产保险的代理基本上是兼业代理,但随着财险业的逐步发展,专业代理人展业的方式日渐普及。

2.保险经纪人展业

保险经纪人是基于投保人的利益,为投保人与保险人订立保险合同提供中介服务,并依法收取佣金的单位。保险经纪人代表的利益主体是投保人。保险经纪人对保险市场和风险管理富有经验,不仅能为投保人提供防灾防损或风险评估、风险管理咨询服务,也能为投保人拟定投保方案、办理投保手续。由于保险经纪人往往要为投保人物色保险公司,使得保险经纪人成为保险公司事实上的展业人。保险经纪人制度是在英国发展成熟起来的,在国际保险市场上,英国是典型的使用保险经纪人进行保险营销的国家。其保险经纪人制度影响最大,保险经纪人的力量也最强,英国保险市场60%以上的财险业务是由经纪人介绍的,举世闻名的保险巨人劳合社更是只接受劳合社保险经纪人安排的业务。我国在国际保险业务中普遍利用保险经纪人展业,而在国内保险业务中,保险经纪人展业还有待发展。

保险经纪人展业的优势是能使财险公司获得一些较大的投保客户,其劣势是由于经纪人是保险市场的专家,财险公司所获利益较少。

(二)财险公司间接展业的创新渠道

目前广受关注的创新型财险公司间接展业渠道是异业结盟展业方式。其主要有以下两种方式。

1.财险公司与寿险公司结盟

随着企业改制、个人资产不断增加,我国财产保险市场中的个人及中小型客户市场正在迅速发展。面对标的分散的个人及中小型客户市场,财险公司如果像个人寿险那样通过建立庞大的业务员队伍对其进行开拓和维护,其运营费用会相当高。既然这种客户资源是财险公司和寿险公司共同的客户资源,就可以借助人寿保险公司的展业对客户进行深度开发,在发展寿险业务的同时拓展财产保险业务。

2.财险公司与银行结盟

财险公司与银行结盟不仅可稳定其业务来源,还可利用银行庞大的客户资料库以及储蓄网点扩大其业务来源。

异业结盟展业方式整合了不同行业的展业渠道,其优点在于既能使财险公司减少经营成本,又能使其扩大业务来源。其缺点在于财险公司较难控制承保业务的质量。

第三节 财产保险承保

一、财产保险承保的含义

财产保险承保是指财险公司在投保人提出投保请求后,经审核认为符合承保条件并同意接受投保人申请,承担财产保险合同规定的保险责任的行为。大数法则是财产保险经营的数理基础,但财产保险经营除了要满足数量上的要求外,还必须满足质量上的要求。如果财险公司承保大量高风险的业务,就会使它的赔付率提高,严重时甚至会危及其偿付能力。可见,承保工作的好坏是财险公司能否稳健经营的关键因素之一。

二、财产保险承保的程序

1.接受投保申请

投保人购买财产保险,首先要提出投保申请,即填写投保单,交给财险公司。投保单是投保人向财险公司申请订立财险合同的书面要约。投保单通常由财险公司采用统一格式印刷,投保人依投保单上所列项目逐一填写。投保单按不同险种有不同的内容,但共通的主要内容包括:投保人和被保险人资料(姓名、地址等)、投保险种及适用条款、保险标的及其位置、保险金额(赔偿限额)、保险责任、保险期限、保费支付方式及日期、过去损失记录、投保人申明所填写资料属实、投保人签章、投保日期等。

2.财产保险核保

财产保险核保是指财险公司的专业技术人员对投保人的申请进行风险评估,决定是否接受这一风险,并在决定接受风险的情况下,决定承保的条件,包括使用的条款和附加条款、确定费率和免赔额等。可见,核保就是风险选择的过程,是财险公司承保工作的核心。关于核保的具体内容后面将作详细介绍。

3.缮制保险单证

财险公司核保部门拟定承保条件决定承保后,由出单部门或经办机构缮制保险单或保险凭证等保险合同文件。缮制单证是承保工作的重要环节,其质量好坏关系到财险合同双方当事人的权利义务是否能顺利履行。单证的缮制要求字迹清楚,内容准确,数字计算无误,项目完整,不能任意涂改。对投保多项财产的要套写保险单附表(或财产清单),粘贴在保险单正、副本上,并加盖骑缝章。若有附加条款,将其粘贴在保险单正本背面并加盖骑缝章。制单员应在缮制完毕的单证上签章,并在投保单上注明缮制日期、单证号码。

4.复核鉴章

对财产保险合同单证进行复核是对承保业务质量的最后把关,只有业务素质较高的人才能担当此任。复核从以下内容着手:保险单的内容是否齐全;保险单、保险凭证等是否与投保单各项内容相符;保险金额的确定是否符合规定;分项保额是否和总保额相符;费率的确定是否准确;保险费及大小写是否正确无误;等等。复核后,复核员要在保险单正本、副本上加盖业务专用章和私章。

5.收取保费

经办人员应该按照保险单等单证上载明的保险费数额填写保险费收据,由投保人凭此交保费。财险公司的财会人员根据保险单及保险费收据,经复核无误后,核收投保人应缴纳的保险费。

6.单证清分

对已填的投保单及附表、保险单、保费发票,内勤人员应进行清分归类。清分时按下列要求进行:①投保人留存:保单正本、保费发票(发票联),投保清单复印件粘贴于保单正本背面,并加盖骑缝章。②业务留存:保单副本一份、保费发票(业务留存联)、投保单及附表(原件),其中投保单、投保清单粘贴于保单副本,并加盖骑缝章。③财务留存:保单副本一份、保费发票(记账联)。业务部门内勤根据留存的相关单证,分险种按保单编号登记"承保登记簿"后,将承保单证装订归档。

7.财险合同的变更

财险合同的变更必须有合理依据,须获得保险人与被保险人的同意,同时,保险合同的变更必须采用书面的形式(批单)。

8.到期通知

在保单到期前的一段时间,相关人员应通知被保险人,以便让其及时办理续保手续避免保险中断。

三、财产保险核保

财产保险核保包括核保选择和核保控制两个方面内容。

(一)核保选择

财险公司的核保选择表现在两方面:一是尽量选择承保同质风险,从而使风险能从量的方面进行测定,实现风险的平均分散;二是淘汰那些超出可保风险条件或范围的投保标的。

1. 核保选择针对的风险

核保选择的目的在于抑制财险公司在经营过程中面临的逆选择风险。逆选择普遍存在于保险市场中。在财产保险交易过程中,买卖双方不可能完全知晓对方的底细。潜在的投保人总是比财险公司更清楚自己面临哪些风险,风险程度如何,会造成什么样的损失。虽然保险合同要求投保人遵循最大诚信原则,但投保人作为一个理性的人,其行事以自身的经济利益为标准,在不违法的前提下,投保人一定会利用各种可能来为自己谋利。因此,投保人必然会试图利用这种信息不对称,隐瞒自己真实的风险状况,使财险公司相信自己是低风险的投保人,从而达到缴纳较少保费转移较大危险损失的目的。当这种情况发生时,逆选择就产生了,会对财险公司经营带来不利的影响。只要投保人比财险公司掌握更多关于投保标的的信息,逆选择问题就始终会存在。要完全消除逆选择难度是非常大的,但通过核保选择,财险公司尽可能去认识、准确评价投保标的的风险种类与风险程度以及投保金额的恰当与否,从而决定是否接受投保,这在一定程度上能达到减少逆选择对财产保险经营带来不利影响的目的。可见,核保选择避免的是财险公司无条件承保的盲目性,强调财险公司对投保风险的主动性选择,使集中于保险保障之下的风险单位不断地趋于质均划一,有利于承保质量的提高。

2. 核保选择的方式

(1)事前选择

事前选择是指财险公司根据投保风险的具体情况决定是否承保。事先选择可使财险公司处于主动地位,若发现投保风险超过平均水平,财险公司可拒保或有条件承保。事先选择包括对"人"的选择和对"物"的选择。

所谓对"人"的选择,是指对投保人的可保资格进行审核。首先,投保人必须是具有完全行为能力并对保险标的具有保险利益的自然人或法人,只有这样,财产保险合同才具有法律上的效力。其次,要调查了解投保人的资信、品格、作风等。在财产保险的整个经营活动中,保险标的始终处在投保人的控制之下。可见,投保人的行为会直接影响到保险事故发生的可能性和损毁程度。

所谓对"物"的选择,是指对投保标的的风险状况进行审核,对那些风险大的标的,财险公司可以拒绝承保或采用较高的保险费率。投保标的是财险公司可能承担风险责任的具体对象,其性质、状态及环境与风险的大小直接相关。财险公司审核投保标的,主要是审核投保标的的风险状况,通过对照投保单和其他资料检查投保标的的使用性质、结构性能、所处环境、防灾设施等情况。例如,在火灾保险中,对保险标的是根据投保标的的坐落地点、建筑结构、周围环境、占用性质等风险因素进行选择;在船舶保险中,对保险标的是根据船舶本身的适航性、船龄、航行区域等风险因素进行选择;在汽车保险中,对保险标的是根据汽车型号、使用年限、使用范围、汽车本身的性能等风险因素进行选择;在货物运输保险中,对保险标的是根据运输方式、货物本身的性质、承运人的管理水平、运输时间的长短等风险因素进行选择;在责任保险中,对保险标的是根据投保人的业务性质及其产生意外损害赔偿责任可能性的大小、法律制度对损害赔偿的规定、承保区域等风险因素进行选择。

(2)事后选择

事后选择是指在财险合同成立后,财险公司对于因风险状况发生变化导致风险水平超出承保标准的保险标的进行淘汰的行为。保险标的的淘汰有三种方式:第一,保险合同期满后不再续保;第二,按照保险合同规定的事项予以注销合同;第三,保险人若发现被保险人有明显误告或欺诈行为,可以中途终止承保,解除保险合同。我国《保险法》的第 16 条和第 27 条对上述情况作了明确规定。

(二)核保控制

核保控制是指财险公司对投保风险做出合理的核保选择后,根据承保标的的具体风险状况,运用保险技术手段,控制自身的责任和风险,以合适的承保条件予以承保。

1. 核保控制针对的风险

(1)逆选择风险。对于风险较大但是财险公司还是予以承保的标的,其投保人逆选择的行为倾向经过核保选择并没有消除,财险公司为了避免承担因此而引发的较大风险,必须通过核保控制来抑制此类逆选择风险。

(2)道德风险。道德风险是指保险对被保险人防损动机和减损动机的影响。例如,某企业购买了偷盗险,该企业实施预防措施降低偷盗可能性的动机就会减少。这是因为投保后,企业还是要承担所有额外的预防行为的成本,但是却从这些额外的预防行为中得不到任何收益。对投了保的损失,较低的期望索赔成本只会使保险公司获得收益。可见,道德风险的产生源于两个方面:第一,期望损失必须有赖于被保险人投保后的行为;第二,对于财险公司来说,观测被保险人的预防行为和衡量他们对期望索赔成本的影响的费用是昂贵的。

对于投保人而言,道德风险又分为事前道德风险和事后道德风险。事前道德风险是指被保险人在防损方面行为产生的背离。投了汽车保险的人假如在发生车祸之后能够获得足额赔偿,那么他开车时在保障自己人身安全的前提下,不会再像以前那样小心翼翼,还可能会比投保之前更莽撞一些。由于获得了保险的保障,投保人出车祸的可能性就会增加,损失的期望值也会变大。更为极端的例子是保险欺诈,在财产保险中表现为故意破坏保险财产以获取保险赔偿金。事后道德风险是指被保险人在减损方面行为产生的背离。例如,企业拥有火灾保险,当发生火灾时企业可能不会采取积极措施来抢救财产,以防止损失进一步扩大,因为企业可以获得保险赔偿。而如果没有投保,企业可能会试图抢救出尽可能多的财物。

2.核保控制的方式

(1)正确制定保险金额和赔偿限额

财产损失保险中按照保险标的的价值确定保险金额分为两种方式:定值保险与不定值保险。除艺术品、古董等价值波动大的特殊财产外,财产保险应采用不定值保险方式。财产保险标的含一个以上项目,除明确总保险金额外,还必须明确分项保险金额。在责任保险中,按照保险标的可能发生的损失范围确定责任限额,而且除明确累计赔偿限额、总赔偿限额外,还应视具体情况确定每次事故赔偿限额、每人赔偿限额。正确制定保险金额和责任限额的目的在于尽可能使被保险人获得足额保险,它既可以保证被保险人在损失后获得足额保障,又可以防止超额保险可能诱发的道德风险,还可以避免不足额保险带来的理赔纠纷。

(2)控制保险责任

保险责任是财险公司承担保险赔偿的责任范围,控制保险责任也就是控制财险公司承担风险的范围。在承保时,为了限制自己的赔偿责任范围,财险公司可将保险责任分为基本责任、特约责任和除外责任。基本责任是财险公司针对某一险种所承担的基本风险。如火灾保险在其发展过程中,火灾、雷击、爆炸、空中运行物体坠落一直是其承保的基本责任。特约责任是由投保人或被保险人提出要求并经财险公司同意而增加的承保责任范围,它们一般不能单独承保,大多数是附加在基本责任之上的。除外责任是财险公司不承担保险赔偿的范围,财险公司通常从地点、风险、财产和损失等方面对除外风险作出明确的界定。

(3)规定免赔额(率)

规定免赔额(率)是指对一些保险风险造成的损失规定一个额度或比率,由被保险人自负这部分损失,保险人对于该额度或比率内的损失不负责赔偿。例如,在机动车辆保险中,对机动车辆每次事故引发的车损险和商业三责险的赔付都有免赔率的规定,而且免赔率的大小和被保险车辆在交通事故中所承担的事故责任比例有关。可见,免赔额(率)的规定能激发被保险人的防损动机,从而也减少了保险人的赔偿责任。

(4)实行比例承保

比例承保是指财险公司按照保险标的实际金额的一定比例确定承保金额,而不是全额承保。例如,在农作物保险中,保险人通常按平均收获量的一定成数确定保险金额,如按正常年景的平均收获量的 6～7 成承保,其余部分由被保险人自己承担责任。

(5)保费计算和损失挂钩

保费可以以两种形式与损失相联系:一种是根据经验费率计算的保费,另一种是追溯式保费。经验费率保费是根据以前的损失经历计算出来的。如果一个人知道自己未来的保费是经验费率保费,而且预计在将来还要购买保险,那么尽管保险人会赔付所有的损失,但他还是会小心行事。第二种方法是根据每年发生损失的情况确定当年的保费。投保人先预付保费,到保险期末,财险公司根据当年损失的实际情况计算应交保费,并据此多退少补。我国财险公司常用的一种保费和损失相联系的手段是无赔款优待,对于在前一个或几个保险期限内没有发生保险事故的被保险人,在续保时可以享受一定的保费优惠。

(6)规定保证条款

保证条款是指财险公司要求投保人或被保险人在保险期间对某一事项的作为与不作为以及某种事态的存在或不存在作出的许诺。保证是一项从属于保险合同的承诺,是保险合同成立的基本条件。保证的目的在于控制风险,确保保险标的及其周围环境处于良好的状态之中。保证对被保险人的要求非常严格,无论违反保证的事实是否影响保险标的的风险,一旦违反,财险公司即可宣告保单无效。保证按其形式可分为明示保证和默示保证。明示保证是以文字或书面的形式在保险合同中载明,成为合同条款的保证。默示保证是指并未在保单中明确载明,但订约双方在订约时都清楚的保证。默示保证无须保险合同中文字的表述,一般是国际惯例所通行的准则、习惯上或社会公认的在保险实践中遵守的规则。默示保证与明示保证具有一样的约束力。

第四节　财产保险理赔

一、财产保险理赔的含义和作用

(一)含义

财产保险理赔是指财险公司在接受被保险人的索赔请求后,所进行的现场查勘与取证、保险责任审定、赔款理算、损失赔偿等一系列的行为。

(二)作用

1. 保障被保险人的合法权益

保险理赔是财险公司履行保险合同、进行经济补偿的具体体现。被保险人和财险公司签订保险合同、缴付保险费,其出发点就是为了规避自己所面临或潜在的财产风险、责任风险和信用风险。因此,当保险事故发生时,被保险人就应该享有获得经济补偿的权利,而这种权利的获得,是通过财险公司的理赔工作实现的。

2. 保障社会再生产的顺利运行

在社会再生产过程中,各生产部门之间保持合理的比例关系,是社会再生产过程连续进行的必要条件。理赔是财产保险经营工作中的重要一环,通过理赔使受损单位和个人及时获得经济补偿,有助于他们迅速恢复生产和正常生活,从而保障社会再生产的顺利运行,促进社会经济的稳步发展。

3. 检验和提高承保和防灾防损工作的质量

通过财产保险理赔,可以检验承保业务的质量以及防灾防损工作中的薄弱环节,便于财险公司进一步掌握灾害事故发生的规律,总结和吸取经验教训,进一步改进和提高财险公司的经营管理工作。

4. 扩大财产保险的社会影响

高质量的理赔服务可以提升财险公司的信誉,促进其保险业务的发展。

二、财产保险理赔的原则

1. 重合同、守信用的原则

由于财险公司与被保险人之间的权利义务关系都是通过保险合同来实现的,保险合同双方当事人都必须恪守合同的规定,保证合同的顺利履行。财险公司是否履行合同,就要看其是否严格履行经济补偿义务。因此,财险公司在处理赔案时,应严格按条款办事,既不能任意扩大保险责任范围乱赔,又不能缩小保险责任范围惜赔。

2. 实事求是的原则

财产保险理赔过程中实际情况错综复杂,这就要求财险公司必须从实际出发,根据保险条款的规定,并结合具体情况合情合理地处理赔案,既要有原则性,又要有一定的灵活性。尤其对通融赔付的案例,要从严掌握,对有利于促进财产保险业务的发展、有利于提升财险公司信誉和市场竞争力、有利于促进社会安定团结的案例才考虑通融赔付,而不是无原则地随意赔付。

3.主动、迅速、准确、合理的原则

主动、迅速、准确、合理的原则,是保险工作者在长期的工作实践中总结出的经验,是保险理赔工作的最基本要求,也是衡量理赔质量的重要标准。"主动"就是要求理赔人员积极、主动调查了解出险案件,及时进行现场查勘,掌握出险情况,进行事故分析,确定保险责任。"迅速"就是在法律规定的时间内,对赔案查得准、办得快、赔得及时,使被保险人在最短时间内恢复生产和安定生活。"准确"就是要求理赔人员从查勘、定损以致赔款计算,都要做到准确无误,不错赔,不滥赔。"合理"就是既要坚持按条款办事,又要结合具体案情进行准确定性,必要时还要结合实际情况有一定的灵活性。理赔工作的"八字"原则是辩证的统一体,不可偏废,如果片面追求速度,不深入调查了解,不对具体情况进行具体分析,或者计算不准确,草率处理,就可能发生错案。当然,如果只追求正确、合理,忽视速度,不讲效率,虽然赔款计算准确,但拖延赔付,也是不可取的。总的来说,要为被保险人着想,既要讲速度,又要讲效益。

三、财产保险理赔的程序

财产保险理赔的程序依险种和案情的不同而不同,但一般需经过登记立案、单证审核、现场勘察、审定责任、赔款计算、赔付结案、归档保管等环节。

(一)登记立案

财险公司在接到报案时要详细询问被保险人名称、保单号码、出险日期、出险地点、估计损失等并记录下来,同时请被保险人尽快填报出险通知。财险公司接到出险通知后,无论是否属于保险责任,均应及时立案。并根据被保险人的出险通知,及时复印有关投保单、保险单、批单副本,以便在现场查勘前先了解承保情况,同时要与报案记录内容详细核对,以分清是否属于本保险项下责任。

(二)单证审核

被保险人在损失通知后,应该向财险公司提供索赔所必需的各种单证。索赔单证的种类因险种和具体情况的不同而不同。如海洋货物运输保险的索赔单证有保险单或保险凭证正本、运输合同、发票、装箱单、磅码单、检验报告、货损货差证明和索赔清单等;如果损失涉及承运人和托运人等第三者的责任,被保险人还应提供向第三者责任方索赔的书面文件;如果损失涉及海难,被保险人应提供海事报告书或海事声明书。又如家庭财产保险的索赔单证有保险单、损失清单、保险公司估价单、消防部门失火证明(火灾事故)、公安部门报案受理单(盗窃事故)、公安部门三个月未破案证明(盗窃事故)、气象部门证明或相关报纸报道信息(自然灾害)等。

单证审核的目的是财险公司据此决定是否有必要全面展开理赔工作。单证的审核内容包括:保单是否有效、损失是否属于保险责任范围、索赔人在索赔时对保险标的是否具有保险利益、其他相关单证是否有效、损失的财产是否为保险财产、损失是否发生在保险期限内等。在初步确定赔偿责任后,财险公司根据损失通知编号立案,将保单副本与出险通知单核对,为现场勘查做准备。

(三)现场查勘

查勘人员在赶赴现场之前,首先要了解保险标的的基本情况,然后根据灾害事故类别,携带必要的查勘工具如相机、皮尺等以及现场查勘记录本、保险单复印件。现场查勘工作的具体内容有:

(1)了解事故的详细过程。

(2)确认出险时间、地点以及当时的自然条件、周围环境,必要时绘制现场草图。

(3)查明出险原因,初步判别是否属于该保单的保险责任,保险事故是否由第三者造成。

(4)把受损标的的情况与保险单记载的内容相对照,并查阅有关财务账册,以确认受损标的是否为保险标的。

(5)现场清点残余物资。现场清点往往是确定损失金额的基础,是保险理赔中相当重要的一环。现场清点时要求与被保险人共同清点,清点后双方签字。清点时既要清点受损物资的数量,又要清点未受损物资的数量。对于有些被保险人已经清理过的标的,可以要求被保险人先提供保险标的损失清单,根据损失清单进行现场清点核对,损失清单上应当加盖被保险人公章。

(6)施救。若风险事故还未结束,应立即督促、协助被保险人及时施救,减少保险财产损失。施救费用应分明细列明,并提供相关证明资料。

(7)现场取证和获得举证资料。查勘人员应尽量拍摄事故现场照片,拍出事故现场全景,并尽可能准确、详细、全面地反映所有受损标的的数量、标记、类型、受损程度,并附上简要文字说明。同时还应督促、协助被保险人尽快提供有关部门出具的出险证明、事故证明及有关单证。

(8)聘请专家或公估人。对于专业技术性强、损失原因或损失程度不易判定的案例,或损失额特别大的个案,应及时聘请有关权威部门、专家或公估人进行鉴定,尽可能取得具有权威性和法律效力的证明材料。

(9)撰写现场查勘报告。现场查勘报告的内容包括事故的起因、经过、结果、损失情况、估损金额等。

(四)责任认定

现场查勘结束后,财险公司应根据查勘报告和有关单证,进行责任审核。

1.明确赔偿责任和范围

财险公司在对损失清单、各项单证和查勘结果进行认真审查核实,确认各种单证的有效性和可靠性的基础上,认为风险事故是属于保险事故的,应明确表示予以赔偿,并进一步确认赔偿的范围,对于未保、漏保或保险期满后未续保的财产损失、灾前残损残次的财产等,财险公司不承担赔偿责任。

2.核定施救等费用

我国《保险法》第57条规定:"保险事故发生时,被保险人应当尽力采取必要的措施,防止或者减少损失。保险事故发生后,被保险人为防止或者减少保险标的的损失所支付的必要的、合理的费用,由保险人承担;保险人所承担的费用数额在保险标的损失赔偿金额以外另行计算,最高不超过保险金额的数额。"所以,财险公司责任审核的内容也扩大到了审核施救费用是否必要、合理。保险人支付的施救、整理、保护费用,应以发生保险责任范围内的事故为前提,以减少保险财产的损失为目的,以必要、合理为限度,既要避免不必要的施救,又要防止赔付过严影响防灾减损。

《保险法》第64条还规定:"保险人、被保险人为查明和确定保险事故的性质、原因和保险标的的损失程度所支付的必要的、合理的费用,由保险人承担。"第66条又规定:"责任保险的被保险人因给第三者造成损害的保险事故而被提起仲裁或者诉讼的,被保险人支付的仲裁或者诉讼费用以及其他必要的、合理的费用,除合同另有约定外,由保险人承担。"可见,财产公司还要审核和承担除施救费用外的法律规定的其他相关费用。

(五)赔款计算和赔付

财产保险的赔款计算要以保险金额为限、以实际损失为限、以保险利益为限。财产保险赔偿方式主要有四种,即比例责任赔偿方式、第一危险责任赔偿方式、限额责任赔偿方式和免责限度赔偿方式。理赔人员通常根据不同险种的具体要求,按保险赔偿方式计算出被保险人可以获得的赔款金额。财产保险赔偿一般以现金支付,但有时财险公司与被保险人也可约定采用恢复原状、更换、修理和重置等方式。

（六）代位追偿

如果保险事故是由第三者引起，财险公司自向被保险人赔偿保险金之日起，应取得由被保险人填写的权益转让书，在赔偿金额范围内由财险公司代位被保险人向第三者请求赔偿。

◆◆ 本章小结

1. 财产保险经营是一种特殊的商品经营；财产保险经营目标的内涵丰富，表现为多个层次，其中实现财险公司价值最大化是微观目标，也是基本目标；财产保险经营活动是财产保险关系不断成立和消灭的连续过程，表现为不断地进行展业、承保、防灾防损、再保险、理赔及资金运用等环节；财产保险经营风险的特性表现为多样性、联动性、非控性、隐蔽性、较严重的社会危害性。

2. 财产保险展业就是销售财产保险商品的一系列活动，它是财产保险经营的起点。财产保险的直接展业渠道有员工直接招揽业务、电话直销、网络直销等方式。间接展业渠道有保险代理人展业、保险经纪人展业和异业结盟展业等方式。

3. 财产保险承保是指财险公司在投保人提出投保请求后，经审核认为符合承保条件并同意接受投保人申请，承担财产保险合同规定的保险责任的行为。财产保险承保的程序依次为接受投保申请、财产保险核保、缮制单证、复核鉴章、收取保费、单证清分、财险合同的变更、到期通知。

4. 财产保险核保是风险选择的过程，是财险公司承保工作的核心。财产保险核保包括核保选择和核保控制两个方面。

5. 财产保险理赔是指财险公司在接受被保险人的索赔请求后，所进行的现场查勘与取证、保险责任审定、赔款理算、损失赔偿等一系列的行为。财产保险理赔应贯彻以下原则：重合同、守信用，实事求是，主动、迅速、准确、合理。财产保险理赔程序依险种和案情的不同而不同，但一般需经过登记立案、单证审核、现场查勘、审定责任、赔款计算、赔付结案、归档保管等环节。

◆◆ 关键术语

财产保险展业　电话直销　网络直销　代理人展业　经纪人展业　异业结盟展业　财产保险承保　财产保险核保　缮制单证　单证清分　核保选择　核保控制　财产保险理赔　现场查勘

◆ 思考题

1. 如何理解财产保险经营是一种特殊的商品经营？
2. 财产保险的经营环节有哪些？
3. 财产保险经营风险的特性有哪些？
4. 财产保险展业的含义和作用是什么？
5. 财险公司的展业渠道有哪些？
6. 财产保险承保有哪些程序？
7. 如何进行财产保险核保选择和核保控制？
8. 财产保险理赔的含义和原则是什么？
9. 财产保险理赔有哪些程序？

第五章

火灾保险

◆ **学习目标**

1. 理解火灾保险的责任范围与责任免除。
2. 了解纽约标准火灾保险单的主要内容。
3. 熟悉英美国家火灾保险的主要承保方式。
4. 掌握我国企业财产保险的主要内容。
5. 掌握利润损失保险的理赔计算。
6. 了解家庭财产保险的基本内容。

第一节　火灾保险概述

火灾是财产保险面临的最基本和最主要的风险,早期的财产保险主要承保火灾对于各种财产所造成的损失。随着保险经营技术的进步,财产保险公司开始将火灾保险的承保责任范围扩展到各种自然灾害和意外事故对于财产造成的损失。但是,人们习惯上还是将各种动产和不动产的保险称为火灾保险。

一、火灾保险的含义与特征

(一)火灾保险的含义

火灾保险是指以存放在固定场所并处于相对静止状态的财产物资为保险标的,由保险人承担财产遭受火灾及其他自然灾害、意外事故损失的经济赔偿责任的一种财产保险。我国目前开办的财产保险业务虽没有直接用火灾保险的名称,但企业财产保险、家庭财产保险、利润损失保险等都是在火灾保险基础上发展起来的险种。

（二）火灾保险的特征

火灾保险是一种传统的、独立的保险业务,其独立存在并发展至今,是由其区别于其他保险的自身特点决定的。

（1）火灾保险的保险标的必须是处于相对静止状态的各种财产物资。这一特点实际上将处于流动状态的货物、运输工具以及处于生长期的各种农作物、养殖动物排除在外,因为这些是由运输保险和农业保险来承保的。

（2）火灾保险承保财产的存放地点是固定的,被保险人不得随意移动。火灾保险合同一般都规定保险财产必须存放在合同约定的固定地址范围内,在保险期间不得随意变动;否则,保险人将不负赔偿责任。如果被保险人确实需要变动保险财产的存放地点,需征得保险人的同意。

（3）火灾保险承保的保险标的是相当广泛的。与其他保险相比,火灾保险的保险标的相当广泛,既有土地、房屋、机器设备,又有各种各样的原材料、在产品及产成品,还有各种消费资料等。

二、火灾保险的责任范围与责任免除

（一）火灾保险的基本责任

1. 火灾

火灾责任是指在时间和空间上失去控制的燃烧行为对于保险标的所造成的损毁。构成保险责任的火灾必须同时具备如下三个条件:①燃烧现象的存在,必须有火光和火焰;②必须在偶然和意外的情况下产生的燃烧现象,是敌意之火,而非善意之火;③失去控制并有蔓延扩大的趋势。有意识或有目的的行为所产生的燃烧现象不属于火灾责任范围。由于烘、烤、烙、烫等造成财产的焦煳变质,也不属于火灾保险责任的范围。

火灾保险具体对以下五种原因所引起的火灾损失负责赔偿:

（1）意外失火;

（2）物资自燃;

（3）他人纵火,包括被保险人法人单位的员工纵火和精神病人纵火;

（4）因救火导致保险财产的损失,包括救火而使保险财产被水渍、损毁或灭失;

（5）邻处火灾波及保险财产。

2.爆炸

爆炸责任是指物质在物理原因和化学原因的作用下,物质结构的温度和压力急剧升高所形成的能量释放现象对于保险标的所造成的破坏。爆炸分为物理性爆炸和化学性爆炸两种情况:①物理性爆炸,是指由于液体变为蒸气体膨胀,压力急剧增加大大超过容器所能承受的极限而产生的爆炸,如锅炉、气体压缩机、液化气罐爆炸等;②化学性爆炸,是指由于物体在瞬间的高速燃烧引起分解反应,以很大的压力向周围扩散的现象,如火药、粉尘、各种化学物品的爆炸等。

由于产品质量不合格、使用损耗或物体本身的瑕疵以及由于容器内部承受"负压"(内压比外压小)造成的损失,不属于爆炸责任范围。

3.雷电

雷电责任是指由于雷击闪电现象对于保险标的所造成的破坏。雷击分为两种情况:①直接雷击,是指由于雷电在放电过程中直接击中保险财产所造成的破坏;②感应雷击,是指由于雷电在放电过程中所形成的静电感应或电磁感应使屋内对电绝缘金属物体产生高电位放出火花引起的火灾损失,或对于使用过程中的电器设备所造成的破坏。

(二)火灾保险的扩展责任

1.飓风、台风、龙卷风

飓风责任是指夏秋之交所出现的风力等级超过9级并伴有暴雨对于保险标的所造成的损失。台风责任是指夏秋之际由于热带气旋的作用发生在北太平洋西部地区直径200~1000千米的空气漩涡所形成的风险等级超过8级的风暴对于保险标的所造成的损失。龙卷风责任是指平均最大风速为79~100米/秒,极端最大风速超过100米/秒的范围小、时间短的猛烈旋风对于保险标的所造成的损失。

2.暴风、暴雨、洪水

暴风责任是指风速在17.2米/秒以上、风力等级超过8级的大风对于保险标的所造成的破坏。暴雨责任是指每小时降雨量超过16毫米,或者连续12小时总降雨量超过30毫米,或者连续24小时总降雨量超过50毫米的雨水对于保险标的所造成的破坏。洪水责任是指由于江河泛滥、山洪暴发、潮水上岸及横泄对保险标的所造成的泡损、淹没、冲散、冲毁的损失。

对于有规律性的涨潮、自动喷淋设施漏水、常年平均水位线以下的渗水、水管漏水等所造成的保险标的损失,不属于保险责任。对于堆放露天、简易篷罩下的保险标的所遭受的洪水损失,除非合同双方当事人另有约定,否则也不属于洪水责任的范围。

3. 冰雹

冰雹责任是指由于冰雹降落对保险标的所造成的损失。

4. 地崩、山崩、雪崩

地崩责任是指由于地表结构的塌陷所形成的地层裂痕对于地面上的保险标的所造成的损失。山崩责任是指陡坡上的大块岩石在重力作用下突然崩落对于保险标的所造成的损失。雪崩责任是指山地大量积雪突然崩落对于保险标的所造成的损失。

5. 火山爆发

火山爆发责任是指一种强烈的火山活动过程中,其所喷出的各类集块岩、火山弹岩及火山角砾岩等物质对于保险标的所造成的损失。

6. 地面下陷下沉

地面下陷下沉责任是指地壳由于自然变异或者地层收缩形成的突然塌陷现象对于保险标的所造成的损失。这项责任还扩展到由于海潮、河流、大雨侵蚀或因地下孔穴、矿穴所出现的地面突然塌陷对于保险标的所造成的损失。但对于地基基础不牢固或未按照建筑施工要求施工所导致的建筑物地基下沉、裂缝、倒塌等损失,或由于打桩、地下作业及挖掘作业引起的地面下陷下沉对于保险标的所造成的损失均不属于该项保险责任。

7. 空中飞行物体坠落

空中飞行物体坠落责任是指在空中飞行或运行过程中的飞机、飞机部件或飞行物体突然发生的坠落现象对于陆地上的保险标的所造成的损失。如飞机坠毁、飞机部件坠落、陨石坠落、飞行物体落下以及吊车、行车在运行中发生的物体坠落对于保险标的造成的损失,都属于此项保险责任范围。

8. "三停"直接损失

"三停"直接损失是由于被保险人自有的供水、供电、供气设备由于遭受保险事故而导致的"停水、停电、停气"所造成的保险财产直接损失。"三停"损失必须具备以下三个条件:①必须是被保险人拥有财产所有权并自己使用的供电、供水、供气设备;②必须是保险事故造成的"三停"损失;③必须是被保险人的机器设备、在产品和储藏物品等保险标的损坏或报废。

(三)火灾保险的特约责任

1. 水箱、水管爆裂

水箱、水管爆裂责任是指由于内部压力增加而发生的水箱和水管的爆裂对于保险标的所造成的损失。对于水箱和水管的爆裂现象必须分清爆裂形成的原因,凡是属于被保险人自有的供水系统的水箱和水管的爆裂以及由于锈蚀引起的水箱和水管的爆裂,均不属于保险责任范围。由于供水系统的操作者违反操作规程而导致的水箱和水管的爆裂,保险人可以通过行使代位求偿权承担保险标的的损失。

2.破坏性地震

破坏性地震是指符合政府承认的地震监控部门认定的震级和烈度的地震发生对保险标的所造成的损失。因破坏性地震属于巨灾风险,所以作为特约责任承保。

3.盗窃

盗窃责任是指由于抢劫、偷窃或使用暴力侵入保险财产的存放处所而对于保险标的造成的损失或破坏。因为盗窃行为是人为的故意因素所致,风险因素相对复杂,因此这项责任通常采取特约责任承保。

(四)火灾保险的责任免除

1.绝对责任免除

(1)敌对行为,军事行动,武装冲突,罢工,暴动。

(2)核辐射、核污染和核爆炸。

(3)被保险人的故意行为。

(4)保险财产本身缺陷,保管不善导致的损失,变质、霉烂、受潮及自然磨损和正常损耗。

2.相对责任免除

(1)堆放在露天、罩棚下的保险财产以及用芦席、布、草、塑料布等做的罩棚由于暴雨、暴风所造成的损失。但上述财产被洪水浸泡、冲毁、冲散的损失不是该类财产必然会遭遇的风险,保险人可以承保。

(2)因保险责任范围内的灾害事故造成的停工、停产等一切间接损失。

三、1943 年纽约标准火灾保险单的主要内容

最早的标准火灾保险单源于英国。早期英国的保险市场上,以火灾为基本责任的保险业务为主,由于每个保险公司承保火灾保险业务所开具的保险单各不相同,既不利于政府对保险业务的监管,又不利于投保人对于保险公司业务质量的比较和选择,而且更不利于在国际间或通过再保险交换业务。因此,19世纪初,英国保险业推出了标准火灾保险单,并迅速被其他国家和地区所接受,成为保险公司从事火灾保险业务的保险单样本。

美国火灾保险经营的早期,各保险公司也是各自设计自己的火险保单,合同

期限长且限制性条款多,保单条款的使用和解释缺乏统一性,给保险经营带来诸多不便,各保险公司越来越迫切希望制定一张标准保单。美国的全国火灾保险人委员会(the National Board of Fire Underwriters)于1867年和1868年开始制定标准保单的工作。1879年,美国的马萨诸塞州以州立法形式规定本州的保险公司从下一年开始,即从1880年开始,必须使用标准保单。1886年,美国纽约州立法也规定了本州的保险公司从下一年开始,即从1887年开始使用标准保单。而美国的全国保险监督官协会(the National Association of Insurance Commissioners,NAIC)于1918年颁布了1887年保单修订版。随后,NAIC于1936年任命了一个起草委员会制定新的标准火灾保单,并于1943年7月1日开始实施,这就是著名的1943年纽约标准火灾保险单,其主要内容介绍如下。

(一)声明事项

声明事项的内容包括被保险人的姓名或名称及地址、对保险财产的说明(建筑结构、占用性质、城市消防级别等)。保险财产的坐落场所、保险责任范围、共同保险比例、保险金额、免赔额、费率、保险费、附属保单的编号以及抵押条款的说明等。

(二)保险事项

1. 对价

合同双方的对价或报酬是一个有效合同的必备条件。保险人的对价是承诺赔偿属于保险责任范围内的损失;被保险人的对价是交付第一次保险费和接受保险条款的规定。

2. 保险期限

标准保单的保险期限可以为1年、2年、3年,最长的为5年,也可以短于1年。美国大多数州的保险起始时间是保险财产所在地的标准时间的下午12点01分。

3. 被保险人

被保险人是指明的被保险人及其法定代理人。指明的被保险人可以是个人、公司等,其法定代理人为遗产管理人、监护人和财产的接管人。把被保险人的法定代理人也作为被保险人的目的在于:防止在被保险人死亡、精神错乱、破产等情况下,保险人拒绝承担赔偿责任。

4. 对赔偿的限制

对赔偿的限制主要包括以下几个方面:

(1)保险金额的限制。以保险金额作为赔偿的最高限额,在保险期间内,如果发生多次损失,保险金额不因损失赔偿而减少。

(2)实际现金价值限制。损失发生时受损财产的实际现金价值,一般为"重置成本减折旧"。

(3)修理或置换财产方面的限制。保险人有权选择修理或置换受损财产的赔偿方式,保险人不承担由建筑法令造成的修理重置费用增加的赔偿责任。

(4)其他限制。保险人只负责赔偿财产的直接损失,不负责由于营业或生产中断造成的损失;被保险人不能获得多于保险利益的赔偿。如果保险金额超过保险利益,保险人既不会多赔,也不会退还超额部分的保险费。

5.保险责任

纽约标准保单只承保三种原因的损失:火灾、雷电和搬迁财产的损失。搬迁财产的损失是指发生火灾后为了避免财产进一步遭受损失而进行搬迁所造成的损失。但对搬迁财产的损失有时间上的限制。

6.保险单的转让

未经保险人书面认可,标准火灾保险单不能转让给其他人。此项条款有利于保险人选择被保险人,以减少道德风险因素。

(三)除外事项

1.隐瞒和欺诈。即投保人违反了最大诚信原则,则保险人可以拒赔。

2.除外和不保财产。如账册、票据、货币、契约、债据和证券等,属于除外和不可保财产。

3.战争、军事行动。不保战争类似战争行为是因为保险人不愿承担巨灾风险。

4.被保险人故意行为。

5.被保险人没有采取合理的施救措施造成损失扩大的部分。此项规定的目的在于尽可能地减少损失规模。

(四)条件事项

1.保单的中止和限制

标准保险单的中止和限制条件有以下三种情况:

(1)危险大量增加。但增加的危险消除后,保险可自动复效。

(2)建筑物内无人居住或占用连续超过 60 天以上所发生的损失。这是因为空房的损失概率较高,容易发生纵火案。当恢复居住或占用后,保单也可自动复效。

(3)对骚乱和爆炸造成的损失不赔,但赔偿由此引起的火灾损失;对火灾引起的骚乱和爆炸,保险人负责赔偿。

2.解约权

标准保险单规定保险双方都能解除保险合同。在被保险人要求解约的情形下,保险人按短期费率表的规定退还保险费;在保险人要求解约的情况下,必须提前书面通知被保险人,并按日费率表的规定退还保险费。

3.受押人的权利和义务

受押人通常是储蓄和放款协会、商业银行和其他放款机构,这些金融机构向抵押人发放购买房地产的贷款,而房地产作为抵押贷款的担保品,抵押品一旦遭受损失,受押人有可能得不到贷款偿还。

为了保护受押人的利益,防止他们得不到贷款偿还,标准保险单规定了受押人有以下权利:无论被保险人(抵押人)是否违反保险条款,受押人都有权从保险人处获得赔偿;受押人收到保险人解约通知到解约生效的间隔期要比被保险人长;尽管受押人不交付保险费,但也有根据保险单对保险人的诉讼权利。

作为上述权利的交换条件,受押人需要承担下列义务:通知保险人有关财产所有权、居住情况的变化以及危险增加情况;如果被保险人没有交付保险费,受押人应代交;如果被保险人没有提供损失证明,受押人应该代办;当保险人拒绝向被保险人赔偿时,仍要向受押人赔偿,但要求受押人向保险人移交求偿权,由保险人向抵押人追偿。

4.不得放弃保险条款

除非保险单附有书面证明,否则保险人不能放弃任何保险条款。保险代理人和理赔人在口头上放弃保险条款是无效的。

5.按比例分摊赔偿条款

在重复保险的情况下,每家保险公司按各自的保险金额与总的保险金额的比例分摊赔偿责任。

6.被保险人损失后责任

(1)被保险人必须立即给予保险公司损失的书面通知或电话通知。

(2)被保险人应对保险财产进行施救以免损失加重,并把受损财产和未受损财产分开,加以整理。

(3)被保险人必须在损失发生后的60天内填具损失证明单,其内容包括损失发生的时间和原因、财产的权益、受损和未受损财产的清单、索赔金额等。

7.损失鉴定条款

当被保险人和保险人对财产的实际现金价值或损失金额有争议时,就要使用这一条款,损失鉴定类似于仲裁,由双方各选择一个合格的、无利害关系的鉴定人,然后再由选定的两位鉴定人选择一个仲裁人,如果这两个鉴定人在15天内仍没有确定仲裁人,法院将会任命一个仲裁人。这三个人中任何两个人达成的协议对保险双方都具有约束力。每一方向自己选择的鉴定人付费,鉴定费用和仲裁人的报酬由保险双方平均分摊。使用这一条款的目的是为了减少诉讼。

8.不得要求委付

被保险人不能放弃原有财产而要求保险人赔偿,虽然保险人可以根据约定价值收取部分或全部损余财产,但被保险人无权要求保险人作出接受委付的决定。

9.赔偿时间

保险人必须收到损失证明单后的60天内赔偿损失。

10.诉讼

关于财产实际现金价值或损失金额的诉讼,必须先经过损失鉴定程序。

11.代位求偿权

如果损失是因第三者过失造成的,被保险人可向保险人移交求偿权,但保险人的代位求偿权以赔偿金额为限。

四、英美国家火灾保险的主要承保方式

(一)美国的共同保险

除私人住宅外,美国的火灾保险条款通常采用共同保险条款,最常用的是"80%共同保险条款",依据这一条款,凡损失发生后,对保险标的价值进行估价,如保险金额大于或等于标的价值的80%,损失在保险金额内全部赔偿;如果保险金额小于标的价值的80%,则按比例赔偿,被保险人要承担一部分损失。赔款计算公式为:

$$赔偿金额 = 实际损失 \times 保险金额/80\%标的价值$$

(二)英国的特别分摊保险

特别分摊保险又称75%分摊,其性质与美国的80%共同保险相同。如果保险金额小于标的价值的75%,按比例分摊赔偿;如果保险金额大于或等于75%,则按实际损失赔偿。

(三)英美的统保保险

英美的统保保险是以一个总的保险金额,承保几个不同地点的房屋和财物,对拥有许多房屋的大企业可以将全部财产的总保额分项承保,如全部房屋、全部财物和全部货物三项。例如,如果全部房屋中有3万至6万元价值的房屋多处,

只要以一个 6 万元保额投保,则全部房屋中任何房屋受损都能得到赔偿。

由于这一承保方式有利于被保险人几个地点之间财物相互流动,因此英国往往采取统保加费或分摊条款加以限制;在美国则采用比例分配条款,在发生损失时,对每处财产的保险金额依每处财产价值占全部财产价值的比例来进行分配。

(四)英国的申报保险

英国的申报保险是专为保险货物设的一种申报保单,保额为一年中货物可能达到的最高价值,先按 75% 收取保险费。此后由被保险人每隔一定时间对保险人发出申报单,申报货物的价值,保险人收到申报单,即按申报价值承保,并按实际价值赔偿,被保险人根据申报价值按期向保险人结算保费,多退少补。这种方式对季节性生产或调拨物资频繁的单位十分适用。

(五)英国的两种条件分摊保险

英国的两种条件分摊保险适用于承保公共仓库的货物。这是指在承保的保单中,有的保单承保指明仓库和指明货物;有的保单则是统保保单,一张保单的货物分别存放在几个仓库中。遇到损失时,由承保指明仓库、指明货物的保单,按比例分摊条件先予以赔偿,剩余的部分由统保保单分摊赔偿,这就叫两种条件分摊。

例如,保单 1 承保 A 仓,保额 1000 英镑;保单 2 承保 A 仓和 B 仓,保额 3000 英镑。A 仓货物发生损失 500 英镑。货物实际价值:A 仓 2000 英镑,B 仓 4000 英镑。赔款计算如下:

保单 1 先赔偿:(1000/2000)×500＝250(英镑)

保单 2 后赔偿:3000/(2000＋4000－1000)×250＝150(英镑)

第二节　企业财产保险

一、企业财产保险的概念与特点

(一)企业财产保险的概念

企业财产保险是从火灾保险中派生出来的一个具体险种,是承保企业、事业单位以及机关团体的固定资产、流动资产及与其企业经济利益相关的财产,由于火灾及其他自然灾害、意外事故的发生而遭受直接损失的财产损失保险。目前我国的企业财产保险主要有四个险别:财产保险基本险、财产保险综合险、财产险和财产一切险。其中前两个险别是国内企业投保,后两个险别是涉外险别,多为外资企业和合资企业投保。本节主要介绍国内企业投保的险别。

(二)企业财产保险的特点

企业财产保险与其他财产损失保险相比,主要具有以下几个特点。

1.承保的标的处于相对静止状态

企业财产保险承保的标的是以企业的厂房、机器设备等固定资产和原材料、半成品、在产品等存货为主,这些财产处于相对静止的状态中,与那些处于运输中的货物和运输工具有明显区别。

2.承保的标的存放地点相对固定

企业财产保险承保的标的大都是固定坐落在或存放在陆地上的某一地点,这与处于海上、空中或其他空间领域且经常流动的货物、船舶和飞机等不同。企业财产保险承保时一般都标明财产标的所处的位置,一般不允许随意变动其在保险单所载明的坐落或存放地点,在因被保险人变动标的所处的地点而使风险程度增加的情况下,保险人有权解除保险合同或拒绝赔偿。

3.承保的对象是企事业单位的财产

除个人家庭财产外,其他所有单位财产均由企业财产保险承保,所以通常又称为团体财产保险。这既区别于仅以个人及家庭财产为承保对象的家庭财产保险,又区别于以个人家庭及以企业单位所有的机动车辆为承保对象的机动车辆保险。

4.保险金额以分类、分项来确定

企业财产保险所承保财产的种类繁多,标的结构比较复杂,因此,企业财产保险的保险金额不但要分类(根据财产的不同会计科目类别),还要分项(根据同一会计科目类别中的不同财产项目类别)来确定;不但对不同类别的财产规定了不同的保险金额确定方式,而且对同一类别的财产也规定有多种保险金额确定方式,由被保险人选择采用。

二、企业财产保险的承保标的范围

企业财产保险的承保财产可分为可保财产、特约可保财产和不可保财产三大类。

（一）可保财产

1.从承保财产的所有权关系看，可保财产包括：属于被保险人所有或与其他人共有且由被保险人负责的财产；由被保险人经营管理或替他人保管的财产；具有其他法律上承认的与被保险人有经济利害关系的财产。

2.从承保财产的范围看，可保财产包括：房屋、建筑物及附属装修设备；机器设备；工具、仪器及生产用具；管理用具及低值易耗品；原材料、半成品、在产品及库存商品、特种储备商品；账外财产或已摊销的财产等。

3.从会计科目看，可保财产包括固定资产、流动资产、专项资产和账外财产。

（二）特约可保财产

1.价值不易确定或市价变动较大的财产。如金银珠宝、古币古玩、邮票艺术品等。保险人在承保上述财产时，保险双方必须事先约定数量，明确单价，并有账册可查，以避免日后发生纠纷扯皮。

2.较易受暴风雨、洪水、地震等风险事故影响的财产，如堤坝、铁路、桥梁、涵洞、码头等。保险人在承保上述财产时，考虑到这些财产价值较大，有遭受洪水、泥水流、地震等自然灾害侵袭的危险，故在承保前保险人对其安全状况一定要进行实地勘查，还应要求被保险人提供工程验收时的有关技术资料，在符合工程质量要求的情况下，方可承保。

3.风险比较大的财产，如矿井、矿坑内的设备和物资等。保险人承保矿井、矿坑等地下建筑物、设备和物资，除了负责企业财产保险条款已载明的保险责任外，还对因为瓦斯爆炸、冒顶塌方、提升脱钩以及地下水穿孔等原因造成的财产损失负责。但必须在保险单上加贴"矿下财产特约条款"。

上述各项财产的保险估价难度较大，一般都是通过定值保险方式承保，且必须经双方特别约定价值。

（三）不可保财产

下列财产不在企业财产保险的承保范围内：

1.土地、矿藏、原始森林、水产资源等属于宪法规定的国有资源，这些财产难以用货币来衡量其价值；

2.未经收割和收割后尚未入库的农作物，属于农业种植业保险的承保范围；

3.货币、票证、有价证券、文件、账册、图表、技术资料、枪支弹药以及无法鉴定价值的财产；

4.违章建筑、危险建筑、非法占用的财产；

5.运输过程中的物资,属于货物运输保险的承保范围;

6.领取执照并正常运行的运输工具,属于运输工具保险的承保范围;

7.牲畜、家禽类和其他饲养动物,属于农业养殖业保险承保范围。

三、企业财产保险的保险责任与除外责任

(一)基本险的保险责任

1.火灾、爆炸、雷电

2.意外事故

(1)飞行物体及其他空中运行物体坠落;

(2)被保险人拥有财产所有权的自用的供电、供水、供气设备因保险事故遭受损坏,引起停电、停水、停气以致造成保险标的的直接损失。

3.施救、抢救造成的损失

在已经发生保险责任范围内的灾害事故时,投保企业为了防止灾害事故蔓延和扩大,以避免或减少保险财产的损失,采取防护、抢运等措施而造成保险财产的损失,企业财产基本险予以负责的。

4.必要且合理的施救费用支出

在已经发生保险责任范围内的灾害事故时,投保企业为了防止灾害事故蔓延和扩大,以避免或减少保险财产的损失,采取施救、保护和整理措施所支出的费用,企业财产基本险是负责的。

投保企业所支出的施救费用也一定是必要且合理的,否则保险人不负责赔偿。衡量施救费用是否必要和合理,应从尽可能减少保险财产损失的角度考虑,并按实际情况加以处理。具体情况如下:发生火灾时,为减少损失规模进行施救,使保险标的遭受碰破、水渍等损失以及灾后搬回原地、途中的损失;因抢救受灾物资而将保险房屋的墙壁、门窗等破坏而造成的损失;发生火灾时为隔断火势,将未着火的保险房屋拆毁造成的损失;遭受火灾后,为防止损坏的保险房屋、墙壁倒塌压坏其他保险标的而予以拆除所致的损失等。

(二)综合险的保险责任

综合险的保险责任是在基本险的责任范围基础上,再增加各种自然灾害责任。具体如下:

1.火灾、爆炸和雷电。

2.暴雨、洪水、台风、暴风、龙卷风、雪灾、雹灾、冰凌、泥石流、崖崩、突发性滑

坡、地面下陷下沉等。

3.飞行物体及其他空中运行物体坠落。

4.被保险人拥有财产所有权的自用的供电、供水、供气设备因保险事故遭受损坏,引起停水、停电、停气以致造成保险标的的直接损失。

5.在发生保险事故时,为抢救保险标的或防止灾害蔓延,采取合理且必要的措施而造成保险标的的损失。保险事故发生后,被保险人为防止或减少保险标的损失所支付的必要的、合理的费用,由保险人承担。

(三)附加险的保险责任

1.水暖管爆裂保险

在企业财产保险中,由于水暖管爆裂造成保险财产的损失不属于保险责任范围,但考虑到有些地区多次发生水暖管爆裂事故造成水害的情况,为适应广大保户的需要,在保户投保企业财产保险的同时可附加水暖管爆裂保险。该附加险是承保投保企业自有的水暖管因基本险列明保险责任,因高压、撞击、严寒、高温而突然爆裂,致使水暖管本身损失及其他保险财产因此而遭受水淹、浸湿等损失。但对水暖管因年久失修、腐蚀变质或未采取必要的防护措施以及因水暖管安装、检修、试水、试压等原因造成保险财产的损失不负责赔偿。

2.破坏性地震保险

虽然地震属于巨灾风险,但为了满足一些企业,尤其是处在有可能发生地震灾害的地区的企业对这一风险保障的需要,在企业财产保险上可以加保破坏性地震保险。该附加险是承保因破坏性地震震动或地震引起的海啸、火灾、爆炸及滑坡所造成的保险财产损失。破坏性地震,按我国国家地震部门规定的测定标准,是指里氏震级为4.7级及其以上且烈度达6度以上的地震。

3.橱窗玻璃意外保险

商业企业的橱窗玻璃可以在投保企业财产保险的基础上特约加保意外破碎责任。该附加险承保企业的橱窗玻璃因碰撞、外来恶意行为所致的玻璃破碎以及因玻璃破碎而引起的橱窗内陈列商品的非盗窃损失。橱窗玻璃包括大门玻璃、柜台玻璃、样品橱窗玻璃等。在投保时,投保人应在保单上分别列明玻璃块数、每块玻璃的价值等。

4.商业盗窃保险

在企业财产保险中,盗窃损失不属于保险责任范围,企业财产的盗窃险不可单独投保。商业系统的商店、工厂、工场、仓库等值班保卫制度健全的单位,可附加投保盗窃险。该附加险承保因盗窃行为所致保险财产的丢失、损毁或污损等直接损失。构成保险责任必须具备两个条件:一是保险财产必须置放在保险单所载明的,并符合仓储及公安部门有关规定的放置场所内;二是盗窃行为必须是外来的且有明显的盗窃痕迹,并经公安部门认定。另外,还要求遭遇盗窃事故的企业在事故发生后应立即向当地公安部门如实报案,并在 24 小时内通知保险人,否则保险人有权拒绝赔偿。

5. 露堆财产保险

堆放在露天或罩棚下的保险财产,由于暴风、暴雨造成的损失,在企业财产保险中属于除外责任。但符合仓储及有关部门的规定,并采取相应的防护安全措施的,可在投保企业财产保险的基础上附加露堆财产保险。该附加险是承保堆放在露天或罩棚下的保险财产以及罩棚本身因遭受暴风、暴雨所致的损失。

(四)企业财产保险的除外责任

企业财产保险分为基本险和综合险两个险别,它们的保险责任不同,因此责任免除的内容也不同。两者的差异即 12 项自然灾害的责任。基本险不承担暴风、暴雨等 12 项自然灾害的损失,而综合险承保这 12 项自然灾害。其他的责任免除内容均相同,主要有以下七项责任免除。

1. 战争及类似战争行为

战争及类似战争行为包括战争、军事行动、敌对行为和武装冲突、罢工和暴动等。由于这些政治风险发生所造成的危害范围很广,其损失程度难以预测,财产保险的损失概率不包含这些因素,因此列为除外责任。

2. 被保险人故意或纵容行为

被保险人故意或纵容行为是指被保险人及其代表的故意行为或纵容。被保险人及其代表是指投保企业的法人代表,如董事长、经理、总会计师、总工程师或上级公司派驻代表等。法律上的故意行为是指明知自己的行为会发生损害的结果,还放任或希望这种结果发生的各种行为。但需要注意的是,被保险人的疏忽行为、违反操作安全规程所致保险责任范围的损失,是不包括在除外责任中的。

3. 核反应、核辐射、核污染

由于核风险具有很强的破坏作用,其破坏范围和损失程度难以估计,在厘定财产保险费率时无法考虑这些因素,所以核风险损失列为除外责任。

4. 保险标的本身缺陷、保管不善导致的损毁

本身缺陷、保管不善导致的损毁是指保险标的的变质、霉烂、受潮、自然磨损、自然损耗、自燃、烘焙所造成的损失。由于保险标的本身内在的各种缺陷或由于被保险人未妥善保管的原因造成的损失,均属于人为的非意外损失,保险人将它们列为除外责任。

5.保险事故造成的间接损失

保险事故造成的间接损失是指投保企业因遭遇保险事故而停工、停业以后，在停工、停业期间所支出的工资、各项费用、利润损失以及被保险人与他人签订合同因保险灾害事故不能履约所需承担的经济赔偿责任等。

6.地震所造成的一切损失

地震是指因地壳发生急剧的自然变异而引起地面剧烈震动，破坏力极强的自然灾害。由于地震对财产可能造成大面积的摧毁性灾害，所以财产损失保险的大多数险种对地震造成保险财产的损失一般都不承保。

7.行政执法行为所致财产损失

行政执法行为所致财产损失是指各级政府或各级执法机关下令破坏保险标的，这属于非常性的行政措施，如对保险财产没收、征用、销毁或毁坏等。之所以采取非常性的行政措施，一般是从国家和社会整体利益出发，或维护更大利益、避免更大损失而作出的，由此造成的损失显然不属于保险承担的意外、偶然的灾害事故风险范围，所以保险人不予负责赔偿；否则也不利于维护国家行政执法机关执法的严肃性。

四、企业财产保险的保险金额与保险价值

（一）固定资产的保险金额与保险价值

固定资产保险金额的确定有以下三种方法。

1.按账面原值确定保险金额

账面原值是会计簿上记载的建造或购置固定资产的原始价值或更新重置的完全价值。如果是在固定资产登记入账时间较短、固定资产的市场价值变化不大的情况下，用这种方式能比较准确反映固定资产的实际价值。

2.按账面原值加成确定保险金额

账面原值加成数，是指企业在固定资产账面原值的基础上再增加一定成数（百分比），使固定资产的保险金额接近于固定资产的重置价值。一般加一成是加10%，最多加十成。这种方式主要用于固定资产市场价值变化较大的企业，以抵消通货膨胀对于固定资产的实际价值可能造成的贬值影响。

3.按重置价值确定保险金额

重置价值是指企业重新购置或重新建造某项固定资产所需支付的全部费用。按重置价值确定保险金额，可以使保险金额事实上超过固定资产的实际价值，使投保人在出险后能尽快恢复固定资产。

不管以何种方式确定保险金额,固定资产的保险价值是以出险时的重置价值来确定的。

(二)流动资产的保险金额与保险价值

流动资产保险金额的确定有三种方法:

1.按最近 12 个月任意月份的账面余额确定。最近 12 个月任意月份的账面余额,是指从投保月份往前倒推 12 个月的其中任意一个月的流动资产账面余额。这种方式也是目前保险公司普遍采用的。

2.按最近 12 个月最高月份的账面余额确定。

3.按最近 12 个月的平均账面余额确定。采用简单平均法,将最近 12 个月的账面余额加总后除以 12 得出。

不管以何种方式确定保险金额,流动资产的保险价值是以出险当月的账面余额来确定的。

(三)账外财产和代保管财产的保险金额与保险价值

所谓账外财产,是指不正式列入账面的财产,如按照财产折旧的有关规定已将财产账面原值摊销完的财产、已报损的回收物资、清仓出来而未入账的财产等;代保管财产是指企业为他人保管并负有经济责任的财产。

这类财产的保险金额确定有两种方法:一是由企业自行估价确定,二是按它们的重置价值确定的。

这类财产的保险价值是以出险时的重置价值或账面余额来确定的。

五、企业财产保险的保险期限与费率

(一)保险期限

企业财产保险的保险期限通常为一年,适用年费率。投保人也可以短期投保或中途退保,这样就适用短期费率。

(二)保险费率

我国企业财产保险费率采用的是分类级差费率制。分类,即分为工业险费率、仓储险费率和普通险费率三大类。级差,是指每大类再细分为不同档次的费率。企业财产保险的费率是以每年、每千元保险金额为计算单位,即年费率用‰表示。

1. 企业财产保险费率的决定因素

影响企业财产保险费率的因素有很多，主要的有以下四个。

（1）房屋的建筑结构

在灾害事故中，房屋的建筑结构、等级与损毁程度有很大的关系，在厘定费率时必须加以考虑。建筑结构有钢骨结构、砖石结构和木结构三种。建筑等级分为三等：一等建筑的屋架、内外墙、地坪、楼坪、扶梯用钢骨水泥、砖石或钢铁构造，屋顶用水泥、瓦片、砖石、铁皮、石棉、沥青、油毛毡等构造；二等建筑的屋架、地坪、楼坪、扶梯用木料构造，四周外墙主要用水泥、砖石或其他不易燃烧的材料构造，屋顶用砖石、铁皮、石棉、沥青构造；凡次于二等建筑的各种建筑统归为三等建筑。

（2）房屋的占用性质

房屋的建筑虽相同，但用途不同，其危险程度可能相差很大。占用性质分为工业、仓储和普通三大类。每大类再根据危险程度大小分等、分级。工业类按产品、生产过程中的操作工艺和使用原材料的危险程度划分；仓储类按储存物品的危险程度划分；普通类按用途的危险程度划分。

（3）房屋的周边环境

每个建筑有其独特的环境，有的建筑连成一片，在建筑物之间没有适当的防火墙，有的建筑所在的街道拥挤，有的建筑物处于地势低洼地，甚至低于洪水警戒线，这些对发生灾害事故时抢险救灾往往产生不利影响，在确定费率时必须加以考虑。

（4）投保的险别

企业财产保险主要有基本险和综合险两个险别，险别不同，保险责任范围就有大小，保险费率因此也就不同。综合险的费率比基本险要高，如果加保有关的附加险，扩大了保险责任范围，那么保险费率也随之提高。

2. 企业财产保险的费率结构

（1）工业类（1~6级）

一级工业险：适用于钢铁、机器制造、耐火材料、水泥、砖石制品等工业。

二级工业险：适用于一般机械零件、修配行业。

三级工业险：适用于一般物资为主要原料的棉纺织、食品、轻工、电信、电器、仪表、日常生活用品等工业。

四级工业险：适用于以竹、木、皮毛或以一般可燃物资为主要原料进行生产的工业基础，棉、塑料、化纤、化学、医药制造等加工业，以油脂为原料的工业和文具、纸制品工业。

五级工业险：适用于一般危险品及部分特别危险品为主要原料进行复合生产、制氧、挥发性试剂以及染料制造等工业。

六级工业险:适用于特别危险品。

(2)仓储类(7～10级)

仓储险费率是根据仓储商品和物资的性质及危险程度分为四个级别:一般物资、危险品、特别危险品和金属材料、粮食专储。

(3)普通类(11～13级)

工业和仓储业以外的其他行业均适用普通险费率。

具体费率结构如表 5-1 所示。

表 5-1　财产保险年费率结构表　　　　　　　(单位:‰)

类别	级次	占用性质	基本险费率	综合险费率	
				费率 1	费率 2
工业险	1	一级工业	0.60	1.60	1.00
	2	二级工业	1.00	2.00	1.50
	3	三级工业	1.45	2.40	2.00
	4	四级工业	2.50	4.00	3.50
	5	五级工业	3.50	6.40	5.00
	6	六级工业	5.00	8.00	7.00
仓储险	7	一般物资	0.60	1.50	1.00
	8	危险品	1.50	3.00	2.00
	9	特别危险品	3.00	5.00	4.00
	10	金属材料、粮食专储	0.35	1.00	0.50
普通险	11	社会团体、机关事业单位	0.65	1.60	1.00
	12	综合商业、饮食服务业、商贸、写字楼、交通运输业、邮政电信业、各种场馆等	1.50	2.40	2.00
	13	石油化工商店、液化石油气供应站、日用杂货商店、文化娱乐场所、修理行等	2.50	3.00	3.00

注:费率 1 适用于华东、华南、西南地区;费率 2 适用于华北、东北和西北地区。

3.企业财产保险短期费率表

所谓短期费率,是指保险财产投保期限不足一年时所使用的保险费率。如果遇到企业投保的期限不足一年或投保企业要求中途退保这两种情况,保险人就应当在年费率基础上,按短期费率收费或退费。企业财产保险短期基本险、综合险费率如表 5-2 所示。

表 5-2　企业财产保险短期费率表

保险期限	一个月	两个月	三个月	四个月	五个月	六个月	七个月	八个月	九个月	十个月	十一个月	十二个月
占年费率(%)	10	20	30	40	50	60	70	80	85	90	95	100

六、企业财产保险的赔偿处理

(一)固定资产的赔款计算

1.全部损失

当固定资产发生全部损失时,首先必须确定固定资产出险时的重置价值,然后分两种情况确定赔款:

(1)当保险金额≥出险时重置价值,赔款金额以不超过出险时重置价值为限;

(2)当保险金额<出险时重置价值,赔款金额以不超过保险金额为限。

2.部分损失

在部分损失情况下,也分两种情况确定赔款:

(1)当保险金额≥出险时重置价值,按实际损失确定赔款;

(2)当保险金额<出险时重置价值,则按下列公式计算赔款:

$$赔款 = 受损财产恢复原状的修复费用 \times \frac{保险金额}{重置价值}$$

(二)流动资产的赔款计算

1.全部损失

当流动资产发生全部损失时,首先查账确定出险时流动资产当月的账面余额,并按两种情况分别确定赔款:

(1)当保险金额≥出险时账面余额,赔款以出险时账面余额为限;

(2)当保险金额<出险时账面余额,赔款以保险金额为限。

2.部分损失

当流动资产发生部分损失时,也分两种情况分别确定赔款:

(1)当保险金额≥出险时账面余额,赔款按实际损失计算;

(2)当保险金额<出险时账面余额,按下列公式计算:

$$赔款 = 实际损失 \times \frac{保险金额}{出险时账面余额}$$

(三)账外财产和代保管财产的赔款计算

1.全部损失

受损财产的保险金额等于或高于出险时的重置价值或账面余额的,赔款以不超过出险时的重置价值或账面余额为限;受损财产的保险金额低于出险时的重置价值或账面余额的,赔款以不超过保险金额为限。

2.部分损失

受损财产的保险金额高于出险时的重置价值或账面余额的,赔款按实际损失计算;受损财产的保险金额低于出险时的重置价值或账面余额的,赔款按保险金额与出险时的重置价值或账面余额的比例计算。

(四)施救费用的赔偿处理

保险财产发生保险责任范围内的损失时,保险人可以承担被保险人为了减少保险财产损失而支付的合理的施救、保护、整理费用,统称施救费用。对施救费用的赔偿要注意以下三点规定。

1.以另一个保额计算

当保险财产发生保险责任范围内的损失时,保险人对企业所支出的合理、必要的施救费用的赔偿,应该在保险财产损失赔偿以外的另一个保险金额计算,即对损失额和施救费用可以分别按两个保险金额计算,两项赔款最高均不得超过各自的那个保险金额。

2.按相同比例计算

由于不足额保险,受损失保险财产的赔款要按保险金额占保险价值的比例计算,则施救费用的赔偿也就要按与财产损失赔偿相同的比例计算。其计算公式为:

$$施救费用赔款=实际支付的合理施救费用\times\frac{保险金额}{保险价值}$$

例如,某企业就其原材料、半成品等存货投保企业财产保险,保险金额 50 万元,在保险期内发生火灾,损失 20 万元,发生合理的施救费用 4 万元。出险当月存货账面余额 80 万元,保险人的赔款应该是多少?

保险人的损失赔款＝20×50/80＝12.5(万元)

保险人的施救费用赔款＝4×50/80＝2.5(万元)

3.只承担用于保险财产上的施救费用

当发生保险责任范围内的灾害事故时,投保企业因采取施救措施而减少了财产的损失,如果这些被施救的财产有的是保险财产,有的却是非保险财产。在这种情况下,保险人应把用于保险财产的施救费用与用于非保险财产的施救费用区分开来,而且只对用于保险财产的施救费用承担赔偿责任。如果难以区分,则按施救保险财产价值与全部被施救财产价值的比例计算。

（五）残值的处理

残值是指保险财产遭受损失后残留的部分经济价值。保险财产遭受损失以后的残余部分,应当充分利用。如果残值经协议作价折归被保险人,保险人必须在计算赔款时予以扣除;如果保险财产的残值由保险人回收处理,则保险人就不应该在计算赔款时扣减残值。

保险人扣减残值也分两种情况:

（1）当保险金额≥保险价值时,则

赔款＝实际损失或恢复原状所需修复费用－应扣残值

（2）当保险金额＜保险价值时,则

赔款＝实际损失或恢复原状所需修复费用－应扣残值×$\dfrac{保险金额}{保险价值}$

第三节　利润损失保险

一、利润损失保险的定义

利润损失保险,又称营业中断险,是指承保由于火灾等自然灾害或意外事故发生,使被保险人在一个时期内停产停业或营业受到影响的间接经济损失,即利润损失以及营业中断后仍需支付的必要费用。利润损失保险通常作为标准火灾保险单或企业财产保险单等的附加或特约保险,只有当企业投保足额的企业财产保险之后,保险人才负责因保险责任事故发生导致企业遭受的利润损失。

二、利润损失保险的保险责任与除外责任

（一）保险责任

利润损失保险的保险责任与主险相同,主要为火灾、雷电、爆炸及暴风、暴雨、台风、洪水等自然灾害。

(二)除外责任

1.与企业财产保险相同的除外责任

(1)被保险人或其代表的故意行为和实际过失;

(2)战争及类似战争行为、敌对行为、武装冲突、没收或征用;

(3)核反应、核辐射、核污染;

(4)其他不属于保险责任范围的原因或风险。

2.不承保的利润损失

由于投保企业自身经营上的原因或其他原因造成的利润损失,是不属于利润损失保险所承保的责任范围的。其主要有以下四种情况:

(1)由于计划不周、决策失误或经营管理不善造成的利润损失;

(2)由于企业违反政府有关法令或违规经营造成的利润损失;

(3)由于合同责任造成的利润损失;

(4)由于市价下跌、产品质量低劣、产品积压滞销造成的利润损失。

三、利润损失保险的保险期限与赔偿期

(一)保险期限

利润损失保险的保险期限与企业财产保险是一致的,一般也是一年。投保企业在保险期内因财产受损所造成的利润损失,利润损失保险负责赔偿,但有一个时间上的限制,这个时间就是赔偿期。

(二)赔偿期

利润损失保险的赔偿期是指工商企业遭受保险责任范围内的损失后,从企业利润损失开始形成到企业恢复正常生产经营所需要的具体时间。赔偿期与保险期限是两个不同的概念,保险期限是保险人对企业因发生财产直接损失导致的利润损失承担责任的起讫日期,即保险人的责任自起保日开始至期满日终止;而赔偿期则是保险人对企业在保险期限内遭受灾害事故后到恢复正常生产经营水平这段时间的利润损失负责的期限。所以,赔偿期的起点必须在火灾保险单或企业财产保险单列明的保险期限之内,但终点可以超出保险单列明的保险期限之外。

假设某企业于2006年1月1日投保企业财产保险并附加利润损失保险,保险期限一年,即从2006年1月1日零点至2006年12月31日24点止,该企业与保险公司约定的赔偿期是6个月。该企业在2006年9月10日发生火灾,导致企业营业中断,直到 2007 年 3 月 10 日才恢复营业。则保险公司按保险单约定要赔偿该企业 6 个月的利润损失。该赔偿期开始于保险期内,但终止于保险期限之外。

确定赔偿期的依据是企业财产可能发生最大损失后,为恢复生产经营达到受灾前水平所需要的最长时间。赔偿期一般以月为计算单位,从受灾日起计算,可以是 3~6 个月,甚至更长时间。投保企业在签约时与保险人商定合理的赔偿期,在保险人承保后,赔偿期不能再更改。

四、利润损失保险的保险金额与保险费率

(一)保险金额

利润损失保险所保障的是投保企业预期的利润损失,其保险金额只能以企业本年度预期的毛利润为基础来确定。本年度预期毛利润的计算应参照企业上年度的毛利润,并结合考虑本年度业务的发展趋势和通货膨胀因素,具体计算公式如下:

本年度预期毛利润＝上年度营业额×(1＋营业额增长率＋通货膨胀率)
×毛利润率

投保人可以在预期毛利润以内确定保险金额,如果利润损失保险的保险金额超过预期毛利润,超过部分为超额保险,保险公司不负责赔偿。

当然,保险金额与赔偿期也存在密切关系。一般来说,赔偿期在 12 个月或以内,保险金额可按本年度预期毛利润金额确定;如果赔偿期超过 12 个月,保险金额按比例增加。

(二)保险费率

由于利润损失保险是作为企业财产保险的附加险承保,所以其保险费率通常以所承保的主险的基本费率为基础,再根据赔偿期的长短乘以规定的百分比。例如,6 个月赔偿期的利润损失保险,其费率标准为企业财产保险费率的 100％,12 个月赔偿期的费率标准为企业财产保险费率的 150％。

五、利润损失保险的赔偿处理

利润损失保险承保的主要是营业额减少导致毛利润损失和营业费用增加导致毛利润损失两部分。

(一)营业额减少所致毛利润损失的计算

1.毛利润的计算

所谓毛利润,是指企业的产品销售或营业总收入中只扣减生产成本而未减去其他费用支出的利润。毛利润的计算通常有"加法"和"减法"两种。

所谓加法,就是将净利润加上各种维持费用金额,其计算公式为:

毛利润＝净利润＋维持费用

所谓减法,就是将营业额加上年终库存后,减去上年库存和生产成本,其计算公式为:

毛利润＝营业额＋年终库存－上年库存－生产成本

2.毛利润率的确定

毛利润率是指上年度毛利润与营业额的比率。

3.营业额减少

营业额是指企业年度的营业收入。标准营业额是指与赔偿期相对应的上年度同期的营业额。营业额减少是指标准营业额减去赔偿期内的不正常营业额的差额。

4.毛利润损失的计算

毛利润损失＝(标准营业额－赔偿期内实际营业额)×毛利润率

例如,某企业 2008 年 2 月 10 日投保企业财产保险附加利润损失保险,2007 年的毛利润率为 25％,该企业在 2008 年 7 月 1 日发生火灾,有 6 个月的赔偿期,2007 年 7 月 1 日至 2007 年 12 月 31 日同期的标准营业额为 60 万元,赔偿期的营业额为 30 万元,则营业额减少导致的毛利润损失为:

(600000－300000)×25％＝75000(元)

假设本年度利润比上年度增长 10％,则毛利润损失为:

(600000×110％－300000)×25％＝90000(元)

(二)营业费用增加所致毛利润损失的计算

企业发生财产的直接损失后,被保险人为了恢复生产或解决临时性营业或销售的需要,可能需要临时租办公用房支付租金,或其他与利润减少有关的费用开支。由于这部分费用是企业为了减少损失而形成的支出,保险人可以将其视为被保险人的毛利润损失,承担赔偿责任。

以上例来说,假设在赔偿期内,企业临时租用房屋 6 个月,付房租 12000 元,则毛利润损失共计为:75000＋12000＝87000 元,保险人应赔偿 87000 元。

但要注意的是,对因营业费用增加所致的毛利润损失的赔偿,仅限于赔偿期内挽回的利润为限,通常称为经济限度,即:费用增加额≤营业额挽回带来毛利润增加额。

仍以上例,如果因租房挽回的营业额为 50000 元,则按毛利润率 25％计算,挽回毛利润是 12500 元,因 12000 元低于经济限度的 12500 元,所以发生的房租费用可计入赔偿。

(三)免赔额规定

利润损失保险通常规定由投保企业自行承担一部分损失的免赔额。免赔额有两种计算方式:一种是规定具体免赔数额的绝对免赔额,如每次事故免赔 1000元;另一种是规定免赔天数,如每次事故免赔 10 天,即对事故发生后头 10 天的利润损失不予赔偿。

(四)索赔时效规定

投保企业一旦发生了利润损失保险所承保的责任事故后,应立即以书面形式通知保险人,并尽力采取一切合理及切实可行的措施,以减少营业中断或对营业的影响,以避免或减少损失。利润损失保险的索赔时效,从事故发生之日起,不得超过一年。

第四节 家庭财产保险

一、家庭财产保险的含义

家庭财产保险是以城乡居民的家庭财产为保险标的的保险,属于财产损失保险的范畴,有普通家庭财产保险、家庭财产两全保险、长效还本家庭财产保险、投资保障型家庭财产保险等形式。

凡城乡居民、单位职工、夫妻店、个体经营者、家庭手工业者等个人及其家庭成员的自有财产及代他人保管或与他人所共有的财产,都可以投保家庭财产保险,保险公司对因自然灾害或者意外事故造成上述财产损失负责赔偿。因此,投保家庭财产保险是每个家庭在受到有可能发生的灾害事故侵袭之后迅速得到经济补偿、重置家业、恢复安定生活的一种最好方法。

二、家庭财产保险的承保标的范围

(一)可保财产

1.自有居住房屋。自有房屋包括产权为被保险人所有的私房,或是由被保险人租赁使用的公房。

2.室内装修、装饰及附属设施。附属设施包括固定装置的水暖、气暖、卫生、供水、管道煤气及供电设备、厨房配套的设备等。

3.室内家庭财产。主要指衣服、床上用品、家具、用具、家用电器、文化娱乐用品及其他生活用品。

(二)特约可保财产

1.农村家庭存放在院内的非动力农机具、农用工具和已收获的农副产品。

2.个体劳动者存放在室内的营业用器具、工具、原材料和商品。

3.代他人保管的财产或与他人共有的财产,如租借私房,借入的公物,个体经营户代客修补和加工的原料、物品等。

4.实际价值很难确定,必须由专业鉴定部门或人员才能确定价值的财产。如金银、珠宝、玉器、首饰、古玩、古书、字画等私人藏品。这些财产实际价值难以确定,风险较大,对保险人来说,承保有一定难度,所以被保险人必须经与保险人特别约定才能投保,而且要在保险单上注明。

(三)不保财产

1.损失发生后无法确定具体价值的财产,如货币、票证、电脑资料、有价证券、邮票、文件、账册、图表、技术资料、家畜、花、树、鱼、宠物等。

2.日常生活所必需的日用消费品,如食品、粮食、烟酒药品、化妆品等。

3.法律规定不容许个人收藏、保管或拥有的财产,如枪支弹药、爆炸品、毒品等。

4.违章建筑、危险房屋以及其他正处于危急状态的财产。

5.摩托车、拖拉机或汽车等机动车辆以及手机等无线通信设备。

6.保险人从风险管理的需要出发,声明不予承认的财产。

三、家庭财产保险的保险责任与责任免除

（一）保险责任

1. 火灾、爆炸、雷电、龙卷风、洪水、海啸、地面突然塌陷、崖崩、泥石流、突发性滑坡、雪灾、雹灾等。

2. 空中运行物体坠落以及外界建筑物或其他固定物体的倒塌。所谓"外界"，是指位于保险财产坐落或置放地点附近的，不属于被保险人所有和使用的建筑物和其他固定物体。由于它们的倒塌砸坏保险房屋和其他保险财产，家庭财产保险予以承保。

3. 暴风或暴雨使房屋主要结构（外墙、屋顶、屋架）倒塌造成保险财产的损失。但需要强调的是，家庭财产保险只承保房屋或建筑物的墙体、屋顶、屋架，这些主要结构全部或其中的某一个因遭遇暴风、暴雨而倒塌的情况下造成室内家庭财物的损失，保险人是负责赔偿的。

4. 因施救所致损失和费用。这是指被保险人在上述灾害事故发生时，为防止灾害蔓延，或因施救、保护所采取必要措施而造成保险财产的损失和支付的合理费用。

（二）责任免除

1. 战争、军事行动或暴力行为。

2. 核反应、核辐射和核污染。

3. 被保险人及其家庭成员、寄居人、雇佣人员的违法、犯罪或故意行为。

4. 被保险人的家属或雇佣人员或同住人或寄宿人，盗窃或纵容他人盗窃保险财产而造成损失；保险财产存放处所无人居住或无人看管超过七天的情况下遭受的盗窃损失；因门窗未关致使保险财产遭受的盗窃损失。

5. 堆放在露天的保险财产以及用芦苇、稻草、麦秆、帆布等材料为墙体、屋顶、屋架的简陋屋棚，因暴风、暴雨造成的损失，保险人不予赔偿。

6. 地震所造成的一切损失。

7. 家用电器本身损毁。家用电器是指被保险人家中使用的电器、电机、电气设备，包括音响等文化娱乐用品。引起这些家电本身损毁的原因，包括使用过度、超电压、超负荷、短路、弧花、漏电、自身发热等，比如家庭使用的音响设备因线路熔断而损坏。

8. 保险财产本身缺陷、保管不善、变质、霉烂、受潮、自然磨损等造成的损失。

9.间接损失,是指保险财产遭遇保险事故引起的各种间接损失。

10.其他不属于保险责任范围内的损失。

四、家庭财产保险的保险金额、期限与费率

(一)保险金额

家庭财产保险的保险金额由被保险人根据其财产的实际价值自行估价确定。一般来说,保险财产中的房屋、室内装修及附属设施的保险金额,由被保险人根据财产的购置价或市场价自行确定;室内财产的保险金额由被保险人根据当时的实际价值自行确定。

家庭财产保险之所以由被保险人自行确定保险金额,是因为家庭财产基本上无账目可查,而且财产的品种、质量、规格、新旧程度不一,价值确定相当困难。在实务操作中,被保险人通常被要求按保险单上规定的保险财产项目分别列明保险金额,然后再相加算出一个总的保险金额。保险财产通常分为房屋、室内装修及附属设施、室内家庭财产损失、代保管财产等几项。一般来说,分项越细,保险金额越接近财产的实际价值。

(二)保险期限

普通家庭财产保险的保险期限一般为一年,从保险人与被保险人约定起保之日的零时起,到保险期满之日的 24 时止。期满后,投保人可以续保,但需另办手续。

(三)保险费率

家庭财产保险的保险费率应该按照投保财产坐落地点的实际危险程度确定,可分为城市、乡镇和农村三类危险等级,每个等级又可根据财产的实际坐落地点和周围环境划分若干档次。根据建筑结构和建筑材料的不同,保险人在制订家庭财产保险费率时有所不同,但一般分成三个档次:

1.一级建筑为钢筋、水泥、砖石结构的房屋,年费率为 1‰;

2.二级建筑为砖、木、瓦结构的房屋,年费率为 2‰;

3.三级建筑为草屋、棚屋,年费率为 3‰。

五、家庭财产保险的赔偿处理

(一)报损时间要求

当保险财产遭受保险事故损失后,被保险人在向公安、消防等部门报案的同时,应立即通知保险人。一般要求报损时间在灾情发生后的 24 小时内。

(二)两种赔偿方式

家庭财产保险的赔偿方式有两种:对保险房屋损失采用比例赔偿方式,对室内财产损失采用第一损失赔偿方式。比例赔偿方式与企业财产保险赔偿相同,前面已有论述。所谓第一损失赔偿方式,是指保险人按保险财产的实际损失和损失当天的实际价值来计算赔款,以保险金额为限,不用考虑是否足额保险。

(三)允许被保险人的家庭成员索赔

在保险实务中,会出现被保险人在保险事故发生前已经死亡,或出险时正好不在的情况,则允许他的家庭成员出面提出索赔。这是因为被保险人的家庭成员通常与被保险人是居住在一起的,只要持保险单就可向保险人提出赔偿申请,当然前提是保险财产损失属于保险责任范围内。事实上,家庭财产保险合同属于可转让保险合同,当投保家庭财产的被保险人在保险期内死亡,保险合同可转让给被保险人的法定继承人。

六、家庭财产保险的主要险别

(一)普通家庭财产保险

1. 含义

普通家庭财产保险是以城乡居民的房屋及室内附属设备、室内装潢、室内财产为保险标的,以火灾、爆炸、暴风、暴雨等意外事故和自然灾害为保险责任的财产损失保险。

2. 保险金额的确定

房屋及室内附属设备、室内装潢的保险金额由被保险人根据购置价或市场价自行确定。室内财产的保险金额由被保险人根据实际价值分项目自行确定。不分项目的,按各大类财产在保险金额中所占比例确定,即室内财产中的家用电器及文体娱乐用品占 40%（农村占 30%），衣物及床上用品占 30%（农村 15%），家具及其他生活用具占 30%，农村农机具等占 25%。

3. 赔偿处理

在发生保险责任范围内的损失后，不同保险项目的赔偿方式也不同。

对于房屋及室内附属设备、室内装潢，发生全部损失时，若保险金额等于或高于保险价值，其赔偿金额以不超过保险价值为限；若保险金额低于保险价值，按保险金额赔偿。发生部分损失时，若保险金额等于或高于保险价值时，按实际损失计算赔偿金额；保险金额低于保险价值时，应根据实际损失或恢复原状所需修复费用乘以保险金额在保险价值中所占比例计算赔偿金额。

对于室内财产，在分项目保险金额内全部损失和部分损失，都按实际损失赔付。

对于必要且合理的施救费用，按实际支出另行计算，最高不超过受损标的的保险金额。若保险标的损失按比例赔偿，则该项费用也按相同的比例赔偿。

如果保险标的发生保险责任范围内损失应由第三者负责赔偿的，被保险人应当先向第三者索赔。如果第三者不予赔偿，被保险人应提起诉讼。保险人可根据被保险人提出的书面赔偿请求，按照保险合同予以赔偿，但被保险人必须将向第三者追偿的权利转让给保险人，并协助保险人向第三者追偿。

（二）家庭财产两全保险

1. 含义

家庭财产两全保险，是一种兼具经济补偿和到期还本双重性质的长期家庭财产保险，是在普通家庭财产保险基础上衍生的一个险种。所谓两全，是指投保以后，不管在保险期内是否发生过保险事故损失，是否得到过赔款，被保险人既可以在家庭财产遭受保险责任范围内的灾害事故而造成损失时获得保险人的经济补偿，又可以在保险期满时从保险人处领回原先缴纳的保险储金。

2. 保险期限与保险金额

普通家庭财产保险的保险期限一般是 1 年，期满后要办续保手续，每年保每年办；而家庭财产两全保险的保险期限有 3 年期和 5 年期的，由于保险期限较长，手续简化，既给被保险人带来方便，也节省了保险人的费用开支。

家庭财产两全保险是采取按份数确定保险金额的方式。每份保险金额是固定的，城市居民一般以 1000 元保险金额为一份，而农村居民通常以 2000 元保险金额为一份。被保险人可根据自己家庭财产的实际价值，自行确定投保的份数。

3. 保险储金的计收和退还

投保家庭财产两全保险的被保险人须向保险人缴纳保险储金。保险储金具

有储蓄性质,由被保险人在投保时按其投保的保险金额和保险储金率计算缴纳给保险人。保险储金率的计算公式如下:

$$保险储金率 = \frac{保险费率}{投保期定期存款年利率} \times (1 - 代扣利息税率)$$

$$保险储金 = 保险金额 \times 保险储金率$$

例如,某城市居民张某购买 10 份 3 年期的家庭财产两全保险,假设保险费率为 1‰,3 年期定期存款年利率为 3%,没有利息税,他应向保险公司缴纳的保险储金计算如下:

保险金额 = 1000 × 10 = 10000(元)

保险储金率 = 1‰ ÷ 3% = 33.33‰

保险储金 = 10000 × 33.33‰ = 333.3(元)

被保险人所缴的保险储金所产生的利息就作为保险费归保险人收取,保险人不再向被保险人另外收取保险费。等到 3 年保险期满后,无论被保险人在保险期内是否得到过保险赔偿,被保险人都可以凭保险单和保险储金收据从保险人那儿领回投保时所缴纳的全部保险储金。

(三)长效还本家庭财产保险

1.含义

长效还本家庭财产保险是在家庭财产两全保险的基础衍生的一个险种,也具有经济补偿和到期还本的双重性质。其特殊之处在于:家庭财产两全保险有期限,即 3 年期或 5 年期,期满退还保险储金;而长效还本家庭财产保险则具有长期续转性,只要被保险人不要求退保,保险储金自动续转,保险责任持续不终止,所以称为"长效"。

2.可保财产

房屋及其附属物,单件价值在 50 元以上的服装、床上用品、家具,单件价值在 300 元以上的乐器、家用电器等。

3.保险金额与保险储金

长效还本家庭财产保险是采取每份固定保险金额的方式办理投保,被保险人可根据投保时家庭财产的实际价值确定投保份数。保险储金确定为保险金额的 3%～5%。无论在保险合同有效期内是否发生保险事故,在保险合同终止时,保险储金均全额退还被保险人。

4.保险期限和赔偿处理

被保险人只要不提取保险储金,该保险在 10 年内有效,10 年后可续保。

当保险财产发生保险责任范围内的损失时,保险人按照出险当时保险财产的实际价值计算赔偿金额,但最高以不超过保险单分项列明的保险金额为限。保险财产遭受部分损失经保险人赔偿后,保险合同继续有效,但保险金额相应减少,减少金额由保险人出具批单批注。

(四)团体家庭财产保险

团体家庭财产保险是用一张总的保险单对一个团体的成员提供家庭财产保险和附加盗窃险的家庭财产保险形式,这是为了适应机关、团体、学校和企事业单位为职工统一办理家财险而采用的一种承保方式。其有三个特点:一是被保险人的人数和姓名以投保时约定月份发入工资的名册为准。二是保险财产坐落地址以附地址清单上被保险人填写的为准。三是保险金额固定且较低,若投保团体有两个以上的成员同属于一个家庭,则他们投保的金额可以合并计算。

(五)个人贷款抵押房屋综合保险

个人贷款抵押房屋综合保险包括财产损失保险和还贷保证保险。

1.投保人

以房屋作抵押向商业银行申请贷款的具有完全民事行为能力的自然人。

2.保险财产

保险财产是指被保险人向商业银行申请贷款时用以抵押的房屋,抵押房屋价值中包含附属设施及其他室内财产。

3.保险责任

(1)火灾、爆炸、暴风、暴雨、台风、洪水、雷击、泥石流、雪灾、雹灾、冰凌、龙卷风、雪崩、突发性滑坡、地面突然塌陷等原因造成抵押房屋的损失。

(2)因意外伤害事故致使房屋抵押贷款人死亡或伤残,而丧失全部或部分还贷能力,造成三个月未履行或未完全履行合同约定的还贷责任,保险公司承担全部或部分还贷责任。

(3)为抢救房屋财产支付的合理施救费用。

4.保险期限

自约定起保日零时起至个人住房抵押贷借款合同约定的借款期限终止日24时止。

(六)投资保障型家庭财产保险

投资保障型家庭财产保险是一种具有保障性和投资性双重性质的保险,使保户能获得投资、保障双重收益。投保人购买此类产品后,只要按规定缴纳保险投资金,无须再另外支付保险费,在保险期内,不但被保险人能得到比传统家庭财产保险更多的保险保障,投保人还可获得固定的投资回报。如中国人民财产保险公司在 2001 年开办的金牛投资保障型家庭财产保险,华泰财产保险公司于 2004 年推出的华泰居益理财型家庭财产保险,均属于这类保险。

七、家庭财产保险的附加险

(一)附加盗窃险

1.保险责任

保险房屋及其室内附属设备、室内装潢和存放于保险单所载明地址室内的保险标的,由于遭受外来人员撬、砸门窗,翻墙掘壁,持械抢劫,并有明显现场痕迹,经公安部门确认的盗抢行为所致丢失、损毁的直接损失且 3 个月以内未能破案的,保险人负责赔偿。

2.保险金额

保险金额以家庭财产保险的保险金额为限,便携用品(手提电脑、电子记事本、摄像机、照相器材、VCD 等)的最高保险金额为 5000 元,且列明清单。

3.保险费率

被保险人在投保承保灾害损失的基本险的基础上再附加盗窃险,须附加保险费,保险费率一般在 1‰～2‰。

4.赔偿处理

保险财产发生盗抢事故后,被保险人应当保护现场,立即向当地公安部门如实报案,同时在 24 小时内通知保险人。经公安部门立案,从案发起 3 个月以内仍未破案,被保险人才可办理索赔手续。

被保险人获得保险人的赔款以后,应将其对被盗保险财产的权益转让给保险人。若以后破案,被盗财产又全部或部分追回,被保险人如果愿意领回,就必须把已经获得的赔款退还给保险人,保险人对被保险人追回财产的损毁部分,按实际损失给予补偿;要是被保险人不愿意领回,则追回的被盗财产就归保险人所有。

保险财产虽未被盗走,但却在偷盗时损坏,如打碎或摔坏,对财产在盗贼实施犯罪过程中遭到的损坏,保险人承担赔偿责任。

(二)附加家用电器用电安全险

1.保险责任

保险人对家用电器在正常使用过程中,由于自然灾害和意外事故致使供电线路倒杆、碰线引起超电压,进而造成家用电器的损毁负责赔偿。

2.责任免除

对于由于下列原因造成的损失,保险人不负赔偿责任:被保险人的故意行为以及违规用电、偷电或错误接线造成家用电器的损毁,家用电器超负荷运行、自然磨损、固有缺陷、用电过度、自身发热以及超过使用年限后的损坏等。

3.保险金额

以家庭财产保险家用电器部分的保险金额为限。

(三)附加管道破裂及水渍险

1.保险责任

保险人负责被保险人室内的自来水管管道、下水管道和暖气管道突然破裂致使水流外溢或邻居家漏水造成被保险人保险财产损失的赔偿。

2.责任免除

对由于下列原因造成的损失,保险人不负赔偿责任:由于被保险人的故意行为;私自改动原管道设计;由于施工使管道破裂造成家庭财产的损失;因试水、试压造成管道破裂跑水造成的家庭财产损失。

3.保险金额

以家庭财产保险的保险金额为限。

附录一:××保险公司财产保险基本险条款

保险标的范围

第一条　下列财产可在保险标的范围以内:

(一)属于被保险人所有或与他人共有而由被保险人负责的财产;

(二)由被保险人经营管理或替他人保管的财产;

(三)其他具有法律上承认的与被保险人有经济利害关系的财产。

第二条　下列财产非经被保险人与保险人特别约定,并在保险单上载明,不在保险标的范围以内:

(一)金银、珠宝、钻石、玉器、首饰、古币、古玩、古书、古画、邮票、艺术品、稀有金属等珍贵财物;

(二)堤堰、水闸、铁路、道路、涵洞、桥梁、码头;

(三)矿井、矿坑内的设备和物资。

第三条　下列财产不在保险标的范围以内:

(一)土地、矿藏、矿井、矿坑、森林、水产资源以及未经收割或收割后尚未入库的农作物;

（二）货币、票证、有价证券、文件、账册、图表、技术资料、电脑资料、枪支弹药以及无法鉴定价值的财产；

（三）违章建筑、危险建筑、非法占用的财产；

（四）在运输过程中的物资；

（五）领取执照并正常运行的机动车；

（六）牲畜、禽类和其他饲养动物。

保险责任

第四条　由于下列原因造成保险标的损失，保险人依照本条款约定负责赔偿：

（一）火灾；

（二）雷击；

（三）爆炸；

（四）飞行物体及其他空中运行物体坠落。

第五条　保险标的的下列损失，保险人也负责赔偿：

（一）被保险人拥有财产所有权的自用的供电、供水、供气设备因保险事故遭受损坏，引起停电、停水、停气，以致造成保险标的直接损失；

（二）在发生保险事故时，为抢救保险标的或防止灾害蔓延，采取合理的、必要的措施而造成保险标的的损失。

第六条　保险事故发生后，被保险人为防止或者减少保险标的损失所支付的必要的、合理的费用，由保险人承担。

责任免除

第七条　由于下列原因造成保险标的的损失，保险人不负责赔偿：

（一）战争、敌对行为、军事行动、武装冲突、罢工、暴动；

（二）被保险人及其代表的故意行为或纵容所致；

（三）核反应、核子辐射和放射性污染；

（四）地震、暴雨、洪水、台风、暴风、龙卷风、雪灾、雹灾、冰凌、泥石流、崖崩、滑坡、水暖管爆裂、抢劫、盗窃。

第八条　保险人对下列损失也不负责赔偿：

（一）保险标的遭受保险事故引起的各种间接损失；

（二）保险标的本身缺陷、保管不善导致的损毁，保险标的的变质、霉烂、受潮、虫咬、自然磨损、自然损耗、自燃、烘焙所造成的损失；

（三）由于行政行为或执法行为所致的损失。

第九条 其他不属于保险责任范围内的损失和费用。

保险金额与保险价值

第十条 固定资产的保险金额由被保险人按照账面原值或原值加成数确定，也可按照当时重置价值或其他方式确定。

固定资产的保险价值是出险时重置价值。

第十一条 流动资产（存货）的保险金额由被保险人按最近 12 个月任意月份的账面余额确定或由被保险人自行确定。

流动资产的保险价值是出险时账面余额。

第十二条 账外财产和代保管财产可以由被保险人自行估价或按重置价值确定。

账外财产和代保管财产的保险价值是出险时重置价值或账面余额。

赔偿处理

第十三条 保险标的发生保险责任范围内的损失，保险人按照保险金额与保险价值的比例承担赔偿责任，按以下方式计算赔偿金额：

（一）全部损失。保险金额等于或高于保险价值时，其赔偿金额以不超过保险价值为限；保险金额低于保险价值时，按保险金额赔偿。

（二）部分损失。保险金额等于或高于保险价值时，其赔偿金额按实际损失计算；保险金额低于保险价值时，其赔偿金额按保险金额与保险价值比例计算。

（三）若本保险单所载财产不止一项时，应分项按照本条款规定处理。

第十四条 发生保险事故时，被保险人所支付的必要、合理的施救费用的赔偿金额在保险标的损失以外另行计算，最高不超过保险金额的数额。若受损保险标的按比例赔偿时，则该项费用也按与财产损失赔款相同的比例赔偿。

第十五条 保险标的遭受损失后的残余部分，协议作价折归被保险人，在赔款中，作价折归被保险人的金额按第十四条所定的比例扣除。

第十六条 被保险人向保险人申请赔偿时，应当提供保险单、财产损失清单、技术鉴定证明、事故报告书、救护费用发票以及必要的账簿、单据和有关部门的证明，各项单证、证明必须真实、可靠，不得有任何欺诈。被保险人欺诈行为给保险人造成损失的，应当承担赔偿责任。保险人收到单证后应当迅速审定、核实。

第十七条 因第三者对保险标的损害而造成保险事故的，保险人自向被保险人赔偿保险金之日起，在赔偿金额范围内代位行使被保险人对第三者请求赔偿的权利。

第十八条 保险标的遭受部分损失经保险人赔偿后，其保险金额应相应减少,被保险人需恢复保险金额时,应补交保险费,由保险人出具批单批注。保险当事人均可依法终止合同。

第十九条 若本保险单所保财产存在重复保险时,本保险人仅负按照比例分摊损失的责任。

被保险人义务

第二十条 投保人应当在保险合同生效前按约定交付保险费。

第二十一条 被保险人应当履行如实告知义务,如实回答保险人就保险标的或者被保险人的有关情况提出的询问。

第二十二条 被保险人应当遵照国家有关部门制定的保护财产安全的各项规定,对安全检查中发现的各种灾害事故隐患,在接到安全主管部门或保险人提出的整改通知书后,必须认真付诸实施。

第二十三条 在保险合同有效期内,如有被保险人名称变更、保险标的占用性质改变、保险标的的地址变动、保险标的的危险程度增加、保险标的的权利转让等情况,被保险人应当事前书面通知保险人,并根据保险人的有关规定办理批改手续。

第二十四条 保险标的遭受损失时,被保险人应当积极抢救,使损失减少至最低程度,同时保护现场,并立即通知保险人,协助查勘。

第二十五条 被保险人如果不履行第二十条至第二十四条约定的各项义务,保险人有权拒绝赔偿,或从解约通知书送达15日后终止保险合同。

其他事项

第二十六条 被保险人与保险人之间因本保险事宜发生争议,解决方式由当事人根据合同约定从下列两种方式中选择一种:

(一)因履行本合同发生争议,由当事人协商解决,协商不成的,提交"————"仲裁委员会仲裁;

(二)因履行本合同发生争议,由当事人协商解决,协商不成的,依法向人民法院起诉。

第二十七条 凡涉及本保险的约定均采用书面形式。

附录二:××保险公司财产保险综合险条款

保险标的范围

第一条 下列财产可在保险标的范围以内:

(一)属于被保险人所有或与他人共有而由被保险人负责的财产;

（二）由被保险人经营管理或替他人保管的财产；

（三）其他具有法律上承认的与被保险人有经济利害关系的财产。

第二条 下列财产非经被保险人与保险人特别约定，并在保险单上载明，不在保险标的范围以内：

（一）金银、珠宝、钻石、玉器、首饰、古币、古玩、古书、古画、邮票、艺术品、稀有金属等珍贵财物；

（二）堤堰、水闸、铁路、道路、涵洞、桥梁、码头；

（三）矿井、矿坑内的设备和物资。

第三条 下列财产不在保险标的范围以内：

（一）土地、矿藏、矿井、矿坑、森林、水产资源以及未经收割或收割后尚未入库的农作物；

（二）货币、票证、有价证券、文件、账册、图表、技术资料、电脑资料、枪支弹药以及无法鉴定价值的财产；

（三）违章建筑、危险建筑、非法占用的财产；

（四）在运输过程中的物资；

（五）领取执照并正常运行的机动车；

（六）牲畜、禽类和其他饲养动物。

保险责任

第四条 由于下列原因造成保险标的的损失，保险人依照本条款约定负责赔偿：

（一）火灾、爆炸；

（二）雷击、暴雨、洪水、台风、暴风、龙卷风、雪灾、雹灾、冰凌、泥石流、崖崩、突发性滑坡、地面突然塌陷；

（三）飞行物体及其他空中运行物体坠落。

第五条 保险标的的下列损失，保险人也负责赔偿：

（一）被保险人拥有财产所有权的自用的供电、供水、供气设备因保险事故遭受损坏，引起停电、停水、停气以致造成保险标的的直接损失；

（二）在发生保险事故时，为抢救保险标的或防止灾害蔓延，采取合理的、必要的措施而造成保险标的的损失。

第六条 保险事故发生后，被保险人为防止或者减少保险标的的损失所支付的必要的、合理的费用，由保险人承担。

责任免除

第七条　由于下列原因造成保险标的的损失，保险人不负责赔偿：

（一）战争、敌对行为、军事行动、武装冲突、罢工、暴动；

（二）被保险人及其代表的故意行为或纵容所致；

（三）核反应、核子辐射和放射性污染。

第八条　保险人对下列损失也不负责赔偿：

（一）保险标的遭受保险事故引起的各种间接损失；

（二）地震所造成的一切损失；

（三）保险标的本身缺陷、保管不善导致的损毁，保险标的的变质、霉烂、受潮、虫咬、自然磨损、自然损耗、自燃、烘焙所造成的损失；

（四）堆放在露天或罩棚下的保险标的以及罩棚，由于暴风、暴雨造成的损失；

（五）由于行政行为或执法行为所致的损失。

第九条　其他不属于保险责任范围内的损失和费用。

保险金额与保险价值

第十条　固定资产的保险金额由被保险人按照账面原值或原值加成数确定，也可按照当时重置价值或其他方式确定。固定资产的保险价值是出险时重置价值。

第十一条　流动资产（存货）的保险金额由被保险人按最近 12 个月任意月份的账面余额确定或由被保险人自行确定。

流动资产的保险价值是出险时账面余额。

第十二条　账外财产和代保管财产可以由被保险人自行估价或按重置价值确定。

账外财产和代保管财产的保险价值是出险时重置价值或账面余额。

赔偿处理

第十三条　保险标的发生保险责任范围内的损失，保险人按照保险金额与保险价值的比例承担赔偿责任，按以下方式计算赔偿金额：

（一）全部损失。保险金额等于或高于保险价值时，其赔偿金额以不超过保险价值为限；保险金额低于保险价值时，按保险金额赔偿。

（二）部分损失。保险金额等于或高于保险价值时，其赔偿金额按实际损失计算；保险金额低于保险价值时，其赔偿金额按保险金额与保险价值比例计算。

（三）若本保险单所载财产不止一项时，应分项按照本条款规定处理。

第十四条　发生保险事故时,被保险人所支付的必要、合理的施救费用的赔偿金额在保险标的损失以外另行计算,最高不超过保险金额的数额。若受损保险标的按比例赔偿时,则该项费用也按与财产损失赔款相同的比例赔偿。

第十五条　保险标的遭受损失后的残余部分,协议作价折归被保险人,在赔款中,作价折归被险人的金额按第十四条所定比例扣除。

第十六条　被保险人向保险人申请赔偿时,应当提供保险单、财产损失清单、技术鉴定证明、事故报告书、救护费用发票以及必要的账簿、单据和有关部门的证明,各项单证、证明必须真实、可靠,不得有任何欺诈。被保险人欺诈行为给保险人造成损失的,应当承担赔偿责任。保险人收到单证后应当迅速审定、核实。

第十七条　因第三者对保险标的的损害而造成保险事故的,保险人自向被保险人赔偿保险金之日起,在赔偿金额范围内代位行使被保险人对第三者请求赔偿的权利。

第十八条　保险标的遭受部分损失经保险人赔偿后,其保险金额应相应减少;被保险人需恢复保险金额时,应补交保险费,由保险人出具批单批注。保险当事人均可依法终止合同。

第十九条　若本保险单所保财产存在重复保险时,本保险人仅负按照比例分摊损失的责任。

被保险人义务

第二十条　投保人应当在保险合同生效前按约定交付保险费。

第二十一条　被保险人应当履行如实告知义务,如实回答保险人就保险标的或者被保险人的有关情况提出的询问。

第二十二条　被保险人应当遵照国家有关部门制定的保护财产安全的各项规定,对安全检查中发现的各种灾害事故隐患,在接到安全主管部门或保险人提出的整改通知书后,必须认真付诸实施。

第二十三条　在保险合同有效期内,如有被保险人名称变更、保险标的占用性质改变、保险标的地址变动、保险标的危险程度增加、保险标的权利转让等情况,被保险人应当事前书面通知保险人,并根据保险人的有关规定办理批改手续。

第二十四条　保险标的遭受损失时,被保险人应当积极抢救,使损失减少至最低程度,同时保护现场,并立即通知保险人,协助查勘。

第二十五条　被保险人如果不履行第二十条至第二十四条约定的各项义务,保险人有权拒绝赔偿,或从解约通知书送达15日后终止保险合同。

其他事项

第二十六条 被保险人与保险人之间因本保险事宜发生争议,可通过协商解决,也可申请仲裁或提起诉讼。

第二十七条 凡涉及本保险的约定均采用书面形式。

附录三:××保险公司家庭财产综合保险条款

保险标的范围

第一条 凡是被保险人自有的,坐落于本保险单所载明地址内的下列家庭财产,在保险标的范围以内。

一、房屋及其室内附属设备(如固定装置的水暖、气暖、卫生、供水、管道煤气及供电设备、厨房配套的设备等)。

二、室内装潢。

三、室内财产:

(一)家用电器和文体娱乐用品;

(二)衣物和床上用品;

(三)家具及其他生活用具。

被保险人可自由选择投保。

第二条 下列财产经被保险人与保险人特别约定,并在保险单上载明,可在保险标的范围以内。

一、属于被保险人代他人保管或者与他人共有而由被保险人负责的第一条载明的财产;

二、存放于院内、室内的非机动农机具、农用工具及存放于室内的粮食及农副产品;

三、经保险人同意的其他财产。

第三条 下列家庭财产不在保险标的范围以内:

一、金银、珠宝、钻石及制品,玉器、首饰、古币、古玩、字画、邮票、艺术品、稀有金属等珍贵财物;

二、货币、票证、有价证券、文件、书籍、账册、图表、技术资料、电脑软件及资料以及无法鉴定价值的财产;

三、日用消耗品、各种交通工具、养殖及种植物;

四、用于从事工商业生产、经营活动的财产和出租用作工商业的房屋;

五、无线通信工具、笔、打火机、手表,各种磁带、磁盘、影音激光盘;

六、用芦席、稻草、油毛毡、麦秆、芦苇、竹竿、帆布、塑料布、纸板等为外墙、屋顶的简陋屋棚及柴房、禽畜棚、与保险房屋不成一体的厕所、围墙、无人居住的房屋以及存放在里面的财产；

七、政府有关部门征用、占用的房屋，违章建筑、危险建筑、非法占用的财产、处于危险状态下的财产；

八、其他不属于第一条、第二条所列明的家庭财产。

保险责任

第四条　由于下列原因造成保险标的的损失，保险人依照本条款约定负责赔偿：

一、火灾、爆炸；

二、雷击、台风、龙卷风、暴风、暴雨、洪水、雪灾、雹灾、冰凌、泥石流、崖崩、突发性滑坡、地面突然下陷；

三、飞行物体及其他空中运行物体坠落，外来不属于被保险人所有或使用的建筑物和其他固定物体的倒塌。

第五条　下列损失和费用，保险人也负责赔偿：

一、在发生保险事故时，为抢救保险标的或防止灾害蔓延，采取合理的、必要的措施而造成保险标的的损失。

二、保险事故发生后，被保险人为防止或者减少保险标的的损失所支付的必要的、合理的费用，由保险人承担。

责任免除

第六条　由于下列原因造成保险标的的损失，保险人不负责赔偿：

一、战争、敌对行为、军事行动、武装冲突、罢工、暴动、盗抢；

二、核反应、核子辐射和放射性污染；

三、被保险人及其家庭成员、寄居人、雇佣人员的违法、犯罪或故意行为；

四、因计算机2000问题造成的直接或间接损失。

第七条　保险人对下列损失和费用也不负责赔偿：

一、保险标的遭受保险事故引起的各种间接损失；

二、地震及其次生灾害所造成的一切损失；

三、家用电器因使用过度、超电压、短路、断路、漏电、自身发热、烘烤等原因所造成本身的损毁；

四、坐落在蓄洪区、行洪区，或在江河岸边、低洼地区以及防洪堤以外当地常年警戒水位线以下的家庭财产，由于洪水所造成的一切损失；

五、保险标的本身缺陷、保管不善导致的损毁；保险标的的变质、霉烂、受潮、虫咬、自然磨损、自然损耗、自燃、烘焙所造成本身的损失；

六、行政、执法行为引起的损失和费用；

七、其他不属于保险责任范围内的损失和费用。

保险金额与保险价值

第八条 房屋及室内附属设备、室内装潢的保险金额由被保险人根据购置价或市场价自行确定。房屋及室内附属设备、室内装潢的保险价值为出险时的重置价值。

室内财产的保险金额由被保险人根据当时实际价值分项目自行确定。不分项目的，按各大类财产在保险金额中所占比例确定，即室内财产中的家用电器及文体娱乐用品占40%（农村30%），衣物及床上用品占30%（农村15%），家具及其他生活用具占30%，农村农机具等占25%。

特约财产的保险金额由被保险人和保险人双方约定。

保险期限和保险费

第九条 保险期限分别为一年、三年、五年。均自保险单约定起保日零时起至期满日二十四时止。

保险期满，保险责任自行终止。期满续保，另办手续。

第十条 被保险人根据下列规定缴纳保险费：

一、保险费：基本险费率、附加险费率按费率表规定执行。

二、中途退保，按日平均费率计算应收保险费。

赔偿处理

第十一条 保险事故发生后，保险人按照下列方式计算赔偿：

一、房屋及室内附属设备、室内装潢：

（一）全部损失。保险金额等于或高于保险价值时，其赔偿金额以不超过保险价值为限；保险金额低于保险价值时，按保险金额赔偿。

（二）部分损失。保险金额等于或高于保险价值时，按实际损失计算赔偿金额；保险金额低于保险价值时，应根据实际损失或恢复原状所需修复费用乘以保险金额与保险价值的比例计算赔偿金额。

二、室内财产的赔偿计算：

全部损失和部分损失，在分项目保险金额内，按实际损失赔付。

三、特约承保财产的赔偿计算：

参照本条第一、二款执行。

四、被保险人所支付的必要、合理的施救费用,按实际支出另行计算,最高不超过受损标的的保险金额。若该保险标的按比例赔偿时,则该项费用也按相同的比例赔偿。

第十二条 保险标的遭受损失后的残余部分,协议作价折归被保险人,并在赔款中扣除。

第十三条 被保险人向保险人申请赔偿时,应当提供保险单、财产损失清单、发票、费用单据和有关部门的证明,各项单证、证明必须真实、可靠,不得有任何欺诈。

第十四条 保险标的发生保险责任范围内的损失应由第三者负责赔偿的,被保险人应当先向第三者索赔。如果第三者不予赔偿,被保险人应提起诉讼。保险人可根据被保险人提出的书面赔偿请求,按照保险合同予以赔偿,但被保险人必须将向第三者追偿的权利转让给保险人,并协助保险人向第三者追偿。

第十五条 保险标的在一个保险年度内遭受部分损失经保险人赔偿后,保险金额应相应减少,其有效保险金额应当是原分项保险金额减去分项保险标的的损失赔偿金额后的余额;如被保险人需恢复保险金额时,应补交相应的保险费,由保险人出具批单批注。投保三年、五年期的,下一保险年度,则自动恢复原保险金额。

第十六条 若本保险单所保财产存在重复保险时,本保险人仅负按照比例分摊损失的责任。

第十七条 被保险人自其知道或应当知道保险事故发生之日起,两年内不行使向保险人请求赔偿的权利,即作为自动放弃而失效。

被保险人义务

第十八条 投保人应当在保险合同生效前一次性交清保险费。保险合同在投保人一次性交清保险费后生效。

第十九条 被保险人应当就保险标的或者被保险人的有关情况履行如实告知义务。

第二十条 被保险人应当遵照国家有关消防、安全方面的规定,维护保险标的的安全。

第二十一条 在保险合同有效期内,如被保险人的地址发生变更或保险标的的所有权发生转移,应当及时通知保险人,并根据保险人的有关规定办理批改手续。

第二十二条 保险标的遭受损失时,被保险人应当积极抢救,使损失减少至最低程度,同时保护现场,并立即通知保险人,协助查勘。

第二十三条　被保险人如果不履行第十八条至第二十二条约定的义务,保险人有权拒绝赔偿,或解除保险合同。

其他事项

第二十四条　被保险人与保险人之间因本保险事宜发生争议,可通过协商解决;协商达不成协议的,可提起诉讼。

第二十五条　凡涉及本保险的约定均采用书面形式。

❖ 本章小结

1. 火灾保险是指以存放在固定场所并处于相对静止状态的财产物资为保险标的,由保险人承担财产遭受火灾及其他自然灾害、意外事故损失的经济赔偿责任的一种财产保险。火灾保险承保的财产必须是处于相对静止状态,存放地址相对固定,不得随意变动,承保的标的具有广泛性。

2. 普通火灾保险的基本责任只有火灾、爆炸、雷电三项责任;扩展责任有暴风、暴雨等各种自然灾害,空中运行物坠落,三停损失等;特约责任有水管爆裂、破坏性地震和盗窃等。

3. 纽约标准火灾保险单的内容主要有声明事项、保险事项、除外事项和条件事项。世界各国的火灾保险条款基本上都是参照纽约标准保险单内容制定的。

4. 我国的企业财产保险是承保企业、事业单位、机关团体的固定资产、流动资产及与其企业经济利益相关的财产,由于火灾及其他自然灾害、意外事故的发生而遭受直接损失的财产损失保险。

5. 利润损失保险是指承保由于火灾等自然灾害或意外事故发生,使被保险人在一个时期内停产停业或营业受到影响的间接经济损失,即利润损失以及营业中断后仍需支付的必要费用。

6. 家庭财产保险是以城乡居民的家庭财产为保险标的的保险,属于财产损失保险的范畴,有普通家庭财产保险、家庭财产两全保险、长效还本家庭财产保险、投资保障型家庭财产保险等形式。

❖ 关键术语

火灾保险　纽约标准保险单　共同保险　特别分摊保险　统保保险　申报保险　两种条件分摊保险　企业财产保险　水暖管爆裂保险　破坏性地震保险

橱窗玻璃意外保险 商业盗窃保险 露堆财产保险 利润损失保险 家庭财产保险 家庭财产两全保险 长效还本家庭财产保险 团体家庭财产保险

思考题

1. 火灾保险的含义及特点是什么?
2. 纽约标准火灾保险单的主要内容是什么?
3. 英国的特别分摊保险与美国的共同保险有何区别?
4. 企业固定资产和流动资产保险金额如何确定?
5. 利润损失保险的保险期限与赔偿期的关系怎样?
6. 投资保障型家庭财产保险的发展方向如何?

案例分析题

1. 某工厂 2002 年 1 月 1 日向某保险公司投保企业财产险,保险期间为一年。合同到期后该厂提出了续保要求。2003 年 1 月 7 日,该厂向保险公司的业务员王某递交了财产保险投保单,投保了 85 万元的财产保险,王某接到该厂的投保单并足额收取了该厂的企业财产保险费。但因种种原因,王某未及时将该投保单和保险费交到保险公司,因此保险公司亦未给该厂签发保险单。2003 年 1 月 12 日,该厂因电器线路开关短路发生火灾,烧毁了生产厂房、设备及原材料等大部分企业财产。火灾发生后,该厂及时通知了保险公司并提出索赔要求,保险公司认为并未收到该厂的保险费,也未经核保签发保险单,因此拒绝承担赔偿责任。该厂只好诉讼至法院,要求保险公司承担赔偿责任。法院审理后,判决保险公司赔偿该厂保险金约 65 万元。代理人的失职,保险公司是否应承担责任? 对此,保险公司内部对该案的处理存在两种意见:

第一种意见认为,虽然该厂填写了投保单,并将投保单和保险费交给了保险公司的业务员王某,但保险公司并未收到该厂的保险费,也未经核保同意承保,保险合同尚未成立,因此,保险公司不应承担赔偿责任。

第二种意见认为,王某作为保险公司的代理人,接受投保人的投保单和保险费的行为,视为保险公司的行为。该行为是对投保人订立保险合同要约行为的承诺,表明保险合同已经成立,保险公司应当承担赔偿责任。

你认为哪一种意见是正确的? 为什么?

2. 2003 年 11 月 9 日,某电子元件厂三车间突然燃起大火。厂领导一面安排职工奋力抢救,一面通知消防及保险公司。待保险公司赶来后,大火已被扑灭。

理赔人员经过细致的查勘得出以下结论:大火是由于车间成品库内存放的两桶香蕉水及一桶乙醇不慎燃着导致的,成品库内的两万多只电子元件受到了不同程度的损坏,初步估计损失程度在3万元以上。至于究竟是什么原因引起香蕉水及乙醇燃烧,厂内许多人都猜测是由于线路短路造成,但理赔人员经查勘觉得有疑点。就在这时候,公安局接到此车间一工人检举,大火是车间某领导蓄意制造的。经公安局立案侦查,最后得以证实。该车间主任李某自上任后工作少有业绩,导致生产质量大滑坡,几个月内先后制造出近一万只废品,他考虑如果将其报废处理,不仅得不到质量奖,还会被厂里处罚,可能职务也保不住,就唆使两个工人制造了这起火灾损失案。经审讯,李某对此供认不讳。在这起事故中,除了8135只废品外,还有13560只合格品有不同程度的损坏,经仔细理算,最后定损为24530元。由于李某正处被收审之时,加之对其赔偿能力的怀疑,该厂向保险公司提出索赔,并同意将向李某追偿的权利转交给保险公司。保险公司内部有两种不同意见:一种意见认为,这场火灾是车间主任李某的故意行为造成,根据企业财产险条款规定,被保险人的故意行为属于本保险的除外责任,因此,保险公司对这场火灾造成的财产损失不予赔偿。另一种意见认为,虽然这场火灾是车间主任李某的故意行为造成,但李某的行为纯属个人行为,而非法人行为,对于企业财产保险,被保险人只能是企业法人,因此,保险公司对此应予以赔偿。

你认为保险公司是否需要承担赔偿责任?为什么?

3. 2004年6月7日,某市一家机动车修配厂向保险公司投保了企业财产保险基本险,并附加盗窃险。保险金额:固定资产按账面原值投保为615000元,流动资产按最近账面余额投保为187000元。保险期限为一年。但当保险公司工作人员审核时发现,核保人员误将费率按一级工业险计算(本应为二级工业险),结果保险费少收了0.4‰。发现这一失误后,保险公司立即通知被保险人,要求补缴保险费320元,但被保险人在接到通知后,迟迟不肯补缴,于是保险公司在6月29日出具批单,上面明确批注了"如果出险,我公司将按实缴保费与应缴保费的比例赔付"。同年9月12日上午10时,该机动车修配厂的一间办公室突然发生火灾,该厂职工及附近居民进行了奋力抢救,40分钟后,大火被扑灭。但清理财产时发现,发生火灾的办公室邻近的仓库门锁被撬,其中有多种进口汽车配件不翼而飞。经公安部门验证,确系盗窃行为所致的财产丢失。显然是在大家抢救财产的紧急当口,有些不法分子,假装参与救火而趁机打劫。事故发生后,该厂向保险公司报案并提出赔偿请求。保险公司经认真查勘与核实后,定损为:固定资产损失36800元,流动资产被盗损失57200元,施救费用1230元。双方对这起事故的保险责任并无异议,同意属于火灾责任及盗抢责任,但在赔付金额的计算上产生争议。保险公司认为,被保险人以固定资产及流动资产足额投保,本应按实际损失赔偿,但被保险人在投保时缴纳保险费不足且一直未补足,保险人将原保险单做了批改,并通知了被保险人,出险后应按实缴保费与应缴保费的比例计算赔偿金,即$(36800＋57200＋1230)×1.6‰/2.0‰＝76184$(元)。而机动车修配厂认为,保险人单方面对保单进行批改,事先并未征得被保险人同意,此批单应属原始无效。公平合理的做法是:被保险人补交保险费及利息后,保险人按实际损失进行赔偿。

你认为保险公司应如何赔偿? 为什么?

4.2004年8月8日,福建龙岩某水泥建材工业有限公司将近8亿元的资产向某保险公司龙岩分公司投保财产保险综合险,保险期限一年,签单保险费1011068元,保险合同约定保险费分三期支付。被保险人在保险责任终止时已支付70万元保险费,尚欠311068元保险费,在保险公司多次电话、书面催讨下,又于2005年10月支付10万元保费,剩余的211068元保险费一直拖欠,某水泥建材公司以无保险事故、无索赔等为由不再履行交费义务。经多次催讨不成,为维护保险公司的合法权益,2006年3月,某保险公司龙岩分公司将此纠纷诉讼至法院。

你认为某水泥建材公司拒付剩余保险费是否有理? 保险公司向法院诉讼是否合法? 法院应该怎么判?

5.2005年1月3日,某市永和食品厂在当地保险公司投保了财产保险综合险,保险期限一年,同年7月,该地连降暴雨,由于泄洪措施不力,洪水在市内横行。洪水进入永和食品厂的一座糕点仓库,水深一度达到1.23米,当时库内存放的尚未出厂的糕点共计5213箱,下层的糕点直接遭受洪水浸泡丧失了价值,直接损失达170570元;上层的糕点虽然未经洪水直接浸泡,但考虑到湿度和温度对之不利,永和食品厂领导针对当时的严峻局面,为了减少损失,将上层糕点削价处理,与原成本相比,其差价损失为190358元。另外,为了削价处理这批糕点,永和食品厂动用了许多人力物力,总共花去费用13400元,在抢救当时,该厂负责人迅速通知了保险公司,保险公司的理赔人员赶到现场后进行认真查勘,核实情况。保险公司内部对下层糕点的损失赔偿没有异议,属于洪水责任。但对上层糕点的削价损失及有关费用,是否应该赔偿,有三种不同意见:

第一种意见认为,仓库内上层未被洪水淹没浸泡的糕点,由于被保险人将其自行削价处理,造成差价损失190358元,不是由洪水直接造成的,属于间接损失,不予赔偿,而对13400元属于施救行为造成的支出,应由保险人负责赔偿。

第二种意见认为,食品厂自行削价处理仓库内上层未被洪水直接浸泡的糕点,造成差价损失190358元及相应的费用13400元,均属于“被保险人为防止或者减少保险标的损失所支付的必要的、合理的费用”,都应由保险人按施救费用赔偿。

第三种意见认为,食品厂削价处理仓库上层未被洪水直接浸泡的糕点的行为属于纯粹的施救行为,但此行为造成的差价损失属于保险标的直接损失,而这一损失的近因是洪水责任,因此这部分财产损失及 13400 元施救费用保险人都应该赔偿。

你认为哪一种意见正确?为什么?

6. 某毛巾厂投保了企业财产保险基本险,固定资产保额为 111 万元,流动资产保额为 537 万元,保险期限自 2004 年 7 月 30 日零点起至 2005 年 7 月 29 日 24 点止。2005 年 6 月 27 日晨,该厂某汽车驾驶员在本厂车库内用喷灯烤车,本人外出打水。因无人看管,8 点 40 分左右,喷灯火苗将汽车烤着,酿成火灾。经保险公司现场查勘,发现该车已被烧毁,车上装的货物部分被烧毁,被烧毁的货物是该厂产品——毛巾。因该厂与某劳动服务公司签订有购销合同,合同规定由供货方将货物送至购货方,购货方验货后付款。这辆被烧毁的车上所装的毛巾就是准备送往该劳动服务公司的。毛巾于前一天晚上装上车,未出厂区便遭遇火灾。对于车辆损失,属于机动车辆险范围,但对于车上货物及车库内其他货物是否要赔偿,保险公司内部有不同的看法。

你认为保险公司是否要赔偿车上及车库内货物?

7. 某成衣厂于 2000 年 1 月 31 日与某保险公司签订了财产保险基本险附加盗窃险合同,保险期限从 2000 年 2 月 1 日零点起至 2001 年 1 月 31 日 24 时止,保险金额为 35 万元,并于当日交付了全部保险费。2000 年 2 月 7 日晚,因是春节期间,这个厂的值班员钟某擅自离开工厂,到朋友家去吃晚饭,饭后又与朋友一起打麻将,直到第二天下午 3 点才回成衣厂,发现成衣厂防盗门被人撬开,厂内的财产被盗。经现场查勘,该成衣厂的财产损失约 16 万元。由于此案一直未破,成衣厂于 2000 年 5 月 11 日向保险公司提交书面索赔申请。同年 6 月 20 日,保险公司出示《拒赔通知书》,称依据《企业财产保险条款附加盗窃险特约条款》的约定:"由于保险地址无人看守而发生的被盗窃损失,保险人不负赔偿责任。"而成衣厂认为应该赔偿,遂起纠纷。最后成衣厂向法院起诉保险公司,要求其赔偿损失。一审法院认为,成衣厂在保险公司投保企业财产保险并附加盗窃险,缴纳了保险费,保险合同合法有效,双方当事人应当遵照执行。成衣厂在保险期限内发生保险财产被盗,但被盗是由于保险地址无人看守导致,保险地址无人看守这一事实已由被保险人提供的书面材料证实,该行为属于保险条款中的除外责任。因此,法院作出如下判决:驳回成衣厂的诉讼请求。一审法院判决后,成衣厂不服,遂向上级法院提起上诉。二审法院以同样的理由维持原判。

你认为法院的判决是否正确?为什么?

8.2003 年 5 月 24 日,某鞋业公司向某保险公司投保了财产保险综合险,保险期限一年,该鞋业公司在投保单上注明投保的保险标的及保险金额为:固定资产厂房 800 万元,机器设备 400 万元,存货 400 万元。另附一份投保明细表注明存货为原材料 250 万元,产成品 150 万元,合计 400 万元。保险公司经核保后同意承保,在投保单上签章,并出具了保险单。由于保险公司经办人员的疏忽,在保险单上,承保标的项目为:厂房保险金额为 800 万元;机器设备保险金额 400 万元;存货保险金额 400 万元;在存货一栏中未按投保明细表中的原材料 250 万元,产成品 150 万元进行细分;而且保险单未注明附投保明细表;交给鞋业公司的保险单背面也未附投保明细表并加盖骑缝章。同年 8 月 23 日,该鞋业公司制鞋车间发生火灾并殃及相邻成品鞋仓库,烧毁财产价值 150 万元;其中厂房 4 万元,设备 11 万元,成品鞋 60 万元,车间在制品 75 万元。事故发生后,鞋业公司以保险单为依据向某保险公司索赔全部损失 150 万元。保险公司对损失的厂房、设备及成品鞋的赔偿没有异议,但对制鞋车间的在制品损失赔偿与鞋业公司发生了分歧。保险公司认为,依据投保单及投保明细表,鞋业公司只投保了存货中的原材料和产成品项目,保险公司只要履行成品鞋的损失赔偿义务,而制鞋车间的在制品损失,投保人未进行保险,保险公司不履行赔偿义务。而鞋业公司则认为,保险单是保险合同成立的依据,保险单上明确保险公司承保了存货 400 万元,保险公司理应对存货的损失承担全部赔偿义务,存货当然包括在制品。

你认为保险公司是否应该对在制品履行赔偿义务?为什么?

9.王某于 2003 年 3 月投保了家庭财产保险,他只选择投保了价值较高的纯平彩电与 VCD 各一台,保额 3000 元。两个月后,因为烧酒精炉不慎引燃大火。王某情急之下,抢救出纯平彩电和 VCD,因来不及救出其他物品,结果导致其他财产损失 4500 元。王某向保险公司提出索赔申请。对于如何处理这一起特殊的家庭财产投保索赔案,保险公司内部有三种不同的意见:

第一种意见认为,保险公司不予赔偿,理由是根据《保险法》第 24 条规定:"对不属于保险责任的,应当向被保险人或者受益人发出拒绝赔偿或者拒绝给付保险金通知书。"之所以说这起事故不属于保险责任范围,是因为它没有发生保险财产的损失。保险公司承保的是电视机与 VCD 没有发生损失,保险公司完全可以不承担赔偿责任。

第二种意见认为,第一种观点从法律上站得住脚,但实际中却很难让人接受,"合法而不合情理",建议保险公司应通融给付,弥补王某精神上的损失。

第三种意见认为,应该奖励王某积极施救的行为,其他财产损失应作为施救费用给予赔偿。因王某是为抢救保险标的而导致其他财产损失的,施救行为本身也减少了保险公司的损失。

你认为如何处理本案较为合理？为什么？

10.因办理抵押贷款，在银行的要求下，黑龙江省五常市冲河镇丰源村农民杜某于 2001 年 4 月 13 日在某保险公司投保了家财险，杜某将自己三年前就借给其姐夫居住属于自己所有的三间草泥房（其中一间自己留做库房）作为保险标的。双方约定保险金额为 3 万元，其中，①房屋的保险金额为 21800 元；②室内财产为 8000 元；③柴草垛为 200 元。杜某缴纳保险费 90 元。保险期限一年，保险公司承担因自然灾害和意外事故造成的损失，但不承担因房屋年久失修造成的损失、坐落在低洼地和常年警戒水位线下房屋损失及家庭财产因使用不当或自身缺陷所造成的损失。双方还约定，房屋、柴垛损失按比例赔偿，家庭财产按实际损失赔偿，但以不超过保险金额为限。2001 年 8 月间，因进入汛期，杜某所在村干部认为有危险，多次动员，其姐夫家人于 8 月 24 日搬出该房。2001 年 8 月 25 日，一场暴雨袭击了五常市冲河镇，杜某的房屋在风雨中倒塌，随后杜某向银行信贷员报案并要求其通知保险公司。2001 年 8 月 29 日，保险公司理赔人员到现场，双方因是否属于保险责任，赔偿金额的多少难以达成一致，不欢而散。后来杜某多次要求保险公司理赔，但保险公司以杜某不能证明暴风曾达到每小时 17.2 米，其投保的房屋又年久失修，倒塌原因是由于雨水浸泡而拒赔。2001 年 9 月 15 日，杜某取得五常市气象局证明，证明 2001 年 8 月 25 日房屋所在地发生了暴风雨，但保险公司仍坚持拒赔。保险公司认为，保险标的地处低洼地，且年久失修，属本保险合同的除外责任，因此保险公司免责。另外，保险公司还认为，杜某无科学证据证明房屋毁损是由于保险责任范围内的风险造成，因此保险公司不承担赔偿责任。后来杜某上诉至法院。

你认为保险公司拒赔理由是否成立？法院应该怎么判？

11.某市居民李某将其家庭财产向保险公司投保了家庭财产保险，保险期限自 2004 年 3 月 8 日零点起至 2005 年 3 月 7 日 24 时止，保险金额为 83000 元。2005 年春节期间，李某为其刚刚 8 岁的儿子买了 200 元左右的各式烟花爆竹。2005 年 2 月 16 日上午，李某与其妻到朋友家去做客，将儿子留在家中。李某与其妻走后，其子感到清静无聊，将李某藏的烟花翻出，在屋里玩耍，并将一只爆竹点着，花炮在屋里乱窜喷火，其余烟花爆竹也被相继点燃，导致大火。所幸李某之子逃出门外，只有皮肉之伤，但当大火被扑灭后，李某清点家财时，发现衣服、被褥、家用电器、家具等均有不同程度的损坏，经保险公司核定，损失为 38450 元。对这起火灾，保险公司认为，根据家财险保险条款规定，被保险人及其家庭人员的故意行为，属于本保险的除外责任，火灾是李某之子故意行为所致，因此保险公司不承担赔偿责任。而被保险人李某则认为，其子并非故意纵火，而只是玩耍不慎导致室内财物被烧，不应视为被保险人家庭人员的故意行为。

根据上述案情,你认为保险公司拒赔是否有理?为什么?

12. 被保险人陈某是单身汉,仅有一个妹妹住在外地。陈某居住的城市地处海滨,而且他在海边有一幢私房。2000年3月7日,陈某将其所住的房屋、院落内的一个小仓库及全部家庭财产向保险公司投保了家财险,保险金额:房屋50000元,小仓库10000元,其他财产40000元,保险期限一年。同年8月9日,该地区遭到了台风袭击,当天上午10点左右,陈某发现小仓库的房顶被台风摧毁,便赶紧去抢搬仓库内的贵重物品,不料被一根房梁砸在脑部,当场倒地。来帮忙的邻居张某见陈某倒地后,火速将其送往医院,医院在中午11点确诊陈某死亡。不幸的是,当天下午1时左右,台风又将陈某院中的一棵老树刮到,断树将陈某的房屋顶砸坏,屋里一些财物损坏。这次事故,造成陈某的财产损失为:房屋损失3600元,屋内财产损失830元,小仓库损失5100元,库内财产损失3700元。陈某的妹妹从外地赶来,向保险公司提出赔偿全部财产损失的索赔申请。但由于陈某在台风发生当中死亡,对于如何承担赔偿责任,保险公司内部有两种意见:

第一种意见认为,保险财产的损失属于暴风责任,所以全部损失都应予以赔偿,但被保险人陈某已死,应向其继承人妹妹支付全部赔偿金。

第二种意见认为,保险财产的损失属于暴风责任,但被保险人陈某在期间死亡,财产权的主体消失时,其可保利益必然消失,所以陈某死亡前的财产损失(即小仓库及仓库内财产)应予以赔偿,而陈某死亡之后的财产损失(即房屋及房屋内财产)则不予赔偿。

你认为哪一种意见正确?为什么?

13. 2003年10月,某市职工陈某向A保险公司投保了家庭财产保险,保险金额5万元。同年11月,陈某在乡下生活的母亲来看望儿子,并第一次使用高压锅煮绿豆粥。由于高压锅的排气孔被一粒绿豆堵塞,锅内气温不断升高造成爆炸。高压锅及煤气灶被炸毁,损失金额为800元,陈某的母亲右手也被炸伤,花去医疗费500元。事故发生后,陈某向A保险公司提出索赔,要求赔偿其财产损失及母亲的医疗费。A保险公司接到出险通知后,迅速派人到现场查勘,证实高压锅爆炸所造成的损失属实,但在赔付问题上有三种意见:

第一种意见认为,被保险人违反安全操作规定使用高压锅,是造成高压锅爆炸的直接原因,属于除外责任,A保险公司不能赔偿。

第二种意见认为,高压锅不能自动冲开排气阀,证明高压锅本身存在缺陷,对因此造成的损失,属于除外责任。但是,因高压锅爆炸造成煤气灶的损毁,则是意外损失,A保险公司应该赔偿。

第三种意见认为,陈某的财产损失及其母亲花去的医疗费,均是由于爆炸风险造成,A保险公司应全部赔偿。

你认为哪一种意见正确？为什么？

14. 甲以其房屋为保险标的与保险人乙订立火灾保险合同,保险金额为 80 万元,后因其邻居丙的过错,其自家失火,导致甲的房屋也完全损毁。事故发生后,甲的房屋市价为 100 万元。甲、乙未在保险合同中约定房屋的保险价值。经查,因丙的过错致火灾发生,导致甲的房屋全损,保险人乙给付甲保险金 80 万元。因甲房屋当时市价 100 万元,保险人乙给付的保险金额总额不能完全填补甲房屋所受损失,于是甲向丙请求赔偿其损失余额 20 万元。保险公司乙履行了对甲的赔偿义务后,也取得了向丙的保险代位追偿权,于是乙保险公司代被保险人甲要求侵权人丙承担其损害赔偿责任 80 万元。而侵权人丙此时只有 10 万元可供清偿。丙若将其全部给付甲,则保险人无法获得任何给付;若丙将其全部给付于保险公司乙,则被保险人甲尚有 20 万元损失无法填补。当事人争执不下,请求法院判决。

你认为法院如何判决比较合理？为什么？

15. 2000 年 4 月 26 日,某市 K 服装厂向 T 保险公司投保了企业财产综合险,保险标的为该厂的机器设备和流动资产等,财产坐落地点为千秋大厦 5 楼与 6 楼,投保金额为 168 万元,保险期限为 1 年。保险合同签订后,投保人 K 服装厂一次性向 T 保险公司缴清了 3362 元保险费。同年 6 月 10 日,设在千秋大厦 2 楼的 G 服装配件公司海绵车间内有两名工人在工作时,因切割海绵而四溅火星引燃海绵泡沫,并燃着了堆放在车间里的原材料和产成品。随后,一发不可收拾,火势顺着堆放在消防通道的易燃物迅速蔓延,扑向货梯。火焰从货梯一层层向上燃去,随着风势卷进位于 5 楼与 6 楼的 K 服装厂的缝纫车间,造成车间里的一批童装半成品被烟熏坏,损失达 8 万多元。事故发生后,K 服装厂作为被保险人按照与 T 保险公司的合同,向保险人索赔。T 保险公司拒赔,理由是火灾并非 K 服装厂发生,且童装是被烟熏坏,并非火烧坏的,所以拒赔。

你认为 T 保险公司拒赔是否有理？为什么？

第六章

运输工具保险

🔶 **学习目标**

1. 掌握运输工具保险的概念、特点及业务体系。
2. 理解机动车商业保险主险及附加险的主要内容。
3. 掌握交强险的概念、保险责任及其赔付方式。
4. 了解船舶保险的概念、特点及主要险种。
5. 了解飞机保险的概念、特点及主要险种。

第一节　运输工具保险概述

一、运输工具保险的概念

运输工具保险是以各种运输工具及其有关利益、责任为保险标的的保险。保险人承保被保险人由于运输工具在保险期间遭遇自然灾害和意外事故造成的各种损失和费用以及因意外事故应负的民事赔偿责任。具体包括机动车商业保险、机动车交强险、船舶保险和飞机保险等。

运输工具保险是随着运输业的发展而产生并不断发展起来的一种财产保险业务。在国际上,最早的运输工具保险是船舶保险,目前世界上发现最早的保险单——热那亚保单就是一张船舶航程保险单。19 世纪末汽车的出现并走向大众化、普及化,催生了汽车保险的普及,并逐渐使之成为整个财产保险业务中举足轻重的业务来源。而 20 世纪初飞机的诞生与航空事业在全球的迅速发展,更使财产保险由海上保险阶段发展到陆上保险阶段后,迈向了航空保险的新领域。

二、运输工具保险的特点

(一)保险标的的流动性

运输工具保险所承保的标的,通常不受固定地点的限制,而处在经常的流动状态中,因此,常会发生保险事故的发生地和投保地不一致的情形。如飞机出事往往远离机场或在异地机场,船舶碰撞多发生在异地水域,这必然会加大财险公司经营的难度。

(二)承保风险的多样性

运输工具保险所涉及的空间范围大,其承保风险包括陆地上的各种风险、内河及海洋中的各种风险以及各种空中风险,导致承保风险的多样性。如船舶保险既承保狂风巨浪、海啸、搁浅、碰撞、沉没等海上固有的风险,还要承保战争、罢工、抢劫、偷窃等外来风险;既要承保船舶在行驶过程中的风险,还要承保船舶在停泊时的风险。如在飞机保险中,保险标的有四种状态:飞行、滑行、地面、停航,每个状态下因为外部环境的不同保险标的面临的风险也具有很大的差异性。

(三)承保范围的广泛性

运输工具保险不仅对运输工具在遭遇自然灾害和意外事故后造成的运输工具本身的损失和发生的各种费用提供保障,还对意外事故引发的被保险人对第三者应负的民事损害赔偿责任提供保障。可见,运输工具保险既涉及财产损失保险,又涉及责任保险,是一种综合性保险,给被保险人提供的承保范围广泛,能够很好地满足被保险人转移相关风险的要求。

(四)定损理赔的复杂性

由于运输工具保险的承保标的经常处于流动状态,可能遭遇的风险事故既多且广,造成损失的原因多种多样,既有各种非人为因素,又有各种人为因素。其不仅会发生一种原因致损的情况,也经常会发生几种原因共同致损的情况。而且在很多时候,车辆、船舶受损都是由于碰撞事故所致,保险事故就涉及保险双方之外的第三方,这势必会增加运输工具保险定损的难度。总之,致损因素错综复杂、纷繁交杂,对保险理赔人员来说,分析致损原因,确定赔偿责任,是一项相当复杂细致的工作。

三、运输工具保险的业务体系

运输工具保险是财产保险业务的重要支柱,其业务体系如图 6-1 所示。其主要的险种有以下三类。

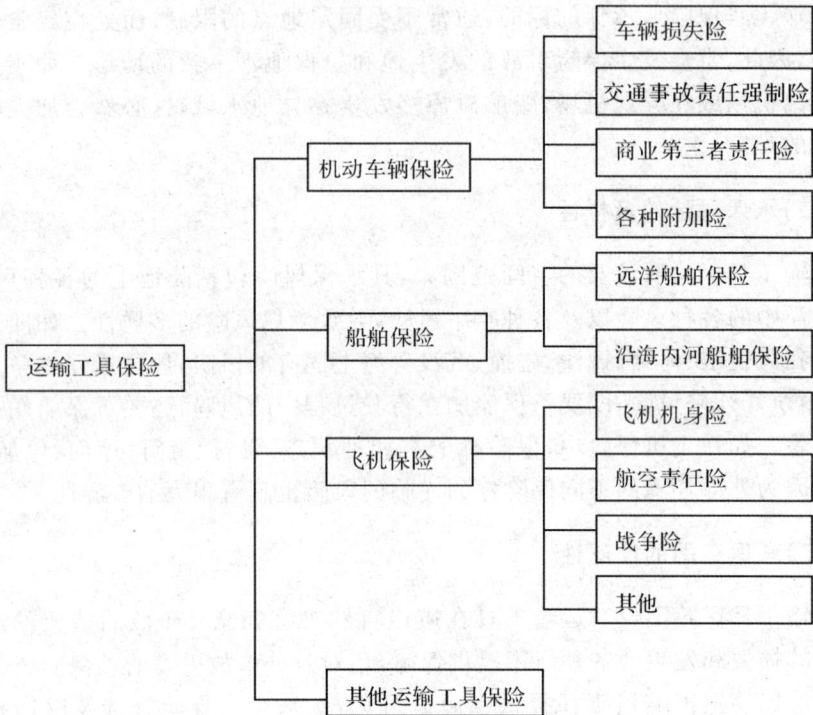

```
                                          ┌─── 车辆损失险
                                          ├─── 交通事故责任强制险
                          机动车辆保险 ─────┤
                                          ├─── 商业第三者责任险
                                          └─── 各种附加险
                                          ┌─── 远洋船舶保险
                          船舶保险 ────────┤
                                          └─── 沿海内河船舶保险
 运输工具保险 ────────┤                     ┌─── 飞机机身险
                                          ├─── 航空责任险
                          飞机保险 ────────┤
                                          ├─── 战争险
                                          └─── 其他

                          其他运输工具保险
```

图 6-1　运输工具保险险种体系

(一)机动车辆保险

机动车辆保险承保公务、商用和民用的各种机动车辆因遭受自然灾害或意外事故造成的车辆本身及相关利益的损失和采取施救保护措施所支付的合理费用以及被保险人对第三者人身伤害、财产损失依法应负的民事赔偿责任。机动车辆保险不仅是运输工具保险的主要业务来源,也是整个财产保险的主要业务来源。在我国的财产保险体系中,机动车辆保险的地位更是重要,多年来,其保费收入占整个财产保险业保费收入的比例一直在 55% 以上。

(二)船舶保险

船舶保险承保各种船舶在内河及海洋航行中可能遭遇的自身损失危险及其各种责任风险。船舶保险承保的船舶吨位大、价值昂贵,一旦遭遇保险事故,损失往往巨大,因此船舶保险是一种高风险业务。

(三)飞机保险

飞机保险承保各种飞机在地面及空中运行过程中可能遭遇的自身损失危险及其他责任危险。航空保险和船舶保险一样,保险标的的价值昂贵,一旦出险,就可能发生高额赔付。

第二节　机动车商业保险

一、机动车商业保险的概念和险种

所谓机动车商业保险(国外也称汽车保险),是指保险双方当事人自愿签订保险合同,由投保人缴纳保险费,保险人承保各种机动车辆因遭受自然灾害或意外事故造成的车辆本身及相关利益的损失和采取施救保护措施所支付的合理费用以及被保险人对第三者人身伤害、财产损失依法应负的民事损害赔偿责任的一种保险。

2006 年 7 月 1 日,考虑到机动车交通事故责任强制保险的实施,中国保险行业协会统一制定了包括车辆损失险和商业三者险在内的 A、B、C 三套行业商业车险条款。实践证明,行业条款的推出对于降低投保人理解保险条款的难度,保护投保人、被保险人利益,促进车险市场规范发展具有积极作用。中国保险行业协会为进一步发挥行业条款的作用,切实维护消费者利益,改善市场环境,在 2006 版行业统一条款的基础上,经过修订和完善,设计出了 2007 版商业车险行业条款,并于 2007 年 4 月 1 日起正式启用。表 6-1 所示为 2007 版 A、B、C 三套条款的险种构成情况。各经营商业车险业务的保险公司可选择使用车险行业条款或自主开发车险条款,也可以在车险行业条款基础上开发补充性车险产品和其他特色车险产品。目前,我国车险市场已基本形成车辆交强险与车辆商业险产品互为补充、紧密衔接,行业条款与各保险公司个性化条款相结合的车险产品体系。

表 6-1　我国机动车商业保险行业基本条款的构成

条款名称	A 款	B 款	C 款
基本险条款	1.机动车第三者责任保险条款 2.家庭自用汽车损失保险条款 3.非营业用汽车损失保险条款 4.营业用汽车损失保险条款 5.特种车保险条款 6.摩托车、拖拉机保险条款 7.机动车车上人员责任保险条款 8.机动车盗抢保险条款	1.机动车第三者责任保险 2.机动车车辆损失险 3.机动车全车盗抢险 4.机动车车上人员责任险 5.摩托车、拖拉机商业第三者责任保险 6.摩托车、拖拉机车辆损失险 7.摩托车、拖拉机全车盗抢险 8.摩托车、拖拉机车上人员责任险	1.机动车损失保险条款 2.机动车第三者责任保险条款 3.机动车车上人员责任保险条款 4.机动车全车盗抢损失险条款 5.摩托车、拖拉机保险条款
商业第三者责任险附加险条款	车上人员责任险条款	车上人员责任险条款	
机动车损失保险附加险条款	1.盗抢险条款 2.玻璃单独破碎险条款 3.车身划痕损失险条款	1.全车盗抢险条款 2.玻璃单独破碎险条款 3.车身划痕损失险条款	1.玻璃单独破碎险条款 2.车身油漆单独损伤险条款
特约条款	1.可选免赔额特约条款 2.不计免赔率特约条款	1.机动车基本险不计免赔率特约条款 2.摩托车、拖拉机不计免赔率特约条款	1.车损免赔额特约条款 2.基本险不计免赔特约条款

一般而言,基本险条款、附加险条款、特约条款的法律效力为:特约条款高于附加险条款,附加险条款高于基本险条款。附加险条款未尽事宜,以基本险条款为准;特约条款未尽事宜,以基本险条款或附加险条款为准。

二、机动车损失保险的责任范围与保险金额

凡在中华人民共和国境内(不含港、澳、台地区)行驶,以动力装置驱动或者牵引,供人员乘用或者用于运送物品以及进行专项作业的轮式车辆(含挂车)、履带

式车辆和其他运载工具都可以成为机动车损失保险的保险标的。

（一）保险责任

1. 在保险期间内，被保险人或其允许的合格驾驶人在使用被保险机动车过程中，因下列原因造成被保险机动车的损失，保险人依照本保险合同的约定负责赔偿：

（1）碰撞、倾覆、坠落。碰撞是指被保险机动车与外界物体直接接触并发生意外撞击，产生撞击痕迹的现象。包括被保险机动车按规定载运货物时，所载货物与外界物体的意外撞击。倾覆是指意外事故导致被保险机动车翻倒（两轮以上离地、车体触地），处于失去正常状态和行驶能力，不经施救不能恢复行驶的状态。坠落是指被保险机动车在行驶中发生意外事故，整车腾空后下落，造成本车损失的情况。非整车腾空，仅由于颠簸造成被保险机动车损失的，不属坠落责任。

（2）火灾、爆炸。此处火灾特指被保险机动车本身以外的火源引起的、在时间或空间上失去控制的燃烧（即有热、有光、有火焰的剧烈的氧化反应）所造成的灾害。

（3）外界物体坠落、倒塌。

（4）暴风、龙卷风。

（5）雷击、雹灾、暴雨、洪水、海啸。

（6）地陷、冰陷、崖崩、雪崩、泥石流、滑坡。

（7）运载被保险机动车的渡船遭受自然灾害（只限于驾驶人随船的情形）。

2. 发生保险事故时，被保险人为防止或者减少被保险机动车的损失所支付的必要的、合理的施救费用，由保险人承担，但最高不超过保险金额。

（二）责任免除

1. 不保风险

下列情况下，不论任何原因造成被保险机动车损失，保险人均不负责赔偿：

（1）地震。

（2）战争、军事冲突、恐怖活动、暴乱、扣押、收缴、没收、政府征用。

（3）竞赛、测试，在营业性维修、养护场所修理、养护期间。

（4）利用被保险机动车从事违法活动。

（5）驾驶人饮酒、吸食或注射毒品、被药物麻醉后使用被保险机动车。

（6）事故发生后，被保险人或其允许的驾驶人在未依法采取措施的情况下驾驶被保险机动车或者遗弃被保险机动车逃离事故现场，或故意破坏、伪造现场、毁灭证据。

（7）驾驶人有下列情形之一者：无驾驶证或驾驶证有效期已届满；驾驶的被保

险机动车与驾驶证载明的准驾车型不符；持未按规定审验的驾驶证以及在暂扣、扣留、吊销、注销驾驶证期间驾驶被保险机动车；依照法律法规或公安机关交通管理部门有关规定不允许驾驶被保险机动车的其他情况下驾车。如果被保险车辆是非营业用车，还包括以下情形：实习期内驾驶执行任务的警车、消防车、救护车、工程救险车以及载有爆炸物品、易燃易爆化学物品、剧毒或者放射性等危险物品的被保险机动车，实习期内驾驶的被保险机动车牵引挂车；使用各种专用机械车、特种车的人员无国家有关部门核发的有效操作证。如果被保险车辆是营业用车，还包括以下情形：实习期内驾驶公共汽车、营运客车或者载有爆炸物品、易燃易爆化学物品、剧毒或者放射性等危险物品的被保险机动车，实习期内驾驶的被保险机动车牵引挂车；使用各种专用机械车、特种车的人员无国家有关部门核发的有效操作证，驾驶营运客车的驾驶人无国家有关部门核发的有效资格证书。

(8)非被保险人允许的驾驶人使用被保险机动车。

(9)被保险机动车转让他人，未向保险人办理批改手续。

(10)除另有约定外，发生保险事故时被保险机动车无公安机关交通管理部门核发的行驶证或号牌，或未按规定检验或检验不合格。

2. 不保损失与费用

被保险机动车的下列损失和费用，保险人不负责赔偿：

(1)自然磨损、朽蚀、腐蚀、故障；

(2)玻璃单独破碎，车轮单独损坏；

(3)无明显碰撞痕迹的车身划痕；

(4)人工直接供油、高温烘烤造成的损失；

(5)自燃以及不明原因火灾造成的损失；

(6)遭受保险责任范围内的损失后，未经必要修理继续使用被保险机动车，致使损失扩大的部分；

(7)因污染(含放射性污染)造成的损失；

(8)市场价格变动造成的贬值，修理后价值降低引起的损失；

(9)标准配置以外新增设备的损失；

(10)发动机进水后导致的发动机损坏；

(11)被保险机动车所载货物坠落、倒塌、撞击、泄漏造成的损失；

(12)被盗窃、抢劫、抢夺以及因被盗窃、抢劫、抢夺受到损坏或车上零部件、附属设备丢失；

(13)被保险人或驾驶人的故意行为造成的损失；

(14)应当由机动车交通事故责任强制保险赔偿的金额；

(15)其他不属于保险责任范围内的损失和费用，保险人不负责赔偿。

3.免赔率的规定

保险人在依据本保险合同约定计算赔款的基础上,按照下列免赔率免赔:

(1)负次要事故责任的免赔率为5%,负同等事故责任的免赔率为8%,负主要事故责任的免赔率为10%,负全部事故责任或单方肇事事故的免赔率为15%;

(2)被保险机动车的损失应当由第三方负责赔偿的,无法找到第三方时,免赔率为30%;

(3)被保险人根据有关法律法规规定选择自行协商方式处理交通事故,不能证明事故原因的,免赔率为20%;

(4)投保时指定驾驶人,保险事故发生时为非指定驾驶人使用被保险机动车的,增加免赔率10%;

(5)投保时约定行驶区域,保险事故发生在约定行驶区域以外的,增加免赔率10%;

(6)如果被保险车辆是营业用车,保险期间内发生多次保险事故的(自然灾害引起的事故除外),免赔率从第三次开始每次增加5%。

(三)保险金额

保险金额由投保人和保险人从下列三种方式中选择确定,保险人根据确定保险金额的不同方式承担相应的赔偿责任。

1.按投保时被保险机动车的新车购置价确定

新车购置价是指在保险合同签订地购置与被保险机动车同类型新车的价格(含车辆购置税);如果没有同类型新车市场销售价格的,由投保人与保险人协商确定。

2.按投保时被保险机动车的实际价值确定

实际价值是指新车购置价减去折旧金额后的价格。被保险机动车的折旧按月计算,不足一个月的部分,不计折旧。最高折旧金额不超过投保时被保险机动车新车购置价的80%。

折旧金额=投保时的新车购置价×被保险机动车已使用月数×月折旧率

3.按投保时被保险机动车的新车购置价内双方协商确定

三、机动车第三者责任保险的责任范围和责任限额

(一)保险责任

在保险期间内,被保险人或其允许的合格驾驶人在使用被保险机动车过程中

发生意外事故,致使第三者遭受人身伤亡或财产直接损毁,依法应当由被保险人承担的民事赔偿责任,保险人依照保险合同的约定,对于超过机动车交通事故责任强制保险各分项赔偿限额以上的部分负责赔偿。

在机动车第三者责任保险中,第三者是指因被保险机动车发生意外事故遭受人身伤亡或者财产损失的人,但不包括被保险机动车本车上人员、投保人、被保险人和保险人。

(二)责任免除

1. 不保风险

下列情况下,不论任何原因造成的对第三者的损害赔偿责任,保险人均不负责赔偿:

(1)地震。

(2)战争、军事冲突、恐怖活动、暴乱、扣押、收缴、没收、政府征用。

(3)竞赛、测试、教练,在营业性维修、养护场所修理、养护期间。

(4)利用被保险机动车从事违法活动。

(5)驾驶人饮酒、吸食或注射毒品、被药物麻醉后使用被保险机动车。

(6)事故发生后,被保险人或其允许的驾驶人在未依法采取措施的情况下驾驶被保险机动车或者遗弃被保险机动车逃离事故现场,或故意破坏、伪造现场、毁灭证据。

(7)驾驶人有下列情形之一者:无驾驶证或驾驶证有效期已届满;驾驶的被保险机动车与驾驶证载明的准驾车型不符;实习期内驾驶公共汽车、营运客车或者载有爆炸物品、易燃易爆化学物品、剧毒或者放射性等危险物品的被保险机动车,实习期内驾驶的被保险机动车牵引挂车;持未按规定审验的驾驶证以及在暂扣、扣留、吊销、注销驾驶证期间驾驶被保险机动车;使用各种专用机械车、特种车的人员无国家有关部门核发的有效操作证,驾驶营运客车的驾驶人无国家有关部门核发的有效资格证书;依照法律法规或公安机关交通管理部门有关规定不允许驾驶被保险机动车的其他情况下驾车。

(8)非被保险人允许的驾驶人使用被保险机动车。

(9)被保险机动车转让他人,未向保险人办理批改手续的。

(10)除另有约定外,发生保险事故时被保险机动车无公安机关交通管理部门核发的行驶证或号牌,或未按规定检验或检验不合格。

(11)被保险机动车拖带未投保机动车交通事故责任强制保险的机动车(含挂车)或被未投保机动车交通事故责任强制保险的其他机动车拖带。

2. 不保的损失和费用

下列损失和费用,保险人不负责赔偿:

(1)被保险人及其家庭成员的人身伤亡、所有或代管的财产的损失。

(2)被保险机动车本车驾驶人及其家庭成员的人身伤亡、所有或代管的财产的损失。

(3)被保险机动车本车上其他人员的人身伤亡或财产损失。

(4)被保险机动车发生意外事故,致使第三者停业、停驶、停电、停水、停气、停产、通信或者网络中断、数据丢失、电压变化等造成的损失以及其他各种间接损失。

(5)精神损害赔偿。

(6)因污染(含放射性污染)造成的损失。

(7)第三者财产因市场价格变动造成的贬值、修理后价值降低引起的损失。

(8)被保险机动车被盗窃、抢劫、抢夺期间造成第三者人身伤亡或财产损失。

(9)被保险人或驾驶人的故意行为造成的损失。

(10)仲裁或者诉讼费用以及其他相关费用。

(11)应当由机动车交通事故责任强制保险赔偿的损失和费用,保险人不负责赔偿。保险事故发生时,被保险机动车未投保机动车交通事故责任强制保险或机动车交通事故责任强制保险合同已经失效的,对于机动车交通事故责任强制保险各分项赔偿限额以内的损失和费用,保险人不负责赔偿。

(12)其他不属于保险责任范围内的损失和费用。

3. 免赔率的规定

保险人在依据本保险合同约定计算赔款的基础上,在保险单载明的责任限额内,按下列免赔率免赔:

(1)负次要事故责任的免赔率为 5％,负同等事故责任的免赔率为 10％,负主要事故责任的免赔率为 15％,负全部事故责任的免赔率为 20％;

(2)违反安全装载规定的,增加免赔率 10％;

(3)投保时指定驾驶人,保险事故发生时为非指定驾驶人使用被保险机动车的,增加免赔率 10％;

(4)投保时约定行驶区域,保险事故发生在约定行驶区域以外的,增加免赔率 10％。

(三)责任限额

每次事故的责任限额,由投保人和保险人在签订本保险合同时按保险监管部门批准的限额档次协商确定。目前责任限额有 5 万元、10 万元、15 万元、20 万元、30万元、50万元、100万元七个档次,由投保人从中自行选择确定。

主车和挂车连接使用时视为一体,发生保险事故时,由主车保险人和挂车保险人按照保险单上载明的机动车第三者责任保险责任限额的比例,在各自的责任限额内承担赔偿责任,但赔偿金额总和以主车的责任限额为限。

四、机动车商业保险基本险的保险费计算

(一)机动车商业保险费率的影响因素

被保险车辆的不同类型、不同使用性质、不同安全记录、不同驾驶员以及经常行驶在不同的地域,都会使出险概率及赔付率有较大差别。综观国际保险市场,车险费率厘定主要考虑以下三方面的因素。

1.从车因素

从车因素,即车辆使用性质(如私人车辆与非私人车辆、营业车辆与非营业车辆等)、类型、厂牌型号、车辆的安全配置、核定吨位、核定载客数、车身颜色、制造年月、是否固定停放、事故记录、车辆的理赔记录、行驶区域内的道路状况、是否仅在特定路线行驶等。

2.从人因素

从人因素,即被保险人的年龄、性别、驾龄、职业、是否有固定驾驶员、违章肇事记录、婚姻状况、身体健康状况等。

3.从行驶地域因素

从行驶地域因素,即车辆行驶地域范围的气候条件、自然地理条件和地质灾害状况等。

(二)保险费计算方法

1.机动车损失保险的保费计算公式

按照被保险人类别、车辆用途、座位数/吨位数/排量/功率、车辆使用年限所属档次从车险费率表中查找基础保费和费率后,按以下公式计算出保费:

保险费=基础保费+保险金额×费率

2.机动车第三者责任保险的保费计算公式

按照被保险人类别、车辆用途、座位数/吨位数/排量/功率、责任限额直接从车险费率表中查找对应保费。

（三）使用费率调整系数表进行费率调整

费率调整系数采用系数连乘的方式：

费率调整系数＝系数 1×系数 2×系数 3×……

使用费率调整系数后，各险别的费率优惠幅度超过监管部门规定的最大优惠幅度，按照监管部门规定的最大优惠幅度执行（见表 6-2）。

表 6-2　费率调整系数表

序号	项　目	内　容	系　数
1	无赔款优待及上年赔款记录	连续 3 年没有发生赔款	0.7
		连续 2 年没有发生赔款	0.8
		上年没有发生赔款	0.9
		新保或上年赔款次数在 3 次以下	1.0
		上年发生 3 次赔款	1.1
		上年发生 4 次赔款	1.2
		上年发生 5 次及以上赔款	1.3
2	多险种同时投保	投保车损险、三者险	0.95～1.00
3	客户忠诚度	首年投保	1.00
		续保	0.90
4	平均年行驶里程	平均年行驶里程＜30000 千米	0.90
		平均年行驶里程≥50000 千米	1.1～1.3
5	安全驾驶	上一保险年度无交通违法记录	0.90
6	约定行驶区域	省内	0.95
		固定路线	0.92
		场内	0.80
7	承保数量	承保数量＜5 台	1.00
		5 台≤承保数量＜20 台	0.95
		20 台≤承保数量＜50 台	0.90
		承保数量≥50 台	0.80
8	指定驾驶人	指定驾驶人员	0.90

续表

序号	项目	内容	系数
9	性别	男	1.00
		女	0.95
10	驾龄	驾龄<1年	1.05
		1年≤驾龄<3年	1.02
		驾龄≥3年	1.00
11	年龄	年龄<25岁	1.05
		25岁≤年龄<30岁	1.00
		30岁≤年龄<40岁	0.95
		40岁≤年龄<60岁	1.00
		年龄≥60岁	1.05
12	经验及预期赔付率	40%及以下	0.7～0.8
		40%～60%	0.8～0.9
		60%～70%	1.00
		70%～90%	1.1～1.3
		90%以上	1.3以上
13	管理水平	根据风险管理水平和业务类型	0.7以上
14	车辆损失险车型	特异车型、稀有车型、古老车型	1.3～2.0

五、机动车商业保险基本险的赔偿计算

(一)事故责任比例的确定

保险公司依据保险机动车一方在事故中所负责任比例,承担相应的赔偿责任。公安交通管理部门处理事故时未确定事故责任比例且出险地的相关法律法规对事故责任比例没有明确规定的,保险人按照下列规定承担赔偿责任:

保险机动车一方负全部事故责任的,保险人按100%事故责任比例计算赔偿;

保险机动车一方负主要事故责任的,保险人按70%事故责任比例计算赔偿;

保险机动车一方负同等事故责任的,保险人按50%事故责任比例计算赔偿;

保险机动车一方负次要事故责任的,保险人按30％事故责任比例计算赔偿;保险机动车一方无事故责任或无过错的,保险人不承担赔偿责任。

(二)机动车损失保险的赔偿计算

1. 全部损失或推定全损

当保险金额高于出险当时的实际价值时:

赔款＝(实际价值－残值－应由机动车交通事故责任强制保险赔偿的金额)×事故责任比例×(1－事故责任免赔率)×(1－绝对免赔率)

当保险金额等于或低于出险当时的实际价值时:

赔款＝(保险金额－残值×保险金额/实际价值－应由机动车交通事故责任强制保险赔偿的金额)×事故责任比例×(1－事故责任免赔率)×(1－绝对免赔率)

2. 部分损失

赔款＝(实际修复费用－残值－应由机动车交通事故责任强制保险赔偿的金额)×保险金额/新车购置价×事故责任比例×(1－事故责任免赔率)×(1－绝对免赔率)

实际修复费用与赔偿金额的差额部分由被保险人自行承担。

3. 施救费用

以新车购置价确定保险金额的机动车,按实际施救费用计算赔偿;保险金额低于新车购置价的车辆,按保险金额与新车购置价的比例计算赔偿。

施救费用赔偿额以不超过一个保险金额为限。

(三)机动车第三者责任保险的赔偿计算

赔款计算公式如下:

(1)当(依合同约定核定的第三者损失金额－机动车交通事故责任强制保险的分项赔偿限额)×事故责任比例等于或高于每次事故赔偿限额时:

赔款＝每次事故赔偿限额×(1－事故责任免赔率)×(1－绝对免赔率)

(2)当(依合同约定核定的第三者损失金额－机动车交通事故责任强制保险的分项赔偿限额)×事故责任比例低于每次事故赔偿限额时:

赔款＝(依合同约定核定的第三者损失金额－机动车交通事故责任强制保险的分项赔偿限额)×事故责任比例×(1－事故责任免赔率)×(1－绝对免赔率)

六、机动车商业保险的附加险

机动车商业保险的附加险有很多,且不同公司推出的附加险也不完全相同,这里主要介绍机动车盗抢险和车上人员责任险两个最常用的附加险,其他附加险简略介绍。

(一)机动车盗抢保险

1.保险责任

在保险期间内,被保险机动车发生下列损失和费用,保险人依照保险合同的约定负责赔偿:

(1)被保险机动车被盗窃、抢劫、抢夺,经出险当地县级以上公安刑侦部门立案证明,满 60 天未查明下落的全车损失;

(2)被保险机动车全车被盗窃、抢劫、抢夺后,受到损坏或车上零部件、附属设备丢失需要修复的合理费用;

(3)被保险机动车在被抢劫、抢夺过程中,受到损坏需要修复的合理费用。

2.责任免除

发生下列风险情况下,不论任何原因造成被保险机动车损失,保险人均不负责赔偿:

(1)地震。

(2)战争、军事冲突、恐怖活动、暴乱、扣押、收缴、没收、政府征用。

(3)竞赛、测试、教练,在营业性维修、养护场所修理、养护期间。

(4)利用被保险机动车从事违法活动。

(5)驾驶人饮酒、吸食或注射毒品、被药物麻醉后使用被保险机动车。

(6)非被保险人允许的驾驶人使用被保险机动车。

(7)租赁机动车与承租人同时失踪。

(8)被保险机动车转让他人,未向保险人办理批改手续。

(9)除另有约定外,发生保险事故时被保险机动车无公安机关交通管理部门核发的行驶证或号牌,或未按规定检验或检验不合格。

(10)被保险人索赔时,未能提供机动车停驶手续或出险当地县级以上公安刑侦部门出具的盗抢立案证明。

被保险机动车发生下列损失和费用,保险人不负责赔偿:

(1)自然磨损、朽蚀、腐蚀、故障。

(2)遭受保险责任范围内的损失后,未经必要修理继续使用被保险机动车,致使损失扩大的部分。

(3)市场价格变动造成的贬值、修理后价值降低引起的损失。

(4)标准配置以外新增设备的损失。

(5)非全车遭盗窃,仅车上零部件或附属设备被盗窃或损坏。

(6)被保险机动车被诈骗造成的损失。

(7)被保险人因民事、经济纠纷而导致被保险机动车被抢劫、抢夺。

(8)被保险人及其家庭成员、被保险人允许的驾驶人的故意行为或违法行为造成的损失。

(9)被保险机动车被盗窃、抢劫、抢夺期间造成人身伤亡或本车以外的财产损失,保险人不负责赔偿。

(10)其他不属于保险责任范围内的损失和费用。

3. 免赔率规定

保险人在依据本保险合同约定计算赔款的基础上,按下列免赔率免赔:

(1)发生全车损失的,免赔率为20%;

(2)发生全车损失,被保险人未能提供《机动车行驶证》、《机动车登记证书》、机动车来历凭证、车辆购置税完税证明(车辆购置附加费缴费证明)或免税证明的,每缺少一项,增加免赔率1%;

(3)投保时指定驾驶人,保险事故发生时为非指定驾驶人使用被保险机动车的,增加免赔率5%;

(4)投保时约定行驶区域,保险事故发生在约定行驶区域以外的,增加免赔率10%。

4. 保险金额

保险金额由投保人和保险人在投保时被保险机动车的实际价值内协商确定。

5. 保险费率

按照被保险人类别、车辆用途、座位数从车险费率表中查找基础保费和费率。计算公式为:

保险费＝基础保费＋保险金额×费率

挂车保险费按同吨位货车对应档次保险费的50%计收。

6. 赔款计算

(1)保险机动车全车被盗抢的,按以下方法计算赔款:

赔款＝保险金额×(1－绝对免赔率)

当保险金额高于出险当时的实际价值时:

赔款＝实际价值×(1－绝对免赔率)

(2)保险机动车被盗期间发生损失,保险人承担修复费用的赔偿:

赔款＝(实际修复费用－残值)×保险金额/实际价值×(1－绝对免赔率)

保险机动车全车被盗窃、被抢劫、被抢夺,被保险人获得赔偿时,应签具权益转让书。

保险机动车全车被盗窃、被抢劫、被抢夺后被找回的:①保险人尚未支付赔款的,应将保险机动车归还被保险人。②保险人已支付赔款的,应将保险机动车归还被保险人,同时收回相应的赔款;若被保险人不同意收回原车,保险人在实际赔偿金额内取得保险机动车的权益,被保险人应协助保险人办理机动车所有权转移手续。

(二)车上人员责任保险

1.保险责任

保险期间内,被保险人或其允许的合法驾驶人在使用被保险机动车过程中发生意外事故,致使车上人员遭受人身伤亡,依法应当由被保险人承担的损害赔偿责任,保险人依照本保险合同的约定负责赔偿。

此处的车上人员是指保险事故发生时在被保险机动车上的自然人。

2.责任免除

不保风险与机动车商业第三者责任保险的不保风险相同,此处不再重复。

不保损失和费用有:

(1)被保险人或驾驶人的故意行为造成的人身伤亡;

(2)被保险人及驾驶人以外的其他车上人员的故意、重大过失行为造成的自身伤亡;

(3)违法、违章搭乘人员的人身伤亡;

(4)车上人员因疾病、分娩、自残、斗殴、自杀、犯罪行为造成的自身伤亡;

(5)车上人员在被保险机动车车下时遭受的人身伤亡;

(6)精神损害赔偿;

(7)因污染(含放射性污染)造成的人身伤亡;

(8)仲裁或者诉讼费用以及其他相关费用;

(9)应当由机动车交通事故责任强制保险赔偿的损失和费用;

(10)其他不属于保险责任范围内的损失和费用。

3.免赔率规定

保险人在依据保险合同约定计算赔款的基础上,在保险单载明的责任限额内,按下列免赔率免赔:

(1)负次要事故责任的免赔率为5%,负同等事故责任的免赔率为8%,负主要事故责任的免赔率为10%,负全部事故责任或单方肇事事故的免赔率为15%;

（2）投保时指定驾驶人，保险事故发生时为非指定驾驶人使用被保险机动车的，增加免赔率10％；

（3）投保时约定行驶区域，保险事故发生在约定行驶区域以外的，增加免赔率10％。

4.责任限额

驾驶人每次事故责任限额和乘客每次事故每人责任限额由投保人和保险人在投保时协商确定。目前一般是每人1万元。投保乘客座位数按照被保险机动车的核定载客数（驾驶人座位除外）确定。

5.保险费率

按照被保险人类别、车辆用途、座位数从车险费率表中查找费率，并有：

驾驶人保险费＝每次事故责任限额×费率

乘客保险费＝每次事故每人责任限额×费率×投保乘客座位数

6.赔偿计算

（1）对每座的受害人，当（依合同约定核定的每座车上人员人身伤亡损失金额－应由机动车交通事故责任强制保险赔偿的金额）×事故责任比例高于或等于每次事故每座赔偿限额时：

赔款＝每次事故每座赔偿限额×（1－事故责任免赔率）×（1－绝对免赔率）

（2）对每座的受害人，当（依合同约定核定的每座车上人员人身伤亡损失金额－应由机动车交通事故责任强制保险赔偿的金额）×事故责任比例低于每次事故每座赔偿限额时：

赔款＝（依合同约定核定的每座车上人员人身伤亡损失金额－应由机动车交通事故责任强制保险赔偿的金额）×事故责任比例×（1－事故责任免赔率）×（1－绝对免赔率）

（三）玻璃单独破碎险

被保险机动车挡风玻璃或车窗玻璃的单独破碎，保险人负责赔偿。

投保人与保险人可协商选择按进口或国产玻璃投保。保险人根据协商选择的投保方式承担相应的赔偿责任。但在安装、维修机动车过程中造成的玻璃单独破碎属于除外责任。

（四）车身划痕损失险

被保险车辆无明显碰撞痕迹的车身划痕损失，保险人负责赔偿。被保险人及其家庭成员、驾驶人及其家庭成员的故意行为造成的损失属于责任免除。保险金额由投保人和保险人在投保时协商确定。

发生损失时,在保险金额内按实际修理费用计算赔偿,但每次赔偿实行一定的免赔率。在保险期间内,累计赔款金额达到保险金额,本附加险保险责任终止。

(五)自燃险

自燃险承保因被保险机动车电器、线路、供油系统、供气系统发生故障或所载货物自身原因起火燃烧造成本车的损失以及发生保险事故时,被保险人为防止或者减少被保险机动车的损失所支付的必要的、合理的施救费用。

但自燃仅造成电器、线路、供油系统、供气系统的损失以及所载货物自身的损失保险人不负责赔偿。

保险金额由投保人和保险人在投保时被保险机动车的实际价值内协商确定。发生损失时,如是全部损失,在保险金额内计算赔偿,如是部分损失,在保险金额内按实际修理费用计算赔偿。每次赔偿实行一定的免赔率。

(六)新增加设备损失险

保险期间内,投保了新增加设备损失险的被保险机动车因发生机动车损失保险责任范围内的事故,造成车上新增加设备的直接损毁,保险人在保险单载明的本附加险的保险金额内,按照实际损失计算赔偿。

保险金额根据新增加设备的实际价值确定。新增加设备的实际价值是指新增加设备的购置价减去折旧金额后的金额。

本保险所指新增加设备,是指被保险机动车出厂时原有各项设备以外,被保险人加装的设备及设施。投保时,应当列明车上新增加设备明细表及价格。

(七)车上货物责任险

保险期间内,发生意外事故致使被保险机动车所载货物遭受直接损毁,依法应由被保险人承担的损害赔偿责任,保险人负责赔偿。

但在以下情形下,保险人不承担责任:

(1)偷盗、哄抢、自然损耗、本身缺陷、短少、死亡、腐烂、变质造成的货物损失;

(2)违法、违章载运或因包装不善造成的损失;

(3)车上人员携带的私人物品;

(4)应当由机动车交通事故责任强制保险赔偿的损失和费用。

责任限额由投保人和保险人在投保时协商确定。被保险人索赔时,应提供运单、起运地货物价格证明等相关单据。保险人在责任限额内按起运地价格计算赔偿。每次赔偿实行一定的免赔率。

七、机动车商业保险的特约条款

(一)可选免赔额特约条款

保险人按投保人选择的免赔额给予相应的保险费优惠。被保险机动车发生机动车损失保险合同约定的保险事故,保险人在按照机动车损失保险合同的约定计算赔款后,扣减本特约条款约定的免赔额。

(二)不计免赔率特约条款

在保险期间内,保险事故发生后,按照对应投保的险种规定的免赔率计算的、应当由被保险人自行承担的免赔金额部分,保险人负责赔偿。

下列情况下,应当由被保险人自行承担的免赔金额,保险人不负责赔偿:

(1)机动车损失保险中应当由第三方负责赔偿而无法找到第三方的;

(2)被保险人根据有关法律法规规定选择自行协商方式处理交通事故,但不能证明事故原因的;

(3)因违反安全装载规定而增加的;

(4)投保时指定驾驶人,保险事故发生时为非指定驾驶人使用被保险机动车而增加的;

(5)投保时约定行驶区域,保险事故发生在约定行驶区域以外而增加的;

(6)因保险期间内发生多次保险事故而增加的;

(7)发生机动车盗抢保险规定的全车损失保险事故时,被保险人未能提供《机动车行驶证》、《机动车登记证书》、机动车来历凭证、车辆购置税完税证明(车辆购置附加费缴费证明)或免税证明而增加的;

(8)可附加本条款但未选择附加本条款的险种规定的;

(9)不可附加本条款的险种规定的。

第三节　机动车强制保险

一、交通事故责任强制保险的概念和特点

(一)概念

根据《中华人民共和国道路交通安全法》第 17 条明确规定:"国家实行机动车第三者责任强制保险制度,设立道路交通事故社会救助基金。具体办法由国务院规定。"为此,2006 年 3 月 28 日,国务院令第 462 号颁布《机动车交通事故责任强制保险条例》,并于 2006 年 7 月 1 日起正式实施。

机动车交通事故责任强制保险(简称交强险),是指由保险公司对被保险机动车发生道路交通事故造成本车人员、被保险人以外的受害人的人身伤亡、财产损失,在责任限额内予以赔偿的强制性责任保险。

(二)特点

1. 强制性投保和强制性承保

一方面,在中华人民共和国境内道路上行驶的机动车的所有人或者管理人应当投保交强险,未投保机动车交通事故责任强制保险的机动车不得上道路行驶。另一方面,具有经营机动车交通事故责任强制保险资格的保险公司不能拒绝承保机动车交通事故责任强制保险业务,也不能随意解除机动车交通事故责任强制保险合同(投保人对重要事项未履行如实告知义务的除外)。违反强制性规定的机动车所有人、管理人或保险公司都将受到处罚。

2. 实行过错责任和无过错责任并存的赔偿原则

根据我国《道路交通安全法》第 76 条的规定:机动车与非机动车驾驶人、行人之间发生交通事故,非机动车驾驶人、行人没有过错的,由机动车一方承担赔偿责任;有证据证明非机动车驾驶人、行人有过错的,根据过错程度适当减轻机动车一方的赔偿责任;机动车一方没有过错的,承担不超过 10% 的赔偿责任。可见,我国道路交通事故的赔偿原则是过错责任加部分无过错责任。交强险秉承了《道路交通安全法》的立法宗旨,实行过错责任和无过错责任并存的赔偿原则,即一方面赔偿限额的确定分为有过错的和无过错的;另一方面当被保险人在交通事故中有过错时,并不考虑其过错大小,一律在交强险责任限额内按照实际损失进行赔偿。

3.保障范围较宽

交强险强调"以人为本",以保障受害人得到及时有效的赔偿为首要目标,为了实现这一目标,交强险的保险责任几乎涵盖了所有道路交通风险。其免责范围很小,只有在驾驶人未取得驾驶资格或者醉酒的、被保险机动车被盗抢期间肇事的、被保险人故意造成交通事故这三种情形下,发生道路交通事故并造成受害人的人身伤亡和财产损失,保险公司可以不承担赔偿责任,而且交强险不设免赔率与免赔额。

4.按不盈不亏原则厘定保险费率

我国交强险的费率虽由保险公司制定,但中国保监会按照交强险业务总体上不盈不亏原则进行审批。不盈不亏原则要求保险公司在厘定交强险费率时,只考虑成本因素,不设预期利润率,即费率构成中不含利润。也就是说,不盈不亏原则体现在费率厘定环节,而不是简单等同于保险公司的经营结果。保险公司在实际经营过程中,可以通过加强管理、降低成本来实现微利,也可能由于新环境下赔付成本过高而出现亏损。在经营过程中保险公司要把交强险和其他保险业务分开管理、单独核算。

5.实行分项责任限额

交强险实行每次事故责任的分项责任限额,责任限额分为死亡伤残赔偿限额、医疗费用赔偿限额和财产损失赔偿限额三项。实行分项限额有利于结合人身伤亡和财产损失的风险特点进行有针对性的保障,有利于减低赔付的不确定性,从而有效控制风险,降低费率水平。

6.实行统一条款和基础费率

交强险实行全国统一的保险条款和基础费率,而且采用保险费率与交通违章及交通事故挂钩的"奖优罚劣"的浮动费率机制。浮动费率机制能起到督促驾驶人安全行驶、提高驾驶人的道路交通安全法律意识、有效预防和减少道路交通事故的发生、提高政府道路交通安全管理的效率等作用。

二、我国交通事故责任强制保险的立法过程

尽管在很长一段时期内我国并没有在全国范围内统一颁发机动车第三者责任强制保险的法律或法规,但各地方政府从保护受害人利益和维护社会安定的角度出发,相继出台了地方性法规,要求机动车辆所有人投保第三者责任保险,并把这作为机动车辆通过年审的必要条件。如1985年发布的《贵州省贵阳市人民政府关于机动车辆实行第三者责任法定保险的通告》规定:凡在贵阳市辖区范围内的机动车辆(包括大小客货车、拖拉机、摩托、轻骑及各类特种车辆),全面实行第

三者责任法定保险。1989 年河北省人民政府发布《河北省机动车辆第三者责任保险暂行规定》,其中第二条规定:凡本省境内的国家机关、人民团体、企事业单位、个体、个人合伙、私营企业及集体承包给个人的汽车、摩托车、专门从事运输和既从事农田作业又从事运输的拖拉机,除军用车辆外,经公安、农机车辆管理部门检查合格的,必须投保机动车辆及第三者责任保险。否则,不准上路行驶,公安、农机车辆管理部门不予上户。到期不续保者,不予办理年度检审手续。1991 年辽宁省也出台了机动车辆法定保险的相关规定。1992 年 2 月,针对 1991 年国务院颁布实施的《道路交通事故处理办法》,中国人民保险公司、公安部联合发布了《关于贯彻实施〈道路交通事故处理办法〉有关保险问题的通知》,其中明确规定:"实行机动车第三者责任法定保险是维护国家利益、稳定社会、促进经济发展、保障道路交通事故当事人合法权益和妥善处理道路交通事故的重要措施。各级公安机关和保险公司要根据有关规定,继续协力推行、深化机动车第三者责任法定保险工作。对于国家规定实行全国性机动车第三者责任法定保险的机动车和已经实行机动车第三者责任法定保险行政区域的所有机动车都要按照有关规定向中国人民保险公司投保第三者责任保险。尚未实行机动车第三者责任法定保险的省、自治区、直辖市,当地保险公司和公安机关也要积极努力,密切配合,争取尽快实行,认真做好事故预防工作。"此后,各地方政府纷纷出台机动车辆第三者责任法定保险的相关规定,如 1992 年甘肃省、河南省、湖北省、陕西省,1993 年广西壮族自治区、云南省,1994 年安徽省等。就这样,全国有 24 个省、市、自治区政府先后通过地方规章实施机动车辆第三者责任强制保险,同时公安部也曾多次规定,机动车不参加第三者责任保险不发牌照、不准上路。

1999 年,国务院法制办将《机动车第三者责任法定保险条例》正式列入国务院立法计划,但因牵涉的利益主体众多,许多基础性的问题没有达成共识,该条例几经论证终未能获得通过。2004 年 5 月 1 日,《道路交通安全法》正式颁布实施,其中第 17 条、第 75 条、第 76 条对于我国实行第三者责任强制保险制度作了原则性的规定。2006 年 3 月 1 日,国务院第 127 次常务会议通过了《机动车交通事故责任强制保险条例》(以下简称《条例》),对机动车交通事故责任强制保险的基本概念、经营主体、条款费率、强制投保和承保、责任限额、垫付和赔偿以及监督管理等问题进行了明确。根据《条例》的规定,中国保监会会同公安部、卫生部等部门制定了强制保险的具体责任限额,中国保险行业协会组织各财产保险公司的产品开发和精算的骨干力量,制定了《机动车交通事故责任强制保险条款》和机动车交通事故责任强制保险费率方案,并于 2006 年 7 月 1 日起正式实施。至此,我国机动车交通事故责任强制保险制度基本确立。

根据中国保监会 2009 年 7 月 1 日公布的数据显示,2006 年 7 月 1 日至 2008

年 12 月 31 日,交强险共承保机动车 1.56 亿辆,保险责任已到期的保费收入 1045.9 亿元,保险责任未到期的保费收入 263.9 亿元,赔付 670.6 亿元,经营费用 412.7 亿元(含营业税 72.0 亿元)。两年半累计承保亏损 37.4 亿元,考虑投资收益 44.3 亿元,结余合计为 6.9 亿元。

三、实施交通事故责任强制保险的意义

(一)有利于交通事故受害人获得及时的经济赔付和医疗救治

任何企业、事业单位、家庭及个人在驾驶机动车过程中,都不可能完全避免交通事故的发生。一旦发生事故,造成被害人的人身伤亡及财产损失,肇事者的偿付能力便成为解决事故乃至稳定社会的关键。因为受害人能否得到经济赔偿就取决于肇事者的经济状况。机动车辆在我国虽然日益普及,但很多人买得起车,却不一定能承担得起发生交通事故后应负的经济赔偿责任。而通过投保交强险的方式,由保险公司承担全部或部分的赔偿责任,这无疑使受害人的利益得到了切实的保障,维护了社会的安定。

(二)有利于减轻交通事故肇事者的经济负担

很多交通事故引发的经济赔偿数额巨大,即便是对于经济条件好的机动车所有人来说,仍是沉重的负担。而目前在交通事故赔偿中适用的无过错责任原则,更加大了机动车所有人的风险。交强险把机动车所有人因使用机动车可能出现的对第三者的赔偿责任全部或部分转移给保险公司,减轻了企业和个人在使用机动车过程中可能出现的风险,保证了机动车所有人的财产稳定,解除了其后顾之忧。

(三)有利于促进道路交通安全

交强险费率水平与道路交通安全违法行为和道路交通事故挂钩,安全驾驶者可以享有优惠的费率,交通肇事者将负担高额保费。也就是说,一辆车如果多次出险,来年的保费很快会涨上去,而常年不出险,保费会逐年降低,以此实现"奖优罚劣"。这种利用费率杠杆的经济调节手段有助于提高驾驶人的道路交通安全意识,督促驾驶人安全驾驶,有效预防和减少道路交通事故的发生。

(四)有利于充分发挥保险的保障功能

在交强险推出之前,我国商业第三者责任险整体投保率低,2005 年仅为 35%

左右,保险的保障功能不能得到有效发挥。而通过实行交强险制度,凭借国家法律的强制性,大大提高了机动车第三者责任险的覆盖面,最大限度地贯彻了保险经营应遵循的大数法则,有利于保险保障功能的充分发挥。

四、交通事故责任强制保险条款的主要内容

(一)保险责任

根据中国保险行业协会制定的《机动车交通事故责任强制保险条款》第八条规定:"在中华人民共和国境内(不含港、澳、台地区),被保险人在使用被保险机动车过程中发生交通事故,致使受害人遭受人身伤亡或者财产损失,依法应当由被保险人承担的损害赔偿责任,保险人按照交强险合同的约定对每次事故在下列赔偿限额内负责赔偿。"

对于交强险的保险责任,应当注意以下两点:

(1)被保险人的范围。交强险合同中的被保险人是指投保人及其允许的合法驾驶人。

(2)受害人的范围。交强险合同中的受害人是指因被保险机动车发生交通事故遭受人身伤亡或者财产损失的人,但不包括被保险机动车本车车上人员、被保险人。

(二)除外责任

1.不保风险

在以下四种情形下,发生交通事故造成损失和费用,保险公司不负责赔偿:

(1)驾驶人未取得驾驶资格;

(2)驾驶人醉酒;

(3)被保险机动车被盗抢期间肇事;

(4)被保险人故意制造交通事故。

但如果交通事故造成受害人受伤需要抢救的,保险公司在接到公安机关交通管理部门的书面通知和医疗机构出具的抢救费用清单后,按照国务院卫生主管部门组织制定的交通事故人员创伤临床诊疗指南和国家基本医疗保险标准进行核实,对于符合规定的抢救费用,保险公司在医疗费用赔偿限额内垫付。被保险人在交通事故中无责任的,保险公司在无责任医疗费用赔偿限额内垫付。对于垫付的抢救费用,保险公司有权向致害人追偿。

2.不保损失和费用

交强险的不保损失和费用有以下四项:

（1）因受害人故意造成的交通事故的损失；

（2）被保险人所有的财产及被保险机动车上的财产遭受的损失；

（3）被保险机动车发生交通事故,致使受害人停业、停驶、停电、停水、停气、停产、通信或者网络中断、数据丢失、电压变化等造成的损失以及受害人的财产因市场价格变动造成的贬值、修理后因价值降低造成的损失等其他各种间接损失；

（4）因交通事故产生的仲裁或者诉讼费用以及其他相关费用。

（三）责任限额

交强险合同中的责任限额是指被保险机动车发生交通事故,保险人对每次保险事故所有受害人的人身伤亡和财产损失所承担的最高赔偿金额。

在 2006 年 7 月 1 日,交强险制度开始实施时,责任限额全国统一为 6 万元人民币。在交强险制度实施一年多后,民众关于提高交强险责任限额的呼声越来越高,中国保监会会同有关部门在综合分析各方意见的基础上,确定了交强险责任限额调整方案,规定从 2008 年 2 月 1 日起交强险的责任限额提高至 12.2 万。现行的责任限额及对应项目如下。

1. 被保险车辆在交通事故中有责任的

（1）死亡伤残赔偿限额:11 万元；

（2）医疗费用赔偿限额:1 万元；

（3）财产损失赔偿限额:0.2 万元。

2. 被保险车辆在交通事故中无责任的

（1）死亡伤残赔偿限额:1.1 万元；

（2）医疗费用赔偿限额:0.1 万元；

（3）财产损失赔偿限额:0.01 万元。

（四）保险期限

交强险的保险期限为一年,但在下列情形下,投保人可投保短期交强险：

1. 境外机动车临时入境的；

2. 机动车临时上道路行驶的；

3. 机动车距规定的报废期限不足 1 年的；

4. 保监会规定的其他情形。

（五）保险费率

1. 交强险的基础费率

《交强险条例》颁布后,中国保监会组织和指导中国保险行业协会从国内各财产保险公司抽调精算和产品开发的骨干力量,并聘请亚洲知名的精算师事务所,对保险行业机动车保险有关历史经营数据进行系统地收集整理,运用精算模型和方法,对不同责任限额方案项下的费率水平进行了测算,最终制定了《机动车交通事故责任强制保险费率方案》。在费率方案实施一年多后,保监会又充分听取消费者代表、有关部委和专家学者等各方面的意见和建议,根据实际情况对各种类型的机动车交强险费率进行了不同程度的调整,并从 2008 年 2 月 1 日开始实行新费率表。表 6-3 所示是现行交强险费率表。

表 6-3 机动车交通事故责任强制保险主要车辆基础费率表

车辆大类	序号	车辆明细分类	年保险费(元)
家庭自用车	1	家庭自用汽车 6 座以下	950
	2	家庭自用汽车 6 座及以上	1100
非营业客车	3	企业非营业汽车 6 座以下	1000
	4	企业非营业汽车 6~10 座	1130
	5	企业非营业汽车 10~20 座	1220
	6	企业非营业汽车 20 座以上	1270
	7	机关非营业汽车 6 座以下	950
	8	机关非营业汽车 6~10 座	1070
	9	机关非营业汽车 10~20 座	1140
	10	机关非营业汽车 20 座以上	1320
营业客车	11	营业出租租赁 6 座以下	1800
	12	营业出租租赁 6~10 座	2360
	13	营业出租租赁 10~20 座	2400
	14	营业出租租赁 20~36 座	2560
	15	营业出租租赁 36 座以上	3530
非营业货车	16	非营业货车 2 吨以下	1200
	17	非营业货车 2~5 吨	1470
	18	非营业货车 5~10 吨	1650
	19	非营业货车 10 吨以上	2220

车辆大类	序号	车辆明细分类	年保险费（元）
营业货车	20	营业货车 2 吨以下	1850
	21	营业货车 2～5 吨	3070
	22	营业货车 5～10 吨	3450
	23	营业货车 10 吨以上	4480

2. 交强险的短期费率

投保人投保一年期交强险，保险公司根据交强险基础费率表中相对应的金额确定基础保险费。投保人投保保险期间不足一年的交强险，保险公司按短期费率系数计收保险费，不足一个月按一个月计算，即先按交强险基础费率表中相对应的金额确定基础保险费，再根据投保期限选择相对应的短期月费率系数，两者相乘即为短期基础保险费。表 6-4 所示为交强险短期月费率系数表。

表 6-4　交强险短期月费率系数表

保险期间（月）	1	2	3	4	5	6	7	8	9	10	11	12
短期月费率系数（%）	10	20	30	40	50	60	70	80	85	90	95	100

3. 交强险的费率浮动机制

2007 年 6 月 27 日，中国保监会发布了《机动车交通事故责任强制保险费率浮动暂行办法》。该办法规定，自 2007 年 7 月 1 日起，即交强险制度实行一年以后，全国（除上海市）统一实行交强险费率与道路交通事故相联系的浮动机制。交强险费率浮动因素及比率如表 6-5 所示。

表 6-5　交强险费率浮动因素及比率表

浮动因素			浮动比率
与道路交通事故相联系的浮动 A	A1	上一个年度未发生有责任道路交通事故	−10%
	A2	上两个年度未发生有责任道路交通事故	−20%
	A3	上三个及以上年度未发生有责任道路交通事故	−30%
	A4	上一个年度发生一次有责任不涉及死亡的道路交通事故	0
	A5	上一个年度发生两次及两次以上有责任道路交通事故	10%
	A6	上一个年度发生有责任道路交通死亡事故	30%

可见,交强险最终保险费的计算方法是:

保险费＝交强险基础保险费×(1＋与道路交通事故相联系的浮动比率 A)

(六)赔偿时限

保险公司自收到交强险的赔偿申请之日起一日内,书面告知被保险人需要向保险公司提供的与赔偿有关的证明和资料。保险公司自收到被保险人提供的证明和资料之日起 5 日内,对是否属于保险责任作出核定,并将结果通知被保险人;对属于保险责任的,在与被保险人达成赔偿保险金协议后 10 日内,赔偿保险金。对不属于保险责任的,应当书面说明理由。

(七)赔款计算

1.基本计算公式

保险人在交强险各分项赔偿限额内,对受害人死亡伤残费用、医疗费用、财产损失分别计算赔偿:

总赔款＝Σ 各分项损失赔款＝死亡伤残费用赔款＋医疗费用赔款＋财产损失赔款

其中:

死亡伤残费用赔款＝死亡伤残费用核定承担金额

医疗费用赔款＝医疗费用核定承担金额

财产损失赔款＝财产损失核定承担金额

各分项核定损失承担金额超过交强险各分项赔偿限额的,各分项损失赔款为交强险各分项赔偿限额。

2.当保险事故涉及多个受害人时的赔偿计算

各分项损失赔款＝Σ 各受害人分项核定损失承担金额

其中:

死亡伤残费用赔款＝Σ 各受害人死亡伤残费用核定承担金额

医疗费用赔款＝Σ 各受害人医疗费用核定承担金额

财产损失赔款＝Σ 各受害人财产损失核定承担金额

各受害人各分项核定损失承担金额之和超过被保险机动车交强险相应分项赔偿限额的,各分项损失赔款为交强险各分项赔偿限额。

3.当保险事故涉及多辆肇事机动车时的赔偿计算

(1)各被保险机动车的保险人分别在各自的交强险各分项赔偿限额内,对受害人的分项损失计算赔偿。

(2)各方机动车按其适用的交强险分项赔偿限额占总分项赔偿限额的比例,

对受害人的各分项损失进行分摊。

某分项核定损失承担金额＝该分项损失金额×〔适用的交强险该分项赔偿限额/（Σ各致害方交强险该分项赔偿限额）〕

（3）肇事机动车均有责任或均无责任的，简化为各方机动车对受害人的各分项损失进行平均分摊：

①对于受害人的机动车、机动车上人员、机动车上财产损失：

某分项核定损失承担金额＝受害人的该分项损失金额÷（$N-1$）

②对于受害人的非机动车、非机动车上人员、行人、机动车外财产损失：

某分项核定损失承担金额＝受害人的该分项损失金额÷N

式中：N为事故中所有肇事机动车的辆数。

肇事机动车中有应投保而未投保交强险的车辆的，视同投保机动车计算。

（4）初次计算后，如果有致害方交强险限额未赔足，同时有受害方损失没有得到充分补偿，则对受害方的损失在交强险剩余限额内再次进行分配，在交强险限额内补足。对于待分配的各项损失合计没有超过剩余赔偿限额的，按分配结果赔付各方；超过剩余赔偿限额的，则按每项分配金额占各项分配金额总和的比例乘以剩余赔偿限额分摊；直至受损各方均得到足额赔偿或应赔付方交强险无剩余限额。

4. 计算实例

【例 6-1】　A、B两机动车发生交通事故，两车均有责任。A、B两车车损分别为 2000 元、5000 元，B 车车上人员医疗费用 7000 元，死亡伤残费用 6 万元，另造成路产损失 1000 元。设两车适用的交强险财产损失赔偿限额为 2000 元，医疗费用赔偿限额为 1 万元，死亡伤残赔偿限额为 11 万元，请分别计算 A、B 车交强险赔偿数额。

解：（1）A 车交强险赔偿计算

A 车交强险赔偿金额

＝受害人死亡伤残费用赔款＋受害人医疗费用赔款＋受害人财产损失赔款

＝B 车车上人员死亡伤残费用核定承担金额＋B 车车上人员医疗费用核定承担金额＋财产损失核定承担金额

其中：

B 车车上人员死亡伤残费用核定承担金额＝60000÷（2－1）＝60000（元）

B 车车上人员医疗费用核定承担金额＝7000÷（2－1）＝7000（元）

财产损失核定承担金额＝路产损失核定承担金额＋B 车损核定承担金额

＝1000÷2＋5000÷（2－1）＝5500（元）

超过财产损失赔偿限额，按限额赔偿，赔偿金额为 2000 元。

其中，A车交强险对B车损的赔款＝财产损失赔偿限额×B车损核定承担金额÷（路产损失核定承担金额＋B车损核定承担金额）＝2000×[5000÷(1000÷2＋5000)]＝1818.18(元)

其中，A车交强险对路产损失的赔款＝财产损失赔偿限额×路产损失核定承担金额÷（路产损失核定承担金额＋B车损核定承担金额）＝2000×[(1000÷2)÷(1000÷2＋5000)]＝181.82(元)

A车交强险总赔偿金额＝60000＋7000＋2000＝69000(元)

(2)B车交强险赔偿计算

B车交强险赔偿金额＝路产损失核定承担金额＋A车损核定承担金额

　　　　　　　＝1000÷2＋2000÷(2－1)＝2500(元)

超过财产损失赔偿限额，按限额赔偿，赔偿金额为2000元。

【例6-2】　A、B两机动车发生交通事故，A车全责，B车无责，A、B两车车损分别为2000元、5000元，另造成路产损失1000元。设A车适用的交强险财产损失赔偿限额为2000元，B车适用的交强险无责任财产损失限额为100元，请分别计算A、B车交强险赔偿数额。

(1)A车交强险赔偿计算

A车交强险赔偿金额＝B车损失核定承担金额＋路产损失核定承担金额

　　　　　　　＝5000＋1000＝6000(元)

超过财产损失赔偿限额，按限额赔偿，赔偿金额为2000元。

(2)B车交强险赔偿计算

B车交强险赔偿金额＝A车损核定承担金额＝2000元，超过无责任财产损失赔偿限额，按限额赔偿，赔偿金额为100元。

B车对A车损失应承担的100元赔偿金额，由A车保险人在交强险无责财产损失赔偿限额项下代赔。

第四节　船舶保险

一、船舶保险的概念和特点

(一)船舶保险的概念

船舶保险是承保船舶因遭受自然灾害或意外事故造成船体和船上机器设备

的损失和采取施救保护措施所支付的合理费用以及船舶碰撞责任等的保险。船舶保险的险种包括远洋船舶保险、沿海和内河船舶保险、船舶战争险和罢工险等。

(二)船舶保险的特点

作为最古老的保险险种之一以及现代保险的起源,船舶保险具有以下特征。

1. 船舶保险以承保水上风险为限

船舶保险主要以承保船舶可能遭遇的水上风险为限,具体是指船舶保险负责船舶在航行或停泊时可能遭遇的自然灾害和意外事故以及碰撞和触碰他船、他物可能产生的对第三方的赔偿责任等风险。但不包括船舶在使用过程中所产生的自然损耗。

2. 船舶保险所承保的风险相对集中

随着造船技术的快速发展,船舶的高科技含量大幅度提升,吨位越来越大,价值也越来越高,因此,船舶作为保险标的所面临的风险也必然越来越集中。一旦发生海难事故,少者数十万,多者几百万或上千万元,损失金额巨大,既增加了保险承保、理赔的难度,又增加了保险人风险管控的难度。

3. 船舶保险的承保责任范围广泛

船舶保险同时承保着被保险人的船舶本身损失、责任和有关费用等三类保障。也就是说,船舶保险不仅承保自然灾害和意外事故对船舶本身及其附属设备、燃料、供给等造成的损失以及碰撞责任、油污费用责任和运输合同中规定的承运人责任等,还承保或附加承保运费、船员工资、营运费用等多种费用的损失。可见,船舶保险是一种综合性保险,其承保和理赔涉及面广而复杂,技术难度大。

4. 船舶保险一般采用定值保险方式

由于船舶具有很大的流动性,同样的一艘船在不同的地方价值会有所不同。不仅如此,船舶的市场价值往往随着航运市场的好坏波动较大,变化不定,也使得船舶的实际价值难以确定。在船舶的实际价值难以确定的情形下,如果船舶保险采用不定值保险的方式,理赔时容易在保险双方之间引发纠纷。因此,在保险合同签订时,保险双方根据买船价格和投保当时市场价格约定一个合理金额作为保险价值确定下来,可以解决由于船舶实际价值难以确定引发的一些问题。可见,船舶保险一般采用定值保险的方式。在该方式下,不论被保险船舶在损失发生时的实际价值如何,损失赔偿的计算都以保单上订明的保险价值和保险金额为依据。

5. 保单不能随船舶转让而自动转让

船舶保险单不能自由转让的原因主要出于保险人控制风险和防范风险的需要。船舶的安全程度和船舶的风险控制直接影响着船舶保险人的利益,而对船舶的安全程度和船舶的风险控制又与船东或经营者的管理经验和管理水平有关。保险船舶的所有权转让后,在新的船东或经营者的控制下,船舶面临的风险会有所改变,但在签订船舶保险合同时,保险人却是根据老的船东或经营者的管理经验和管理水平来确定保险合同的内容及费率的。因此,如果保险合同可以自由转让,保险人承担的风险可能会加大。正因为如此,世界各国的保险法律均对船舶保险单作了不可转让的规定,这与海上货物运输保单可以随提单转让而转让有着明显区别。

6.船舶保险的运行受到多种法律的制约

作为保险中的一种,船舶保险要受《保险法》的制约和调整,但船舶保险合同同时又属于海上保险合同,又要受《海商法》的制约和调整。而且,从事运输的保险船舶属于民用船舶,船舶保险中《海商法》和《保险法》都没有涉及的事项,可能还要适用于《合同法》乃至《民法》。除此之外,船舶具有流动性,尤其是远洋船舶航行世界水域从事海上国际贸易运输活动,不可避免地会触及各国有关的法律规定,因此要受到世界各国法律法规以及国际公约和国际惯例的制约、调整。

二、远洋船舶保险

现行的远洋船舶保险条款是从 1986 年 1 月 1 日起正式启用的,通常分为全损险和一切险两个主要险别,投保人可根据需要选择投保,同时还可以投保有关附加险。以下介绍中国人保 1986 年远洋船舶条款的主要内容。

(一)保险标的

船舶是远洋船舶保险的保险标的,包括其船壳、救生艇、机器、设备、仪器、索具、燃料和物料。一般而言,凡属于船舶本身以及附属于船上的财产,并且为船东所有的,保险人均会承保。

(二)保险责任

1. 全损险

全损险所承保的风险可以概括为以下四类:

(1)外生性非人为风险

外生性非人为风险一般是指那些非人力所能控制的、来自于外界的客观风险,主要包括:

①地震、火山爆发、闪电或其他自然灾害。

②搁浅、碰撞、触碰任何固定或浮动物体或其他海上灾害。

③火灾或爆炸。

④抛弃货物。被抛弃的货物可能构成共同海损牺牲,但这并不是此处所指的承保风险。此处的抛弃货物,主要是指这样几种情况:一是船上装有易燃易爆物品,当发生危险将它们抛弃时,引起火灾、爆炸而造成船舶全损;二是因抛货而使船舶失去重心而倾覆;三是因抛货使船舶重心转移而断裂。

⑤岸上的核装置或核反应堆发生的故障或意外事故。

（2）内生性非人为风险

内生性非人为风险源自于船舶自身,主要包括:

①船舶机件或船壳的潜在缺陷。潜在缺陷是指一般的、合格的验船师以通常的、正常的检验方法都不能发现的船舶缺陷,这通常是指船舶在建造方面的缺陷,是建造者因疏忽或技术处理不当而造成的。该条款所承保的只是有潜在缺陷的部件给船舶的其他部分所造成的损失,而存在潜在缺陷的部件本身的损失是不在承保范围内的。但该风险必须不是由被保险人、船东或者管理人恪尽职责所造成的。

②船上的核装置或核反应堆发生的故障或意外事故。

（3）内生性人为风险

内生性人为风险主要是船上或船下的人为因素引起的,它们一般是由相关工作人员的故意或者疏忽等所导致。在美国协会定期船舶保险条款中,此类风险的相关条款被一并称为"印区玛瑞"条款。这类风险包括:

①装卸或移动货物或燃料时发生的意外事故。

②船长、船员有意损害被保险人利益的行为。

③船长、船员和引水员、修船人员及租船人的疏忽行为。

（4）外生性人为风险

外生性人为风险包括:

①来自船外的暴力盗窃或海盗行为。来自船外的暴力盗窃,首先需要强调的是该行为须为来自船外的人员所实施的,这就不包括船员或者旅客的行为,另外,暴力盗窃必须伴有"暴力"。海盗风险在当今的航海旅程中仍然是一个比较大的潜在危险。

②任何政府当局,为防止或减轻因承保风险造成被保险船舶损坏而引起的污染所采取的行为。

2.一切险

一切险不仅承保全损险所承保的各种风险造成的被保险船舶的全损和部分损失,还承保下列责任和费用。

(1)碰撞责任

第一,不仅承保保险船舶与他船相撞的船舶碰撞责任,也承保保险船舶触碰任何其他固定和浮动的物体(如码头、灯浮、浮吊和桥梁等)所引起的法律责任。而且,保险人承担被保险船舶应赔付第三方损失的全部责任,称之为四分之四碰撞责任。但是,并非保险船舶因碰撞所引起的一切赔偿责任都在承保范围内,仍有以下除外责任不保:①人身伤亡或疾病;②被保险船舶所载的货物或财物或其他承诺的责任;③清除障碍物、残骸、货物或任何其他物品;④任何财产或物体所造成的污染或沾污(包括预防措施或清除的费用),但与被保险船舶发生碰撞的他船或其所载财产所造成的污染或沾污不在此限;⑤任何固定的、浮动的物体以及其他物体的延迟或丧失使用的间接费用。

第二,当保险船舶与其他船舶碰撞双方均有过失时,除一方或双方船东责任受法律限制外,本条项下的赔偿应按交叉责任的原则计算。当被保险船舶碰撞物体时,亦适用此原则。

根据有关国际公约和各国的法律规定,在碰撞案中,只要船东申请享受责任限制来赔偿另一方,那么申请方的船舶损失(船上货物损失除外)就不能再向另一方追偿了(这种情况现仅指一方申请限制责任的案子)。因此,在处理这种海事索赔案时,享受限制责任一方的船舶保险人只有按公约或法律中规定的限额,在本款项下全部承担赔偿责任。如果船舶发生碰撞后,任何一方均不能享受限制责任权利,那么,双方就要根据各自对碰撞事故应负的责任比例,相互赔偿,这也就是此处说的"按交叉责任原则计算"。被保险船舶与物体碰撞时,也要照此办理。

以下说明交叉责任的计算办法:

甲、乙两船相撞,甲船船体损失 1200 万元,乙船船体损失 600 万元,甲船对碰撞负有 2/3 的责任,乙船负有 1/3 的责任。因此:

甲船应赔偿乙船损失的 2/3,600 万美元×2/3＝400 万美元

乙船应赔偿甲船损失的 1/3,1200 万美元×1/3＝400 万美元

按交叉责任赔偿,甲船保险人要赔偿甲船两种损失:甲船损失 1200 万美元和碰撞责任赔偿 400 万美元,减除乙船对甲船的 400 万赔偿,共计赔偿 1200 万美元。

第三,本条项下保险人的责任(包括法律费用)是本保险其他条款项下责任的增加部分,但对每次碰撞所负的责任不得超过船舶的保险金额。

(2)共同海损和救助

共同海损包括共同海损牺牲和共同海损费用。对于共同海损牺牲,保险人是按照单独损失而直接向被保险人作出赔付,之后保险人再取得向其他受益方要求分摊的权利。而对于共同海损费用,保险人承保的是船舶应该分摊的那部分共同

海损费用。

船舶应承担的救助或者救助费用是一切险的承保风险之一。救助包括纯救助以及"无效果,无报酬"式的救助。

(3)施救费用

由于承保风险造成船舶损失或船舶处于危险之中,被保险人为了防止或者减少根据本保险可以得到赔偿的损失,而付出的合理的费用为施救费用,保险人是负责赔付的。保险人对施救费用的赔偿责任不受碰撞责任、共同海损分摊、救助费用和船舶损失赔偿金额的限制,但以一个保险金额为限。

(三)除外责任

本保险不负责下列原因所致的损失、责任或费用:

(1)不适航。包括人员配备不当、装备或装载不妥,但以被保险人在船舶开航时,知道或应该知道此种不适航为限。

(2)被保险人及其代表的疏忽或故意行为。

(3)被保险人恪尽职守应予发现的正常磨损、锈蚀、腐烂或保养不周,或材料缺陷包括不良状态部件的更换或修理。

(4)战争和罢工险条款承保和除外的责任范围。

(四)保险期限

保险期限的确定有两种方式,即定期保险和航程保险。

1.定期保险

定期保险期限最长一年,起止时间以保险单上注明的日期为准。保险到期时,如被保险船舶尚在航行中或处于危险中或在避难港或中途港停靠,经被保险人事先通知保险人并按日比例加付保险费后,本保险继续负责到船舶抵达目的港为止。保险船舶在延长时间内发生全损,需加交6个月保险费。

2.航程保险

航程保险是按保单订明的航程为准。起止时间按下列规定办理:

(1)不载货船舶,自起运港解缆或起锚时开始至目的港抛锚或系缆完毕时终止。

(2)载货船舶,自起运港装货时开始至目的港卸货完毕时终止。但自船舶抵达目的港当日午夜零点起最多不得超过30天。

(五)保险费率和保险费

远洋船舶保险的保险费率,通常由保险双方协商确定。在决定保险费率时,要考虑以下因素:船舶种类及性能;航行区域;航行季节、被保险人的管理水平和声誉;责任范围的大小;同类业务以往的损失记录;国际保险市场的价格;等等。

在定期保险的情形下,全部保费应在承保时付清。如保险人同意,保费也可分期缴付,但被保险船舶在承保期限内发生全损时,未缴付的保费要立即付清。被保险船舶退保或保险终止时,保险费应自保险终止日起,可按净保费的日比例计算退还被保险人。而且,被保险船舶无论是否在船厂修理或装卸货物,在保险人同意的港口或区域内停泊超过 30 天时,停泊期间的保费按净保费的日比例的50%计算,但船舶发生全损的除外。如果超过 30 天的停泊期分属两张同一保险人的连续保单,停泊退费应按两张保单所承保的天数分别计算。

在航程保险的情形下,自保险责任开始一律不办理退保和退费。

(六)免赔额条款

免赔额条款的制定有三个目的:一是减少了被保险人和保险人之间小额索赔的发生,降低了保险人的经营费用;二是有助于降低保险费率;三是有助于被保险人提高风险防范意识。免赔额条款的具体内容为:

(1)承保风险所致的部分损失赔偿,每次事故要扣除保险单规定的免赔额(不包括碰撞责任、救助、共损、施救的索赔)。

(2)恶劣气候造成两个连续港口之间单独航程的损失索赔应视为一次意外事故。但是,免赔额的规定不用于船舶的全损索赔以及船舶搁浅后专为检验船底引起的合理费用。

(七)海运条款

海运条款对保险船舶是一个约束性条款,它要求保险船舶在没有得到保险人同意时不能从事非正常的航运。具体而言,就是要求被保险船舶不能从事海上拖带或救助服务;不得与他船(非港口或沿海使用的小船)在海上直接装卸货物,包括驶近、停靠和离开;禁止被保险船舶从事为拆船或为拆船出售目的的航行。在此限制范围内,除非被保险人事先征得保险人的同意,并接受修改后的承保条件及加付所需的保险费,或者对于为了拆船或为拆船而出售的航行另行投保航次保险时,保险人承担保险责任。否则,因此造成的损失和对第三人的责任,保险人不负责任。

(八)赔偿处理

被保险事故或损失发生后,被保险人两年内未向保险人提供有关索赔单证时,本保险不予赔偿。

1.全部损失的赔偿

(1)被保险船舶发生完全毁损或者严重损坏不能恢复原状,或者被保险人不可避免地丧失该船舶,作为实际全损,按保险金额赔偿。

(2)被保险船舶在预计到达目的港日期,超过两个月尚未得到它的行踪消息视为实际全损,按保险金额赔偿。

(3)当被保险船舶实际全损似已不能避免,或者恢复、修理、救助的费用或者这些费用的总和超过保险价值时,在向保险人发出委付通知后,可视为推定全损,不论保险人是否接受委付,按保险金额赔偿。如保险人接受了委付,本保险标的属保险人所有。

2.部分损失的赔偿

(1)对本保险项下海损的索赔,以新换旧均不扣减。

(2)保险人对船底的除锈或喷漆的索赔不予负责,除非与海损修理直接有关。

(3)船东为使船舶适航做必要的修理或通常进入干船坞时,被保险船舶也需就所承保的损坏进坞修理,进出船坞和船坞的使用时间费用应平均分摊。

(4)被保险人为获取和提供资料和文件所花费的时间和劳务以及被保险人委派或以其名义行事的任何经理、代理人、管理或代理公司等的佣金或费用,本保险均不给予补偿,除非经保险人同意。

(5)凡保险金额低于约定价值或低于共同海损或救助费用的分摊金额时,保险人对本保险承保损失和费用的赔偿,按保险金额在约定价值或分摊金额所占的比例计算。

(6)被保险船舶为同一船东所有,或由同一管理机构经营的船舶之间发生碰撞或接受救助,应视为第三方船舶,本保险予以负责。

本款称作"姐妹船条款",制定本条款的目的只在于维护被保险人的利益和保障同一船东所有的船舶之间发生碰撞或接受救助而造成保险船舶的损失和产生的费用能够在本保险项下得到赔偿。当然,船东在采取这种救助措施时,要事先征得保险人的同意。

三、沿海、内河船舶保险

(一)保险标的

沿海、内河保险标的是指在中华人民共和国内合法登记注册从事沿海、内河航行的船舶,包括船体、机器、设备、仪器和索具。船上燃料、物料、给养、淡水等财产和渔船不属于本保险标的的范围。

(二)保险责任

1.全损险

对自然灾害、意外事故和船舶失踪造成的保险船舶的全损承担赔偿责任。

自然灾害包括:八级以上(含八级)大风、洪水、地震、海啸、雷击、崖崩、滑坡、泥石流、冰凌。

意外事故包括:火灾、爆炸、碰撞、触碰、搁浅、触礁以及由于所列明的自然灾害和意外事故引起的船舶倾覆、沉没。

构成船舶失踪事故必须具备三个条件:一是船舶在航行中失踪;二是船员和船舶同时失踪;三是失踪的时间在 6 个月以上。

2.一切险

一切险不仅承保全损险所负责的三类风险造成的保险船舶的全损或部分损失,还承担这三类风险所引起的下列责任和费用。

(1)碰撞、触碰责任

保险船舶在可航水域碰撞其他船舶或触碰码头、港口设施、航标,致使上述货物发生的直接损失和费用,包括被碰撞船舶上所载货物的直接损失以及依法应当由被保险人承担的赔偿责任。本保险对每次碰撞、触碰责任仅赔偿金额的3/4,但在保险期限内一次或累计最高赔偿额以不超过船舶保险金额为限。属于本船舶上的货物损失,本保险不负赔偿责任。非机动船舶不负碰撞、触碰责任,但保险船舶由本公司承保的拖船拖带时,可视为机动船舶。

(2)共同海损、救助及施救

在每次事故中,保险人对共同海损、救助及施救这三项费用之和的赔偿最高不超过一个保险金额。

(三)除外责任

(1)船舶不适航,船舶不适拖(包括船舶技术状态、配员、装载等,拖船的拖带行为引起的被拖船舶的损失、责任和费用,非拖轮的拖带行为所引起的一切损失、责任和费用);

(2)船舶正常的维修、油漆、船体自然磨损、锈蚀、腐烂及机器本身发生的故障和舵、螺旋桨、桅、锚、锚链、橹及子船的单独损失;

(3)浪损、座浅;

(4)被保险人及其代表(包括船长)的故意行为或违法犯罪行为;

(5)清理航道、污染和防止或清除污染、水产养殖及设施、捕捞设施、水下设施、桥的损失和费用;

（6）因保险事故引起本船及第三者的间接损失和费用以及人员伤亡或由此引起的责任和费用；

（7）战争、军事行动、扣押、骚乱、罢工、哄抢和政府征用、没收；

（8）其他不属于保险责任范围内的损失。

（四）保险期限和保险金额

保险期限最长为一年，起止日期以保险单载明的时间为准。

保险金额是根据船的新旧程度来确定的。船龄在 3 年（含）以内的船舶视为新船，船龄在 3 年以上的船舶视为旧船。新船的保险价值按重置价值（即是市场新船购置价）确定，旧船的保险价值按实际价值（即是船舶市场价或出险时的市场价）确定。保险金额按保险价值确定，也可以由保险双方协商确定，但保险金额不得超过保险价值。

（五）保险费率

根据船舶航行区域和二类险别，厘定四种档次的年基本费率表：沿海船舶一切险年费率、沿海船舶全损险年费率、内河船舶一切险年费率、内河船舶全损险年费率。

根据船舶投保险别、航行区域、总吨位或主机功率、船舶种类，可以从四种费率表中直接查出船龄在 3 年及 3 年以下的保险费率（F）；船龄在 3 年以上的保险费率（F_1），并根据基本费率每年在上年费率的基础上增加 10%，其计算公式为：

$$F_1 = F \times (1 + 10\%)^{(Y-3)}$$

其中，Y 代表船龄，$Y \geqslant 3$。

保险费率表中的船龄均按年计算，不足一年的也按一年计算。

（六）赔偿处理

1.索赔要求

被保险人在索赔时要按保险人的要求及时提供有效单证，如保险单、港监签证、航海（行）日志、轮机日志、海事报告、船舶法定检验证书、船舶入籍证书、船舶营运证书、船员证书（副本）、运输合同载货记录、事故责任调解书、裁决书、损失清单及其他有关文件。

2.赔款计算

（1）全部损失的赔款计算

船舶全损按照保险金额赔偿，保险金额高于保险价值（实际价值）的，计算赔款时以不超过出险当时的保险价值（实际价值）为限。

（2）部分损失的赔款计算

新船和旧船发生部分损失，其赔款计算有所不同。

①新船的部分损失赔偿

若新船的保险金额等于保险价值，部分损失按实际发生的损失和费用扣除免赔额后赔偿。

若新船的保险金额低于保险价值，按比例赔偿。计算公式如下：

$$赔款＝（实际损失和费用－残值）\times \frac{保险金额}{保险价值}－免赔额$$

②旧船的部分损失赔偿

按保险金额与投保时或出险时的新船重置价的比例计算赔偿，两者以价高的为准。计算公司如下：

$$赔款＝（实际损失和费用－残值）\times \frac{保险金额}{投保时和出险时新船重置价的价高者}－$$

免赔额

③部分损失赔偿的原则

部分损失的赔偿金额以不超过保险金额或实际价值为限，两者以低为准，但无论一次或多次累计的赔款等于保险金额时（含免赔额），则保险责任即行终止。

（3）触碰责任的赔偿

保险金额是碰撞、触碰责任事故的最高累计赔偿额。

（4）共同海损、施救、救助费用的赔偿

共同海损、施救、救助三项费用之和的最高赔偿额以保险金额为限。对于不足额投保的船舶，其共同海损、施救、救助费用应按比例分摊。凡涉及船方、货方和运费方共同安全的海损事故时，对施救、救助费用、救助报酬的赔偿，保险人只负责获救船舶价值与获救的船、货和运费总价值的比例分摊部分。其计算公式为：

$$赔偿金额＝\frac{获救船舶价值}{获救船舶价值＋获救货物部分＋运费}\times 施救或救助费用$$

（5）免赔额的规定

保险人对每次赔款均按保险单中的约定扣除免赔额（全损、碰撞、触碰责任除外）。

（6）残值的处理

保险标的遭受全损或部分损失后的残余部分应协商作价折归被保险人，并在赔款中扣除。如果被保险人未足额投保，船舶残值应按比例折价归被保险人。

四、沿海、内河船舶保险的附加险条款

1.3/4 碰撞、触碰责任、共同海损、施救及救助附加险条款

这是针对全损险而制定的。该附加险是负责赔偿船舶 3/4 碰撞、触碰责任和共同海损、施救及救助等产生的责任、损失和费用。

2.1/4 碰撞、触碰责任保险条款

这是对主险碰撞责任条款的补充，也是对 3/4 碰撞、触碰责任、共同海损、施救及救助保险附加险条款的补充。该附加险是负责赔偿船舶碰撞、触碰责任不负责赔偿的 1/4 部分，但在保险期限内一次或累计最高赔偿额以船舶保险金额 1/4 为限。

3.螺旋桨、舵、锚、锚链及子船单独损失保险

该附加险承保保险船舶在航行运输或停泊中，发生保险责任范围内的事故，致使螺旋桨、舵、锚、锚链、子船发生单独损失或因此而产生的修理费用以及修理螺旋桨、舵所发生的保险船舶进出船坞、上下船台、吊尾等费用，本保险负责赔偿。

4.船东对船员责任保险

该附加险承保保险船舶在航行运输或停泊中船上在岗船员发生死亡或伤残，根据劳动合同或法律，依法应由船东（被保险人）对船员承担的医疗费、住院费和伤残、死亡补偿费，保险人负责赔偿。

5.船主对旅客责任保险条款

该附加险承保保险船舶在运输过程中发生自然灾害或意外事故，造成船舶上旅客死亡或伤残，依法应由被保险人（船主）承担的直接经济赔偿责任。

6.拖船拖带责任保险条款

该附加险承保保险拖轮以顶推、绑（旁）拖、吊拖等方式拖带他船在可航水域发生保险事故，致使被拖带船舶以及所载货物遭受损失，根据拖带合同依法应由保险拖轮承担的赔偿责任。

7.沿海内河船舶保险油污责任附加险条款

该附加险主要承担以下责任：

（1）由于被保险人船舶上的油泄漏造成水域的污染，被保险人采取合理的措施清除或减少污染而支出的费用；

（2）补偿政府有关部门为防止或减轻上述损害而支出的合理费用；

（3）由于被保险人船舶上的油泄漏而造成对第三者的污染损害，被保险人在法律上应负的赔偿责任；

（4）执法机构依法因油污而对被保险船舶的罚款；

(5)被保险人为保险人全部或部分承保的责任或费用而支付的经保险人事先同意的有关法律诉讼费用。

第五节 飞机保险

一、飞机保险的概念和特点

(一)概念

飞机保险是承保飞机因遭受自然灾害和意外事故造成机身及其附件的损失以及因飞机失事而产生的对所载旅客、货物和第三者损害赔偿责任的保险。

飞机保险是随着飞机制造业和航空事业的发展而发展起来的,1914—1918年间在英美国家保险市场首先开办起来。虽然飞机保险与海上保险、火灾保险等相比,产生的比较晚,而且最初的飞机保险责任范围较窄,只承保火灾造成的飞机损失,但它的发展速度却非常迅速。目前,飞机保险已经发展成一揽子保险,可适应不同投保人的需要。

我国的飞机保险起步于20世纪70年代。1974年,民航遵照周恩来总理"中国民航要飞出国"的指示,计划同年首飞伊朗、法国、巴基斯坦和阿尔巴尼亚。在执行这组飞行任务时,国外的航管部门和机场要求民航提供有效的、符合国际惯例的飞机保险单和保险凭证。于是在1974年9月29日,当时作为国内唯一一家保险公司的中国人民保险公司为中国民航出具了第一张符合国际惯例的飞机保险单,承保了两架波音707飞机和两架伊尔62型飞机。此后,我国民航事业蓬勃发展,国内航空保险市场规模不断扩大。

(二)特点

飞机保险作为运输工具保险的重要组成部分,与其他运输工具保险既有共性的一面,又有不同的一面。概括起来,飞机保险具有如下特点。

1. 高保额和高风险

由于飞机价值巨大,飞机保险的保险金额较其他运输工具保险高,通常要达到上亿元,航空责任险的责任限额较机身险的保险金额可能更高。飞机虽然出险概率很低,但是一旦出事就会造成机毁人亡的严重后果,形成巨额损失,并使保险人面临巨额索赔,这无疑会严重影响保险人的经营稳健性。如2009年6月1日在大西洋失事的法航飞机就涉及约 1 亿美元的机身保险和高达 10 亿美元的责任保险赔偿。

2. 专业性和技术性强

航空技术非常复杂,这就要求承保、勘察、定损人员必须具有相关的专业知识。而且飞机飞行具有流动性和全球性,使得在旅客责任险、第三者责任险及其他综合责任险的赔偿处理时要依据体系复杂的民用航空法规。可见,飞机保险承保、理赔的技术含量很高。

3. 再保险和共保险是必须的

既然飞机保险具有高风险,那保险人加强风险管理,采用共保或再保险等手段分散风险十分必要。如我国的飞机保险一般都会到伦敦保险市场办理再保险,又如欧美的很多飞机保险一般都由若干保险公司组成辛迪加共同承保。

4. 保险条款具有国际性

全球航空保险市场普遍采用一致的保险险种和条款。原因在于:第一,开办国际化的险种是保险人办理再保险的前提条件,否则保险人就会因为找不到合适的再保险接受人而无法办理再保险。第二,投保人要求保险人提供国际保险市场上通行的险种服务,这也大大促进了飞机保险险种的国际化。航空工业特别是民用航空运输业在经营过程中,在全球性范围内有着统一的规范要求。例如,国际航班起降机场和执行国际航班的航空公司,他们在签订服务协议时都会要求对方购买国际市场通行的保险,否则不是航空公司选飞其他符合要求的机场,就是机场拒绝该航空公司飞机在本机场起降。

飞机保险有多种险种,包括机身险、航空责任险、战争险以及其他各种附加险。

二、机身保险

(一)保险标的

机身保险的保险标的是各种民用飞机,包括机壳及其设备、仪器和特别安装的附件和发动机等。航空公司、飞机所有人、与飞机有利益关系者以及看管和控制飞机的人都可以投保机身险。

(二)保险责任和责任免除

1. 保险责任

机身险一般以一切险的方式承保。在该承保方式下,保险人对保险单所列明除外责任以外的任何原因造成的飞机直接损失或损坏负责赔偿,具体包括飞机以及零备件的物质损失,飞机失踪,飞机降落在不能再次起飞地导致的拆卸、运输、安装费、修理费、施救费等。

一切险的保险责任分为三种类型:包括地面及飞行在内的一切险、不包括飞行在内的一切险、不包括飞行和滑行在内的一切险。其中,第一种是承保各种地面和空中风险,第二种是承保地面静止及滑行时的风险,第三种只承保飞机在地面静止时的风险。

2.除外责任

(1)战争、罢工和劫持;

(2)飞机不符合适航条件而飞行;

(3)被保险人及其代理人的故意行为;

(4)飞机任何部件的自然磨损、制造及机械本身缺陷(但因此而对飞机造成的损失和损坏,保险人仍负责赔偿);

(5)为了非法的目的而使用飞机、参加竞赛等飞行;

(6)除迫降外,在规定航线外的不合格机场降落;

(7)不合格驾驶员驾驶飞机;

(8)飞机受损后引起被保险人停航、停运等间接损失。

(三)保险金额

过去机身险是按不定值保险方式承保的。但在国际市场上新型飞机不断涌现,价格持续上涨,与此同时旧型飞机价格不断下跌,机身险如果采用不定值保险的方式,很难保证被保险人在飞机发生损毁的情况下能用保险赔款重置飞机,于是,机身险便逐渐采取了定值保险的方式。机身险的保险金额可按照账面价值确定,也可按重置价值确定,也可由保险人和投保人双方协商确定。一般而言,不论采用何种方式确定保险金额,保险金额都不宜超过飞机本身价值的105%。

(四)保险费率和保险费

保险人在确定机身险费率时,要考虑以下因素:

(1)被保险人的资质,包括业务范围、资金水平、管理能力等;

(2)业务状况,包括损失记录、航线、常飞区域的气候和地形特点、起降机场的设备状况、承运人责任适用的法律体系等;

(3)投保飞机的状况,包括机型、机龄、适航性、飞行时间、维护记录等;

(4)飞行员及机组人员的情况;

(5)国际市场的行情;

（6）免赔额的高低。

飞机机身险的费率为百分率，如我国国内飞机保险的费率按飞机类型确定，分别是：喷气机飞机为 1.5%，螺旋式飞机为 2.5%，直升机为 5%。

机身险的保险费为保险金额与相应保险费率的乘积。

机身险有停航退费的规定。若飞机进行正常修理或停航连续超过 10 天，保险人可将修理或停航期间的保险费按日计算并退回 50%。飞机因发生损失需修理而引起的停航不退回保险费。

（五）赔偿处理

被保险飞机发生全部损失时按保险金额赔偿，不扣除免赔额。飞机在起飞后 15 天仍得不到飞机的行踪，即构成失踪，保险公司对失踪也按全损赔偿。

部分损失时，保险公司承担被保险飞机的实际修配费用，但要扣除免赔额。按照账面价值或协商价值确定保险金额的飞机，若发生部分损失，应按保险金额与损失当时被保险飞机的市场价值的比例计算赔偿。无论何种飞机损失，只要一次赔偿款额等于该飞机机身险的保险金额时，机身险的保险责任即告终止。

此外，保险人还负责赔偿被保险人采取施救保护措施所产生的合理费用，但最高以不超过机身险保险金额的 10% 为限。

三、航空责任险

（一）飞机第三者责任险

飞机第三者责任险，是承保被保险人在使用或维修保养飞机的过程中，由于疏忽、过失或意外事故依法应负的有关飞机对地面、空中或机外的人造成意外伤害或死亡事故或财物损毁的损失赔偿责任，其性质与机动车辆第三者责任保险相似。其中的第三者是指保险人与被保险人以外的其他方，但不包括机上乘客及航空公司雇用的人员。

其保险责任一般包括：飞机在地面上造成任何设备、人员、其他飞机等损失；飞机在空中造成地面上第三者任何损失以及飞机在空中碰撞造成其他飞机和人身伤亡的损失；同时承保涉及被保险人的赔偿责任所引起的诉讼费，且不受保险单载明的最高赔偿额的限制。

其除外责任主要有：战争和军事行动；飞机不符合适航条件而飞行；被保险人及其代理人的故意行为；因飞机事故产生的善后工作所支出的费用；被保险人及其工作人员和本机上的旅客或其所有以及代管的财产。

飞机第三者责任险的赔偿限额和保险费是根据不同的飞机类型而制订的。

（二）旅客法定责任险

旅客法定责任险,是以旅客在乘坐或上下保险飞机时发生意外而受到人身伤害或随身携带和已经登记交运的行李、物件遭受损失以及对旅客、行李或物件在运输过程中因延迟而造成的损失,根据法律或合同规定应由被保险人承担赔偿责任的强制性保险。其中,旅客是指购买飞机票的旅客或被保险人同意免费搭乘的旅客,但不包括为完成被保险人的任务而免费搭载的机组成员。旅客责任保险采用强制保险的目的在于保障旅客的合法权益。

旅客法定责任险不仅承保被保险人对旅客人身伤害及财物损失的赔偿责任,还负责因涉及被保险人的赔偿责任而引起的诉讼费用,对诉讼费用的赔偿不受保险单规定的最高赔偿限额的限制。

保险责任一般从乘客验票后开始,到乘客离开机场之前提取了行李为止。

保险人一般依据有关法规或国际公约规定的赔偿限额来制定责任限额。航空承运人在国内航线所承担的赔偿限额,由所在国国家的航空法律来规定。国际航线则依国际公约办理。

四、飞机保险的附加险

（一）飞机战争劫持险

飞机战争劫持险负责赔偿由于战争、敌对行为或武装冲突、拘留、扣留、没收、保险飞机被劫持和被第三者破坏等原因造成的保险飞机的损失费用以及引起的被保险人对第三者或旅客应负的法律责任或费用。

（二）飞机承运货物责任险

飞机承运货物责任险承保办好托运手续装载在保险飞机上的货物在运输过程中发生损失,根据法律、合同规定应由承运人承担的赔偿责任。

附录四:××保险公司 2007 营业用汽车损失保险条款(主险)

总 则

第一条 营业用汽车损失保险合同(以下简称本保险合同)由本条款、投保单、保险单、批单和特别约定共同组成。凡涉及本保险合同的约定,均应采用书面形式。

第二条　本保险合同中的营业用汽车是指在中华人民共和国境内(不含港、澳、台地区)行驶的,用于客、货运输或租赁,并以直接或间接方式收取运费或租金的汽车(以下简称被保险机动车)。

第三条　本保险合同为不定值保险合同。保险人按照承保险别承担保险责任,附加险不能单独承保。

保险责任

第四条　保险期间内,被保险人或其允许的合法驾驶人在使用被保险机动车过程中,因下列原因造成被保险机动车的损失,保险人依照本保险合同的约定负责赔偿:

(一)碰撞、倾覆、坠落;

(二)外界物体坠落、倒塌;

(三)暴风、龙卷风;

(四)雷击、雹灾、暴雨、洪水、海啸;

(五)地陷、冰陷、崖崩、雪崩、泥石流、滑坡;

(六)载运被保险机动车的渡船遭受自然灾害(只限于驾驶人随船的情形)。

第五条　发生保险事故时,被保险人为防止或者减少被保险机动车的损失所支付的必要的、合理的施救费用,由保险人承担,最高不超过保险金额的数额。

责任免除

第六条　下列情况下,不论任何原因造成被保险机动车损失,保险人均不负责赔偿:

(一)地震。

(二)战争、军事冲突、恐怖活动、暴乱、扣押、收缴、没收、政府征用。

(三)竞赛、测试、教练,在营业性维修、养护场所修理、养护期间。

(四)利用被保险机动车从事违法活动。

(五)驾驶人饮酒、吸食或注射毒品、被药物麻醉后使用被保险机动车。

(六)事故发生后,被保险人或其允许的驾驶人在未依法采取措施的情况下驾驶被保险机动车或者遗弃被保险机动车逃离事故现场,或故意破坏、伪造现场、毁灭证据。

(七)驾驶人有下列情形之一者:

1.无驾驶证或驾驶证有效期已届满;

2.驾驶的被保险机动车与驾驶证载明的准驾车型不符;

3.实习期内驾驶公共汽车、营运客车或者载有爆炸物品、易燃易爆化学物品、剧毒或者放射性等危险物品的被保险机动车,实习期内驾驶的被保险机动车牵引挂车;

4.持未按规定审验的驾驶证以及在暂扣、扣留、吊销、注销驾驶证期间驾驶被保险机动车;

5.使用各种专用机械车、特种车的人员无国家有关部门核发的有效操作证,驾驶营运客车的驾驶人无国家有关部门核发的有效资格证书;

6.依照法律法规或公安机关交通管理部门有关规定不允许驾驶被保险机动车的其他情况下驾车。

(八)非被保险人允许的驾驶人使用被保险机动车。

(九)被保险机动车转让他人,未向保险人办理批改手续。

(十)除另有约定外,发生保险事故时被保险机动车无公安机关交通管理部门核发的行驶证或号牌,或未按规定检验或检验不合格。

第七条　被保险机动车的下列损失和费用,保险人不负责赔偿:

(一)自然磨损、朽蚀、腐蚀、故障;

(二)玻璃单独破碎,车轮单独损坏;

(三)无明显碰撞痕迹的车身划痕;

(四)人工直接供油、高温烘烤造成的损失;

(五)火灾、爆炸、自燃造成的损失;

(六)遭受保险责任范围内的损失后,未经必要修理继续使用被保险机动车,致使损失扩大的部分;

(七)因污染(含放射性污染)造成的损失;

(八)市场价格变动造成的贬值、修理后价值降低引起的损失;

(九)标准配置以外新增设备的损失;

(十)发动机进水后导致的发动机损坏;

(十一)被保险机动车所载货物坠落、倒塌、撞击、泄漏造成的损失;

(十二)被盗窃、抢劫、抢夺以及因被盗窃、抢劫、抢夺受到损坏或车上零部件、附属设备丢失;

(十三)被保险人或驾驶人的故意行为造成的损失;

(十四)应当由机动车交通事故责任强制保险赔偿的金额。

第八条　保险人在依据本保险合同约定计算赔款的基础上,按照下列方式免赔:

(一)负次要事故责任的免赔率为5%,负同等事故责任的免赔率为8%,负主要事故责任的免赔率为10%,负全部事故责任或单方肇事事故的免赔率为15%;

(二)被保险机动车的损失应当由第三方负责赔偿的,无法找到第三方时,免赔率为 30%；

（三）被保险人根据有关法律法规规定选择自行协商方式处理交通事故，不能证明事故原因的，免赔率为 20%；

（四）违反安全装载规定的，增加免赔率 5%；因违反安全装载规定导致保险事故发生的，保险人不承担赔偿责任；

（五）投保时约定行驶区域，保险事故发生在约定行驶区域以外的，增加免赔率 10%；

（六）保险期间内发生多次保险事故的（自然灾害引起的事故除外），免赔率从第三次开始每次增加 5%。

第九条 其他不属于保险责任范围内的损失和费用。

保险金额

第十条 保险金额由投保人和保险人从下列三种方式中选择确定，保险人根据确定保险金额的不同方式承担相应的赔偿责任：

（一）按投保时被保险机动车的新车购置价确定。

本保险合同中的新车购置价是指在保险合同签订地购置与被保险机动车同类型新车的价格（含车辆购置税）。

投保时的新车购置价根据投保时保险合同签订地同类型新车的市场销售价格（含车辆购置税）确定，并在保险单中载明，无同类型新车市场销售价格的，由投保人与保险人协商确定。

（二）按投保时被保险机动车的实际价值确定。

本保险合同中的实际价值是指新车购置价减去折旧金额后的价格。

投保时被保险机动车的实际价值根据投保时的新车购置价减去折旧金额后的价格确定。

折旧率表

车辆种类	月折旧率	
	出租	其他
客车	1.10%	0.90%
微型载货汽车	1.10%	1.10%
带拖挂的载货汽车	1.10%	1.10%
低速货车和三轮汽车	1.40%	1.40%
其他车辆	1.10%	0.90%

折旧按月计算,不足一个月的部分,不计折旧。最高折旧金额不超过投保时被保险机动车新车购置价的 80%。

折旧金额＝投保时的新车购置价×被保险机动车已使用月数×月折旧率

（三）在投保时被保险机动车的新车购置价内协商确定。

保险期间

第十一条 除另有约定外,保险期间为一年,以保险单载明的起讫时间为准。

保险人义务

第十二条 保险人在订立保险合同时,应向投保人说明投保险种的保险责任、责任免除、保险期间、保险费及支付办法、投保人和被保险人义务等内容。

第十三条 保险人应及时受理被保险人的事故报案,并尽快进行查勘。

保险人接到报案后 48 小时内未进行查勘且未给予受理意见,造成财产损失无法确定的,以被保险人提供的财产损毁照片、损失清单、事故证明和修理发票作为赔付理算依据。

第十四条 保险人收到被保险人的索赔请求后,应当及时作出核定。

（一）保险人应根据事故性质、损失情况,及时向被保险人提供索赔须知。审核索赔材料后认为有关的证明和资料不完整的,应当及时通知被保险人补充提供有关的证明和资料;

（二）在被保险人提供了各种必要单证后,保险人应当迅速审查核定,并将核定结果及时通知被保险人;

（三）对属于保险责任的,保险人应在与被保险人达成赔偿协议后 10 日内支付赔款。

第十五条 保险人对在办理保险业务中知道的投保人、被保险人的业务和财产情况及个人隐私,负有保密的义务。

投保人、被保险人义务

第十六条 投保人应如实填写投保单并回答保险人提出的询问,履行如实告知义务,并提供被保险机动车行驶证复印件、机动车登记证书复印件。

在保险期间内,被保险机动车改装、加装等,导致被保险机动车危险程度增加的,应当及时书面通知保险人。否则,因被保险机动车危险程度增加而发生的保险事故,保险人不承担赔偿责任。

第十七条 除另有约定外,投保人应当在本保险合同成立时交清保险费;保险费交清前发生的保险事故,保险人不承担赔偿责任。

第十八条 发生保险事故时,被保险人应当及时采取合理的、必要的施救和保护措施,防止或者减少损失,并在保险事故发生后48小时内通知保险人。否则,造成损失无法确定或扩大的部分,保险人不承担赔偿责任。

第十九条 发生保险事故后,被保险人应当积极协助保险人进行现场查勘。

被保险人在索赔时应当提供有关证明和资料。

发生与保险赔偿有关的仲裁或者诉讼时,被保险人应当及时书面通知保险人。

第二十条 因第三方对被保险机动车的损害而造成保险事故的,保险人自向被保险人赔偿保险金之日起,在赔偿金额范围内代位行使被保险人对第三方请求赔偿的权利,但被保险人必须协助保险人向第三方追偿。

由于被保险人放弃对第三方的请求赔偿的权利或过错致使保险人不能行使代位追偿权利的,保险人不承担赔偿责任或相应扣减保险赔偿金。

赔偿处理

第二十一条 被保险人索赔时,应当向保险人提供与确认保险事故的性质、原因、损失程度等有关的证明和资料。

被保险人应当提供保险单、损失清单、有关费用单据、被保险机动车行驶证和发生事故时驾驶人的驾驶证。

属于道路交通事故的,被保险人应当提供公安机关交通管理部门或法院等机构出具的事故证明、有关的法律文书(判决书、调解书、裁定书、裁决书等)和通过机动车交通事故责任强制保险获得赔偿金额的证明材料。

属于非道路交通事故的,应提供相关的事故证明。

第二十二条 被保险人或被保险机动车驾驶人根据有关法律法规规定选择自行协商方式处理交通事故的,应当立即通知保险人,协助保险人勘验事故各方车辆、核实事故责任,并依照《交通事故处理程序规定》签订记录交通事故情况的协议书。

第二十三条 因保险事故损坏的被保险机动车,应当尽量修复。修理前被保险人应当会同保险人检验,协商确定修理项目、方式和费用。否则,保险人有权重新核定;无法重新核定的,保险人有权拒绝赔偿。

第二十四条 被保险机动车遭受损失后的残余部分由保险人、被保险人协商处理。

第二十五条 保险人依据被保险机动车驾驶人在事故中所负的事故责任比例,承担相应的赔偿责任。

被保险人或被保险机动车驾驶人根据有关法律法规规定选择自行协商或由公安机关交通管理部门处理事故未确定事故责任比例的,按照下列规定确定事故责任比例：

被保险机动车方负主要事故责任的,事故责任比例为 70%；

被保险机动车方负同等事故责任的,事故责任比例为 50%；

被保险机动车方负次要事故责任的,事故责任比例为 30%。

第二十六条 保险人按下列方式赔偿：

(一)按投保时被保险机动车的新车购置价确定保险金额的：

1. 发生全部损失时,在保险金额内计算赔偿,保险金额高于保险事故发生时被保险机动车实际价值的,按保险事故发生时被保险机动车的实际价值计算赔偿。

保险事故发生时被保险机动车的实际价值根据保险事故发生时的新车购置价减去折旧金额后的价格确定。

保险事故发生时的新车购置价根据保险事故发生时保险合同签订地同类型新车的市场销售价格(含车辆购置税)确定,无同类型新车市场销售价格的,由被保险人与保险人协商确定。

折旧金额＝保险事故发生时的新车购置价×被保险机动车已使用月数×月折旧率

2. 发生部分损失时,按核定修理费用计算赔偿,但不得超过保险事故发生时被保险机动车的实际价值。

(二)按投保时被保险机动车的实际价值确定保险金额或协商确定保险金额的：

1. 发生全部损失时,保险金额高于保险事故发生时被保险机动车实际价值的,以保险事故发生时被保险机动车的实际价值计算赔偿；保险金额等于或低于保险事故发生时被保险机动车实际价值的,按保险金额计算赔偿。

2. 发生部分损失时,按保险金额与投保时被保险机动车的新车购置价的比例计算赔偿,但不得超过保险事故发生时被保险机动车的实际价值。

(三)施救费用赔偿的计算方式同本条(一)、(二),在被保险机动车损失赔偿金额以外另行计算,最高不超过保险金额的数额。

被施救的财产中,含有本保险合同未承保财产的,按被保险机动车与被施救财产价值的比例分摊施救费用。

第二十七条 被保险机动车重复保险的,保险人按照本保险合同的保险金额与各保险合同保险金额的总和的比例承担赔偿责任。

其他保险人应承担的赔偿金额,保险人不负责赔偿和垫付。

第二十八条 保险人受理报案、现场查勘、参与诉讼、进行抗辩、要求被保险人提供证明和资料、向被保险人提供专业建议等行为,均不构成保险人对赔偿责任的承诺。

第二十九条 下列情况下,保险人支付赔款后,本保险合同终止,保险人不退还营业用汽车损失保险及其附加险的保险费:

(一)被保险机动车发生全部损失;

(二)按投保时被保险机动车的实际价值确定保险金额的,一次赔款金额与免赔金额之和(不含施救费)达到保险事故发生时被保险机动车的实际价值;

(三)保险金额低于投保时被保险机动车的实际价值的,一次赔款金额与免赔金额之和(不含施救费)达到保险金额。

保险费调整

第三十条 保险费调整的比例和方式以保险监管部门批准的机动车保险费率方案的规定为准。

本保险及其附加险根据上一保险期间发生保险赔偿的次数,在续保时实行保险费浮动。

合同变更和终止

第三十一条 本保险合同的内容如需变更,须经保险人与投保人书面协商一致。

第三十二条 在保险期间内,被保险机动车转让他人的,投保人应当书面通知保险人并办理批改手续。

第三十三条 保险责任开始前,投保人要求解除本保险合同的,应当向保险人支付应交保险费5%的退保手续费,保险人应当退还保险费。

保险责任开始后,投保人要求解除本保险合同的,自通知保险人之日起,本保险合同解除。保险人按短期月费率收取自保险责任开始之日起至合同解除之日止期间的保险费,并退还剩余部分保险费。

短期月费率表

保险期间(月)	1	2	3	4	5	6	7	8	9	10	11	12
短期月费率(年保险费的百分比)	10%	20%	30%	40%	50%	60%	70%	80%	85%	90%	95%	100%

注:保险期间不足一个月的部分,按一个月计算。

争议处理

第三十四条 因履行本保险合同发生的争议,由当事人协商解决。

协商不成的,提交保险单载明的仲裁机构仲裁。保险单未载明仲裁机构或者争议发生后未达成仲裁协议的,可向人民法院起诉。

第三十五条 本保险合同争议处理适用中华人民共和国法律。

附录五:××保险公司 2007 机动车第三者责任保险条款(主险)

总 则

第一条 机动车第三者责任保险合同(以下简称本保险合同)由本条款、投保单、保险单、批单和特别约定共同组成。凡涉及本保险合同的约定,均应采用书面形式。

第二条 本保险合同中的机动车是指在中华人民共和国境内(不含港、澳、台地区)行驶,以动力装置驱动或者牵引,上道路行驶的供人员乘用或者用于运送物品以及进行专项作业的轮式车辆(含挂车)、履带式车辆和其他运载工具(以下简称被保险机动车),但不包括摩托车、拖拉机和特种车。

第三条 本保险合同中的第三者是指因被保险机动车发生意外事故遭受人身伤亡或者财产损失的人,但不包括被保险机动车本车上人员、投保人、被保险人和保险人。

保险责任

第四条 保险期间内,被保险人或其允许的合法驾驶人在使用被保险机动车过程中发生意外事故,致使第三者遭受人身伤亡或财产直接损毁,依法应当由被保险人承担的损害赔偿责任,保险人依照本保险合同的约定,对于超过机动车交通事故责任强制保险各分项赔偿限额以上的部分负责赔偿。

责任免除

第五条 被保险机动车造成下列人身伤亡或财产损失,不论在法律上是否应当由被保险人承担赔偿责任,保险人均不负责赔偿:

(一)被保险人及其家庭成员的人身伤亡、所有或代管的财产的损失;

(二)被保险机动车本车驾驶人及其家庭成员的人身伤亡、所有或代管的财产的损失;

(三)被保险机动车本车上其他人员的人身伤亡或财产损失。

第六条 下列情况下,不论任何原因造成的对第三者的损害赔偿责任,保险人均不负责赔偿:

（一）地震。

（二）战争、军事冲突、恐怖活动、暴乱、扣押、收缴、没收、政府征用。

（三）竞赛、测试、教练，在营业性维修、养护场所修理、养护期间。

（四）利用被保险机动车从事违法活动。

（五）驾驶人饮酒、吸食或注射毒品、被药物麻醉后使用被保险机动车。

（六）事故发生后，被保险人或其允许的驾驶人在未依法采取措施的情况下驾驶被保险机动车或者遗弃被保险机动车逃离事故现场，或故意破坏、伪造现场、毁灭证据。

（七）驾驶人有下列情形之一者：

1. 无驾驶证或驾驶证有效期已届满；

2. 驾驶的被保险机动车与驾驶证载明的准驾车型不符；

3. 实习期内驾驶公共汽车、营运客车或者载有爆炸物品、易燃易爆化学物品、剧毒或者放射性等危险物品的被保险机动车，实习期内驾驶的被保险机动车牵引挂车；

4. 持未按规定审验的驾驶证以及在暂扣、扣留、吊销、注销驾驶证期间驾驶被保险机动车；

5. 使用各种专用机械车、特种车的人员无国家有关部门核发的有效操作证，驾驶营运客车的驾驶人无国家有关部门核发的有效资格证书；

6. 依照法律法规或公安机关交通管理部门有关规定不允许驾驶被保险机动车的其他情况下驾车。

（八）非被保险人允许的驾驶人使用被保险机动车。

（九）被保险机动车转让他人，未向保险人办理批改手续。

（十）除另有约定外，发生保险事故时被保险机动车无公安机关交通管理部门核发的行驶证或号牌，或未按规定检验或检验不合格。

（十一）被保险机动车拖带未投保机动车交通事故责任强制保险的机动车（含挂车）或被未投保机动车交通事故责任强制保险的其他机动车拖带。

第七条　下列损失和费用，保险人不负责赔偿：

（一）被保险机动车发生意外事故，致使第三者停业、停驶、停电、停水、停气、停产、通信或者网络中断、数据丢失、电压变化等造成的损失以及其他各种间接损失；

（二）精神损害赔偿；

（三）因污染（含放射性污染）造成的损失；

（四）第三者财产因市场价格变动造成的贬值、修理后价值降低引起的损失；

（五）被保险机动车被盗窃、抢劫、抢夺期间造成第三者人身伤亡或财产损失；

（六）被保险人或驾驶人的故意行为造成的损失；

（七）仲裁或者诉讼费用以及其他相关费用。

第八条　应当由机动车交通事故责任强制保险赔偿的损失和费用，保险人不负责赔偿。

保险事故发生时，被保险机动车未投保机动车交通事故责任强制保险或机动车交通事故责任强制保险合同已经失效的，对于机动车交通事故责任强制保险各分项赔偿限额以内的损失和费用，保险人不负责赔偿。

第九条　保险人在依据本保险合同约定计算赔款的基础上，在保险单载明的责任限额内，按下列免赔率免赔：

（一）负次要事故责任的免赔率为 5％，负同等事故责任的免赔率为 10％，负主要事故责任的免赔率为 15％，负全部事故责任的免赔率为 20％；

（二）违反安全装载规定的，增加免赔率 10％；

（三）投保时指定驾驶人，保险事故发生时为非指定驾驶人使用被保险机动车的，增加免赔率 10％；

（四）投保时约定行驶区域，保险事故发生在约定行驶区域以外的，增加免赔率 10％。

第十条　其他不属于保险责任范围内的损失和费用。

责任限额

第十一条　每次事故的责任限额，由投保人和保险人在签订本保险合同时按保险监管部门批准的限额档次协商确定。

第十二条　主车和挂车连接使用时视为一体，发生保险事故时，由主车保险人和挂车保险人按照保险单上载明的机动车第三者责任保险责任限额的比例，在各自的责任限额内承担赔偿责任，但赔偿金额总和以主车的责任限额为限。

保险期间

第十三条　除另有约定外，保险期间为一年，以保险单载明的起讫时间为准。

保险人义务

第十四条　保险人在订立保险合同时，应向投保人说明投保险种的保险责任、责任免除、保险期间、保险费及支付办法、投保人和被保险人义务等内容。

第十五条　保险人应及时受理被保险人的事故报案，并尽快进行查勘。

保险人接到报案后 48 小时内未进行查勘且未给予受理意见，造成财产损失无法确定的，以被保险人提供的财产损毁照片、损失清单、事故证明和修理发票作为赔付理算依据。

第十六条 保险人收到被保险人的索赔请求后,应当及时作出核定。

(一)保险人应根据事故性质、损失情况,及时向被保险人提供索赔须知。审核索赔材料后认为有关的证明和资料不完整的,应当及时通知被保险人补充提供有关的证明和资料;

(二)在被保险人提供了各种必要单证后,保险人应当迅速审查核定,并将核定结果及时通知被保险人;

(三)对属于保险责任的,保险人应在与被保险人达成赔偿协议后10日内支付赔款。

第十七条 保险人对在办理保险业务中知道的投保人、被保险人的业务和财产情况及个人隐私,负有保密的义务。

投保人、被保险人义务

第十八条 投保人应如实填写投保单并回答保险人提出的询问,履行如实告知义务,并提供被保险机动车行驶证复印件、机动车登记证书复印件,如指定驾驶人的,应当同时提供被指定驾驶人的驾驶证复印件。

在保险期间内,被保险机动车改装、加装或被保险家庭自用汽车、非营业用汽车从事营业运输等,导致被保险机动车危险程度增加的,应当及时书面通知保险人。否则,因被保险机动车危险程度增加而发生的保险事故,保险人不承担赔偿责任。

第十九条 除另有约定外,投保人应当在本保险合同成立时交清保险费;保险费交清前发生的保险事故,保险人不承担赔偿责任。

第二十条 发生保险事故时,被保险人应当及时采取合理的、必要的施救和保护措施,防止或者减少损失,并在保险事故发生后48小时内通知保险人。否则,造成损失无法确定或扩大的部分,保险人不承担赔偿责任。

第二十一条 发生保险事故后,被保险人应当积极协助保险人进行现场查勘。

被保险人在索赔时应当提供有关证明和资料。

引起与保险赔偿有关的仲裁或者诉讼时,被保险人应当及时书面通知保险人。

赔偿处理

第二十二条 被保险人索赔时,应当向保险人提供与确认保险事故的性质、原因、损失程度等有关的证明和资料。

被保险人应当提供保险单、损失清单、有关费用单据、被保险机动车行驶证和发生事故时驾驶人的驾驶证。

属于道路交通事故的,被保险人应当提供公安机关交通管理部门或法院等机构出具的事故证明、有关的法律文书(判决书、调解书、裁定书、裁决书等)及其他证明。

属于非道路交通事故的,应提供相关的事故证明。

第二十三条　因保险事故损坏的第三者财产,应当尽量修复。修理前被保险人应当会同保险人检验,协商确定修理项目、方式和费用。否则,保险人有权重新核定;无法重新核定的,保险人有权拒绝赔偿。

第二十四条　保险人依据被保险机动车驾驶人在事故中所负的事故责任比例,承担相应的赔偿责任。

被保险人或被保险机动车驾驶人根据有关法律法规规定选择自行协商或由公安机关交通管理部门处理事故未确定事故责任比例的,按照下列规定确定事故责任比例:

被保险机动车方负主要事故责任的,事故责任比例为70%;

被保险机动车方负同等事故责任的,事故责任比例为50%;

被保险机动车方负次要事故责任的,事故责任比例为30%。

第二十五条　保险事故发生后,保险人按照国家有关法律、法规规定的赔偿范围、项目和标准以及本保险合同的约定,在保险单载明的责任限额内核定赔偿金额。

保险人按照国家基本医疗保险的标准核定医疗费用的赔偿金额。

未经保险人书面同意,被保险人自行承诺或支付的赔偿金额,保险人有权重新核定。不属于保险人赔偿范围或超出保险人应赔偿金额的,保险人不承担赔偿责任。

第二十六条　被保险机动车重复保险的,保险人按照本保险合同的责任限额与各保险合同责任限额的总和的比例承担赔偿责任。

其他保险人应承担的赔偿金额,保险人不负责赔偿和垫付。

第二十七条　保险人受理报案、现场查勘、参与诉讼、进行抗辩、要求被保险人提供证明和资料、向被保险人提供专业建议等行为,均不构成保险人对赔偿责任的承诺。

第二十八条　保险人支付赔款后,对被保险人追加的索赔请求,保险人不承担赔偿责任。

第二十九条　被保险人获得赔偿后,本保险合同继续有效,直至保险期间届满。

保险费调整

第三十条　保险费调整的比例和方式以保险监管部门批准的机动车保险费率方案的规定为准。

本保险及其附加险根据上一保险期间发生保险赔偿的次数,在续保时实行保险费浮动。

合同变更和终止

第三十一条　本保险合同的内容如需变更,须经保险人与投保人书面协商一致。

第三十二条　在保险期间内,被保险机动车转让他人的,投保人应当书面通知保险人并办理批改手续。

第三十三条　保险责任开始前,投保人要求解除本保险合同的,应当向保险人支付应交保险费5%的退保手续费,保险人应当退还保险费。

保险责任开始后,投保人要求解除本保险合同的,自通知保险人之日起,本保险合同解除。保险人按短期月费率收取自保险责任开始之日起至合同解除之日止期间的保险费,并退还剩余部分保险费。

短期月费率表

保险期间(月)	1	2	3	4	5	6	7	8	9	10	11	12
短期月费率(年保险费的百分比)	10%	20%	30%	40%	50%	60%	70%	80%	85%	90%	95%	100%

注:保险期间不足一个月的部分,按一个月计算。

争议处理

第三十四条　因履行本保险合同发生的争议,由当事人协商解决。

协商不成的,提交保险单载明的仲裁机构仲裁。保险单未载明仲裁机构或者争议发生后未达成仲裁协议的,可向人民法院起诉。

第三十五条　本保险合同争议处理适用中华人民共和国法律。

附录六:机动车交通事故责任强制保险条款(2008)

总　则

第一条　根据《中华人民共和国道路交通安全法》、《中华人民共和国保险法》、《机动车交通事故责任强制保险条例》等法律、行政法规,制定本条款。

第二条 机动车交通事故责任强制保险(以下简称交强险)合同由本条款与投保单、保险单、批单和特别约定共同组成。凡与交强险合同有关的约定,都应当采用书面形式。

第三条 交强险费率实行与被保险机动车道路交通安全违法行为、交通事故记录相联系的浮动机制。

签订交强险合同时,投保人应当一次支付全部保险费。保险费按照中国保险监督管理委员会(以下简称保监会)批准的交强险费率计算。

定 义

第四条 交强险合同中的被保险人是指投保人及其允许的合法驾驶人。

投保人是指与保险人订立交强险合同,并按照合同负有支付保险费义务的机动车的所有人、管理人。

第五条 交强险合同中的受害人是指因被保险机动车发生交通事故遭受人身伤亡或者财产损失的人,但不包括被保险机动车本车车上人员、被保险人。

第六条 交强险合同中的责任限额是指被保险机动车发生交通事故,保险人对每次保险事故所有受害人的人身伤亡和财产损失所承担的最高赔偿金额。责任限额分为死亡伤残赔偿限额、医疗费用赔偿限额、财产损失赔偿限额以及被保险人在道路交通事故中无责任的赔偿限额。其中无责任的赔偿限额分为无责任死亡伤残赔偿限额、无责任医疗费用赔偿限额以及无责任财产损失赔偿限额。

第七条 交强险合同中的抢救费用是指被保险机动车发生交通事故导致受害人受伤时,医疗机构对生命体征不平稳和虽然生命体征平稳但如果不采取处理措施会产生生命危险,或者导致残疾、器官功能障碍,或者导致病程明显延长的受害人,参照国务院卫生主管部门组织制定的交通事故人员创伤临床诊疗指南和国家基本医疗保险标准,采取必要的处理措施所发生的医疗费用。

保险责任

第八条 在中华人民共和国境内(不含港、澳、台地区),被保险人在使用被保险机动车过程中发生交通事故,致使受害人遭受人身伤亡或者财产损失,依法应当由被保险人承担的损害赔偿责任,保险人按照交强险合同的约定对每次事故在下列赔偿限额内负责赔偿:

(一)死亡伤残赔偿限额为 110000 元;

(二)医疗费用赔偿限额为 10000 元;

(三)财产损失赔偿限额为 2000 元;

（四）被保险人无责任时，无责任死亡伤残赔偿限额为 11000 元；无责任医疗费用赔偿限额为 1000 元；无责任财产损失赔偿限额为 100 元。

死亡伤残赔偿限额和无责任死亡伤残赔偿限额项下负责赔偿丧葬费、死亡补偿费、受害人亲属办理丧葬事宜支出的交通费用、残疾赔偿金、残疾辅助器具费、护理费、康复费、交通费、被扶养人生活费、住宿费、误工费，被保险人依照法院判决或者调解承担的精神损害抚慰金。

医疗费用赔偿限额和无责任医疗费用赔偿限额项下负责赔偿医药费、诊疗费、住院费、住院伙食补助费以及必要的、合理的后续治疗费、整容费、营养费。

垫付与追偿

第九条 被保险机动车在本条（一）至（四）之一的情形下发生交通事故，造成受害人受伤需要抢救的，保险人在接到公安机关交通管理部门的书面通知和医疗机构出具的抢救费用清单后，按照国务院卫生主管部门组织制定的交通事故人员创伤临床诊疗指南和国家基本医疗保险标准进行核实。对于符合规定的抢救费用，保险人在医疗费用赔偿限额内垫付。被保险人在交通事故中无责任的，保险人在无责任医疗费用赔偿限额内垫付。对于其他损失和费用，保险人不负责垫付和赔偿。

（一）驾驶人未取得驾驶资格的；

（二）驾驶人醉酒的；

（三）被保险机动车被盗抢期间肇事的；

（四）被保险人故意制造交通事故的。

对于垫付的抢救费用，保险人有权向致害人追偿。

责任免除

第十条 下列损失和费用，交强险不负责赔偿和垫付：

（一）因受害人故意造成的交通事故的损失；

（二）被保险人所有的财产及被保险机动车上的财产遭受的损失；

（三）被保险机动车发生交通事故，致使受害人停业、停驶、停电、停水、停气、停产、通讯或者网络中断、数据丢失、电压变化等造成的损失以及受害人财产因市场价格变动造成的贬值、修理后因价值降低造成的损失等其他各种间接损失；

（四）因交通事故产生的仲裁或者诉讼费用以及其他相关费用。

保险期间

第十一条 除国家法律、行政法规另有规定外，交强险合同的保险期间为一年,以保险单载明的起止时间为准。

投保人、被保险人义务

第十二条　投保人投保时,应当如实填写投保单,向保险人如实告知重要事项,并提供被保险机动车的行驶证和驾驶证复印件。重要事项包括机动车的种类、厂牌型号、识别代码、号牌号码、使用性质和机动车所有人或者管理人的姓名(名称)、性别、年龄、住所、身份证或者驾驶证号码(组织机构代码)、续保前该机动车发生事故的情况以及保监会规定的其他事项。

投保人未如实告知重要事项,对保险费计算有影响的,保险人按照保单年度重新核定保险费计收。

第十三条　签订交强险合同时,投保人不得在保险条款和保险费率之外,向保险人提出附加其他条件的要求。

第十四条　投保人续保的,应当提供被保险机动车上一年度交强险的保险单。

第十五条　在保险合同有效期内,被保险机动车因改装、加装、使用性质改变等导致危险程度增加的,被保险人应当及时通知保险人,并办理批改手续。否则,保险人按照保单年度重新核定保险费计收。

第十六条　被保险机动车发生交通事故,被保险人应当及时采取合理的、必要的施救和保护措施,并在事故发生后及时通知保险人。

第十七条　发生保险事故后,被保险人应当积极协助保险人进行现场查勘和事故调查。

发生与保险赔偿有关的仲裁或者诉讼时,被保险人应当及时书面通知保险人。

赔偿处理

第十八条　被保险机动车发生交通事故的,由被保险人向保险人申请赔偿保险金。被保险人索赔时,应当向保险人提供以下材料:

(一)交强险的保险单;

(二)被保险人出具的索赔申请书;

(三)被保险人和受害人的有效身份证明、被保险机动车行驶证和驾驶人的驾驶证;

(四)公安机关交通管理部门出具的事故证明,或者人民法院等机构出具的有关法律文书及其他证明;

(五)被保险人根据有关法律法规规定选择自行协商方式处理交通事故的,应

当提供依照《交通事故处理程序规定》规定的记录交通事故情况的协议书;

(六)受害人财产损失程度证明、人身伤残程度证明、相关医疗证明以及有关损失清单和费用单据;

(七)其他与确认保险事故的性质、原因、损失程度等有关的证明和资料。

第十九条 保险事故发生后,保险人按照国家有关法律法规规定的赔偿范围、项目和标准以及交强险合同的约定,并根据国务院卫生主管部门组织制定的交通事故人员创伤临床诊疗指南和国家基本医疗保险标准,在交强险的责任限额内核定人身伤亡的赔偿金额。

第二十条 因保险事故造成受害人人身伤亡的,未经保险人书面同意,被保险人自行承诺或支付的赔偿金额,保险人在交强险责任限额内有权重新核定。

因保险事故损坏的受害人财产需要修理的,被保险人应当在修理前会同保险人检验,协商确定修理或者更换项目、方式和费用。否则,保险人在交强险责任限额内有权重新核定。

第二十一条 被保险机动车发生涉及受害人受伤的交通事故,因抢救受害人需要保险人支付抢救费用的,保险人在接到公安机关交通管理部门的书面通知和医疗机构出具的抢救费用清单后,按照国务院卫生主管部门组织制定的交通事故人员创伤临床诊疗指南和国家基本医疗保险标准进行核实。对于符合规定的抢救费用,保险人在医疗费用赔偿限额内支付。被保险人在交通事故中无责任的,保险人在无责任医疗费用赔偿限额内支付。

合同变更与终止

第二十二条 在交强险合同有效期内,被保险机动车所有权发生转移的,投保人应当及时通知保险人,并办理交强险合同变更手续。

第二十三条 在下列三种情况下,投保人可以要求解除交强险合同:

(一)被保险机动车被依法注销登记的;

(二)被保险机动车办理停驶的;

(三)被保险机动车经公安机关证实丢失的。

交强险合同解除后,投保人应当及时将保险单、保险标志交还保险人;无法交回保险标志的,应当向保险人说明情况,征得保险人同意。

第二十四条 发生《机动车交通事故责任强制保险条例》所列明的投保人、保险人解除交强险合同的情况时,保险人按照日费率收取自保险责任开始之日起至合同解除之日止期间的保险费。

附　则

第二十五条　因履行交强险合同发生争议的,由合同当事人协商解决。

协商不成的,提交保险单载明的仲裁委员会仲裁。保险单未载明仲裁机构或者争议发生后未达成仲裁协议的,可以向人民法院起诉。

第二十六条　交强险合同争议处理适用中华人民共和国法律。

第二十七条　本条款未尽事宜,按照《机动车交通事故责任强制保险条例》执行。

◈ 本章小结

1.运输工具保险是随着运输业的发展而产生并不断发展起来的一种财产保险业务,是以各种运输工具及其有关利益、责任为保险标的,承保被保险人由于运输工具在保险期间遭遇自然灾害和意外事故造成的各种损失和费用以及因意外事故应负的民事赔偿责任。运输工具保险具有保险标的的流动性、承保风险的多样性、承保范围的广泛性、定损理赔的复杂性等特点。运输工具保险包括机动车辆保险、船舶保险、飞机保险、其他运输工具保险。

2.机动车商业保险由基本险、附加险以及特约条款组成。其中基本险有机动车商业第三者责任保险、机动车损失保险、车上人员责任险、盗抢险,机动车损失保险的附加险包括盗抢险、玻璃单独破碎险、车身划痕损失险、自燃损失险、新增加设备损失保险等,机动车商业第三者责任险的附加险包括机动车车上人员责任险、车上货物责任险等,特约条款包括可选免赔额特约条款、不计免赔率特约条款等。

3.机动车商业保险条款由保险责任、责任免除、保险金额或责任限额、保险期间、保险人义务、投保人及被保险人义务、赔偿处理、保险费率等内容组成。

4.机动车交通事故责任强制保险,是指由保险公司对被保险机动车发生道路交通事故造成本车人员、被保险人以外的受害人的人身伤亡、财产损失,在责任限额内予以赔偿的强制性责任保险。我国交强险制度于2006年7月1日起正式实施。交强险实行全国统一的费率,其责任限额分为死亡伤残赔偿限额、医疗费用赔偿限额、财产损失赔偿限额以及被保险人在道路交通事故中无责任的赔偿限额四种类型。

5.船舶保险具有以承保水上风险为限、所承保的风险相对集中、承保范围广泛、一般采用定值保险的方式、保单不能随船舶转让而自动转让、其运行受到多种法律的制约等特点。远洋船舶保险和沿海及内河船舶保险是船舶保险的主要险种,这两个险种都分为全损险和一切险两个险别。

6.飞机保险具有高保额和高风险、专业性强、再保险和共保必不可少、保险条款具有国际性等特点。飞机保险有多种险种,包括机身险、航空责任险、战争险以及其他各种附加险。

关键术语

运输工具保险 机动车商业保险 机动车损失保险 机动车商业第三者责任保险 机动车车上人员责任保险 机动车盗抢保险 车险费率 从车因素 从人因素 费率调整系数 事故责任比例 事故责任免赔率 玻璃单独破碎险 车身划痕损失险 自燃损失险 新增加设备损失保险 机动车车上人员责任险 车上货物责任险 可选免赔额特约条款 不计免赔率特约条款 机动车交通事故责任强制保险 分项责任限额 费率浮动机制 船舶保险 远洋船舶保险 全损险 一切险 "印区玛瑞"条款 海运条款 定期保险 航次保险 姐妹船条款 沿海、内河船舶保险 飞机保险 机身险 飞机第三者责任险 旅客法定责任险 飞机战争劫持险 飞机承运货物责任险

思考题

1.简述运输工具保险的特点及主要险种。

2.机动车商业保险的险种有哪些?

3.简述机动车商业保险基本险的责任范围。

4.机动车辆保险费率厘定时要考虑哪些因素? 保费是如何计算的?

5.机动车损失保险和商业第三者责任保险的赔偿计算是如何进行的?

6.简述交通事故责任强制保险的概念和特点。

7.论述实施交通事故责任强制保险的意义。

8.比较交强险和机动车商业第三者责任保险。

9.船舶保险全损险和一切险的保险责任有何不同?

10.飞机保险有哪些险种?

案例分析题

1.2001 年 3 月 21 日 10 时,胡某驾驶车主王某所有的上海大客车,自安徽蒙城开往浙江温州。当车行驶至浙江省余姚市境内,在距高速公路入口约 1 千米

处,因车辆出现故障,胡某即将车停靠于路边,车身有1/3在行车道上。在司机处理发电机故障时,有部分乘客下车方便,其中乘客张某在下车后,从车的前面横穿公路,被后方驶来的一辆河南大客车当场撞死,造成交通事故。此事故经过当地交警部门处理后,认定死者张某违章横穿公路,是导致事故的主要原因,张某应负主要责任,胡某违章停车是导致事故的间接原因,应负次要责任,河南大客车超速行驶也负次要责任,胡某及河南大客车方分别承担本次事故费用的20%。事故处理完毕后,王某持交警部门出具的相关手续到承保的保险公司索赔。但保险公司内部对是否要承担赔偿责任有两种不同意见:

第一种意见认为,张某买票乘王某的车,即与其达成客运合同,张某是车上的乘客,车上人员临时下车所受伤害应属于机动车辆第三者责任险的除外责任,保险公司应当拒绝赔偿。

第二种意见认为,张某是在车外死亡,其死亡时并未与保险车辆发生接触,且此次事故交警部门认定司机胡某有违章停车的责任,根据机动车辆险条款,本次事故是被保险人(王某)允许的合格的驾驶员(胡某)在使用车辆过程中发生的意外事故,保险公司应当给予赔偿。

你认为哪一种意见正确?为什么?

2. 2006年2月13日,车主赵某就其所拥有的浙江省籍牌照大货车向浙江省某财产保险公司投保机动车辆保险,车损险足额投保,第三者责任险赔偿限额为50万元,并附加车上人员责任险每人1万元,保险期限从2006年2月15日零时起至2007年2月14日24时止。2006年4月28日,该车由赵某转户变更为安徽省某汽车运输有限责任公司,但未及时向某财产保险公司申请办理批改手续。4月29日,在安徽办理完行驶证转户手续后,某汽车运输公司雇佣的驾驶员许某驾驶该大货车从安徽开往浙江途中,在安徽地段出险,造成本车损失、驾驶员许某受伤及第三者车辆损失。某汽车运输公司及时向某财产保险公司和当地公安交警部门报案,经当地公安交警部门责任认定,驾驶员许某负本次事故的主要责任。在驾驶员许某伤愈并经当地公安交警部门调解结案后,某汽车运输有限责任公司通过赵某向某财产保险公司提出索赔申请。

某财产保险公司接到索赔申请后认为,出险前一天,该大货车由赵某转户变更为某汽车运输有限责任公司,但未及时到保险公司办理批改手续,根据保险法规定及保险合同中的约定,赵某已将保险标的转让,其对保险标的不再具有保险利益,且未书面通知保险人并办理批改手续,原保险合同失效,而某汽车运输有限责任公司并未成为本保险合同的被保险人,保险公司不应承担保险赔偿责任。赵某和某汽车运输公司则认为,出险时,保险合同的被保险人与行驶证载明的车辆所有者不相符合是事实,但由于保险公司在办理转户批改手续时要求提供行驶证或复印件,安徽与浙江相隔很远,保险合同条款并没有给某汽车运输公司提供足够合理的时间来办理批改手续,按照公平合理的原则,该格式条款在一定程度上剥夺了赵某和某汽车运输有限公司的合法权益,对其不具有法律约束效力,即某财产保险公司不得以该条款为由拒绝赔偿。

你认为保险公司拒赔有否有理?为什么?

3.2003 年 6 月 15 日,投保人王某向某保险公司投保一辆东风大货车。根据投保人所提供的行驶证,保险公司按照普通大货车费率档次为其办理了机动车商业保险(即车辆损失险和第三者责任险),并附加车上货物责任险。2003 年 9 月 19 日,该车运载一罐硫酸时不慎将一行人撞伤,车辆冲入路肩下致硫酸罐脱落,硫酸泻入路边鱼塘中,造成鱼塘中部分鱼及藕死亡。投保人王某随后就车辆损失、伤者医疗费用、道路损失、鱼塘损失及货物损失向保险公司提出索赔。鉴于此案的特殊性,保险公司对该车的有关情况作了调查。据了解,该车投保时为普通大货车,出事时车上加装的硫酸罐系为硫酸厂运载硫酸时由硫酸厂提供。经咨询运管所,装运硫酸的车辆需具备以下条件:驾驶员需持经国家有关部门核发的有效操作证;装载硫酸的罐体需经国家有关部门对其安全技术性能指标检测合格。两证投保人均已提供。根据车管所的规定,在普通大货车上临时加装罐体无需办理车型变更手续,如长期使用则需变更。但具体期限并无规定。对此保险公司内部有两种不同的处理意见:

第一种意见认为应该赔付。具体包括车损、路损、伤者医疗费用、硫酸及硫酸罐损失。鱼塘损失参照机车险条款"责任免除"第四条(四)款"车上所载货物掉落、泄漏造成的人身伤亡和财产损毁"不属保险责任,应予拒赔。该车因临时运送罐装硫酸,而非将车辆改装成液罐车,因此不属改变车型,硫酸罐只能视作货物的包装物。且根据近因原则,该起事故的近因为"碰撞",而非车上所载硫酸罐发生事故。车辆发生碰撞事故的概率与车上所载货物的危险程度没有必然联系。因此由碰撞所造成的直接损失都属赔偿范围。

第二种意见认为拒赔。根据《机动车辆保险费率解释》(保监发[1999]27 号)(以下简称解释)明确规定"普通载货车加装罐体按专用罐车计费"。因此投保人即使没有改变车型,但其风险程度与液罐车应属同一档次。另外,解释中有"对于兼有两类使用性质的车辆,按高档费率计费"。而普通大货车兼运硫酸罐则应按高档费率即液罐车费率计费。投保人危险增加后没有立即通知保险公司并补缴保费,违反了被保险人义务,理应拒赔。

你认为哪一种意见是正确的?为什么?

4.在实际生活中,为了营运方便,存在大量的货车挂靠在当地某货运公司,出租车挂靠某出租汽车公司的情况。李某自己购买了一辆大货车,为了营运方便,就将车辆挂靠在当地的一家运输公司,行驶证上所登记的车主也为该运输公司。2005年6月10日,李某以投保人的名义,向某保险公司投保了车损险10万元、第三者责任险15万元,被保险人为该运输公司。保险单中另外约定:索赔权人为李某。李某按要求缴纳了保险费,保险公司也为其签发了保险单。在保险期内,李某驾车在外地出险,保险公司按合同条款履行了赔付保险金的义务,将8万元保险金支付给了李某。而李某所挂靠的这家运输公司得知后,大为恼火,认为既然保险单上的被保险人是运输公司,赔款理应由运输公司来领取,李某无资格领取。随后,该运输公司一纸诉状将保险公司告上了法庭,要求保险公司支付其8万元的赔款。

如果你作为法官,你将如何来审理这个案件?法律依据是什么?保险公司在办理此类业务时应该注意什么?

5.2002年2月15日,沈阳市个体客运户刘某经营的小型客车在北京街口尾随另一小型客车排队等候乘客上车时,驾驶员刘某发现发动机点火系统有故障,便下车调整发动机点火系统,这时由售票员李某(无驾驶证)按司机刘某要求坐在驾驶席上,踩下离合器踏板。由于驾驶员刘某用手牵拉油门拉杆,李某发现离合器踏板失去了作用,欲站起来,松开了离合器踏板,由此致使车辆突然前行,将从车辆间穿行的唐氏父子两人撞成重伤,造成医疗费用等损失20000元。该车主刘某要求保险公司对其损失给予赔偿。而保险公司理赔人员对此案件有三种意见:

第一种意见认为,此事故系无证驾驶行为所致,属于除外责任,保险公司应予以拒赔;

第二种意见认为,此次事故为驾驶员刘某的过失所致,属于保险责任范围之内,应给予赔偿。

第三种意见认为,此事故是驾驶员刘某和售票李某共同造成的,两人均应承担相应责任,而保险公司只能赔偿驾驶员刘某所承担的那一部分责任。

你认为哪一种意见正确?为什么?

6.叶某是苏KAW546捷达牌轿车的车主。2005年10月1日,叶某驾驶该车于0时25分在宁高高速公路108km路段(上行线)与王某驾驶的豫S33330农用运输车发生碰撞事故,致苏KAW546捷达牌轿车受损。交警部门认定王某负此事故的全部责任。经扬州市价格认定中心鉴定,叶某车辆损失为14943.16元,实际发生修理费13835.36元,施救费500元,评估费740元,停车费64元,合计15139.36元。此前,叶某曾于2005年3月30日向某财产保险公司扬州中心支公司投保了机动车综合保险(即车损险、第三者责任险),保险期限为2005年3月31日零点至2006年3月30日24点,保险金额为20万元。该险种适用的是机动车险04版,即某财产保险公司A906Z0200C031118—1000机动车综合保险条款。

该条款为格式条款。事故发生后,叶某到保险公司索赔,令他没有想到的是,保险公司拒绝赔付,拒赔的理由似乎还很充足。按照他投保的某财产保险公司机动车综合保险条款第三十三条、第四十一条的规定:被保险人在事故中无责任,保险公司就不应赔偿;即使赔偿,也要先由被保险人向事故责任方索赔,如事故责任方拒赔,被保险人应提起诉讼,经法院立案后,被保险人提出书面申请,保险公司才能赔付。而事故发生后,肇事者王某弃车逃逸,其地址、牌照、身份证全部是假的,交警部门到河南去找也找不到这个人。叶某没办法找他索赔,保险公司又不肯赔付。于是,叶某把某财产保险公司扬州中心支公司告上了法庭。

你认为某保险公司拒赔是否有理?法院应该怎么判?

7. 2008 年 3 月 6 日,某工艺品有限公司将自有的小货车向某财产保险公司投保了车辆损失险、第三者责任险、车上人员责任险,保险期限为一年。4 月 16 日下午,该工艺品有限公司拟对小货车进行保养,由修配厂员工陈某到公司住所地驾驶该车到修配厂保养。当车辆进入修配厂厂区过道时,因陈某驾车操作不当,撞到厂内围墙,导致墙体倒塌,砸坏墙外停放的李某所有的丰田轿车和林某所有的本田轿车。经评估,两车的经济损失分别为 4 万多元和 2 万多元。7 月 10 日,当地公安交通管理部门认定陈某负事故的全部责任。7 月 17 日,李某、林某以修配厂、陈某、工艺品有限公司为被告向法院提起诉讼。10 月,经法院主持调解,各方当事人达成调解协议:工艺品有限公司分别赔偿给林某、李某 4 万多元和 2 万多元的经济损失。工艺品有限公司按调解书赔款后,要求某财产保险公司承担保险赔偿责任遭拒绝。为此,向法院提起诉讼。

你认为某财产保险公司拒赔是否有理?法院会怎么判决?

8. 王某驾驶临时牌照豫 AP2522 的轿车在郑州市解放路等红灯时,被后面的豫 AR8957 皮卡车追尾相撞。交管部门勘验后认定皮卡车司机汪某对该事故承担全部责任。8 月 11 日,王某将皮卡车车主河南省某有限公司和驾驶员汪某告至郑州市管城区人民法院,除要求被告承担 3750 元财产损失外,还要求被告承担其车辆由于被撞而产生的贬值费 7000 元和贬值鉴定费用 2100 元。因汪某所驾驶的皮卡车购买了交强险和第三者责任险,但保险公司明确拒绝赔付"车辆贬值费"和"贬值鉴定费",汪某又将保险公司告上了法庭。

你认为保险公司拒赔车辆贬值费和贬值鉴定费是否有理?为什么?

9. 2000 年 2 月 10 日,某公司一辆夏利出租车从余杭瓶窑开往杭州,在良渚金家门处,因避让道路右侧的摩托车而往左驾驶方向过度,碰撞相对方向交会的一辆东风大客车,碰撞后大客车侧翻。经交警大队交通事故责任认定书认定,出租车全损,并由出租车方负事故全部责任。在 1999 年 6 月 9 日,该出租车车主向杭州某保险公司投保了车辆损失险,为此,出租车主向保险公司提出索赔,保险公司赔付 11904 元。计算方法是：[2000 年新车购置价 55000×(1＋10％附加费)×(1－6 年/8 年折旧率)－245 元残值]×(1－20％)

车主不接受保险公司的赔款处理，认为保险公司未按合同约定赔付，于 2000 年 12 月 23 日向某人民法院提出诉讼。原告诉称，他于 1999 年 6 月 9 日与被告签订机动车辆保险合同，当日支付保费 4400 元。原、被告对保险金额 8 万元、保险价值 8 万元达成合意，并打印在保险单上，被告事先印在合同背面的机动车辆保险条款只是印刷的格式部分，打印条款显然优于背面条款，所以在此案中，保险公司应以合同为赔款依据，按 8 万元计赔，扣去 20％免赔部分 1.6 万元，应赔 6.4 万元，否则违反公平自愿和等价有偿原则。被告保险公司辩称，原告投保的车辆已使用 5 年，应按出险时实际价值计算赔款。原告以 8 万元保险金额为基础计算要求被告赔付 6.4 万元的诉讼请求是违反保险合同的约定和我国保险法的规定。只有通过扣除折旧按实际价值计算赔偿才能充分体现公平、合理原则，请求依法驳回原告的诉讼请求。某人民法院查明事故后认为：原、被告双方对投保车辆的保险价值与保险金额约定相等，并以打印形式在合同格式中载明，事实清楚，被告按保险金额向原告收取了保险费，各方的权利义务关系明确，该保险合同合法有效。在保险期内，原告车辆发生全损，原告请求按约定的保险金额计赔，符合法律规定，法院予以支持。被告应按合同约定履行赔偿义务，依照《中华人民共和国民法通则》第四条、《中华人民共和国保险法》第三十条、第三十九之规定，判决保险公司支付原告保险赔偿款 6.4 万元。

保险公司对此判决不服，上诉到某中级人民法院，中院审理查明：该车于 1994 年购入，至投保时为第 5 年，出险时历时 6 年，该车型根据国家有关规定，报废年限为 8 年，保险公司在原审法院审理过程中认为应以 55000 元(2000 年新车购置价)作为基价核定赔款，其在本院审理过程中表示愿以 8 万元基价计算赔款。该保险单背面的机动车辆保险条款中第十二条规定"全部损失按保险金额计算赔偿，但保险金额高于实际价值时，以不超过出险时的实际价值计算赔偿"。车主在车辆毁损后将残车处理得款 245 元。

中院认为，车主与保险公司签订车辆保险合同时，应当知道合同背面的机动车辆保险条款的有关规定，该背面条款作为合同的条款应对双方当事人均有约束力，车主车辆发生全损时保险公司可以以不超过出险时实际价值计算赔偿，且该赔偿应以 8 万元的原新车保险价值按折旧计算出险时的实际价值。保险公司在该车投保时明知该车实际价值不足 8 万元，而仍以 8 万元保险金额作为该车的实际价值并收取相应的保险费是不当的，对所多收的保险费应予以退还。故判决如下：

(1)撤销一审法院民事判决；

（2）保险公司支付车主车辆保险赔偿款 17355 元［80000×（1＋10％）×（1－6/8）×（1－20％）－245］；

（3）保险公司退还车主保险费 977.60 元并支付自 1999 年 6 月 9 日起至今的相应利息。

请问：（1）你认为一审法院的判决是否正确？为什么？

（2）你认为二审法院的判决是否正确？为什么？

10. 潘某于 1998 年 10 月 21 日购置了一辆夏利车，支付车价 6.8 万元，还有车辆购置附加费 1.5 万元，总计 8.3 万元。购车后，他就立即到 Y 保险公司开设在其居住地区的一家保险营业所，为该车投保了车辆损失险和第三者责任险，并附加全车盗抢险。经与保险公司营业所业务员协商，确定保险金额为 8 万元，保险期限为 1 年。

1999 年 4 月 24 日，这辆夏利车被盗。案发当天，潘某在向公安机关报案的同时，还以被保险人的身份通知了他所投保的保险营业所。到 7 月 24 日，被盗汽车仍未找到，于是潘某拿着公安机关开给他的证明到保险营业所，要求赔偿损失。Y 保险公司的营业所接受了索赔单证后，对潘某说明作为营业所不具备理赔能力，表示要向上级公司申报，上级公司的理赔部门会及时处理。

8 月上旬，潘某先后接到公安机关和 Y 保险公司营业所通知，知悉他那辆被盗车辆已经被公安机关在外地查获，Y 保险公司正准备派专人去那里取车，取回车后让他去领。但车主潘某此时却表示不愿收回自己的汽车，而是要求 Y 保险公司按保险合同支付给他 8 万元保险金及利息。这一要求为 Y 保险公司拒绝，后者认为既然被盗的汽车找回了，因汽车被盗而引起的保险赔偿问题也就不存在，所以被保险人应当领回自己的汽车，并承担保险公司为取回该车支付的费用，双方意见不一，遂上诉至法院。

请问：（1）保险汽车被盗后找回，被保险人潘某是否有权要求 Y 保险公司赔偿而拒绝领回汽车呢？

（2）你认为法院应如何判决？

11. 2003 年 1 月 29 日，田某花 12.3 万元从北京旧机动车辆交易市场购买了一辆长春奥迪 100，并在某保险公司投保了车辆损失险、第三者责任险、盗抢险、不计免赔险等。投保时，田某选择按该型号奥迪车的新车购置价 32 万元作为保险金额，缴纳保险费 5488 元。6 月 3 日该车发生火灾，全部被毁。事故发生后，田某向保险公司提出索赔，经过现场查勘，保险公司只同意按奥迪车的实际价值 12.3 万元承担责任。理由是：依据保险法，保险金额不能超过保险价值，超过部分无效，即使保险金额高于车辆实际价值，也只能以车辆的实际价值 12.3 万元理赔。但田某认为自己是按 32 万元投保并缴纳保险费的，保险公司理应赔偿 32 万元。双方争执不下,于是田某将保险公司告上法庭。经过审理,法院判决:保险公司按车辆的实际价值即新车购置价扣减折旧后承担赔偿责任,共赔付 22 万元。

请问:法院判决是否正确?为什么?

12. 2000 年 3 月 15 日,王某以 140000 元购买了一辆小卧车。同日,王某与某保险公司签订了机动车辆保险合同,其投保的机动车辆保险包括车辆损失险、第三者责任险并附加盗窃险,车辆保险金额为 60000 元,第三者责任险的赔偿限额为 50000 元。同年 4 月 20 日,在王某驾驶该车外出游玩途中,该车被三名持刀罪犯抢劫。案发后数日,该地派出所接到报告发现被劫车辆,遂租用一辆吉普车追击堵截。罪犯发现被追捕后,加快车速夺路逃跑时撞坏了公安部门执行任务的吉普车,此后,在罪犯惊慌逃窜时,驾车坠入 20 米高的大桥下,造成车损人亡。后经保险公司现场查勘核实,此案中形成如下各项损失:(1)被保险车辆的直接损失 31000 元(含翻车前罪犯拆卖 1 条轮胎);(2)被撞坏的执行追捕任务的吉普车的修理费 625 元;(3)租用吉普车费用(公安局破案用)1000 元;(4)大桥栏杆损失修理费 700 元;(5)案发后,公安部门为了吊、拖受损机动车辆支出的费用 800 元。本案发生后,被保险人与保险公司就保险赔偿请求权的范围和赔偿额产生了很大争议。本案争议焦点是:被罪犯撞坏的大桥及吉普车损失、公安机关破案费用是否属于保险赔偿范围。

你认为本案应如何确定保险赔偿范围?

13. 2001 年 7 月,保户张某报案称,他驾驶奔驰轿车因避让骑自行车的人而碰撞路边山石并起火燃烧。经县公安消防大队认定起火原因是车辆撞击山石后电路短路引燃仪表台,火势向车辆两头蔓延造成车辆完全烧毁。因该车辆已于事故发生前 1 个月,即 6 月向保险公司投保了车辆综合险(包括车辆损失险和第三者责任险),车主要求保险公赔偿。保险公司理赔人员经现场查勘,对起火原因认定不服,拒绝赔偿,双方引起争议。保户认为:投保车辆在行驶过程中遇意外事故,属于保险责任,并出示消防大队的事故认定书,要求赔偿。但保险公司则认为:从该车烧毁的车容车貌来看,不存在猛烈撞击山石的可能,且车内两人毫无损伤,说明车辆可能是自燃,所以拒赔。

你认为保险公司拒赔理由是否充分?为什么?

14. 2000 年 5 月 21 日,某水产合作公司将其所有的"渔运 3 号"轮向某保险公司投保了国内船舶险。保险金额为人民币 465000 元。保险期限为一年。7 月 8 日,该公司将此轮以人民币 448000 元出售给某租赁公司。根据双方达成的协议,该轮由水产合作公司代为经营。条件是:由租赁公司向水产合作公司有偿提供 145000 元的流动资金,水产合作公司从经营利润中提取 20% 作为管理费。双方约定,在租赁公司办理经营许可证之前,继续使用水产合作公司的营业执照等有关证件从事经营活动。双方还约定,从租赁公司将"渔运 3 号"轮价款和约定的流动资金划转到水产合作公司账户上时起,该轮的所有权即由后者转移给前者。8 月中旬,租赁公司将该轮价款和约定的流动资金全部划转到水产合作公司在银行的存款账户上。同年 10 月 8 日,"渔运 3 号"轮在海上航行时与一油轮相撞沉没。经港务监督机构裁定,双方互有过失,其中油轮应负 70% 责任,"渔运 3 号"负 30% 责任。事故发生后,水产合作公司与租赁公司先后向保险公司提出索赔申请,要求保险公司赔偿 70% 的船舶损失。为此,双方就索赔权的归属问题发生争执。租赁公司认为,按照双方的约定,本公司已经向水产合作公司支付了"渔运 3 号"轮的全部价款,并为其提供了所约定的全部流动资金,该轮的所有权已经属于租赁公司。因此,只有租赁公司才有权向保险公司索赔,水产合作公司则无这种权利。水产合作公司认为,该轮并未向保险公司办理保单过户手续,所以,水产公司仍是该轮的被保险人。只有水产公司才有权向保险公司索赔,并作为受益人而享有保险金的所有权。而保险公司则认为,水产合作公司将"渔运 3 号"卖给租赁公司,对该轮已不具有保险利益,无权向保险公司索赔;而租赁公司作为新的船舶所有者又未向保险人办理保单过户手续,不是被保险人,也无权向保险人索赔。

你认为保险公司拒赔水产公司和租赁公司是否有理?为什么?

15.2000 年 3 月 10 日,某县航运公司与当地一家保险公司签订了一份船舶保险合同,合同约定保险期限为一年,自 2000 年 3 月 11 日零时到 2001 年 3 月 10 日 24 时止,保险金额为 30 万,保险费为 3000 元,分两次缴纳,2000 年 3 月 10 日缴纳 2000 元,2001 年 1 月 10 日缴纳 1000 元。合同签订后,航运公司缴纳了首期 2000 元保险费,但 2001 年 1 月 10 日没有按期缴纳另一部分保险费 1000 元。2001 年 2 月 5 日,航运公司投保的"东风"号轮船在海上触礁沉没。航运公司认为,"东风"号轮船已投保了船舶保险,"东风"号轮船触礁属于保险责任范围,且在保险期限内,它有权要求保险公司支付保险金,遂于 2 月 7 日派人到保险公司缴纳第二部分保险费 1000 元,并要求保险公司赔偿"东风"号轮船沉没的损失。保险公司则认为,它与航运公司虽有保险合同,但航运公司迟迟未交第二部分保险费,保险公司有权解除保险合同,并拒收该保险费,不予赔偿。双方协商不成,航运公司便起诉到法院。法院认为,本案的关键问题在于作为被保险人的航运公司不按期缴纳保险费,保险方是否有权单方面解除保险合同。根据我国的有关法律规定,保险人要求终止合同,须与投保人事先协商一致,而不许单方面宣布解除合同。因此,本案中保险公司应当向航运公司支付 30 万元保险金,航运公司则应补交第二期应缴纳的保险费 1000 元,并支付迟延利息。

你认为法院判决是否正确?为什么?

第七章

国内货物运输保险

第一节　国内货物运输保险概述

一、国内货物运输保险的含义与特点

(一)含义

货物运输保险是以处于运输过程中的货物为保险标的,承保运输货物因遭受自然灾害和意外事故所造成损失的保险。货物运输保险根据货物运输途程不同,分为涉外货物运输保险和国内货物运输保险两大类。涉外货物运输保险属于海上保险的主要险种,本章只阐述国内货物运输保险,其适用的是我国的法律和法规。

国内货物运输保险承保以国内水路、铁路、公路和航空运输方式运输的货物,在运输过程中因遭受保险责任范围内的自然灾害或意外事故所造成的损失,是财产保险的主要险种之一。

(二)特点

国内货物运输保险与一般财产保险相比,有以下几个特点:

1. 保险标的的流动性

货物运输保险的保险标的是从一地被运往另一地，经常处于流动状态中，其损失往往发生在保险人的异地。因此，出险查勘一般由当地的保险代理人进行。

2. 保险责任起讫时间的灵活性

货物运输保险的保险责任起讫时间是以约定的运输途程为标准，遵循"仓至仓"条款，即从被保险货物运离发货人的最后一个仓库或储存所开始，直至运抵目的地收货人的第一个仓库或储存所为止，具体时间上具有一定的灵活性，特别是遇到海难事件后需要在避难港避难，则运输时间会延长。

3. 保险责任范围的广泛性

货物运输保险除了承保自然灾害和意外事故造成货物的直接损失外，还包括在发生意外事故时，为减少财产损失所支付的施救费用以及按国际惯例对海上发生的共同海损的分摊部分。另外，还要承担货物在运输过程中因破碎、渗漏、雨淋、腐烂、变质、包装破裂、遭受盗窃以及整件货物提货不着而导致的损失。

4. 被保险人的多变性

由于经营贸易的需要，按照惯例，货物运输保险单可经保险人空白背书同意保险权益随物权单据，即货运提单的转让而随之转移。有时保险单几经辗转，难以确定被保险人，直到最后持有保险单的收货人出现为止。

5. 保险标的的分离性

货物运输保险的保险标的货物，一般是交承运人运送，货物一经起运，保险责任即开始，此时的被保险财产处于与被保险人相互分离的状态，被保险人无法看管或控制其财产。因此，被保险财产一旦在运输过程中发生损失，被保险人既不能立即获悉，也不能采取有效措施进行施救或保护。

二、国内货物运输保险的分类

（一）按运输方式分类

1. 直运货物运输保险

直运是指货物从起运至运抵目的地只使用一种运输工具的运输方式，即使中途货物需要转运，转运所用的运输工具也需要与前段所用的工具属于同一种类。直运货物运输保险是负责货物在直运过程中因保险责任事故遭受的损失。

2. 联运货物运输保险

联运是指使用同一张运输单据，使用两种或两种以上不同的主要运输工具运送货物的运输方式，一般有水陆联运、江海联运、陆空联运等。联运货物运输保险负责货物在联运过程中因保险责任事故遭受的损失。因联运的风险大于直运,因此联运货物运输保险的费率高于直运货物运输保险的费率。

3.集装箱货物运输保险

集装箱运输也称货柜运输,是 20 世纪 50 年代在美国首先出现的一种运输方式。由于集装箱运输能做到装运单位化,即把零散货物集中装在大型标准化货箱内,因此可以简化甚至避免沿途的装卸和转运,从而大大降低货物运输成本,加速船舶周转,减少货物残损短少。由于上述优点,利用集装箱运输的货物如果投保货物运输保险,其费率低于其他运输方式。

(二)按运输工具不同分类

1.水上货物运输保险

水上货物运输保险承保利用水上运输工具如轮船、驳船、木船、水泥船等运送货物过程中因保险责任事故的发生造成的货物损失。货物的损失通常与运输工具在水上航行所发生的各种意外事故有关,如碰撞、搁浅、倾覆、沉没等。

2.陆上货物运输保险

陆上货物运输保险承保利用陆路运输工具如汽车、火车、马车等运送货物的运输保险。陆路运输工具包括机动的、人力的和畜力的。

3.航空货物运输保险

航空货物运输保险承保以飞机作为运输工具运送货物的运输保险。货物损失通常与飞机的各种意外事故有关,如坠毁、爆炸、失踪、空中抛弃等。

三、国内货物运输保险的保险标的与承保方式

(一)保险标的范围

1.凡在国内经水路、陆路、航空运输的货物均可作为货物运输保险的保险标的。

2.下列货物必须经投保人与保险人特别约定,并在保险单上载明方可承保:金银、珠宝、钻石、玉器、首饰、古币、古玩、古画、邮票、艺术品、稀有金属等珍贵财物。

3.下列货物不在保险标的范围以内:蔬菜、水果、活牲畜、禽鱼类和其他动物。

但近年来有些保险公司单独开办了瓜菜运输保险,主要保障瓜果蔬菜在运输途中由于各种原因造成的损失,包括:暴风雨、洪水、冰雹等自然灾害;运输工具发生意外交通事故;途中的冻损或腐烂、被盗抢等。

(二)承保方式

国内货物运输保险采用的承保方式有以下三种。

1.直接业务

直接业务是指保险人受理客户直接上门投保的业务,一般由投保人自行填写投保单,经保险人审核后签发保险单。该业务的特点是零星分散,业务量小,逐笔签单,逐笔收费。

2.代理业务

代理业务是指保险人通过与运输企业、工商企业、供销批发单位签订合同的形式,由这些部门代理保险人对客户委托承运和代办托运的货物办理运输保险业务。该业务的特点是保险期限短,业务范围广,承保业务多。

3.预约业务

预约业务是指保险人与投保人事先签订"预约保险合同"所承保的货物运输保险业务。预约承保的条件是投保人的货物量大,业务稳定。预约保险合同的主要内容包括:承保货物范围、保险责任、保险费率、保险金额、保险费结算、保险手续、理赔手续及其他事项。

第二节　国内水路、陆路货物运输保险

一、国内水路、陆路货物运输保险的含义

国内水路、陆路货物运输保险是承保以轮船、驳船、木船、水泥船和趸船等水上运输工具,或以火车、汽车等陆上运输工具所运输的货物为保险标的的保险。

国内水路、陆路货物运输保险根据保险责任范围不同,分为基本险和综合险两个险别。

二、国内水路、陆路货物运输保险的保险责任与除外责任

(一)基本险的保险责任

国内水路、陆路货物运输保险的基本险,保险责任范围可概括为自然灾害、意

外事故、装卸事故、共同海损和纷乱散失及施救或保护费用等五项。

1.自然灾害

保险人因火灾、爆炸、雷电、冰雹、暴风、暴雨、洪水、地震、海啸、地陷、岸崩、滑坡、泥石流等13种自然灾害造成保险货物损失负责赔偿。

2.意外事故

保险人因碰撞,搁浅,触礁,倾覆,沉没,出轨和隧道、码头坍塌等7种意外事故造成保险货物损失负责赔偿。

(1)碰撞。是指运输工具在运动中与运输工具以外的静止或运动中的物体相撞,或在静止状态下受到该运输工具以外的运动物体碰撞。被保险货物因运输工具碰撞而造成的损失,属于碰撞责任。

(2)搁浅。是指船舶搁置在浅滩上,造成停航12小时以上或损坏。被保险货物因船舶搁浅而造成的损失,属于搁浅责任。

(3)触礁。是指船舶触碰或搁置在礁石上致损。被保险货物因船舶触礁而造成损失,属于触礁责任。

(4)倾覆。是指运输工具在行驶或航行中,车身、船体翻倒或倾侧,失去正常状态,非经施救不能继续行驶或航行。被保险货物因运输工具倾覆而造成的损失,属于倾覆责任。

(5)沉没。是指船舶因遭受自然灾害或意外事故致使船身全部沉没水中,或虽未构成船身沉没,但已大大超过规定的吃水标准,使应浮于水面的部分浸入水中无法继续航行。被保险货物因船舶沉没而造成的损失,属于沉没责任。

(6)出轨。是指火车在行驶中遭遇意外事故,以致车辆脱离轨道。被保险货物因火车出轨而造成的损失,属于出轨责任。

(7)隧道、码头坍塌。由于隧道的倒塌、崩坏、突然下陷造成运输工具上所载被保险货物的损失,属于隧道坍塌责任。由于浪潮冲击或其他原因,码头突然发生塌方、下陷,造成堆放在码头上的被保险货物、装载于船舶或其他运输工具上的被保险货物的损失,属于码头坍塌责任。

3.装卸事故

装卸事故是指被保险货物在装载、卸载或转载时,被机械或人力起提、转移、放落、搬动等操作行动中发生意外事故所造成的损失。但因货物包装质量问题或装卸人员违反操作规程所造成的损失,不属于保险责任。

4.共同海损

共同海损是指装载被保险货物的船舶在运输途中遭遇自然灾害或意外事故,船长为了解除共同危难而有意识地采取合理的救难措施所导致的特殊牺牲和额外费用。共同海损牺牲,如船舶搁浅,为减轻船的载重量而将货物抛入水中;船上起火,为灭火而灌浇海水、淡水、化学灭火剂等造成货物的损失。共同海损费用,如船舶发生搁浅、碰撞事故,被他船救助而脱离危险处境所支付的报酬;船舶主机损坏,驶入避难港进行继续航行所需要的修理而产生的驶入、驶出避难港的各项费用。

5.纷乱散失和施救、保护费用

(1)因纷乱而造成货物的损失,是指当发生灾害事故时,在被保险人紧急抢救被保险货物的过程中,致使被保险货物散落、短少而造成的损失。但如果货物在抢救过程中未遭受意外,或外包装完好而内部货物短少,则不属于纷乱散失责任。

(2)因施救或保护货物所支付的直接、合理费用,其中施救费用是指在发生保险事故时,被保险人为减少或避免被保险货物损失而进行抢救、救助行为所支付的费用,如沉船后打捞被保险货物的打捞费、抢救货物的搬运费。保护费用是指在发生保险事故时,被保险人为减轻被保险货物的损失程度,为防止损失继续扩大和加重,或为恢复其价值所进行的整理、翻晒、烘干、复制和加工所支出的运杂费、保管费、加工费及重新包装费等。

(二)综合险的保险责任

国内水路、陆路货物运输保险综合险,其保险责任是在基本险的基础上,另加上被保险货物因各种原因造成破损、渗漏、盗窃和提货不着、雨淋等四项保险责任。

1.固体货物因受震动、碰撞、挤压而造成破碎、弯曲、凹瘪、折断、开裂或包装破裂导致散失的损失。这里所讲的碰撞、挤压是指货物与运输工具、货物与货物之间的碰撞。

2.液体货物因受震动、碰撞、挤压致使所使用容器损坏或渗漏的损失,或用液体保藏的货物因液体渗漏而造成保藏货物腐烂变质的损失。

3.遭受盗窃或承运人责任造成的整件货物提货不着的损失。所谓盗窃,不限于整件货物被盗,只要有明显痕迹能够证明货物的一部分或整件被盗(包括抢劫),保险人即予以负责。所谓整件,是指按照运输部门的货物运输有关规定进行包装的、完整的一件货物,也就是货物运输单所列明的一个完整的包装件(集装箱除外)。

4.符合安全运输规定而遭受雨淋所致的损失。这是指货物在包装、堆放等符合安全运输有关规定的情况下,遭受雨水(包括人工降雨、雪融等)而导致的湿损。在实务处理中,只要被保险货物有雨水湿损的痕迹,并有承运部门的货运记录证明或其他相关单位的证明,即可按照雨淋责任赔偿。

(三)除外责任

1.战争或军事行动

2.核事件或核爆炸

核事件是指核设施内的核燃烧、放射性产物、废料或运入运出核设施的核材料所发生的放射性、毒性、爆炸性或其他危害事故。

3.被保险货物本身缺陷或自然损耗

本身缺陷是指被保险货物原有的缺陷,如发霉、生锈、腐烂、变味、褪色、冷爆及玻璃或陶瓷等制品的瑕疵、裂纹等。自然损耗是指货物在运输过程中发生的一种非事故性的必然损耗,如自然蒸发、液体贴附容器等造成的损失。

4.被保险人的故意行为或过失造成的损失

5.全程公路运输的盗窃或提货不着

国内水路、陆路货物运输保险的综合险是承保盗窃和提货不着的损失,但被保险货物如果全程均采用公路运输方式,在运输过程中遭受盗窃或提货不着的损失,保险人是不负赔偿责任的。

6.其他不属于保险责任范围内的损失

三、国内水路、陆路货物运输保险的保险期限

(一)仓至仓条款

国内水路、陆路货物运输保险的责任起讫是采用"仓至仓条款",该条款规定保险责任的起讫期是自签发保险凭证和被保险货物运离起运地发货人的最后一个仓库或储存所时开始,至该保险凭证上注明的目的地收货人在当地的第一个仓库或储存所时终止。

(二)保险责任的开始

国内水路、陆路运输货物保险的保险责任开始,必须具备两个条件:一是签发保险凭证,二是货物运离起运地发货人的最后一个仓库或储存处所。两个条件必须同时具备,缺一不可。例如,某笔货运保险业务由铁路运输部门代办,虽然被托运的货物已经从发货人的最后仓库运离,但由于铁路部门要等货物到达铁路车站才签发保险凭证,所以保险责任只能从保险凭证签发后开始,也就是说,货物在运离发货人最后仓库后至到达铁路车站之前这段时间内万一发生损失,保险人是不负责赔偿的,因保险凭证尚未签发。

这里有三个关键词要注意：

一是"保险凭证"，是由作为保险代理人的承运人签发，凭证上必须加盖投保章，而且要有托运人的签字。

二是"运离"，是指被保险货物自起运地发货人的最后一个仓库或储存所被装上主要运输工具或辅助运输工具，但即使货物未被装上运输工具，但已经开始被搬动，也应视为"运离"，保险人同样要承担责任。运离一件负责一件，运离一批负责一批。

三是"最后仓库"，是指被保险人或其发货人把起运的被保险货物直接装上运输工具运往目的地，或发往铁路、轮船等运输机构交运装运前的最后一个仓储处所，包括属于被保险人或发货人所自有的、租用的、借用的或寄存性质的仓储处所。如果被保险货物从被保险人或其发货人的仓储处所被运往打包站进行运输包装，因为货物的出厂包装不一定就是运输包装，这样打包站才能视为最后的仓库。

(三)中转

如果需要中途转运的被保险货物，自保险责任开始后被运离起运地发货人的最后仓库，在中转地的承运部门的仓储处所及代办托运部门的仓储处所停留候运，这一停留候运期间属于保险责任期间，保险人对被保险货物在中转期间发生的损失予以负责。

(四)保险责任的终止

国内水路、陆路货物运输保险的保险责任终止，是指被保险货物运到目的地收货人在当地的第一个仓库或储存处所后，从运输工具上卸下来，并经过搬运进入仓储处所(包括露堆)存放后，保险人对该被搬入货物所承担的保险责任终止。

这里也有三个关键词需要注意：

一是"收货人当地"，是指货物运输的目的地车站、码头所在地，按国家行政区域划分的市、县境范围。

二是"第一个仓库"，是指被保险人或其收货人在当地自有的、租用的、借用的或是寄存性质的仓储处所。如果被保险人或其收货人在当地没有仓库或储存所，保险人的责任应从被保险货物被运出该行政区域范围时终止；如果被保险人或其收货人在当地虽有仓储处所，但被保险货物运到目的地车站、码头后，并不立即提入该仓储处所，而是就地调拨给其他单位或再转运其他地区，则只要被保险货物从车站、码头的仓储场所一经提出仓，保险责任即行终止。

三是"搬运进入仓储处所"，是指被保险货物运到收货人的第一个仓储处所后,从运输工具上卸下,被搬运入仓并放好。在仓储处所内,某件货物被放好,保险人对这件着放货物所负的责任才终止。

(五)保险责任的延长

被保险货物运到目的地车站、码头后,如果收货人未及时前来提货,那么从被保险人或收货人接到《到货通知单》(以邮戳日期为准)之日起算满 15 天,保险责任即行终止。

被保险货物运到目的地车站、码头后,被保险人或收货人前来提货,但仅提走一部分,保险人对余下未提的那部分货物也只负 15 天的责任。

四、国内水路、陆路货物运输保险的保险价值与保险金额

(一)保险价值

国内货物运输保险由于保险标的的流动性、出险地点的不确定性以及货物在运输途中不同地点价格的差异性,一般采用定值保险方式承保。被保险货物的保险价值可按照以下三种标准中的任何一种确定。

1.货价

货价,即货物本身的价值,又称起运地的成本价,是指货物在起运地的购进价格,如出厂价、购进成本价。它可凭购货发票或调拨单上所列的价格计算。无单证标明价格的,则可由保险双方按起运地货物的实际价值商定货价。

2.货价加运杂费

货价加运杂费,又叫目的地成本价,是指货物运抵目的地的实际成本,也就是货物在起运地的购进价或调拨价,加上运杂费、包装费、搬运费等。如果这些费用的实际金额计算有困难,可在购进价的基础上酌情加一个估计的比例。

3.目的地市价

目的地市价,是指货物到达目的地的销售价,也就是货物在目的地的实际成本,再加上合法利润在内。

(二)保险金额

保险金额是按双方约定的保险价值来确定的,一般先由被保险人提出并填入投保单,经保险人或其代理人同意即可作为正式的保险金额,一旦发生损失,根据其约定的保险价值按损失程度计赔,而与货物的价格变动无关。

在保险实务中,国内水路、陆路货物运输保险的保险金额是按货价加运杂费、

保险费计算确定的。

五、国内水路、陆路货物运输保险费率的决定因素

国内水路、陆路货物运输保险的费率厘定主要考虑以下几个因素。

(一)货物性质

货物运输保险费率首先取决于货物的性质。货物性质不同,其受损的程度和机会也会有所不同。例如,承保易燃易爆、易腐、易碎物品的风险很大,这些货物发生损失的可能性显然大于一般货物,因而费率自然要高。国内水路、陆路货物运输保险的费率规章将货物按性质分为五大类:一般货物、一般易损货物、易损货物、特别易损货物和易燃易爆危险品。类别越高,风险程度越大,费率相应也越高。

(二)运输方式

货物的运输方式主要有直运、联运和集装箱运输三种。直运所使用的运输工具只有一种,中途转运所用的运输工具保持不变,风险相对较小,故费率较联运的低;联运由于在中途要变更运输工具,因而增加了卸载、重载等环节,必然使运输过程中的风险程度增加,所以要另加一定比例的保费,一般是按联运所使用的运输工具中费率最高的一种运输工具再加收 0.5‰来确定的;集装箱运输方式可减少货物的残损短少,风险相对较小,保险费率通常按费率表规定的费率减收 50％来确定。

(三)运输工具

由于运输工具不同,在运输过程中货物所面临的风险也不相同,因此费率也有差异,如火车的出险概率小于汽车,费率也比汽车低。即使同一种运输工具,由于载重量不同,费率也有所不同,如吨位小的费率要高于吨位大的。对于水运,因船舶航行区域不同,费率也是不同的,江河的费率比沿海要低。

(四)运输途程

运输途程的长短关系到运输所需要时间的多少,一般来说,货物在运输途中的时间越长,受损的机会也越大,其费率自然要比短途的高。当然,运输途中的风险还和运输区域的自然条件、气候条件、地形地貌有关,如果货物运输途经区域的地形比较复杂、地势险峻,且常有山体滑坡、泥石流发生,则风险就大得多,费率自

然也要高一些。例如,凡在长江上游(宜昌以上)及其他水流湍急的江河运输货物,一律按费率表的规定另加1‰的费率。

(五)保险险别

国内水路、陆路货物运输保险分为基本险和综合险两个险别,其保险责任范围是不同的。综合险的责任范围是在基本险基础上扩展的,因此,综合险的费率高于基本险。

六、国内水路、陆路货物运输保险的赔偿处理

(一)被保险人的索赔规定

1. 申请货物检验

如果被保险货物在运输途中受损,被保险人或其收货人应从货物抵达保险凭证载明目的地收货人在当地的第一个仓储处所时起算,在10天内向当地保险机构提出受损货物检验的申请,并会同保险人一起检验受损的货物。超过10天或10天后发现货物受损,保险人不予受理。此外,对于提货不着的货物检验应从承运人宣布提货不着之日起计算10天内提出申请。

2. 提供单证要求

被保险人在向保险人提出索赔申请时,应当提供的有关单证有以下四类:

(1)保险单(保险凭证)、运单、提货单、发票(货价证明);

(2)承运人签发的货运记录、普通记录、交接验收记录、鉴定书;

(3)收货人的入库记录、检验报告、损失清单以及施救、保护货物所支付的直接费用的单据;

(4)其他有利于保险理赔的单证。

3. 索赔时效规定

当被保险货物发生保险事故损失后,被保险人向保险人提出索赔的时效,即申请赔款或领取赔款的有效期限,按照国内水路、陆路货物运输保险条款规定:从被保险人获悉或应当获悉货物遭受损失的次日起算为180天。

(二)保险人的理赔处理

1. 理赔时限

保险人在接到由被保险人提交的各种索赔单证后,应当根据保险责任范围迅速核定是否应负责赔偿,按《保险法》规定,即使情形复杂的,也必须在30天内作

出核定,并根据现场查勘情况尽快定责、定损。保险人一旦就赔偿金额与被保险人达成协议,并履行必要的审批手续后应在 10 天内将赔款支付给被保险人。

2.赔款计算

(1)足额保险的赔款计算

投保人按货价(起运地成本价),即起运地发货票或调拨单金额确定保险金额的,保险人根据实际损失,按发货票或调拨单价格计算赔款;投保人按货价加运杂费(目的地成本价),即起运地发货票或调拨单金额加运杂费确定保险金额的,保险人根据实际损失,按发货票或调拨单金额加运杂费后计算赔偿。但两者的最高赔偿金额以保险金额为限。

(2)不足额保险的赔款计算

不足额保险是指投保的金额低于发货票或调拨单价格,或低于起运地实际价值,保险人对货损的赔偿,按保险金额与起运地货物实际价值的比例计算赔偿。其计算公式如下:

$$赔偿金额＝损失金额\times\frac{保险金额}{起运地货物的实际价值}$$

(3)施救费用的赔偿

保险人对施救费用的赔偿与其他财产保险一样,也是在另一个保额中赔偿,以一个保险金额为限。对于不足额保险,施救费用则是按比例赔偿,其计算公式如下:

$$应赔偿施救费用＝已发生的施救费用\times\frac{保险金额}{起运地货物的实际价值}$$

(4)残值处理

如果在保险货物受损后还有残值,则通常把残值折价归被保险人,并从赔款中扣除。

3.代位求偿

当货物遭受保险责任范围的损失是由承运人或第三者责任造成的,被保险人有权向责任方提出索赔,也可以向保险人要求赔偿。但在向保险人索赔时,应在获得赔款后签发权益转让书,把向责任方要求赔偿的权利全部转让给保险人,同时还有义务协助保险人做好追偿工作。

第三节　国内航空货物运输保险

一、国内航空货物运输保险的含义

国内航空货物运输保险是以国内航空运输过程中的各类货物为保险标的,当保险标的在运输过程中因保险责任造成损失时,由保险公司提供经济补偿的一种保险业务。

凡是我国民航部门受理的货物承运业务,作为货主的单位和个人,都可以将其空运货物(鲜、活物品和动物除外)向保险公司投保国内航空货物运输保险。金银、首饰、珠宝、稀有贵金属以及每千克价值在 1800 元以上的贵重物品,经特别约定后,也可以投保国内航空货物运输保险。

国内航空货物运输保险没有基本险和综合险的险别之分,但从该险种承保责任范围看,类似于国内水陆路货物运输保险的综合险。

二、国内航空货物运输保险的保险责任与除外责任

(一)保险责任

国内航空货物运输保险的保险责任可归纳为 5 项:意外事故、自然灾害、货物相互碰撞挤压的损失、货物遭受盗窃或提货不着的损失和合理的施救保护费用。

1.意外事故

国内航空货物运输保险承保的意外事故主要有碰撞、倾覆、坠落、失踪、在危难中的卸载和抛弃等。

(1)碰撞,是指载运被保险货物的飞机在飞行时与其他静止或运动中的物体相撞,或者降落在机场跑道待飞时受到其他运动物体的碰撞。被保险货物因飞机遭受碰撞而造成的损失,属于碰撞责任。

(2)倾覆,是指载运被保险货物的飞机在起飞、降落时意外失去平衡,在跑道、滑走道上向一侧翻滚,机翼接触地面,造成机身损毁。被保险货物因飞机倾覆而造成的损失,属于倾覆责任。

(3)坠落,是指载运被保险货物的飞机在飞行中发生意外事故失去控制,坠落

于地面(或海上)的事故。被保险货物因飞机坠落而造成的损失,属于坠落责任。

(4)失踪,是指载运被保险货物的飞机离开机场,在飞往目的地的途中,与地面失去联系,又没有得到降落的消息,超过 3 个月仍下落不明,经过航管部门鉴定,先推定完全灭失按全损赔付。被保险货物因飞机失踪而遭受的损失,属于失踪责任。

(5)卸载,是指载运被保险货物的飞机因在运输途中遭受危难事故,不得不降落地面,为使飞机尽快恢复正常飞行状态而将机上所载运货物全部或部分卸离飞机的行为。保险人对货物在危难中的卸载行为所遭受损失负责赔偿。

(6)抛弃,是指载运被保险货物的飞机在飞行中遭遇恶劣气候或其他危难事故,机身严重失去平衡,飞机处于危难境地,为了减轻装载,不得已将机上的货物抛出机外的行为。这种抛弃行为类似于海上保险中的共同海损性质,但处理方式不同,航空货运险是直接负责对抛弃行为造成被保险货物的损失,而不是由受益的机方和货方分摊的。

2.自然灾害

被保险货物遭受火灾、爆炸、雷电、冰雹、暴风、暴雨、洪水、海啸、地震、地陷、崖崩等11种自然灾害所造成的损失,由保险人负责赔偿。

3.其他

(1)因被保险货物受震动、相互挤压、碰撞而造成破碎、弯曲、折断、开裂等损伤,或液体货物包装容器损坏发生渗漏而造成的损失,或用液体保藏的货物因液体渗漏而致使保藏货物腐烂的损失,由保险人负责赔偿。

(2)被保险货物遭受偷盗或提货不着而导致的损失,在地面装货、卸货时和地面运输过程中,因遭受属不可抗力的意外事故及雨淋造成被保险货物的损失,由保险人负责赔偿。

(3)合理的施救、保护费用,保险人也承担赔偿责任,但以一个保险金额为限。

(二)除外责任

被保险货物在保险期限内不论是否在运输或存放过程中,凡由于下列原因造成的损失,保险人均不负赔偿责任:

1.战争或军事行动;

2.由于被保险货物本身的缺陷或自然损耗、市价跌落、运输延迟以及由于包装不善或属于托运人不遵守货物运输规则所造成的损失;

3.在保险责任开始前,保险货物已存在的品质不良或数量短差所造成的损失;

4.托运人或被保险人的违法行为、故意行为或过失;

5.由于行政执法行为所致的损失;

6.其他不属于保险责任范围内的损失。

三、国内航空货物运输保险的保险期限

国内航空货物运输保险的责任起讫与国内水路、陆路货物运输保险不同,它不是采用"仓至仓条款",而是以"承运人收讫被保险货物并签发航空货运单注明保险时"作为保险责任的开始,以"被保险货物空运抵目的地的收货人当地的仓库或储存处所时"作为保险责任的终止。

另外,还有两项规定:

1.保险责任时间延长的规定。如果被保险货物被运抵目的地后,收货人未及时前来提货,保险责任的终止期最多延长至承运人向收货人发出《到货通知单》以后的 15 天为限。

2.飞机被迫降或改用其他运输方式的规定。如果载运被保险货物的飞机在飞行途中,因机件损坏或发生其他故障被迫降落,或因货物严重积压而需要用其他运输工具运往原目的地时,经办理批改手续后,保险人继续负责。但一旦被保险货物在被迫降的地点出售或分配,保险责任即行终止。

四、国内航空货物运输保险的保险金额与保险费率

(一)保险金额

国内航空货物运输保险也是采用定值保险,保险金额的确定与国内水路、陆路货物运输保险相同,也是按货价加运杂费、保险费计算确定的。

(二)保险费率

民航部门所承运的货物与水路、陆路运输机构承运的货物相比,具有批量小、单位价值高的特点,且空运货物要比水路、陆路运输货物安全得多。因此,航空货物运输保险从被保险货物的性质出发将货物分为三大类,并相应规定了三个不同档次的费率,具体如下:

一般货物:1‰

易损货物:4‰

特别易损货物:8‰

需要说明的是,以上费率适用于除鲜活物品和动物以外的一切物资。但对空

运物资数量大的投保单位,如果其经营管理较好,注意安全运输,并同意预约投保的,保险费率可按规定费率在50％的幅度内予以减收。

五、国内航空货物运输保险的赔偿处理

国内航空货物运输保险的赔偿处理规定与国内水陆路货物运输保险基本相同,这里就不再详述。

附录七:国内水路、陆路货物运输保险条款

第一章　总则

第一条　为使保险货物在水路、铁路、公路和联运运输中,因遭受保险责任范围内的自然灾害或意外事故所造成的损失能够得到经济补偿,并加强货物的安全防损工作,以利商品生产和商品流通,特举办保险。

第二章　保险责任

第二条　本保险分为基本险和综合险两种。保险货物遭受损失时,保险人按承保险别的责任范围负赔偿责任。

(一)基本险

1.因火灾、爆炸、雷电、冰雹、暴风、暴雨、洪水、地震、海啸、地陷、崖崩、滑坡、泥石流所造成的损失;

2.由于运输工具发生碰撞、搁浅、触礁、倾覆、沉没、出轨或隧道和码头坍塌所造成的损失;

3.在装货、卸货或转载时因遭受不属于包装质量不善或装卸人员违反操作规程所造成的损失;

4.按国家规定或一般惯例应分摊的共同海损的费用;

5.在发生上述灾害、事故时,因纷乱而造成货物的散失及因施救或保护货物所支付的直接合理的费用。

(二)综合险

本保险除包括基本险责任外,保险人还负责赔偿:

1.因受震动、碰撞、挤压而造成货物破碎、弯曲、凹瘪、折断、开裂或包装破裂致使货物散失的损失;

2.液体货物因受震动、碰撞或挤压致使所用容器(包括封口)损坏而渗漏的损失,或用液体保藏的货物因液体渗漏而造成保藏货物腐烂变质的损失;

3.遭受盗窃或整件提货不着的损失;

4.符合安全运输规定而遭受雨淋所致的损失。

第三条 保险责任的起讫期,是自签发保险凭证和保险货物离起运地发货人的最后一个仓库或储运处所时起,至该保险凭证上注明的目的地的收货人在当地的第一个仓库或储存处所时终止。但保险货物运抵目的地后,如果收货人未及时提货,则保险责任的终止期最多延长至以收货人接到《到货通知单》后的15天为限(以邮戳日期为准)。

第三章 除外责任

第四条 由于下列原因造成保险货物的损失,保险人不负赔偿责任:

1.战争或军事行动;

2.核事件或核爆炸;

3.保险货物本身的缺陷或自然损耗以及由于包装不善造成的损失;

4.被保险人的故意行为或过失;

5.全程是公路货物运输的,盗窃和整件提货不着的损失;

6.其他不属于保险责任范围内的损失。

第四章 保险金额

第五条 保险价值按货价或货价加运杂费计算。

第五章 被保险人的义务

第六条 被保险人在保险人签发保险凭证的同时,应按照保险费率,一次缴清应付的保险费。

第七条 被保险人应严格遵守国家及交通运输部门关于安全运输的各项规定。还应当接受并协助保险人对保险货物进行的查验防损工作,货物包装必须符合国家和主管部门规定的标准。

第八条 货物如果发生保险责任范围内的损失,被保险人获悉后,应立即通知当地保险机构并应迅速采取施救和保护措施,防止或减少货物损失。

第九条 被保险人如果不履行上述各条规定的义务,保险人有权终止保险责任或拒绝赔偿一部或全部经济损失。

第六章 货物检验及赔偿处理

第十条 货物运抵保险凭证及载明的目的地的收货人在当地的第一个仓库或储存处所时起,收货人应在10天内向当地保险机构申请并会同检验受损的货物,否则保险人不予受理。

第十一条　被保险人向保险人申请索赔时,必须提供下列有关单证:

1. 保险凭证、运单(货票)、提货单、发货票;

2. 承运部门签发的货运记录、普通记录、交接验收记录、鉴定书;

3. 收货单位的入库记录、检验报告、损失清单及救护货物所支付的直接费用的单据。

保险人在接到上述索赔单证后,应当根据保险责任范围,迅速核定应否赔偿,赔偿金额一经保险人与被保险人达成协议后,应在 10 天内赔付。

第十二条　货物发生保险责任范围内的损失时,按货价确定保险金额的,保险人根据实际损失按起运地货价计算赔偿;按货价加运杂费确定保险金额的,保险人根据实际损失按起运地货价加运杂费计算。但最高赔偿金额以保险金额为限。

第十三条　如果被保险人投保不足,保险金额低于货价时,保险人对其损失金额及支付的施救保护费用按保险金额与货价的比例计算赔偿。保险人对货物损失的赔偿金额以及因施救或保护货物所支付的直接合理的费用,应分别计算,并各以不超过保险金额为限。

第十四条　货物发生保险责任范围内的损失,如果根据法律规定或者有关约定,应当由承运人或其他第三者负责赔偿一部或全部的,被保险人应首先向承运人或其他第三者索赔。如被保险人提出要求,保险人也可以先予赔偿,但被保险人应签发权益转让书给保险人,并协助保险人向责任方追偿。

第十五条　保险货物遭受损失后的残值,应充分利用,经双方协商,可作价折归被保险人,并在赔款中扣除。

第十六条　被保险人从获悉保险货物遭受损失的次日起,如果经过 180 天不向保险人申请赔偿,不提供必要的单证,或者不领取应得的赔款,则视为自愿放弃权益。

第十七条　被保险人与保险人发生争议时,应当实事求是,协商解决,双方不能达成协议时,可以提交仲裁机关或法院处理。

附录八:国内航空货物运输保险条款

保险标的范围

第一条　凡在国内经航空运输的货物均可为本保险之标的。

第二条　下列货物非经投保人与保险人特别约定,并在保险单(凭证)上载明,不在保险标的范围以内:金银、珠宝、钻石、玉器、首饰、古币、古玩、古书、古画、邮票、艺术品、稀有金属等珍贵财物。

第三条　下列货物不在保险标的范围以内：蔬菜、水果、活牲畜、禽鱼类和其他动物。

保险责任

第四条　由于下列保险事故造成保险货物的损失，保险人负赔偿责任：

（一）火灾、爆炸、雷电、冰雹、暴风、暴雨、洪水、海啸、地陷、崖崩；

（二）因飞机遭受碰撞、倾覆、坠落、失踪（在三个月以上），在危难中发生卸载以及遭受恶劣气候或其他危难事故发生抛弃行为所造成的损失；

（三）因受震动、碰撞或压力而造成破碎、弯曲、凹瘪、折断、开裂的损失；

（四）因包装破裂致使货物散失的损失；

（五）凡属液体、半流体或者需要用液体保藏的保险货物，在运输途中因受震动、碰撞或压力致使所装容器（包括封口）损坏发生渗漏而造成的损失，或用液体保藏的货物因液体渗漏而致保藏货物腐烂的损失；

（六）遭受盗窃或者提货不着的损失；

（七）在装货、卸货时和港内地面运输过程中，因遭受不可抗力的意外事故及雨淋所造成的损失。

第五条　在发生责任范围内的灾害事故时，因施救或保护保险货物而支付的直接合理费用。

责任免除

第六条　由于下列原因造成保险货物的损失，保险人不负责赔偿：

（一）战争、军事行动、扣押、罢工、哄抢和暴动；

（二）核反应、核子辐射和放射性污染；

（三）保险货物自然损耗，本质缺陷、特性所引起的污染、变质、损坏，货物包装不善；

（四）在保险责任开始前，被保险货物已存在的品质不良或数量短差所造成的损失；

（五）市价跌落、运输延迟所引起的损失；

（六）属于发货人责任引起的损失；

（七）被保险人或投保人的故意行为或违法犯罪行为。

第七条　由于行政行为或执法行为所致的损失。

第八条　其他不属于保险责任范围内的损失。

责任起讫

第九条　保险责任是自保险货物经承运人收讫并签发保险单(凭证)时起,至该保险单(凭证)上的目的地的收货人在当地的第一个仓库或储存处所时终止。但保险货物运抵目的地后,如果收货人未及时提货,则保险责任的终止期最多延长至以收货人接到《到货通知单》以后的十五天为限(以邮戳日期为准)。

第十条　由于被保险人无法控制的运输延迟、绕道、被迫卸货、重行装载、转载或承运人运用运输契约赋予的权限所作的任何航行上的变更或终止运输契约,致使被保险货物运输到非保险单所载目的地时,在被保险人及时将获知的情况通知保险人,并在必要时加缴保险费的情况下,本保险仍继续有效。保险责任按下述规定终止:

(一)保险货物如在非保险单所载目的地出售,保险责任至交货时为止。但不论任何情况,均以保险货物在卸载地卸离飞机后满十五天为止。

(二)保险货物在上述十五天期限内继续运往保险单所载原目的地或其他目的地时,保险责任仍按上述第(一)款的规定终止。

保险价值和保险金额

第十一条　保险价值按货价或货价加运杂费确定,保险金额按保险价值确定,也可以由保险双方协商确定。

投保人、被保险人义务

第十二条　投保人、被保险人如果不履行下述任何一条规定的义务,保险人有权终止保险合同或拒绝赔偿部分或全部经济损失。

第十三条　投保人、被保险人应依法履行如实告知义务,如实回答保险人就保险标的或者投保人、被保险人的有关情况提出的询问。

第十四条　投保人在保险人或其代理人签发保险单(凭证)的同时,应一次缴清应付的保险费。

第十五条　投保人应当严格遵守国家及交通运输部门关于安全运输的各项规定,还应当接受并协助保险人对保险货物进行的查验防损工作,货物运输包装必须符合国家和主管部门规定的标准。

第十六条　保险货物如果发生保险责任范围内的损失时,投保人或被保险人获悉后,应迅速采取施救和保护措施并立即通知保险人的当地机构(最迟不超过10天)。

赔偿处理

第十七条　被保险人向保险人申请索赔时，必须提供下列有关单证：

（一）保险单（凭证）、运单（货票）、提货单、发票（货价证明）；

（二）承运部门签发的事故签证、交接验收记录、鉴定书；

（三）收货单位的入库记录、检验报告、损失清单及救护货物所支付的直接合理费用的单据；

（四）其他有利于保险理赔的单证。

保险人在接到上述索赔单证后，应当根据保险责任范围，迅速核定是否赔偿。赔偿金额一经保险人与被保险人达成协议后，应在十天内赔付。

第十八条　保险货物发生保险责任范围内的损失时，按保险价值确定保险金额的，保险人应根据实际损失计算赔偿，但最高赔偿金额以保险金额为限；保险金额低于保险值的，保险人对其损失金额及支付的施救保护费用按保险与保险价值的比例计算赔偿。保险人对货物损失的赔偿金额以及因施救或保护货物所支付的直接合理的费用，应分别计算，并各以不超过保险金额为限。

第十九条　保险货物发生保险责任范围内的损失，如果根据法律规定或有关约定，应当由承运人或其他第三者负责赔偿一部分或全部的，被保险人应首先向承运人或其他第三者提出书面索赔，直至诉讼。被保险人应签发权益转让书和应将向承运人或第三者提出索赔的诉讼书及有关材料移交给保险人，并协助保险人向责任方追偿。

由于被保险人的过错致使保险人不能行使代位请求赔偿权利的，保险人可以相应扣减保险赔偿金。

第二十条　保险货物遭受损失后的残值，应充分利用，经双方协商，可作价折归被保险人，并在赔偿中扣除。

第二十一条　被保险人从获悉遭受损失的次日起，如果经过两年不向保险人申请赔偿，不提供必要的单证，或者不领取应得的赔款，则视为自愿放弃权益。

第二十二条　被保险人与保险人发生争议时，应协商解决，双方不能达成协议时，可以提交仲裁机关或法院处理。

其他事项

第二十三条　凡经航空与其他运输方式联合运输的保险货物，在运输过程中分别适用本条款及《公路货物运输保险条款》、《水路货物运输保险条款》、《铁路货物运输保险条款》。

第二十四条　凡涉及本保险的约定均采用书面形式。

本章小结

1. 货物运输保险是以处于运输过程中的货物为保险标的,承保运输货物因遭受自然灾害和意外事故所造成的损失的保险。货物运输保险具有保险标的的流动性、保险责任起讫时间的灵活性、保险责任范围的广泛性、被保险人的多变性和保险标的的分离性等特点。

2. 国内水路、陆路货物运输保险是承保以轮船、驳船、木船、水泥船和筏船等水上运输工具,或以火车、汽车等陆上运输工具所运输的货物为保险标的的保险。其承保责任主要有自然灾害、意外事故、装卸事故、共同海损、纷乱散失和施救、保护费用。

3. 国内水路、陆路货物运输保险的责任起讫是采用"仓至仓条款",该条款规定保险责任的起讫期是自签发保险凭证和被保险货物运离起运地发货人的最后一个仓库或储存所时开始,至该保险凭证上注明的目的地收货人在当地的第一个仓库或储存所时终止。

4. 国内水路、陆路货物运输保险的保险价值可以根据货价、货价加运杂费或目的地市价确定。国内水路、陆路货物运输保险的保险金额一般是按货价加运杂费、保险费计算确定。

5. 国内水路、陆路货物运输保险的保险费率通常是由下列五个因素决定:货物性质、运输方式、运输工具、运输途程、保险险别。

6. 国内航空货物运输保险是以国内航空运输过程中的各类货物为保险标的,当保险标的在运输过程中因保险责任造成损失时,由保险公司提供经济补偿的一种保险业务。该险种的保险责任可归纳为5项:意外事故、自然灾害、货物相互碰撞挤压的损失、货物遭受盗窃或提货不着的损失和合理的施救保护费用。

关键术语

货物运输保险　运输工具　仓至仓条款　共同海损　国内水陆路货物运输保险　国内航空货物运输保险

思考题

1. 简述国内货物运输保险的特征。
2. 国内水陆路货物运输保险的保险责任与除外责任有哪些?
3. 国内水陆路货物运输保险的保险责任期限如何确定?

4.国内水陆路货物运输保险的保险价值与保险金额如何确定？

5.国内水陆路货物运输保险的保险费率由哪些因素决定？

6.国内航空货物运输保险的保险责任与除外责任有哪些？

❖ 案例分析题

1.2003 年 1 月 8 日,江西某公司将 184 吨价值 100 余万元的棉浆向某保险公司投保了水路货物运输综合保险,运输工具为"赣南昌货 0236"轮,航线注明为上海至南昌,交保险费 1177.6 元。同年 1 月 13 日 18 时 30 分,满载货物的"赣南昌货 0236"轮航行至黄浦江 106 灯浮附近,为避免与他船碰撞,驾驶员采取倒船、右满舵等紧急避让措施,致使船舶打横,绑扎货物的绳索绷断,引起装载于舱面的 54.7 吨棉浆掉入江中漂失。漂失的棉浆价值人民币 350080 元。事故发生后,货主向保险公司报案并递交了出险通知书。并将 54.7 吨上述货物损失按保险金额每吨 6400 元计 350080 元向保险公司索赔,但保险公司以不属于保险责任为由,发出拒赔通知书。保险公司认为:货主所述的事故不构成保险责任,因为从货物起运地上海星火开发区港务储运站的调查笔录中,证明了这 54.7 吨货物装载在舱面上,被保险人未履行告知义务。从事故发生的过程来看,涉案船舶的驾驶员为避免碰撞,防止发生不应发生的事故,所采取的驾船紧急措施并非施救行为。气象资料也证明,事故发生时当地的气象情况良好,所以原告的货损不属于保险责任范围。被保险人辩称,我们将 184 吨棉浆向保险公司投了保,并支付了保险费,在运输过程中,因装载货物的船舶避免碰撞,不得已采取紧急避险措施,致使船舶发生倾侧,装载在舱面的棉浆掉入江中漂失,但避免了更大的事故,并且我们并不知道承运人将货物装在舱面,不违反告知义务,完全符合保险责任范围内的施救行为,保险公司理应赔偿损失。

你认为保险公司是否应承担赔偿责任？为什么？

2.2004 年 12 月 9 日,某糖酒公司与某糖厂签订了白糖购销协议,由后者供应 850 吨白糖,总价值为 3655000 元,并办理运输及货物运输保险。次年 1 月 6 日,该糖厂与某海运公司签订了货物运输合同。合同规定,由该海运公司所属 T 号轮将货物由海安港运至德胜港。同日,该糖厂向某保险公司投保了水路货物运输保险,险别为综合险,保险金额为 3655000 元。1 月 8 日,T 号轮满载货物启航。1 月 26 日,该船在航行途中遇到 7 级大风,同时舵机失灵。由于船舶剧烈横摇,装在甲板上的白糖偏移。为了船货安全,船长决定抛弃货物,于是装在甲板上的白糖被全部抛入大海,造成货物短少 148 吨,价值 636400 元。事故发生后,船长向当地港监及保险公司报了案。接到报案后,保险公司即派人调查。经查,T 号轮系一艘渔船改建而成的货轮,载重吨为 910 吨,适航证书载明的有效期截止于事故发生前的 1 月 12 日。抗风浪等级为 8 级,阵风 9 级。该船在开航前未对操作系统进行检查,事故发生前主辅机及舵机均出过故障。2 月 28 日,糖厂与糖酒公司签订了权益转让书,保单及索赔权利由前者转让给后者。随后该糖酒公司就货物短少部分向保险公司索赔。保险公司拒绝赔偿。理由是租用一艘不适航的船舶承运货物且货物配载不当。该糖酒公司只好向某海事法院提起诉讼。海事法院审理认为,该糖厂与保险公司签订的保险合同有效,其作为被保险人以权益转让书的形式将保险合同转让给收货人糖酒公司的行为也是合法有效,后者享有被保险人的权利。本案中 T 号轮舵机失灵,在遇大风船舶横摇的情况下,采取抛弃措施所造成的货物短少损失,属于保险责任范围内的损失,被告必须赔偿。因此法院判决保险公司赔偿原告货物损失 636400 元。

你认为法院的判决是否正确? 为什么?

3. 2000 年 8 月 4 日,某实业公司与某轮船公司签订了货物运输合同。合同规定,由该轮船公司所属 L 号货轮将 2485 吨饲料由北方某港口运往南方的黄浦港。同日,该实业公司就这批货物向当地某保险公司投保了国内水路货物运输综合险。每吨保险金额 1670 元,总保险金额为人民币 4149950 元。该公司按规定费率向保险公司缴纳全部保险费。8 月 7 日至 9 日,在 L 号货轮装船期间,突然天降大雨。由于该船第 6 舱液压管爆裂,舱盖未能关上,雨水进入船舱造成货物水湿。待雨停后,承运人卸下部分水湿货物后,继续装船。当该批货物运至黄浦港后,卸货时发现相当一部饲料已发生霉变。经黄浦港港务局证实,卸货时挑出水湿货物 7000 余包。由于港务不许霉变的货物滞留,同时也为了减少损失,该实业公司一方面通知保险公司货物受损的情况,另一方面委托某饲料厂等单位代为保管和尽快降价销售出去。虽然通过采取紧急降价措施销售避免了损失的进一步扩大,但由于降价销售及霉变严重的货物白白扔掉,全部损失仍高达 140 多万元。事故发生后,作为被保险人的实业公司即向保险公司索赔。保险公司只答应赔偿 30 万元。实业公司认为,这一数额与公司实际损失有很大差距,因而是无法接受的。故实业公司不得不向某海事法院提起诉讼,要求保险公司赔偿全部货物损失。

你认为保险公司部分赔偿是否有理? 海事法院会怎么判决?

4. 2001 年 8 月 6 日,某矿产品公司与某港务局达成一项协议,协议约定由该港务局将矿产品公司重量为 3674 吨的石膏粉由营口港经水路运至江苏连云港。同时,还约定由作为某保险公司代理人的港务局为这批货物办理国内水路货物运输保险综合险。按以往做法,保险费由港务局垫付。协议签订后,矿产品公司将该批货物运至港务局所属港口,向该港口交付了运费和与货物运输有关的其他费用。该港口向矿产品公司签发了提单,但未签发保险凭证。

提单签发后,在待船运载期间,辽河平原连降数日大雨,上游水库因水位急剧上涨而被迫泄洪。在洪水到来之前,港方紧急调动人力物力抢救港区货物,但仍有部分货物被洪水冲走或淹没。洪水过后,港方对储存待运的货物进行了清理。结果是矿产品公司的货物有1256吨因水淹致损,损失金额高达108万元。损失发生后,矿产品公司向保险公司提出索赔申请,要求保险公司赔偿其全部货物损失。保险公司拒赔。于是矿产品公司向法院提起诉讼。

你认为,保险公司拒赔是否有理?为什么?

5.2003年12月,湖南省化工轻工总公司塑料分公司(以下简称化轻塑料公司)向常德某保险公司(以下简称保险公司)投保国内水路货物运输保险,保险标的为聚乙烯,保险价值和保险金额均为34万元,保险责任起讫期为南京港至长沙港。保险合同生效后第7天,载运保险标的的船舶(属湖南省南县航运公司所有)在长江武汉水域与安徽省宣州市轮船运输公司的一艘油轮相撞,造成载运保险标的的船舶沉入江中,船上人员两死一伤,货物全部倾覆江中受损的重大事故。事故发生后,武汉港监部门作出责任认定书,认定安徽省宣州市轮船运输公司应负事故主要责任,并当即扣押了价值80万元的油轮及船上价值200余万元的燃油。化轻塑料公司向保险公司报案后,保险公司组织了现场查勘。但在港监部门对事故的处理过程中,化轻塑料公司、湖南省南县航运公司、安徽省宣州市轮船运输公司却回避保险公司,在港监部门的主持下达成调解协议书,安徽省宣州市轮船运输公司支付了调解协议书确定的赔款,船舶及船上货物均被港监部门放行。此后,化轻塑料公司多次向保险公司索赔保险金,由于保险公司认为化轻塑料公司故意放弃了向事故第三者部分追偿权,根据保险法的规定,只同意赔偿部分损失,双方未能达成理赔协议,化轻塑料公司向法院提起诉讼。

你认为保险公司部分赔偿是否有理?法院应该怎么判决?

6.2005年1月18日,福建省某船务公司(以下简称承运人)所属的"国源"轮承运福建某人造板厂(以下简称人造板厂)一批(270件)中纤板,由泉州港运往深圳虎门太平港。该批货物向保险公司投保国内水路货物运输保险综合险,保险金额为81万元,人造板厂按约定向保险公司缴了保险费。1月19日,在汕头附近海域,国源轮与货物一同沉没。根据汕头海事局的调查分析,其结果如下:(1)操作不当。该轮在风浪中急速右满舵,又回左满舵,是对该轮安全极其不利的行为。(2)风浪是事故的另一个因素。当时海面东北风6级,阵风8级,大浪。(3)空挡是事故的潜在因素。当时舱里尚有一定的横向空挡,甲板及舱口上堆积的货物也留有空挡(通道),且缺少必要的系固措施。事故发生后,人造板厂即通知保险公司,保险公司于3月25日函告汕头海事局,称因中纤板经海水浸泡,基本报废,决定放弃打捞,后港监部门因清理航道需要,将该沉船爆破。之后,人造板厂向保险公司提出索赔。保险公司经调查出具汕头气象局证明,国源轮沉没时,阵风的最高等级只有 7 级,根据保险合同约定,保险责任中暴风是 8 级以上,保险公司建议人造板厂向承运人索赔。而人造板厂却向法院提起诉讼,告保险公司不予赔偿,请求法院判令保险公司赔偿 81 万元。

你认为保险公司拒赔是否有理?法院应该怎么判决?

7. 2005 年 7 月 6 日,A 轮在港外锚地躲避台风时发生进水事故,货舱进水,船载货物受严重损失。受损货物分属于 42 个货主,由 14 份保险单承保,保险金额共计 900 多万元人民币。事故发生后,船东立即发布海事声明并宣布共同海损。货物保险人在接到报案后也立即赶赴现场并委请保险公估公司查看货物损失情况,核定损失金额。在共同查勘后,经货物保险人与托运人协商,托运人联名向中国船级社某分社递交了船舶公正检验申请书。随后,验船师上船对 A 轮进行了公正检验,检验结论为:船舶缺乏必要的保养,在船舶重载、遭遇坏天气的情况下,第三货舱左舷侧外板开裂,货舱大量进水,再加上货舱舱底水系统不能正常工作,导致进水蔓延至其他两个货舱,最终发生严重货损。8 月 7 日,船载货物由承运人转运到目的港,承运人在收取共同海损担保后向当地海事法院 B 提起诉讼,要求货方赔偿共同海损费用 60 万元人民币。8 月 10 日,托运人向海事法院 C 提起诉讼,要求承运人赔偿货物损失 137 万元人民币并扣押 A 轮。本案最后由海事法院 C 并案审理。

请问:(1)承运人向货方索赔共同海损费用是否有理?

(2)货方向承运人索赔货物损失是否有理?

8. 2003 年 8 月 30 日,由甲市运往乙市的一批熟羊皮在到达目的地时,发现受湿,损失较大。由于该批货物已在甲市保险公司投保了货物运输基本险。同年 10 月 14 日,被保险人在提供有关暴风雨的气象证明和有关材料时,向甲市保险公司索赔损失 1 万元。保险公司内部有三种意见:

第一种意见认为,保险公司应及时赔付。因这起事故是暴雨导致,保险公司应对暴雨引起的羊皮水湿损失负赔偿责任。

第二种意见认为,保险公司应暂缓赔付。因本案还有以下疑点:一是事故原因到底是暴雨还是其他原因,不清楚。二是出险报告填制日期距出险日期已有一个多月,该批羊皮水湿受损很久,但在此前却未通知保险公司。主张进行实地调查,等弄清楚情况后再定案。

第三种意见认为,保险公司拒赔。因这批货物只保了货物运输基本险,现在又距出险时间较久,已经无法查勘现场和对受损羊皮进行损失核定,这显然是被保险人未尽义务所致。故保险公司可以拒赔。

你认为哪一种意见正确？为什么？

9. 2003 年 8 月 12 日，某县水运公司一艘机帆船承运了黄某的一批水泥，在东南沿海航行时，该船从收音机内收听到中央人民广播电台的气象预报节目，知悉在几小时内该机帆船航行地区有八级以上的暴风。不多久，该地区风浪加大，船身倾斜，风大浪急威胁着船舶的安全。为了保护船及船上人员的安全抵港，船长遂决定抛弃承运的全部水泥，其价值为 87000 元（全船货物价值 12 万元，船舶价值 14 万元）。随后，海面风平浪静，船舶安全抵港。由于所运水泥在保险公司投保了货物运输保险，黄某就依据共同海损的有关规定，要求保险公司赔偿其87000 元的货物损失。但保险公司以不构成共同海损为由，拒绝支付赔款。对此，有三种观点：

第一种观点认为，保险公司可以拒赔。因为船舶并未真正遇上特大风暴，没有构成共同海损的前提条件，也就不应有共同海损了。

第二种观点认为，保险公司应该赔付。因为船长抛弃货物，是基于"官方"预报和当时风浪加大、船身倾斜的事实而作出的决定，理应视为共同海损，从而要求保险公司赔偿其货物损失是合理的。

第三种观点认为，保险公司只能赔偿一部分损失。因抛弃的货物虽全为黄某所有，但这是为了保险船舶及其他货物以及船上人员的安全而采取的行动，因此，其损失只能由有关各方分摊，这是符合保险原则的。

你认为哪一种观点正确？为什么？

10. 2004 年 10 月，在某保险公司投保的一台 H325 型门吊，从上海运往广州途中，在福建沿海海面遭遇 7 级东北风，运载门吊的驳船因拖缆断裂而漂流到平潭岛附近触礁搁浅，使该门吊近半数部件掉进海里，残留在船上的部件也由于互相碰撞而严重受损。保险公司按推定全损赔付给货主后，取得了该货物的权益转让书，于第二年 10 月向承运人某航运局提出追偿，遭到承运人的拒绝。

承运方认为，本案是自然灾害所致，保险公司不仅不应向船方追偿，而且按共同海损分摊原则分摊船舶施救费用 31 万元及替货方还清所欠的运费 8.5 万元。

保险公司则认为，向船方追偿是合理的，而且拒绝分摊施救费用。理由是：这次海损事件是由于承运方的过失及违反安全航行的规定所致，按照交通部有关规定，该船只能在三类航区行驶，而该船在出险前 3 个多小时一直在超出三类航区行驶。同时，按照共同海损的惯例，施救费用是由船、货双方签订的《拖驳运输合同》已将"承租人应在共同海损中与船东一起分担可能构成或可能发生的具有共同性质的牺牲、损失或费用"等内容删去，因此，保险公司没有分摊施救费用的义务。

请问：保险公司拒绝赔偿货主损失是否有理？施救费用应该由谁承担？

第八章

工程保险

◆◆ 学习目标

1. 掌握工程保险的概念、特点与种类。
2. 了解工程保险的发展历程和作用。
3. 熟悉建筑工程保险的条款内容和操作实务。
4. 熟悉安装工程保险的条款内容和操作实务。
5. 了解机器损坏保险的主要内容。

第一节　工程保险概述

一、工程保险的概念

工程保险是针对工程项目在建设过程中可能出现的因自然灾害和意外事故而造成的物质损失以及依法应对第三者的人身伤亡和财产损失承担的经济赔偿责任提供保障的一种综合性保险。它是从财产保险中派生出来的一个险种,主要以各类民用、工业用和公共事业用工程项目为承保对象。现代工程保险已经发展成为产品体系较为完善,具有较强专业特征,且相对独立的一个保险领域。

在国外,工程保险的外延非常宽泛,凡和工程项目有关的险种都被纳入工程保险的范畴中去,包括火灾保险、第三者责任保险、雇主责任保险、意外伤害保险、设计责任保险等。而国内工程保险主要指建筑和安装工程保险、机器损坏保险、锅炉保险等。

二、工程保险的特点

虽然工程保险属于财产保险的范畴,但是它与其他财产保险相比具有显著的特点。

(一)保险标的的特殊性

工程施工开始时,工地上只有少量的工程物料和施工设备,随着时间的推移和工程施工的不断进展,工地的材料和施工设备逐渐增多,工程本身也逐渐显露未来的形状,到工程完工时,工程的完整状态才会呈现出来,但此时保险合同一般就结束了。可见,工程保险的主要保险标的一般处于一种不完整的状态。还有,保险标的一般在室外,可能遭遇的风险多于普通财产保险的标的。

(二)承保风险的特殊性

承保风险的特殊性主要表现在两个方面:第一,风险因素复杂。一方面,由于保险标的大部分处在暴露状态,各种自然风险因素对保险标的的影响加大。另一方面,工程是由人设计、制造、安装、施工的,潜在地存在着作业中的过失、错误等多种人为因素风险。第二,工程保险承保的往往是巨额风险。由于现代工程规模浩大、造价极高,是物质财富的积聚和集中,因此,工程项目一旦发生风险事故,损失额将相当巨大。

(三)被保险人的广泛性

工程建设无论是建筑工程还是安装工程,对于工程所有人即业主来说涉及金额一般较大,绝大多数情况下都需要进行融资,还需要进行工程设计、材料采购、寻求工程建设承包人和施工监理。因此,在一个工程项目的建设过程中会涉及诸多的关系方,而且各关系方对于工程都有不同的利益。工程保险的目的,在于通过将随着工程的进行而发生的大部分风险作为保险对象,减轻这些风险可能给工程有关的各方造成的损失负担和排除围绕这种损失所引发的纠纷而造成的干扰,清除工程进行中的某些障碍,以保证工程实施的顺利完成。由此,所有与工程有直接利益的关系方都可以列为工程保险的共同被保险人。当然,一般而言,工程保险合同针对的主体是工程承包人,在国外逐渐流行的工程险年度保险单也是由承包人向保险人投保的。

(四)保险金额的变动性

工程保险与普通财产保险不同的另一个特点是,财产保险的保险金额在保险期限内是相对固定不变的。但是,工程保险的保险金额,在保险期限内随着工程建设的进度在不断增加。所以,在保险期限内的任何一个时点,保险金额是不同的。

(五)提供保障的综合性

工程保险针对承保风险的特殊性提供的保障具有综合性。工程保险的主险责任范围,一般由物质损失部分和第三者责任部分构成。同时,工程保险还可以针对工程项目风险的具体情况提供运输过程中、工地外储存过程中、保证期过程中各类风险的专门保障。

(六)保险期限的不确定性

建筑安装工程保险的保险责任期限,不是按年计算,而是根据预定的工程施工工期来确定的,自工程动工之日起或建筑安装项目的材料、设备卸至工地时开始,至工程竣工验收或实际投入使用时为止。保险期限的长短,一般由投保人根据需要与保险人协商确定。

三、工程保险的作用

(一)有利于将集中性风险转嫁出去

由于工程建设当中风险高度集中,很容易发生风险事故,加上投资规模巨大,一旦发生风险事故必然给工程建设的有关方面带来巨额损失和财务困难,甚至有破产倒闭的危险。此外,还有可能产生连锁反应,引起诸如贷款银行、原材料供应商、建筑工人等各方的损失。工程保险作为工程风险管理的重要手段之一,可以使业主或承包商通过工程保险将集中性的工程风险转嫁给保险公司,在发生风险损失的情况下及时从保险公司处得到补偿,帮助被保险人抵御风险损失所带来的经济冲击,减少其年利润和企业现金流的波动,增强财务稳定性,从而增强其生存能力和竞争能力,保障生产建设的顺利进行。

(二)有利于加强工程风险的防范和控制

工程在投保过程中通常都需要经过保险人的现场查勘,提供相应的安全改进建议,在保险期限内保险人还会利用自己丰富的风险管理知识为被保险人提供优质的风险管理服务和技能培训,帮助被保险人增强安全意识,改进相关安全管理,增加安全设施,加强风险防范,从而达到减少风险事故发生的目的。除了间接参与工程风险管理,保险公司还可以对工程施工的全过程直接进行监督,随时纠正工程建设当中的不合理现象,及时消除各种潜在风险,使工程质量得到保证、风险事故得到控制和减少。

(三)有利于改善项目融资的条件

通常,一个工程项目的建设除了工程所有人投资的部分自有资金外,大部分都是来自银行贷款。由于工程建设周期长,面临的风险较多,发生大的损失事故后往往会影响工程的按期完工和对银行贷款的本息偿还,银行为了防范借款人的还贷风险,往往将足够的保险作为工程贷款的先决条件。而对于工程业主来说,购买足够的工程保险可以保障还款的安全性,提高自己的信用水平,有利于获得较为优惠的贷款。

(四)有利于减少经济纠纷

工程建设比较复杂,参与工程建设的单位较多,有些风险事故发生后,会导致业主和承包商之间、总包商和分包商之间对风险所致的经济损失由谁承担发生纠纷。在投保工程保险后,工程的有关各方都是共同被保险人,那么,属于保险责任范围内的损失,保险公司就会负责赔偿,从而避免了部分工程有关各方的相互追偿,有利于减少经济纠纷。

四、工程保险的发展历程

(一)工程保险的起源

工程保险,可追溯自英国工业革命时代,由于当时用以产生蒸汽动力的锅炉经常发生爆炸,因锅炉爆炸造成的人员伤亡,竟然超过了铁路运输发生的交通事故,一时民情激愤,英国当时工业重镇曼彻斯特纺织界人士共商对策,于1854年成立"蒸汽使用人协会",聘请工程师对于会员之锅炉进行安全检查,提供改进建议,倘不幸发生爆炸,则由协会负责补偿。1895年,在英国出现了第一家以技术见长、以专门承保蒸汽锅炉为主的机器设备保险公司——蒸汽锅炉保险公司。在美国,也有使用蒸汽设备所带来的风险问题,在1850年左右,美国平均约4天即发生一次锅炉爆炸。1865年,行驶于密西西比河的蒸汽轮船 Sultana 号发生锅炉爆炸,此次事件造成 1200 多人死亡,为史上最悲惨的由于锅炉爆炸造成的意外事故。有鉴于锅炉爆炸频繁发生,在 1866 年,美国成立了第一家以提供工业安全为宗旨的公司——哈特福德蒸汽锅炉检查和保险公司(Hartford Boiler Inspection & Insurance Company),该公司不仅提供锅炉安全检查以避免发生意外,而且还提供保险保障。

到了 1924 年,大西洋保险公司和安联保险公司推出了安装工程综合险。第一份建筑工程一切险的保单是 1929 年在伦敦建设跨越泰晤士河的拉姆贝斯桥(Lambeth Bridge)时签订的。1934 年,德国设计了一种专门用于工程保险的保单,并慢慢地流传开来。

(二)工程保险的发展和完善

工程保险的快速发展是在第二次世界大战后。这主要是由于经过两次世界大战,尤其是第二次世界大战,作为战争的主要战场之一,欧洲不少国家受到了很大的破坏,不但各种工厂和机器受到严重破坏,无数的建筑物也遭到了相当大的毁损,战后满目疮痍,各国自然要大兴土木和恢复工业,进行大规模的工程建设,这为工程保险的发展提供了条件。在第二次世界大战后大规模的重建过程中,业主、承包商等建设市场主体面临着难以承受的巨大风险,为转嫁工程期间的各种风险,需要设立建筑和安装工程保险来提供保障。在这种社会背景下,工程保险业务应运而生并得到迅速发展。

在国际组织出资援助发展中国家兴建水利、公路、桥梁及工业、民用建筑的过程中,需要工程保险提供风险保障,工程保险制度在这些国家中逐步发展并推广开来。

1950 年,国际咨询工程师联合会组织制定了标准的《土木建筑合同条款》(简称 FIDIC),规定要求承包人办理保险,并对建筑、安装工程各关系方的权利和义务作了明确的规定,从而为建筑、安装工程保险成为世界性的财产保险险种奠定了基础,为工程保险的发展创造了极为有利的条件。此后,经过几十年的发展,工程保险的业务量得到大幅提高,保险技术也在不断提升。

(三)我国工程保险的发展历程

我国的工程保险始于 20 世纪 70 年代初期,主要局限于涉外工程项目范围。根据有关资料记载,1979 年初我国一位台湾商人在江浙一带投资,项目由 8 个旅馆建筑组成,分布在不同的地点,该台商向中国人民保险公司投了保,这是我国最早的一份工程保险业务。这个阶段的工程保险主要针对进入我国的有外资背景的投资项目、世界银行贷款建设的项目,国家拨款的基建工程项目按照有关规定不参加保险,工程概算中也没有保险费的内容。

在改革开放以后,随着国内保险业务的全面恢复以及工程建设项目的增多和投资来源的多元化,工程保险逐渐发展起来。1994年建设部、中国人民建设银行印发了《关于调整建筑安装工程费用项目组成的若干规定》,将保险费项目计入建筑安装工程费用当中,为工程保险的发展初步奠定了基础。该《规定》指出:"建筑安装工程费由直接工程费、间接费、计划利润、税金等四个部分组成。"其中,间接费,由企业管理费、财务费和其他费用组成。企业管理费是指施工企业为组织施工生产经营活动所发生的管理费用,其中第十项就是保险费,即企业财产保险、管理用车辆等保险费用。这十几年来,随着《保险法》、《担保法》、《建筑法》、《合同法》、《招标投标法》、《建设工程质量管理条例》等一系列的法律、法规、规章、规范性文件的颁布,不仅促进了建筑市场机制的发育,也为推行建设工程保险制度提供了重要的法律依据。

目前我国工程建设领域,习惯采用的《建筑工程一切险条款》和《安装工程一切险条款》,是1995年由中国人民银行(当时保险行业监管机关)颁布实施的示范条款,简称为95版条款,是当时的中国人民保险公司国际保险部组织了系统内非水险技术小组的成员,历时2年完成的。为了使工程保险市场的产品更加丰富和多样,满足不同类型项目和消费者需要,中国人民保险公司于2000年组织人员编写和制定了《建筑、安装工程保险条款》(列明风险条款),该条款于2001年经保监会批准后投入使用。该条款的特点是责任范围相对较窄,操作简单,适用于一些中、小型项目。当然,在特殊情况下,投保人也有可能使用国外保险公司或经纪人提供的条款。

当前我国的工程保险制度框架已基本建立,但其发展规模与快速发展的建筑事业相比仍显得不相适应。工程项目的投保率仅为全社会固定资产投资额的10%左右,而发达国家一般在90%以上,投保的范围也大多集中在一些大型项目、外资项目,而大量的中小型项目的投保率很低。究其原因,有人们对工程保险认识不足的因素,把保险当成额外的负担,而没有认识到保险的作用;有体制方面的因素,投资体制改革缓慢,许多建设工程仍由政府直接出面投资,致使建设工程项目的利益主体和风险主体不够明确;还有保险公司自身的因素,保险公司对该险种技术准备不足,宣传力度不够。今后,随着我国国民经济的持续发展,固定资产的投资仍将维持在一定规模,工程保险市场的发展潜力巨大,但由于种种限制因素,挑战和机遇并存。

第二节 建筑工程保险

一、建筑工程保险的概念和适用范围

建筑工程保险是指以土木建筑为主体的工程项目,如楼房、码头、公路、隧道、大桥、水库等在建筑或改造过程中因自然灾害和意外事故造成的物质损失以及被保险人对第三者依法应承担的赔偿责任为保险标的的保险。

建筑工程保险适用于一切民用、工业用和公用事业用的建筑工程项目,包括道路、水坝、桥梁、港埠码头、住宅、旅馆、商店、工厂、仓库、水库、管道、学校、娱乐场所等。

二、建筑工程保险的投保人和被保险人

建筑工程保险的投保人可以是业主,也可以是承包人。我国的《建设工程施工合同(示范文本)》规定,工程开工前,业主应当为建设工程办理保险,支付保险费用。在实务中,由于建筑工程的承包方式不同,所以其投保人也就各异。主要有以下四种情况。

1. 全部承包方式

工程所有人将工程全部承包给某一施工单位,该施工单位作为承包人(或主承包人)负责设计、供料、施工等全部工程环节,最后以钥匙交货方式将完工的建筑物交给所有人。在此方式中,由于承包人承担了工程的主要风险责任,故而一般由承包人(施工单位)作为投保人。

2. 部分承包方式

工程所有人负责设计并提供部分建筑材料,施工单位负责施工并提供部分建筑材料,双方各承担部分风险责任,此时可由双方协商,推举一方为投保人,并在合同中写明。

3. 分段承包方式

工程所有人将一项工程分成几个阶段或几部分分别向外发包,承包人之间是相互独立的,没有契约关系。此时,为避免分别投保造成的时间差和责任差,应由工程所有人出面投保建筑工程险。

4.施工单位只提供服务的承包方式

工程所有人负责设计、供料和工程技术指导;施工单位只提供劳务,进行施工,不承担工程的风险责任。此时应由工程所有人投保。

建筑工程保险的被保险人范围较宽,所有在工程进行期间,对该项工程承担一定风险的有关各方(即具有可保利益的各方),均可作为被保险人。如果被保险人不止一家,则各家接受赔偿的权利以不超过其对保险标的的可保利益为限。被保险人具体包括:

(1)业主或工程所有人;

(2)承包人或者分包人;

(3)技术顾问,包括业主聘用的建筑师、工程师及其他专业顾问;

(4)其他关系方,如贷款银行及其他债权人等。

三、建筑工程保险的保险项目、保险金额及赔偿限额

建筑工程保险的保险标的主要是物质财产本身和第三者责任两类,在建筑工程保险单中列出的保险项目通常包括物质损失、特种危险赔偿和第三者责任三个部分。

(一)物质损失部分

1.建筑工程,包括永久性和临时性工程及工地上的物料

这是建筑工程保险的主要保险项目,包括建筑工程合同内规定建筑的建筑物主体,建筑物内的装修设备,配套的道路、桥梁、水电设施、供暖取暖等土木建筑项目,存放在工地上的建筑材料、设备和为完成主体工程的建设而必须修建的,主体工程完工后即拆除或废弃不用的临时工程,如脚手架、工棚、围堰等。建筑工程的保险金额为承包工程合同的总金额,即建成该项工程的实际造价,包括设计费、材料设备费、运杂费、施工费、保险费、税款及其他有关费用。

2.业主提供的物料及项目

业主提供的物料及项目是指未包括在建筑工程合同金额之中的业主提供的物料及负责建筑的项目。该项保险金额应按这一部分的重置价值确定。

3.施工机具设备

施工机具设备是指配置在施工场地,作为施工用的机具设备。如吊车、叉车、挖掘机、压路机、搅拌机等。建筑工程的施工机具一般为承包人所有,不包括在承包工程合同价格之内,应列入施工机具设备项目下投保。有时,业主会提供一部分施工机器设备,此时,可在业主提供的物料及项目一项中投保。承包合同价或

工程概算中包括有购置工程施工所必需的施工机具的费用时,可在建筑工程项目中投保。无论是上述哪一种情形,都要在施工机具设备一栏中予以说明,并附清单。其保险金额按重置价值确定,即重置同原来相同或相近的机器设备的价格,包括出厂价、运费、保险费、关税、安装费及其他必要的费用。

4. 安装工程项目

安装工程项目是指未包括在承包工程合同金额内的机器设备的安装工程项目。如饭店、办公楼的供电、供水、空调等机器设备的安装项目。若设备安装工程已包括在第1项内,无需另行投保,但应该在投保单中予以说明。该项目的保险金额按重置价值计算,应不超过整个工程项目保险金额的20%;若超过20%,则按安装工程保险费率计收保费;若超过50%,则应单独投保安装工程保险。

5. 工地内现成的建筑物

工地内现成的建筑物是指不在承保工程范围内的,归工程所有人或承包人所有的或其保管的工地内已有的建筑物。该项保险金额可由保险双方当事人协商确定,但最高不得超过其实际价值。

6. 清除残骸费用

清除残骸费用是指发生保险事故并造成损失后,为拆除受损标的、清理灾害现场和运走废弃物等,以便进行修复工程所发生的费用。此项费用未包括在工程造价之中。国际上的通行做法是将此项费用单独列出,须在投保人与保险人商定赔偿限额投保并交付相应的保险费后,保险人才予以负责。对于大工程,该项限额一般不超过合同价格的5%;对于小工程,一般不超过合同价格的10%。本项费用按第一危险赔偿方式承保,即发生损失时,在赔偿限额内按实际支出数额赔付。

7. 所有人或承包人在工地上的其他财产

其他财产是指不能包括在以上六项范围之内的其他可保财产。如需投保,应列明名称或附清单于投保单上。其保险金额可参照以上六项的标准由保险双方协商确定。

要注意的是,如果投保人足额投保的话,工程标的保险金额应是完工价值,不是概算价值。但在投保时当然无法确切知道完工价值,所以是按概算价值预估保险金额的,但工程完工后,必须根据完工价值调整保险金额和保险费。为了解决工程投资小额变动的问题,简化管理,保险人一般附加一个约定,即在概算价值与完工价值差别小于一定的比例(如5%)时,保险费不进行多退少补的调整。但如果在施工过程中,工程造价变动过大,投保人必须向保险人申报工程保险金额。

(二)特种危险赔偿

特种危险赔偿是指保单明细表中列明的地震、洪水、海啸、暴雨、风暴等特种危险造成的上述各项物质财产损失的赔偿。对于不同的工程或不同的地理环境，特种危险包括的风险种类可以有一定的差别，原则上就是指巨灾性风险，即一次风险事故能够造成多个危险单位同时发生损失的风险。特种危险赔偿限额的确定一般考虑工地所处的自然地理条件、该地区以往发生此类灾害事故的记录以及工程项目本身具有的抗御灾害能力的大小等因素，该限额一般占物质损失总保险金额的 60%～85%。不论发生一次或多次赔偿，均不能超过这个限额。特种危险赔偿限额的设定，是对保险人责任的一种限制，对保险费率的厘定产生着直接影响。

(三)第三者责任部分

建筑工程保险的第三者责任是指被保险人在工程保险期限内因意外事故造成工地以及工地附近的第三者人身伤亡或财产损失，依法应承担的赔偿责任。

第三者责任保险的赔偿限额通常由被保险人根据其承担损失能力的大小、意愿及支付保险费的多少来决定。保险人再根据工程的性质、施工方法、施工现场所处的位置、施工现场周围的环境条件及保险人以往承保理赔的经验与被保险人共同商定，并在保险单内列明保险人对同一原因发生的一次或多次事故引起的财产损失和人身伤亡的赔偿限额。该项赔偿限额共分四类：

(1)每次事故中每个人的人身伤亡赔偿限额。

(2)每次事故中人身伤亡总的赔偿限额。可按每次事故可能造成的第三者人身伤亡的总人数，结合每人限额来确定。

(3)每次事故造成第三者的财产损失的赔偿限额。此项限额可根据工程具体情况估定。

(4)上述人身和财产责任事故在保险期限内总的赔偿限额。应在每次事故的基础上估计保险期限内保险事故次数确定总限额，它是计收保费的基础。

四、建筑工程保险的保险责任和除外责任

(一)物质损失部分的保险责任

保险人可以承保或有条件承保的风险可分为以下四类：

(1)自然灾害风险，包括地震、海啸、雷电、飓风、台风、龙卷风、风暴、暴雨、洪

水、水灾、冻灾、冰雹、地崩、山崩、雪崩、火山爆发、地面下陷下沉及其他人力不可抗拒的破坏力强大的自然现象导致的损失。

（2）意外事故风险，是指不可预料的以及被保险人无法控制并造成物质损失或人身伤亡的突发性事件，包括火灾和爆炸导致的损失。

（3）技术风险，是指工人经验不足、施工工艺不善、材料缺陷、设计错误、新型设计、新型材料等导致的损失。

（4）道德风险，是指管理不善、安全生产措施不落实、劳资关系恶化、工地社会环境恶劣等导致的损失。

工程保险有两种承保方式：一是列明风险责任，即在保单中将保险人所要承担的风险一一列明，凡是未列明的风险均不属于保险责任；二是以一切险的方式承保，即在保单中将保险人不予负责的风险一一列明，未列明的均属于保险责任。所以，以列明风险方式承保的保险单需要将承保风险准确、清楚地进行描述和定义；按一切险方式承保的保险单需要将不予承保的风险准确、清楚地进行描述和定义。

（二）第三者责任险的保险责任

第三者责任险的保险责任是指在保险期限内，因发生与保险单所承保的工程直接相关的意外事故，引起工地内及邻近区域的第三者人身伤亡、疾病或财产损失，依法应由被保险人承担的民事损害赔偿责任，保险人可以按照保险条款的规定予以赔偿。

对于被保险人因上述原因而支付的诉讼费用以及事先经保险人书面同意的其他费用，保险人亦可以负责赔偿。

（三）总的责任免除

（1）战争、类似战争行为、敌对行为、武装冲突、恐怖活动、谋反、政变引起的任何损失、费用和责任；政府命令或任何公共当局的没收、征用、销毁或毁坏；罢工、暴动、民众骚乱引起的任何损失、费用或责任。

（2）被保险人及其代表的故意行为和重大过失引起的损失、费用或责任。

（3）核裂变、核聚变、核武器、核材料、核辐射及放射性污染引起的损失、费用和责任。

（4）大气、土地、水污染及其他各种污染引起的任何损失、费用和责任。

（5）工程部分停工或全部停工引起的任何损失、费用和责任。

（6）罚金、延误、丧失合同及其他后果损失。

（7）保险单明细表或有关条款中规定的应由被保险人自行负担的免赔额。

（四）物质损失部分的责任免除

建筑工程保险采用一切险方式承保时,其除外责任如下:

（1）设计错误引起的损失和费用。

（2）自然磨损、内在或潜在缺陷、物质本身变化、自燃、自热、氧化、锈蚀、渗漏、鼠咬、虫蛀、大气变化、正常水位变化或其他渐变原因造成的保险项目自身的损失和费用。

（3）因原材料缺陷或工艺不善引起的保险项目本身的损失以及为换置、修理或矫正这些缺点错误所支付的费用。

（4）非外力引起的机械或电气装置的本身损失,或施工用机具、设备、机械装置失灵造成的本身损失。

（5）维修保养或正常检修的费用。

（6）档案、文件、账簿、票据、现金、各种有价证券、图表资料及包装物料的损失。

（7）盘点时发现的短缺。

（8）领有公共运输行驶执照的或已由其他保险予以保障的车辆、船舶和飞机的损失。

（9）除非另有约定,在被保险工程开始以前已经存在或形成的位于工地范围内或其周围的属于被保险人的财产的损失。

（10）除非另有约定,在保险单规定的保险期限终止以前,保险项目中已由工程所有人签发完工验收证书或验收合格或实际占有或使用或接收的部分。

建筑工程保险如果以列明风险的方式承保,除外责任包括以上事项外,通常还有"其他不属于保险责任范围内的损失"这一项。

（五）第三者责任险的责任免除

（1）在保险单物质损失保险责任项下或应该在该项下予以负责的损失及各种费用。

（2）由于震动、移动或减弱支撑而造成的任何财产、土地、建筑物的损失以及由此造成的任何人身伤害和物质损失。

（3）工程所有人、承包人或其他关系方或他们所雇佣的在工地现场从事与工程有关工作的职员、工人以及他们的家庭成员的人身伤亡或疾病。

（4）工程所有人、承包人或其他关系方或他们所雇佣的职员、工人所有的或由其照管、控制的财产发生的损失。

（5）领有公共运输行驶执照的车辆、船舶和飞机造成的事故。

（6）被保险人根据与他人的协议应支付的赔款或其他款项。

五、建筑工程保险的免赔额

　　由于建筑工程保险是以建造过程中的工程为承保对象，在施工过程中，工程往往会因为自然灾害以及工人、技术人员的疏忽、过失等造成或大或小的损失。这类损失有些是承包商计算标价时需考虑在成本内的，有些则可以通过谨慎施工或采取预防措施加以避免。这些损失如果全部通过保险来获得补偿并不合理。因为即使损失金额很少也要保险人赔偿，那么保险人必然要增加许多理赔费用，这些费用最终将反映到费率上去，必然增加被保险人的负担，为赔偿小额损失而增加双方的负担无疑很不经济。规定免赔额后，既可以通过费率上的优惠减轻被保险人的保费负担，同时在工程发生免赔额以下的损失时，保险人也不需派人员去理赔，从而减少了保险人的费用开支。特别是还有利于提高被保险人施工时的警惕性，从而谨慎施工，减少灾害的发生。

　　按照建筑工险保险项目的种类，主要有以下几种免赔额：

　　（1）建筑工程免赔额。该项免赔额一般为保险金额的 0.5%～2% 或 2000～50000 元，对自然灾害的免赔额大一些，其他危险则小一些。

　　（2）建筑用机器装置及设备。免赔额为保险金额的 5% 或 500～1000 元，或规定为损失金额的 15%～20%，以高者为准。

　　（3）清除残骸费用一般不设免赔额。

　　（4）其他项目的免赔额。一般为保险金额的 2% 或 500～2000 元。

　　（5）第三者责任保险免赔额。第三者责任保险中仅对财产损失部分规定免赔额，按每次事故赔偿限额的 1‰～2‰ 计算，具体由被保险人和保险人协商确定。除非另有规定，第三者责任保险一般对人身伤亡不规定免赔额。

　　（6）特种危险免赔额。应视项目风险大小而定。

　　保险人只对每次事故超过免赔部分的损失予以赔偿，低于免赔额的部分不予赔偿。

六、建筑工程保险的保险期限

（一）保险期限的确定

　　一般来说，保险人确定建筑工程保险的保险期限原则上是根据施工周期确定的。

261

保险期限的开始可以有三个时间点:

(1)被保险人的施工队伍进入工地,工程破土动工为起点;

(2)用于保险工程的材料、设备运抵工地,由承运人交付给被保险人为起点;

(3)由投保人与保险人商定的保险单生效日为起点。

保险期限的终止日,可根据以下情况确定:

(1)业主或指定的代表签发工程完工证书或工程验收合格日;

(2)业主实际占有、使用或接收工程项目日;

(3)投保人与保险人约定的保险期限终止日。

保险期限终止之后,若投保工程仍未完工,被保险人应在保险单终止日之前向保险人提出书面申请,保险人出具批单对原约定的保险期限予以展延后,该保险方可继续有效。

建筑工程项目中如果有安装项目,一般都有试车和考核期,这是机器设备在安装完毕后、投入生产性使用前,为了保证正式运行的可靠性、准确性所进行的试运转期间。试车和考核期是包含在工期内的。不论安装的保险设备的有关合同中对试车和考核期如何规定,保险人仅对保险单明细表中列明的试车和考核期限内对试车和考核所引发的损失、费用和责任负责赔偿;若保险设备本身是在安装前已被使用过的设备或转手设备,则自其试车之时起,保险人对该项设备的保险责任即告终止。

(二)保证期的确定

工程项目移交完毕后,一般还有一个保证期。保证期是指根据工程合同的规定,承包商对于所承建的工程项目在工程验收并交付使用之后的一定期限内,如果建筑物或被安装的机器设备存在建筑或安装的质量问题,甚至造成损失的,承包商对这些质量问题和损失应承担修复或赔偿的责任。因此,如投保人需要,并缴付规定的保险费,可以加保保证期的物质损失保险。工程保证期一般为 12 个月,大型项目为 24 个月。保证期物质损失保险的保险期限一般与工程合同中规定的保证期一致,从工程所有人对部分或全部工程签发完工验收证书或验收合格,或工程所有人实际占有或使用或接收该部分或全部工程时起算,以先发生者为准。可见,保证期物质损失保险的保险期限的起点是一个相对不确定的时间点。

七、建筑工程保险的保险费率

(一)费率制定要考虑的因素

建筑工程保险制定费率时,要考虑如下因素:

(1)承保责任的范围大小。

(2)工程本身的危险程度。

(3)承包商和其他工程方的资信情况,技术人员的经验、经营管理水平和安全条件。

(4)工地环境,如治安、人口密度、当地生活水平等。

(5)工程地质及水文、气象环境。

(6)同类工程以往的损失记录。

(7)工程免赔额的高低、特种危险赔偿限额及第三者责任限额的大小。

(8)被保险人的组成,被保险关系方越多,越容易丧失追偿机会,如被保险人包括供应商、制造商会丧失向产品质量责任方追索的权利。

(9)国际再保险市场费率。

(二)建筑工程保险的费率项目

(1)建筑工程、业主提供的物料及项目、安装工程项目、场地清理费、工地内已有的建筑物等各项为一个总费率,整个工期实行一次性费率。

(2)建筑用机器装置、工具及设备为单独的年度费率,如保险期限不足一年,则按短期费率收取保费。

(3)第三者责任险部分实行整个工期一次性费率。

(4)保证期实行整个保证期一次性费率。

(5)各种附加保障增加费率实行整个工期一次性费率。

八、建筑工程保险的赔偿处理

(一)赔偿方式

对保险财产遭受的损失,保险人可选择以支付赔款或以修复、重置所损项目的方式予以赔偿。

（二）物质损失的赔偿处理

（1）可以修复的部分损失。以将保险财产修复至其基本恢复受损前状态的费用扣除残值后的金额为准，但若修复费用等于或超过保险财产损失前的价值时，采取推定全损的处理方式。

（2）全部损失或推定全损。以保险财产损失前的实际价值扣除残值后的金额为准，保险人一般不接收被保险人的委付申请。

（3）施救费用。被保险人为减少损失而采取必要措施所产生的合理费用，由保险人在保险金额限度内予以负责。

（三）第三者责任损失的赔偿处理

在发生第三者责任项下的索赔时，未经保险人书面同意，被保险人或其代表对索赔方不得作出任何责任承诺或拒绝、出价、约定、付款或赔偿。在必要时，保险人有权以被保险人的名义接办对任何诉讼的抗辩或索赔的处理。保险人有权以被保险人的名义，为保险人的利益自付费用向任何责任方提出索赔的要求。未经保险人书面同意，被保险人不得接受责任方就有关损失作出的付款或赔偿安排或放弃对责任方的索赔权利，否则，由此引起的后果将由被保险人承担；在诉讼或处理索赔过程中，保险人有权自行处理任何诉讼或解决任何索赔案件，被保险人有义务向本公司提供一切所需的资料和协助。

建筑工程保险的第三者是指除保险人和所有被保险人以外的单位及人员，不包括被保险人和其他承包人所雇用的在现场从事施工的人员。如果一项工程有数个被保险人，为了避免被保险人之间相互追究第三者责任，经保险人同意，被保险人可申请加贴交叉责任条款。根据这一条款，保险人对保险单所载每一个被保险人均视为单独保险的被保险人，对他们之间的相互责任所引起的索赔，保险人均视为第三者责任赔偿，不再向负有赔偿责任的被保险人进行追偿。

第三节　安装工程保险

一、安装工程保险的概念和适用范围

安装工程保险是指以各种大型机器设备的安装工程项目在安装期间因自然灾害和意外事故造成的物质损失以及被保险人对第三者依法应承担的赔偿责任

为保险标的的保险。

安装工程保险主要适用于安装各种工厂使用的机器、设备、储油罐、钢结构工程、起重机、吊车以及包含机械工程因素的任何建造工程。

所有对保险标的具有保险利益的人都可成为安装工程保险的被保险人。安装工程保险的被保险人主要包括以下几方：

(1)工程的所有人；

(2)承包人和分承包人；

(3)供货人，即提供被安装机器设备的一方；

(4)制造商，即被安装机器设备的制造人；

(5)技术顾问；

(6)其他关系方，如贷款银行等。

二、安装工程保险的保险项目、保险金额及赔偿限额

安装工程保险的保险项目通常包括物质损失和第三者责任两个部分。

(一)物质损失部分

1.安装工程部分

安装工程是安装工程保险的主要保险项目，包括被安装的机器、设备、装置、物料、基础工程（如地基、座基等）以及工程所需要的各种临时设施（如水、电、照明、通信设备）等。安装工程主要有三类：①新建工厂、矿山或某一车间生产线安装的成套设备；②单独的大型机构装置，如发电机组、锅炉、巨型吊车等组装工程；③各种钢结构建筑物，如储油罐、桥梁、电视发射塔之类的安装管道、电缆的铺设工程等。安装工程部分的保险金额，一般按安装合同总金额确定，待工程完毕后再根据完毕的实际价值进行调整。当采用完全承包方式时，安装项目为合同承包价；当订货人对引进设备投保时，其保险金额为 CIF 合同价、国内运费及保险费以及关税和安装费的总和。

2.土建项目

土建项目是指厂房、仓库、办公楼、宿舍、码头、桥梁等。这些项目一般不在安装工程合同以内，但可以在安装险内附带投保。本项的保险金额不能超过安装工程保额的20%，超过20%时，则按建工险费计收保费；超过50%，则需单独投保建工险。这部分的保险金额是根据工程项目建成后的价格来确定的。

3.工程所有人或承包人在工地上的其他财产

工程所有人或承包人在工地上的其他财产由投保人与保险人商定保险金额。

4.施工用机具及设备

施工用机具及设备的保险金额按重置价值来确定。

5.清除残骸费用

此项费用一般单独列出,须在投保人与保险人商定赔偿限额投保并交付相应的保险费后,保险人才予以负责。对大工程的该项限额一般不超过合同价格的5%,对小工程一般不超过合同价格的10%。

(二)第三者责任部分

第三者责任所包含的内容以及第三者责任险的责任限额的确定与建筑工程保险基本相同,此处不再重复。

三、安装工程保险的保险责任范围

我国安装工程保险物质损失部分的责任范围与建筑工程保险略有不同。首先,安装工程保险的责任免除比建筑工程保险的责任免除增加了一项:由于超荷、超电压、碰线、电弧、漏电、短路、大气放电及其他电气原因造成电气设备或电气用具本身的损失。也就是说,安装工程保险只负责由于上述电气事故造成的其他财产的损失,而不包括电器用具本身的损失,但建筑工程保险是都负责的。其次,安装工程保险不负责"因设计错误、铸造或原材料缺陷或工艺不善引起的被保险财产本身的损失以及换置、修理或矫正这些缺点错误所支付的费用"。但建筑工程保险不负责"设计错误引发的损失和费用"。也就是说,建筑工程保险对错误设计造成的损失一般除外,而安装工程保险对错误设计"引起的本身损失"除外,对由此引起的其他保险财产的损失予以赔偿。最后,建筑工程保险的除外责任中有"非外力机械或装置本身的损失",但安装工程保险没有这项除外责任。

安装工程保险第三者责任的责任范围与建筑工程保险也略有不同。建筑工程保险的第三者责任险除外责任中有以下内容:"由于震动、移动或减弱支撑而造成的任何财产、土地、建筑物的损失以及由此造成的任何人身伤害和物质损失",在安装工程保险中这项除外责任删除了。

四、安装工程保险与建筑工程保险的区别

由于安装工程保险的保险期限、保险费率、免赔额、赔偿处理、被保险人义务等方面与建筑工程保险大致相同,这就不再赘述。以下我们分析两者之间的主要区别。

1. 保险标的的变化不同

建筑工程保险的保险标的的价值自开工之后逐步增加,风险责任也随着保险标的价值的增加而增加,致使危险越来越集中;而安装工程保险的保险标的的价值在整个保险期限内基本没有发生变化,危险程度变动不大。

2. 面临风险因素不同

建筑工程保险与安装工程保险的保险标的所处的环境及性质不同,建筑工程保险的保险标的多处于暴露状态下,遭受自然灾害破坏的可能性较大;安装工程保险的保险标的多半在建筑物内,自然危险较小,但由于机器设备安装的技术性较强,遭受人为事故损失的可能性较大。

3. 受试车风险影响的程度不同

安装工程在交接前必须经过试车考核,而在试车期内,任何潜在的因素都可能造成损失,损失率要占安装工期内总损失的一半以上。由于风险集中,试车期的安装工程保险的保险费率通常占整个工期保费的1/3,而且对旧机器设备不承担赔付责任。虽然建筑工程保险的保险标的一般也包含安装工程,但毕竟不占主体地位,试车风险对建筑工程保险的影响要比安装工程保险小很多。

4. 保险责任范围不同

关于建筑工程保险和安装工程保险的保险责任范围的差异,在本节的第三部分已作出分析,此处不再重复。

第四节　工程保险特别条款

尽管工程保险的条款是根据工程建设过程中的风险特点制定的,但是,由于工程项目种类繁多、情况复杂,统一的工程保险条款不可能适用于所有的工程。特别条款是对标准条款的修正,使用特别条款可以使整个保险方案更适应具体的工程项目的特点。工程保险的特别条款多达几十种,在此我们只介绍一些较为重要且常用的条款。

一、扩展责任类特别条款

(一)交叉责任扩展

在附加交叉责任扩展后,保险单第三者责任项下的保障范围将适用于保险单明细表列明的所有被保险人,就如同每一被保险人人均持有一份独立的保险单,但保险人对被保险人不承担以下赔偿责任:已在或可在保险单物质损失部分投保的财产损失,包括因免赔额或赔偿限额规定不予赔偿的损失;已在或应在劳工保险或雇主责任保险项下投保的被保险人的雇员的疾病或人身伤亡。

交叉责任条款是最常用的第三者责任扩展条款,其作用就是使保险人对于共同被保险人之间造成的相互的第三者责任不予追偿。

(二)震动、移动或减弱支撑扩展

本扩展是针对建筑工程保险主险保单第三者责任项下除外责任中的相应条款的,它承保由于震动、移动或减弱支撑而造成的第三者财产损失和人身伤亡责任,但有一定的限制条件。

(三)内陆运输扩展

保险人负责赔偿被保险人的保险财产在中华人民共和国境内供货地点到本保险单中列明的工地除水运和空运以外的内陆运输途中因自然灾害或意外事故引起的损失。但被保险财产在运输时必须有合格的包装及装载。货物运输保险责任在正常的工程保险中是除外的,附加该条款后扩展了保险人的责任,工程承包人就不再需要另外安排物料的货物运输保险。

(四)设计师风险扩展

保险人负责赔偿保险财产因设计错误或原材料缺陷或工艺不善等原因引起意外事故,并导致其他保险财产的损失而发生的重置、修理及矫正费用,但由于上述原因导致的保险财产本身的损失除外。

二、扩展标的类特别条款

(一)原有建筑物及周围财产扩展

保险人承保被保险财产在建筑、安装过程中由于震动、移动或减弱支撑、地下水位降低、基础加固、隧道挖掘以及其他涉及支撑因素或地下土的施工而造成列明的建筑物突然的、不可预料的物质损失。

(二)建筑、安装施工机器、设备扩展

在工程保险的物质损失部分项下,保险人扩展承保所附清单列明的建筑或安

装施工机具、设备的损失,但不负责赔偿建筑或安装施工机具、设备由于内在的机械及电气故障引发的损失以及领有公共运输行驶执照的车、船及飞机的损失。

(三)工程图纸、文件特别扩展

保险人负责赔偿被保险人因保险单项下承保风险造成工程图纸及文件的损失而产生的重新绘制、重新制作的费用。

(四)清除残骸费用扩展

保险人负责赔偿被保险人因保险单承保的风险造成保险财产损失而发生的清除、拆除及支撑受损财产的费用,但不得超过本保险单明细表中列明的赔偿限额。

清除残骸的费用是不包括在工程承包价内的,因为在测算工程造价时一般不考虑施工中万一发生事故后,需要清理现场的费用。在明细表中列明清除残骸费用的限额后,就应该附加该条款。清除残骸的费用构成总保险金额的一部分,但对于此项费用本身来说,是采用第一危险方式承保。

在业务实践中,施救费用与清除残骸费用有时不容易区分,被保险人在发生保险事故后索赔时也不会清楚地区分这两类费用,有的将所有费用都列入施救费用进行索赔。一般来说,两者存在以下区别:

(1)保险责任条款不同。施救费是包括在工程保险主条款之中的,而清除残骸费用是附加条款,被保险人可以选择附加,也可以不选择附加。

(2)保险费的收取方式不同。保险公司承担施救费不加收保险费,但承担清除残骸费用要收附加保险费,其办法是将清除残骸费用的最高赔偿限额加入工程保险金额一并收取保险费。

(3)保险责任性质不同。施救费是在事故发生时,为减少损失所采取措施而发生的费用,其目的是阻止损失扩大蔓延,减少损失。如使用灭火器灭火,将遭受水灾的物资搬运到安全地带等。清除残骸费用是清除损失保险财产的残骸。如某房屋发生火灾,首先是灭火,并将财产抢救到安全区域,由此发生的费用是施救费。火灾停止后,在未加保清除残骸费用扩展条款的情况下,保险公司只赔偿烧毁的房屋和灭火费用;如果加保清除残骸费用扩展条款,保险公司除赔偿以上损失外,还要赔偿将房屋残骸清除的费用。

(4)发生的时序不同。施救费是在事故发生时,如烈火正在燃烧;而清除残骸费用是在事故停止后,如火灾熄灭之后。

(5)赔偿金额的确定方式不同。施救费的赔偿在《保险法》中规定:"保险人所承担的数额在保险标的损失赔偿金额以外另行计算,最高不超过保险金额的数额。"也就是说,施救费最高赔偿限额是以被施救的受损财产的保险金额为最高赔偿标准,而清除残骸费用的赔偿是以保险单中列明的赔偿限额为标准。

(五)专业费用扩展

保险人负责赔偿被保险人因保险单项下承保风险造成保险工程损失后,在重置过程中发生的必要的设计师、检验师及工程咨询人员费用,但被保险人为了准备索赔或估损所发生的任何费用除外。上述赔偿费用应以损失当时适用的有关行业管理部门制定的收费标准为准,但不得超过保险单明细表中列明的赔偿限额。这类费用的承保都是采用第一危险方式,赔偿限额由投保人根据需要选择。

(六)特别费用扩展

保险人负责赔偿加班费、夜班费、节假日加班费以及快运费(不包括空运费)等特别费用,但这些特别费用必须与保险单项下予以赔偿的保险财产的损失有关。

三、扩展期限类特别条款

(一)保证期特别扩展

保险人根据投保人的要求特别扩展承保保险单列明的保证期限内由于安装错误、设计错误、原材料或铸件缺陷以及工艺不善引起保险财产的损失,但对被保险人在损失发生前即已发现错误并应予以矫正的费用除外。

本特别扩展条款既不承保直接或间接由于火灾、爆炸以及任何人力不可抗拒的自然灾害造成的损失,又不承保任何第三者责任。

(二)有限责任保证期扩展

保险人扩展承保保险单列明的保证期内因被保险的承包人为履行工程合同在进行维修保养的过程中所造成的保险工程的损失。

(三)扩展责任保证期扩展

保险人扩展承保保险单列明的保证期内因被保险的承包人为履行工程合同在进行维修保养的过程中所造成的保险工程的损失以及在完工证书签出前的建筑或安装期内由于施工原因导致保证期内发生的保险工程的损失。

需要强调的是,在工程保险主条款中有关于保证期物质损失保险的规定,但该规定只是针对保证期限的规定,没有规定保险人按什么保险责任承担保证期内的责任,保证期不一定是工程保险的有效期。

第五节 机器损坏保险

一、机器损坏保险的概念

机器损坏保险是以各类已安装完毕并投入运行的机器设备为保险标的,承保被保险机器在保险期限内工作、闲置或检修保养时,因人为的、意外的或物理性原因造成的物质损失的一种保险。如果一台机器同时投保了火灾保险和机器损坏保险,就能获得完全的保障,因此机器损坏保险还可以作为团体火灾保险的附加险来承保。

二、机器损坏保险的保险标的和责任范围

(一)机器损坏保险的保险标的

机器损坏保险的保险标的包括各类机器、工厂设备、机器装置,如发电机组(锅炉、滑轮发电组)、电力输送设备(变压器和高低压设备)、生产机器和附属设备(机器工具、造纸机、织布机、抽水机),但主要是各类工厂、矿山的大型机械设备和机具。

(二)机器损坏保险的保险责任

保险人对下列原因引起的意外事故造成的物质损坏或灭失负赔偿责任:
(1)设计、制造或安装错误,铸造和原材料缺陷。
(2)工人和技术人员操作错误、缺乏经验、技术不善、疏忽、过失、恶意行为。
(3)离心力引起的断裂。
(4)超负荷、超电压、碰线、电弧、漏电、短路、大气放电、感应电及其他电气原因。
(5)责任免除项目规定以外的其他原因。

（三）机器损坏保险的除外责任

保险人对于下列原因直接或间接引起的损失、费用和责任不负责赔偿：

（1）机器设备运行必然引起的后果，如自然磨损、氧化、腐蚀、锈蚀、孔蚀、锅垢等物理性变化或化学反应。

（2）各种传送带、缆绳、金属线、链条、轮胎、可调换或替代的钻头、钻杆、刀具、印刷滚筒、套筒、活动管道、玻璃、磁、陶及钢筛、网筛、毛毡制品、一切操作中的媒介物（如润滑油、燃料、催化剂等）及其他各种易损易耗品。

（3）被保险人及其代表已经知道或应该知道的被保险机器及其附属设备在保险单生效前已经存在的缺点或缺陷。

（4）根据法律或契约应由供货方、制造人、安装人或修理人负责的损失或费用。

（5）由于公共设施部门的限制性供应及故意行为或非意外事故引起的停电、停气、停水。

（6）火灾、爆炸。

（7）地震、海啸、雷电、飓风、台风、龙卷风、风暴、暴雨、洪水、冰雹、地崩、山崩、雪崩、火山爆发、地面下陷下沉及其他自然灾害。

（8）飞机坠毁、飞机部件或飞行物体坠落。

（9）机动车碰撞。

（10）水箱、水管爆裂。

（11）被保险人及其代表的故意行为或重大过失。

（12）战争、类似战争行为、敌对行为、武装冲突、恐怖活动、谋反、政变、罢工、暴动、民众骚乱。

（13）政府命令或任何公共当局没收、征用、销毁或毁坏。

（14）核裂变、核聚变、核武器、核材料、核辐射及放射性污染。

（15）保险事故发生后引起的各种间接损失或责任。

（16）保险单规定的应由被保险人自行负担的免赔额。

三、机器损坏保险的保险金额和免赔额

机器损坏保险的保险金额，应为机器设备的重置价值，即重新换置同一厂牌或相类似的型号、规模、性能的新机器设备的价格，包括出厂价格、运费、保险费、税款、可能支付的关税以及安装费用等。不论机器及其附属设备新旧程度，保险金额均按重置价值确定。如果被保险机器不止一项时，应分别列明保险金额。如果机器设备的底座、附件需要保险,应在保单中注明,并增加保险金额。

为了加强被保险人的安全生产责任心,保险人可根据机器的性质、大小、新旧、保养和使用情况与被保险人商定一个每项事故的免赔额(率)。同一保单中各种机器的情况不同,免赔额可以不同。如果在一次事故中有多个项目发生损失,被保险人只承担这些项目中最高的一个免赔额。

四、机器损坏保险的保险费率

机器损坏保险费率的主要影响因素有机器的类型和用途。当然,被保险人的管理水平和技术水平、防损和安全措施、近年内的损失和修理费用情况、免赔额的高低等,对费率也有重要影响。由于机器损坏的频率较高,保险费率一般都较高。

五、机器损坏保险的停工退费规定

如果机器损坏保险承保的锅炉、汽轮机、蒸汽机、发电机或柴油机连续停工超过 3 个月时(包括修理,但不包括由于发生保险责任范围内损失后的修理),则停工期间的保险费按下列比例退还给被保险人:

连续停工 3～5 个月退还保险费的 15%;

连续停工 6～8 个月退还保险费的 25%;

连续停工 9～11 个月退还保险费的 35%;

连续停工 12 个月退还保险费的 50%。

但关于停工退费的规定不适用于季节性的工厂使用的机器。

六、机器损坏保险的赔偿处理

(一)赔偿方式

对被保险机器设备遭受的损失,保险人可选择以支付赔款或以修复、重置受损项目的方式予以赔偿,但对被保险机器设备在修复或重置过程中发生的任何变更、性能增加或改进所产生的额外费用,保险人不负责赔偿。

(二)赔偿金额的确定

(1)可以修复的部分损失:以将被保险机器设备修复至其基本恢复受损前状态的费用扣除残值后的金额为准,修理时需更换零部件的,可不扣除折旧。

(2)全部损失或推定全损:以被保险机器设备损失前的实际价值扣除残值后的金额为准,但保险人有权不接受被保险人对受损机器设备的委付。

(3)任何属于成对或成套的设备项目,若发生损失,保险人的赔偿责任不超过该受损项目在所属整对或整套设备项目的保险金额中所占的比例。

(4)发生损失后,被保险人为减少损失而采取必要措施所产生的合理费用,保险人可予以赔偿,但本项费用以被保险机器设备的保险金额为限。

(三)保险金额的减少和恢复

保险人赔偿损失后,由保险人出具批单将保险金额从损失发生之日起相应减少,并且不退还保险金额减少部分的保险费。如被保险人要求恢复至原保险金额,应按约定的保险费率加缴恢复部分从损失发生之日起至保险期限终止之日止按日计算的保险费。

附录九:××保险公司建筑工程保险条款

本保险单内容主要包括明细表、责任范围、除外责任、赔偿处理、被保险人义务、总则、特别条款等。本保险单还包括投保申请书及其附件以及本公司今后以批单方式增加的内容。

第一部分　物质损失险

(一)责任范围

1.在本保险期限内,若本保险单明细表中分项列明的保险财产在列明的工地范围内,因本保险单除外责任以外的任何自然灾害或意外事故造成的物质损坏或灭失(以下简称"损失"),本公司按本保险单的规定负责赔偿。

2.对经本保险单列明的因发生上述损失所产生的有关费用,本公司亦可负责赔偿。

3.本公司对每一保险项目的赔偿责任均不得超过本保险单明细表中对应列明的分项保险金额以及本保险单特别条款或批单中规定的其他适用的赔偿限额。但在任何情况下,本公司在本保险单项下承担的对物质损失的最高赔偿责任不得超过本保险单明细表中列明的总保险金额。

自然灾害:指地震、海啸、雷电、飓风、台风、龙卷风、风暴、暴雨、洪水、水灾、冻灾、冰雹、地崩、山崩、雪崩、火山爆发、地面下陷下沉及其他人力不可抗拒的破坏力强大的自然现象。

意外事故:指不可预料的以及被保险人无法控制并造成物质损失或人身伤亡的突发性事件,包括火灾和爆炸。

（二）除外责任

本公司对下列各项不负责赔偿：

1.设计错误引起的损失和费用；

2.自然磨损、内在或潜在缺陷、物质本身变化、自燃、自热、氧化、锈蚀、渗漏、鼠咬、虫蛀、大气(气候或气温)变化、正常水位变化或其他渐变原因造成的保险财产自身的损失和费用；

3.因原材料缺陷或工艺不善引起的保险财产本身的损失以及为换置、修理或矫正这些缺点和错误所支付的费用；

4.非外力引起的机械或电气装置的本身损失，或施工用机具、设备、机械装置失灵造成的本身损失；

5.维修保养或正常检修的费用；

6.档案、文件、账簿、票据、现金、各种有价证券、图表资料及包装物料的损失；

7.盘点时发现的短缺；

8.领有公共运输行驶执照的，或已由其他保险予以保障的车辆、船舶和飞机的损失；

9.除非另有约定,在保险工程开始以前已经存在或形成的位于工地范围内或其周围的属于被保险人的财产的损失；

10.除非另有约定,在本保险单保险期限终止以前,保险财产中已由工程所有人签发完工验收证书或验收合格或实际占有或使用或接收的部分。

第二部分 第三者责任险

（一）责任范围

1.在本保险期限内,因发生与本保险单所承保工程直接相关的意外事故引起工地内及邻近区域的第三者人身伤亡、疾病或财产损失,依法应由被保险人承担的经济赔偿责任,本公司按下列条款的规定负责赔偿。

2.对被保险人因上述原因而支付的诉讼费用以及事先经本公司书面同意而支付的其他费用,本公司亦负责赔偿。

3.本公司对每次事故引起的赔偿金额以法院或政府有关部门根据现行法律裁定的应由被保险人偿付的金额为准。但在任何情况下,均不得超过本保险单明细表中对应列明的每次事故赔偿限额。在本保险期限内,本公司在本保险单项下对上述经济赔偿的最高赔偿责任不得超过本保险单明细表中列明的累计赔偿限额。

（二）除外责任

本公司对下列各项不负责赔偿：

1. 本保险单物质损失项下或本应在该项下予以负责的损失及各种费用。

2. 由于震动、移动或减弱支撑而造成的任何财产、土地、建筑物的损失及由此造成的任何人身伤害和物质损失。

3.(1)工程所有人、承包人或其他关系方或他们所雇用的在工地现场从事与工程有关工作的职员、工人以及他们的家庭成员的人身伤亡或疾病；

(2)工程所有人、承包人或其他关系方或他们所雇用的职员、工人所有的或由其照管、控制的财产发生的损失；

(3)领有公共运输行驶执照的车辆、船舶、飞机造成的事故；

(4)被保险人根据与他人的协议应支付的赔偿或其他款项，但即使没有这种协议，被保险人仍应承担的责任不在此限。

（三）总除外责任

在本保险单项下，本公司对下列各项不负责赔偿：

1.(1)战争、类似战争行为、敌对行为、武装冲突、恐怖活动、谋反、政变引起的任何损失、费用和责任；

(2)政府命令或任何公共当局的没收、征用、销毁或毁坏；

(3)罢工、暴动、民众骚乱引起的任何损失、费用和责任。

2. 被保险人及其代表的故意行为或重大过失引起的任何损失、费用和责任。

3. 核裂变、核聚变、核武器、核材料、核辐射及放射性污染引起的任何损失、费用和责任。

4. 大气、土地、水污染及其他各种污染引起的任何损失、费用和责任。

5. 工程部分停工或全部停工引起的任何损失、费用和责任。

6. 罚金、延误、丧失合同及其他后果损失。

7. 保险单明细表或有关条款中规定的应由被保险人自行负担的免赔额。

（四）保险金额

1. 本保险单明细表中列明的保险金额应不低于：

(1)建筑工程——保险工程建筑完成时的总价值，包括原材料费用、设备费用、建造费、安装费、运输费和保险费、关税、其他税项和费用以及由工程所有人提供的原材料和设备的费用；

(2)施工用机器、装置和机械设备——重置同型号、同负载的新机器、装置和机械设备所需的费用；

(3)其他保险项目——由被保险人与本公司商定的金额。

2. 若被保险人是以保险工程合同规定的工程概算总造价投保，被保险人应：

(1)在本保险项下工程造价中包括的各项费用因涨价或升值原因而超出原保险工程造价时，必须尽快以书面通知本公司，本公司据此调整保险金额；

（2）在保险期限内对相应的工程细节作出精确记录，并允许本公司在合理的时候对该项记录进行查验；

（3）若保险工程的建造期超过三年，必须从本保险单生效日起每隔十二个月向本公司申报当时的工程实际投入金额及调整后的工程总造价，本公司将据此调整保险费；

（4）在本保险单列明的保险期限届满后3个月内向本公司申报最终的工程总价值，本公司据此以多退少补的方式对预收保险费进行调整。

否则，针对以上各条，本公司将视为保险金额不足，一旦发生本保险责任范围内的损失时，本公司将根据本保险单总则中第（六）款的规定对各种损失按比例赔偿。

（五）保险期限

1. 建筑期物质损失及第三者责任保险：

（1）本公司的保险责任自保险工程在工地动工或用于保险工程的材料、设备运抵工地之时起始，至工程所有人对部分或全部工程签发完工验收证书或验收合格，或工程所有人实际占有或使用或接收该部分或全部工程之时终止，以先发生者为准。但在任何情况下，建筑期保险期限的起始或终止不得超出本保险单明细表中列明的建筑期保险生效日或终止日。

（2）不论安装的保险设备的有关合同中对试车和考核期如何规定，本公司仅在本保险单明细表中列明的试车和考核期限内对试车和考核所引发的损失、费用和责任负责赔偿；若保险设备本身是在本次安装前已被使用过的设备或转手设备，则自其试车之时起，本公司对该项设备的保险责任即行终止。

（3）上述保险期限的展延，须事先获得本公司的书面同意；否则，从本保险单明细表中列明的建筑期保险期限终止日起至保证期终止日止期间内发生的任何损失、费用和责任，本公司不负责赔偿。

2. 证期物质损失保险：

保证期的保险期限与工程合同中规定的保证期一致，从工程所有人对部分或全部工程签发完工验收证书或验收合格，或工程所有人实际占有或使用或接收该部分或全部工程时起算，以先发生者为准。但在任何情况下，保证期的保险期限不得超出本保险单明细表中列明的保证期。

（六）赔偿处理

1. 对保险财产遭受的损失，本公司可选择以支付赔款或以修复、重置受损项目的方式予以赔偿，但对保险财产在修复或重置过程中发生的任何变更、性能增加或改进所产生的额外费用，本公司不负责赔偿。

2. 在发生本保险单物质损失项下的损失后，本公司按下列方式确定赔偿金额：

（1）可以修复的部分损失——以将保险财产修复至其基本恢复受损前状态的费用扣除残值后的金额为准。但若修复费用等于或超过保险财产损失前的价值时，则按下列第 2 项的规定处理；

（2）全部损失或推定全损——以保险财产损失前的实际价值扣除残值后的金额为准，但本公司有权不接受被保险人对受损财产的委付；

（3）发生损失后，被保险人为减少损失而采取必要措施所产生的合理费用，本公司可予以赔偿，但本项费用以保险财产的保险金额为限。

3. 本公司赔偿损失后，由本公司出具批单将保险金额从损失发生之日起相应减少，并且不退还保险金额减少部分的保险费。如被保险人要求恢复至原保险金额，应按约定的保险费率加缴恢复部分从损失发生之日起至保险期限终止之日止按日比例计算的保险费。

4. 在发生本保险单第三者责任项下的索赔时：

（1）未经本公司书面同意，被保险人或其代表对索赔方不得作出任何责任承诺或拒绝、出价、约定、付款或赔偿。在必要时，本公司有权以被保险人的名义接办对任何诉讼的抗辩或索赔的处理；

（2）本公司有权以被保险人的名义，为本公司的利益自付费用向任何责任方提出索赔的要求。未经本公司书面同意，被保险人不得接受责任方就有关损失作出的付款或赔偿安排或放弃对责任方的索赔权利；否则，由此引起的后果将由被保险人承担；

（3）在诉讼或处理索赔过程中，本公司有权自行处理任何诉讼或解决任何索赔案件，被保险人有义务向本公司提供一切所需的资料和协助。

5. 被保险人的索赔期限，从损失发生之日起，不得超过两年。

（七）被保险人的义务

被保险人及其代表应严格履行下列义务：

1. 在投保时，被保险人及其代表应对投保申请书中列明的事项以及本公司提出的其他事项作出真实、详尽的说明或描述。

2. 被保险人或其代表应根据本保险单明细表和批单中的规定按期缴付保险费。

3. 在本保险期限内，被保险人应采取一切合理的预防措施，包括认真考虑并付诸实施本公司代表提出的合理的防损建议，谨慎选用施工人员，遵守一切与施工有关的法规和安全操作规程，由此产生的一切费用，均由被保险人承担。

4. 在发生引起或可能引起本保险单项下索赔的事故时，被保险人或其代表应：

（1）立即通知本公司，并在七天或经本公司书面同意延长的期限内以书面报告提供事故发生的经过、原因和损失程度；

（2）采取一切必要措施防止损失的进一步扩大并将损失减少到最低程度；

（3）在本公司的代表或检验师进行勘查之前，保留事故现场及有关实物证据；

（4）在保险财产遭受盗窃或恶意破坏时，立即向公安部门报案；

（5）在预知可能引起诉讼时，立即以书面形式通知本公司，并在接到法院传票或其他法律文件后，立即将其送交本公司；

（6）根据本公司的要求提供作为索赔依据的所有证明文件、资料和单据。

5. 若在某一保险财产中发现的缺陷表明或预示类似缺陷亦存在于其他保险财产中时，被保险人应立即自付费用进行调查并纠正该缺陷。否则，由类似缺陷造成的一切损失应由被保险人自行承担。

附录十：××保险公司安装工程保险条款

本保险单内容主要包括明细表、责任范围、除外责任、赔偿处理、被保险人义务、总则、特别条款等。本保险单还包括投保申请书及其附件以及本公司今后以批单方式增加的内容。

第一部分　物质损失险

（一）责任范围

1. 在本保险期限内，若本保险单明细表中分项列明的保险财产在列明的工地范围内，因本保险单除外责任以外的任何自然灾害或意外事故造成的物质损坏或灭失（以下简称"损失"），本公司按本保险单的规定负责赔偿。

2. 对经本保险单列明的因发生上述损失所产生的有关费用，本公司亦可负责赔偿。

3. 本公司对每一保险项目的赔偿责任均不得超过本保险单明细表中对应列明的分项保险金额以及本保险单特别条款或批单中规定的其他适用的赔偿限额。但在任何情况下，本公司在本保险单项下承担的对物质损失的最高赔偿责任不得超过本保险单明细表中列明的总保险金额。

自然灾害：指地震、海啸、雷电、飓风、台风、龙卷风、风暴、暴雨、洪水、水灾、冻灾、冰雹、地崩、山崩、雪崩、火山爆发、地面下陷下沉及其他人力不可抗拒的破坏力强大的自然现象。

意外事故：指不可预料的以及被保险人无法控制并造成物质损失或人身伤亡的突发性事件，包括火灾和爆炸。

（二）除外责任

本公司对下列各项不负责赔偿：

1.因设计错误、铸造或原材料缺陷或工艺不善引起的保险财产本身的损失以及为换置、修理或矫正这些缺点错误所支付的费用；

2.由于超负荷、超电压、碰线、电弧、漏电、短路、大气放电及其他电气原因造成电气设备或电气用具本身的损失；

3.施工用机具、设备、机械装置失灵造成的本身损失；

4.自然磨损、内在或潜在缺陷、物质本身变化、自燃、自热、氧化、锈蚀、渗漏、鼠咬、虫蛀、大气（气候或气温）变化、正常水位变化或其他渐变原因造成的保险财产自身的损失和费用；

5.维修保养或正常检修的费用；

6.档案、文件、账簿、票据、现金、各种有价证券、图表资料及包装物料的损失；

7.盘点时发现的短缺；

8.领有公共运输行驶执照的，或已由其他保险予以保障的车辆、船舶和飞机的损失；

9.除非另有约定，在保险工程开始以前已经存在或形成的位于工地范围内或其周围的属于被保险人的财产的损失；

10.除非另有约定，在本保险单保险期限终止以前，保险财产中已由工程所有人签发完工验收证书或验收合格或实际占有或使用或接收的部分。

第二部分　第三者责任险

（一）责任范围

1.在本保险期限内，因发生与本保险单所承保工程直接相关的意外事故引起工地内及邻近区域的第三者人身伤亡、疾病或财产损失，依法应由被保险人承担的经济赔偿责任，本公司按下列条款的规定负责赔偿。

2.对被保险人因上述原因而支付的诉讼费用以及事先经本公司书面同意而支付的其他费用，本公司亦负责赔偿。

3.本公司对每次事故引起的赔偿金额以法院或政府有关部门根据现行法律裁定的应由被保险人偿付的金额为准。但在任何情况下，均不得超过本保险单明细表中对应列明的每次事故赔偿限额。在本保险期限内，本公司在本保险单项下对上述经济赔偿的最高赔偿责任不得超过本保险单明细表中列明的累计赔偿限额。

（二）除外责任

本公司对下列各项不负责赔偿：

1. 本保险单物质损失项下或本应在该项下予以负责的损失及各种费用。

2.(1)工程所有人、承包人或其他关系方或他们所雇用的在工地现场从事与工程有关工作的职员、工人以及他们的家庭成员的人身伤亡或疾病；

(2)工程所有人、承包人或其他关系方或他们所雇用的职员、工人所有的或由其照管、控制的财产发生的损失；

(3)领有公共运输行驶执照的车辆、船舶、飞机造成的事故；

(4)被保险人根据与他人的协议应支付的赔偿或其他款项，但即使没有这种协议，被保险人仍应承担的责任不在此限。

（三）总除外责任

在本保险单项下，本公司对下列各项不负责赔偿：

1.(1)战争、类似战争行为、敌对行为、武装冲突、恐怖活动、谋反、政变引起的任何损失、费用和责任；

(2)政府命令或任何公共当局的没收、征用、销毁或毁坏；

(3)罢工、暴动、民众骚乱引起的任何损失、费用和责任。

2. 被保险人及其代表的故意行为或重大过失引起的任何损失、费用和责任。

3. 核裂变、核聚变、核武器、核材料、核辐射及放射性污染引起的任何损失、费用和责任。

4. 大气、土地、水污染及其他各种污染引起的任何损失、费用和责任。

5. 工程部分停工或全部停工引起的任何损失、费用和责任。

6. 罚金、延误、丧失合同及其他后果损失。

7. 保险单明细表或有关条款中规定的应由被保险人自行负担的免赔额。

（四）保险金额

1. 本保险单明细表中列明的保险金额应不低于：

(1)安装工程——保险工程安装完成时的总价值，包括设备费用、原材料费用、安装费、建造费、运输费和保险费、关税、其他税项和费用以及由工程所有人提供的原材料和设备的费用；

(2)施工用机器、装置和机械设备——重置同型号、同负载的新机器、装置和机械设备所需的费用；

(3)其他保险项目——由被保险人与本公司商定的金额。

2. 若被保险人是以保险工程合同规定的工程概算总造价投保，被保险人应：

(1)在本保险项下工程造价中包括的各项费用因涨价或升值原因而超出原保险工程造价时，必须尽快以书面通知本公司，本公司据此调整保险金额；

(2)在保险期限内对相应的工程细节作出精确记录，并允许本公司在合理的时候对该项记录进行查验；

（3）若保险工程的安装期超过三年，必须从本保险单生效日起每隔十二个月向本公司申报当时的工程实际投入金额及调整后的工程总造价，本公司将据此调整保险费；

（4）在本保险单列明的保险期限届满后三个月内向本公司申报最终的工程总价值，本公司据此以多退少补的方式对预收保险费进行调整。

否则，针对以上各条，本公司将视为保险金额不足，一旦发生本保险责任范围内的损失时，本公司将根据本保险单总则中第（六）款的规定对各种损失按比例赔偿。

（五）保险期限

1. 安装期物质损失及第三者责任保险：

（1）本公司的保险责任自保险工程在工地动工或用于保险工程的材料、设备运抵工地之时起始，至工程所有人对部分或全部工程签发完工验收证书或验收合格，或工程所有人实际占有或使用或接收该部分或全部工程之时终止，以先发生者为准。但在任何情况下，安装工程期保险期限的起始或终止不得超出本保险单明细表中列明的安装工程期保险生效日或终止日。

（2）不论安装的保险设备的有关合同中对试车和考核期如何规定，本公司仅在本保险单明细表中列明的试车和考核期限内对试车和考核所引发的损失、费用和责任负责赔偿；若保险设备本身是在本次安装前已被使用过的设备或转手设备，则自其试车之时起，本公司对该项设备的保险责任即行终止。

（3）上述保险期限的展延，须事先获得本公司的书面同意，否则，从本保险单明细表中列明的安装工程期保险期限终止日起至保证期终止日止期间内发生的任何损失、费用和责任，本公司不负责赔偿。

2. 保证期物质损失保险：

保证期的保险期限与工程合同中规定的保证期一致，从工程所有人对部分或全部工程签发完工验收证书或验收合格，或工程所有人实际占有或使用或接收该部分或全部工程时起算，以先发生者为准。但在任何情况下，保证期的保险期限不得超出本保险单明细表中列明的保证期。

（六）赔偿处理

1. 对保险财产遭受的损失，本公司可选择以支付赔款或以修复、重置受损项目的方式予以赔偿，但对保险财产在修复或重置过程中发生的任何变更、性能增加或改进所产生的额外费用，本公司不负责赔偿。

2. 在发生本保险单物质损失项下的损失后，本公司按下列方式确定赔偿金额：

（1）可以修复的部分损失——以将保险财产修复至其基本恢复受损前状态的

费用扣除残值后的金额为准。但若修复费用等于或超过保险财产损失前的价值时，则按下列第2项的规定处理。

(2)全部损失或推定全损——以保险财产损失前的实际价值扣除残值后的金额为准，但本公司有权不接受被保险人对受损财产的委付。

(3)任何属于成对或成套的设备项目，若发生损失，本公司的赔偿责任不超过该受损项目在所属整对或整套设备项目的保险金额中所占的比例。

(4)发生损失后，被保险人为减少损失而采取必要措施所产生的合理费用，本公司可予以赔偿，但本项费用以保险财产的保险金额为限。

3. 本公司赔偿损失后，由本公司出具批单将保险金额从损失发生之日起相应减少，并且不退还保险金额减少部分的保险费。如被保险人要求恢复至原保险金额，应按约定的保险费率加缴恢复部分从损失发生之日起至保险期限终止之日止按日比例计算的保险费。

4. 在发生本保险单第三者责任项下的索赔时：

(1)未经本公司书面同意，被保险人或其代表对索赔方不得作出任何责任承诺或拒绝、出价、约定、付款或赔偿。在必要时，本公司有权以被保险人的名义接办对任何诉讼的抗辩或索赔的处理；

(2)本公司有权以被保险人的名义，为本公司的利益自付费用向任何责任方提出索赔的要求。未经本公司书面同意，被保险人不得接受责任方就有关损失作出的付款或赔偿安排或放弃对责任方的索赔权利，否则，由此引起的后果将由被保险人承担；

(3)在诉讼或处理索赔过程中，本公司有权自行处理任何诉讼或解决任何索赔案件，被保险人有义务向本公司提供一切所需的资料和协助。

5. 被保险人的索赔期限，从损失发生之日起，不得超过两年。

(七)被保险人的义务

被保险人及其代表应严格履行下列义务：

1. 在投保时，被保险人及其代表应对投保申请书中列明的事项以及本公司提出的其他事项作出真实、详尽的说明或描述。

2. 被保险人或其代表应根据本保险单明细表和批单中的规定按期缴付保险费。

3. 在本保险期限内，被保险人应采取一切合理的预防措施，包括认真考虑并付诸实施本公司代表提出的合理的防损建议，谨慎选用施工人员，遵守一切与施工有关的法规和安全操作规程，由此产生的一切费用，均由被保险人承担。

4. 在发生引起或可能引起本保险单项下索赔的事故时，被保险人或其代表应：

(1)立即通知本公司,并在七天或经本公司书面同意延长的期限内以书面报告提供事故发生的经过、原因和损失程度。

(2)采取一切必要措施防止损失的进一步扩大并将损失减小到最低程度。

(3)在本公司的代表或检验师进行勘查之前,保留事故现场及有关实物证据。

(4)在保险财产遭受盗窃或恶意破坏时,立即向公安部门报案。

(5)在预知可能引起诉讼时,立即以书面形式通知本公司,并在接到法院传票或其他法律文件后,立即将其送交本公司。

(6)根据本公司的要求提供作为索赔依据的所有证明文件、资料和单据。

5. 若在某一保险财产中发现的缺陷表明或预示类似缺陷亦存在于其他保险财产中时,被保险人应立即自付费用进行调查并纠正该缺陷。否则,由类似缺陷造成的一切损失应由被保险人自行承担。

◆ 本章小结

1. 工程保险是针对工程项目在建设过程中可能出现的因自然灾害和意外事故而造成的物质损失和依法应对第三者的人身伤亡和财产损失承担的经济赔偿责任提供保障的一种综合性保险。工程保险具有保险标的的特殊性、承保风险的特殊性、被保险人的广泛性、保险金额的变动性、提供保障的综合性、保险期限的不确定性等特点。

2. 工程保险的作用表现为以下几个方面:有利于将集中性风险转嫁出去;有利于加强工程风险的防范和控制;有利于改善项目融资的条件;有利于减少经济纠纷。

3. 建筑工程保险是指以土木建筑为主体的工程项目,如楼房、码头、公路、隧道、大桥、水库等在建筑或改造过程中因自然灾害和意外事故造成的物质损失以及被保险人对第三者依法应承担的赔偿责任为保险标的的保险。建筑工程保险的保险项目通常包括物质损失、特种危险赔偿和第三者责任三个部分。

4. 安装工程保险是指以各种大型机器设备的安装工程项目在安装期间因自然灾害和意外事故造成的物质损失以及被保险人对第三者依法应承担的赔偿责任为保险标的的保险。安装工程保险与建筑工程保险存在如下区别:保险标的的变化不同、面临的风险因素不同、受试车风险影响的程度不同、保险责任范围不同。

5. 机器损坏保险是以各类已安装完毕并投入运行的机器设备为保险标的,承保被保险机器在保险期限内工作、闲置或检修保养时,因人为的、意外的或物理性原因造成的物质损失的一种保险。机器损坏保险按重置价值确定保险金额。承保的风险主要是人为事故,且有停工退费的规定。

◆ 关键术语

工程保险 建筑工程保险 安装工程保险 机器损坏保险 保证期
试车期

◆ 思考题

1.简述工程保险的概念和特点。

2.工程保险是如何发展起来的?

3.为何说工程保险是一种综合性保险?

4.建筑工程保险的保险项目有哪些? 如何确定其责任范围?

5.为什么建筑工程保险中要规定特种危险赔偿限额?

6.建筑工程保险的保险金额和赔偿限额如何确定?

7.简述安装工程保险的概念和适用范围。

8.建筑工程保险和安装工程保险有什么区别?

9.如何区分施救费用和残骸清除费用?

10.简述主要的工程保险特别条款。

11.机器损坏保险有哪些特点?

12.机器损坏保险是如何进行赔偿处理的?

◆ 案例分析题

1.2002 年 8 月 10 日,中国人民保险公司 F 分公司以安装工程保险承保了 E
电力开发公司的两台德国 MANB/W 发电机组,保险期限为 2002 年 8 月 21 日零
点至 2003 年 8 月 20 日 24 时止,保险金额为 500 万美元。2003 年 8 月 9 日,该发
电机组在运行中发生重大事故,E 公司的用电全部消失,机组全部停机。经 E 公
司、保险公司及保险人聘请的检验师三方检验,确定两台机组的损失金额共计人
民币 2000 万元,其中设备价值部分 1200 万元,费用部分 800 万元。设备价值中
包括零件费、材料费、检查费、修理费、测试维护费、运输及安装的保险费、新机组
及部件的报关费、商检费、港口费、调试费等。检验师还对事故的原因进行了分
析,认为,油水泵由于 E 公司变交流器电源失电而中断,停止运行,在断滑油、断冷
却水的情况下机组没有正常运行,而是受大电网系统输出电拖带作逆功率运转,

在干磨的情况下,轴承烧坏,活塞与气缸咬合,机组仍继续运转,致使连杆螺栓拉断,活塞碎裂,连杆飞出机外。造成交流电源失电的原因是由于 100A 500V 的快速熔断器的熔断及电力公司变高低压开关处在非合闸状态,加上操作人员没能及时、准确地判断用电消失的原因,并未及时采取相应的措施等综合因素所致。由于找出造成上述开关处于非合闸状态及快速熔断器熔断的原因需要作大量的检验分析工作;另外,还需要检验逆功保护系统、磁装置线路、滑油故障报警线路、Ⅱ、Ⅲ段电气线路等。检验师认为在低压直流控制线路上安装快速熔断器是不合理的,原设计图纸上也没有这一设计。由于安装了熔断器,又没有采取辅助措施保证在交流电源失电的情况下备用蓄电也可以向直流控制线路供电,从而无法保证机组油水泵的正常运转。当地公安部门还专门组织了调查,排除了该公司机电事故存在故意破坏的可能,但对事故的根本原因仍无法确定。在这种状况下,F保险公司从 E 公司处收集了大量文件材料,包括机组的买卖合同、附件、提单、信用证、机组安装合同等商业文件及机组安装线路图。保险公司还与聘请的检验师共同调阅了电厂工程图、机组运行记录、设计说明书等技术文件。通过综合分析,他们认为,该事故很大程度上是由于制造厂商(B/W 和西门子)在该电厂的机组线路设计上存在缺陷所致。根据买卖合同条款规定,由于这类缺陷的设计所致的损坏应由制造厂商负责赔偿,况且该事故发生在卖方的合同保养期内。保险人建议被保险人尽一切努力向制造厂商索赔。通过与制造厂商的谈判、协商,制造厂商同意承担了约 1600 万元人民币的损失。外商赔偿金额占全部损失金额的80%。被保险人 E 电力公司向德国方面获得了损失中 80%的赔付,但还有 400万元人民币的损失没有补偿。E 公司认为:保险事故发生在保险期限内;400 万元人民币的损失不能从德国获得赔偿,其原因是,E 公司操作人员的疏忽或缺乏操作经验是引起本次事故的因素之一。根据上述两点理由,被保险人要求 F 保险公司赔付 400 万元人民币。

你认为保险公司是否应该承担 400 万元的赔偿责任?为什么?

2.某建筑施工单位承包了某大厦建设工程,根据业主提供的设计和施工方案进行施工,在未作护栏维护的情况下,进行敞开式开挖并大量抽排地下水。后施工单位因发现施工现场附近地面下沉,就暂时停止了施工,但没有针对地面下沉的情况采取必要措施。施工单位经和业主商量修改了原来施工方案后恢复施工,但仍然没有对地面沉降采取防护和恢复措施,就进行人工开孔挖桩。此后,邻近施工现场的一个印刷厂发现厂房、地面开裂,多台进口的精密印刷机出现异常,并有进一步危及人身和财产安全的危险。经受损单位紧急呼吁后,当地政府召集有关单位、专家共同提出补救措施并实施后,地面沉降才得到控制。但是损失已经发生,业主自己委托了权威部门对印刷厂的损失进行了鉴定,鉴定结论是:施工单位在基础工程施工时,大量抽排地下水是造成印刷厂厂房和印刷机受损的直接原因。后来施工单位赔偿了印刷厂各种损失 1000 多万元人民币。随后,某建筑施工单位根据建筑工程保险中第三者责任险的责任范围规定:"在本保险期限内,因发生与本保险单所承保工程直接相关的意外事故引起工地内及邻近区域的第三者人身伤亡、疾病或财产损失,依法应由被保险人承担的经济赔偿责任,本公司按下列条款的规定负责赔偿。"向保险公司索赔 1000 多万元。保险公司调查后认为:本案的损失显然不是由于意外事故造成的,而是施工单位违反国家颁布的相关施工规范、规程,大量抽取地下水所致,是一种人为的因素导致第三者损失的后果。根据建筑工程保险条款的总除外责任中规定:"被保险人及其代表的故意行为和重大过失引起的任何损失、费用和责任。"因而保险公司拒赔。某建筑施工单位不服,就向法院起诉。

你认为保险公司拒赔是否有理? 为什么?

3. 某钢铁公司一炼钢厂于 2000 年 6 月 27 日向某保险公司投保了财产保险综合险附加机器损坏险,保险期限一年。该厂虽已竣工并投入试运行,但资产尚未转入固定资产,双方约定以工程投资概算表为依据,保险公司承保其设备费用的总价值。2001 年 5 月 18 日,因电器短路供电突然中止,致使炼钢车间水包在回转台上未能脱钩,无法浇注,钢水全部铸在包中,造成钢水包报废。事故发生后,被保险人以钢包壳损失 563754 元和钢水包内耐材损失 155706 元,向保险公司索赔损失合计 719460 元。经保险公司理赔人员核查保户设备费用明细账,认定受损钢水包在设备费用项下,金额为 563754 元;保险公司又走访了有关工程技术及会计核算人员,翻阅了领料单据,更换钢水包内耐材需 155706 元。保险公司对保险责任和损失金额均没有异议,但对如何理赔有三种意见:

第一种意见认为,虽然投保人是按投资概算表中设备费用足额投保的,但没有投保安装费用,两项费用在投资概算表中是分项列明的,不同于资产负债表中设备价值系设备买价加安装成本和其他费用之和。根据工程造价的规定,保险公司应剔除钢水包内耐材损失 155706 元,只对钢水包包壳损失 563754 元核赔。

第二种意见认为,保险公司是依据被保险人投资概算表中设备费用足额承保的,并收取了全部保费,就应该对两项损失合计赔偿。

第三种意见认为,投保人投保时的标的虽然是钢包壳,但出险时已构成了事实上的固定资产钢水包,其价值不可分割,由于仅投保了钢包壳价值,可视同不足额投保。应按投资概算表中的设备费用占设备费用和安装费用之和的比例赔偿两项合计损失 719460 元。

你认为哪一种意见正确? 为什么?

4. 2003 年 11 月 21 日,某保险公司承保深圳某广场建筑工程保险,扩展"有限责任保证期条款",保险金额 1.5 亿元,建筑期从 2003 年 11 月 21 日至 2004 年 12 月 31 日,保证期 12 个月,从 2005 年 1 月 1 日至 2005 年 12 月 31 日。2005 年 1 月 16 日下午,施工人员在进行土建电气切割钢筋时,不慎将火星溅落到篱笆上引起火灾,造成工程重大损失。后经分析,确认起火原因是施工人员在第 14 层楼气焊切割螺纹钢筋时,产生的高温金属熔珠飞溅到第 10 层楼墙外排水架可燃物上,引燃后火势蔓延成灾,属意外火灾事故。2005 年 2 月 21 日,被保险人就受火灾损坏的玻璃幕墙工程向保险公司提出索赔。

根据保险单明细表载明的保险期限,建筑期的保险期限在 2004 年 12 月 31 日就已经终止。由于火灾发生在建筑期保险期限终止之后,保险公司经实地查勘调查取证,确认火灾发生时,工程实际上并没有竣工验收,而且被保险人未通知保险公司办理延期手续和补交保险费,保险公司认为此案不属于保险责任,予以拒赔。而被保险人认为事故发生时虽然建筑工程保险的保险期已过,但保险单扩展了保证期责任,保证期还未终止,应该由保险公司赔付损失。

你认为保险公司拒赔是否有理?为什么?

5. 2004 年某保险公司先后承保 B 公司所属某广场的地下工程和主体建筑工程,并且扩展震动、移动或减弱支撑扩展条款。该广场建筑结构由 3 幢 30 层高楼、4 层裙房和 10 米深的地下室组成。2004 年 4 月 19 日,在基坑开挖近两个月后,由于拉森钢板桩打桩引起震动,基坑挖土卸荷载,致使周边土体向坑内位移,坑底土向上隆起,造成周边建筑物及土体水平移动和垂直沉降,距基坑北侧拉森钢板桩仅 0.7～1.0 米处的 C 工厂主厂房发生墙体及地面开裂和倾斜,致使工厂电焊条流水线生产异常,产出废品。C 工厂请建筑科学院对厂房及设备进行监测和鉴定后,向保险公司索赔设备费用 226 万元,建筑物损失费用 18 万元,停产损失约 50 万元,合计人民币 444 万元,双方未能就赔偿事宜达成协议。此后,进行基坑围护后,挖土仍在继续。C 工厂于 2006 年 3 月向法院起诉,诉讼金额 1650 万元,同年 8 月增至 2314 万元。

在案件审理过程中,法院指定某大学鉴定事故原因,指定某会计师事务所对损失进行审计,经分析,事故由以下原因造成:(1)地质条件差;(2)基坑围护结构方案不完善;(3)施工质量差;(4)施工管理不善。

你认为保险公司拒赔是否有理?为什么?

第九章

责任保险

◆ 学习目标

1. 掌握责任保险的概念、特点、分类和作用。
2. 了解责任保险的发展历史和我国责任保险的现状。
3. 理解责任保险赖以产生和发展的法律基础。
4. 熟悉责任保险的具体险种的概念和主要内容。
5. 了解各种责任保险的操作实务。

第一节　责任保险概述

一、责任保险的概念和特点

(一)责任保险的概念

责任保险是指以被保险人对第三者依法应负的赔偿责任为保险标的的保险。企业、团体、家庭和个人在各种生产活动或日常生活中,由于疏忽、过失等行为可能造成他人人身伤害或财产损失,如汽车肇事撞死行人、热水器漏电造成用户死伤、高楼坠物砸伤行人等,一旦给他人造成损害的事实成立,致害人就要依法承担相应的民事损害赔偿责任。这种民事损害赔偿责任可以通过投保相关责任保险的方式转嫁给保险人,由保险人代被保险人"受过"。

各种公众活动场所的所有者、经营管理者,各种产品的生产者、销售者和维修者,各种运输工具的所有者和经营管理者,各种需要雇佣员工的企业,各种提供专业技术服务的单位和个人、家庭或个人等,都会面临责任风险,从理论上讲,都是责任保险的需求方。可见,责任保险的适用范围十分广泛。

(二)责任保险的特点

责任保险属于广义财产保险范畴,和狭义财产保险一样,具备分散风险和组织经济补偿的功能,但责任保险转嫁的是责任风险,与一般财产风险有很大不同,从而使责任保险具备狭义财产保险并不具备的特点,具体表现在以下几方面。

1.责任保险的产生和发展有赖于完备的民事法律制度

狭义财产保险产生和发展的基础,是各种自然风险与社会风险的客观存在以及商品经济的产生和发展,而责任保险产生和发展最为直接的基础是不断完善的民事法律制度。当人们的社会行为必须符合一定的法律规范,违反这种规范造成他人的损害事实时,就必须承担由此而引起的经济赔偿责任,责任保险的必要性才会被人们所认识和接受,责任保险的市场需求才会形成。而且,当今社会越来越多法律的制定和实施使人们面临的民事责任风险种类增多,而民事责任归责原则又朝着有利于保障受害人利益方向的趋势发展,这都加大了民事责任风险的发生概率,使得可能发生民事责任事故的各方迫切需要通过保险来转嫁风险,发展责任保险的重要性日益凸显。目前世界上责任保险最发达的国家和地区,必定同时也是各种民事法律制度最健全、最完备的国家。事实也表明,责任保险产生和发展的基础是健全和完善的民事法律制度。

2.责任保险的保险标的是无形的民事损害赔偿责任

狭义财产保险的保险标的是物质财产及与之相关的利益,一般是有形的,而责任保险的保险标的是被保险人对第三者应当承担的民事损害赔偿责任,是无形的。当然,为了防止责任保险的不当使用,并非所有的民事责任都是责任保险的承保对象,原则上,保险人不保因故意行为所致的民事责任,而只保过错责任中的过失责任和无过失责任以及经过特别约定的违约责任,这能有效防止恶意利用保险机制的道德风险。保险人在责任保险单项下承担的赔偿责任,一般包括以下两项:①被保险人造成他人财产损失和人身伤亡依法应承担的经济赔偿责任,保险人以受害人的损害程度及索赔金额为依据,在保单责任限额的范围内予以赔付。②因赔偿纠纷引起的应由被保险人支付的诉讼、律师费用以及其他事先经保险人同意支付的费用。

3.责任保险的保险金可以直接支付给第三者

在财产损失保险中,保险人是对被保险人的财产损失进行直接赔偿,保险金直接支付给被保险人,不会涉及第三者。但在责任保险业务中,由于保险人承保的是被保险人依法对第三者应负的经济赔偿责任,因而根据最新修订的保险法的规定,保险人可以直接把保险金支付给受害的第三者。可见,责任保险既替代了被保险人的经济赔偿责任,又保障了受害人应有的合法权利。

4.责任保险是以责任限额方式限定保险人承担的责任

在财产损失保险中,保险人承担的最高赔偿责任是根据保险标的的实际价值确定的保险金额,而责任保险承保的是被保险人依法应对第三者承担的经济赔偿责任,这种经济赔偿责任实际发生时,数额可能是数千元,也可能要上亿元,但到底是多少,事先无法预料。可见,被保险人可能承担的经济赔偿责任额度在其投保责任保险时无法确定下来,但如果在保险合同中对这种不确定的经济赔偿责任完全不加以限制,势必会加大保险人的经营风险,不利于保险人的稳健经营。因此,保险人在经营责任保险业务时,会对各种不同的责任保险险种规定不同的责任限额,以此作为自身承担赔偿责任的最高限额。这样,在为被保险人承担风险的同时,又控制了自己承担的风险。

在责任保险业务中,通常规定两项责任限额:一是每次事故责任限额,即每次责任事故或同一原因引起的一系列责任事故的责任限额,它分为财产损失责任限额与人身伤亡责任限额。二是保单累积责任限额,即保险期限内累计的责任限额,它分为累计的财产损失责任限额和累计的人身伤亡责任限额。在责任保险的实践中,责任限额有各种不同的规定方式:有的只规定事故责任限额,不规定累计责任限额;有的既规定事故责任限额,又规定累计责任限额;有的在规定事故责任限额或累计赔偿限额时,不再区分财产损失赔偿限额和人身伤害赔偿限额,而是将两个合为一个责任限额。从目前国际上的责任保险的发展趋势看,越来越多的国家对人身伤亡不再规定责任限额,即实行无限额。

二、责任保险的分类

责任保险涉及面广,具体险种繁多,依据不同的划分标准,可以有以下不同的分类。

(一)按承担责任风险不同划分

1.公众责任保险

公众责任保险承保被保险人在公共场所进行生产、经营或其他活动时,因发生意外事故而造成的他人人身伤亡或财产损失,依法应由被保险人承担的经济赔偿责任。公众责任保险适用的范围非常广泛,其业务复杂,险种众多。它主要包括场所责任保险、承包人责任保险、承运人责任保险、个人责任保险、餐饮场所责任保险、供电责任保险、校园方责任保险、物业管理责任保险、旅行社责任保险、监护人责任保险、血站采供血责任保险、驾驶员培训学校责任保险以及机动车辆停车场责任保险等。

此外,第三者责任保险如机动车第三者责任保险、建筑工程第三者责任保险、安装工程第三者责任保险、航空承运人综合责任险、石油作业第三者责任险、核电站第三者责任险、船舶碰撞责任保险等,也属于公众责任保险的范畴。但此类公众责任保险一般都与某类特定的财产损失保险有关联,在承保方式上有一定的特殊性。

2.产品责任保险

产品责任保险承保制造者、销售者或修理者因其所制造、销售或修理的产品质量有缺陷,导致消费者或用户或其他人遭受人身伤亡或财产损失,依法应承担的经济赔偿责任。在责任保险领域里,产品责任保险是发展最为迅速的险种。

3.雇主责任保险

雇主责任保险承保雇主对雇员在受雇期间遭受意外事故或患有与所从事工作有关的国家规定的职业性疾病,所致伤、残或死亡,雇主根据劳动法或雇主责任法及劳动合同应承担的医药费用及经济赔偿责任。三资企业、私人企业、国有企业、事业单位、集体企业以及集体或个人承包的各类企业都可为其所聘用的员工投保雇主责任险。

4.职业责任保险

职业责任保险承保各种专业技术人员因工作上的疏忽或过失致使他人遭受损害的经济赔偿责任。适用于医生、药剂师、设计师、工程师、律师、会计师、保险经纪人等各种专业工作者。

(二)按保险人承担保险责任的基础为标准划分

1.期内发生式责任保险

期内发生式责任保险是以保险事故发生为前提,即只要保险事故发生在保险期限内,不管受害人是否在保险期限内向被保险人提出索赔,保险人都必须履行赔偿责任的保险。期内发生式责任保险的优点是保险人支付的赔款与他在保险期内实际承担的风险相适应。其缺点是保险人在该种类型保险单下的赔偿责任经常要拖很长时间才能确定,因而此类业务也被称作"长尾巴业务"。为了控制保险人承担的风险,此类保单通常会明确一个截止日期。

2.期内索赔式责任保险

期内索赔式责任保险是指只要第三人向被保险人第一次提出索赔的时间在保单有效期内,则保险人应对被保险人承担保险金给付责任的保险。期内索赔式责任保险同样是优缺点并存。优点是保险人能了解受害人向被保险人提出索赔的情况,在一定程度上把握自己所应承担的风险责任。缺点是由于保险人对保单失效后的索赔案件不负赔偿责任,对被保险人来说,显然缺乏足够的保障。此类保单对于在保单生效期前发生的事故的损失都可以赔偿,因此保单中常有追溯期的规定,从而将保单负责赔偿的责任事故发生的时间限定在一定的时间内。

一般而言,保险事故发生后能够很快得知或被发现的,宜采用事故型责任保险的方式。反之,则采用索赔型责任保险的方式,如产品责任保险就宜采用期内索赔式承保。

(三)按实施方式不同划分

1. 自愿责任保险

自愿责任保险,是指投保人和保险公司在平等互利、等价有偿的原则基础上,通过协商一致,双方完全自愿订立责任保险合同。在自愿责任保险中,投保人是否投保,保险人是否承保以及保险合同的具体内容,完全由双方自愿自主决定,不受任何第三者干预。当前世界各国,绝大部分责任保险业务都采用自愿保险方式办理,我国也不例外。

2. 强制责任保险

强制责任保险,是指根据国家颁布的有关法律和法规,凡是在规定范围内的单位或个人,不管愿意与否都必须参加的责任保险。例如,世界各国一般都将机动车第三者责任保险规定为强制保险。在很多国家,雇主责任保险一般也是强制责任保险。由于强制责任保险某种意义上表现为国家对个人意愿的干预,所以强制责任保险的范围是受严格限制的。

(四)按保单是否具有独立性划分

1. 独立责任保险

独立责任保险是指保险人单独将责任风险进行承保的保险。它又包括纯独立责任保险和与财产损失保险相联系但可独立存在的责任保险。前者如产品责任保险、职业责任保险、雇主责任保险等,而后者主要是指机动车第三者责任保险。

2. 附加责任保险

附加责任保险是指以附加险形式与某一特定财产保险基本险构成财产保险合同组合的责任保险。如机动车第三者责任险的附加责任保险有车上人员责任险、车上货物责任险等。又如 2003 年平安财产保险公司推出的"非典型肺炎特别保险条款",作为"雇主责任保险"的附加险,承保被保险人雇员在工作期间(包括上下班途中)罹患非典型肺炎,依法应由被保险人承担的经济赔偿责任,包括每日住院津贴、误工工资和死亡赔偿金。

（五）按责任发生的原因划分

1.过失责任保险

过失责任保险承保被保险人因疏忽或过失造成他人人身伤亡和财产损失依法应负的民事损害赔偿责任。大部分的责任保险都属于过失责任保险。

2.无过失责任保险

无过失责任保险承保被保险人无论有无过失都要依法对他人的人身伤亡和财产损失承担的民事损害赔偿责任。雇主责任保险、产品责任保险、机动车第三者责任保险等都属于此类保险。

3.合同责任保险

合同责任保险承保被保险人违反合同规定应负的民事损害赔偿责任。医疗责任保险、货物运输合同责任保险等属于此类保险。

三、责任保险所承保的法律责任

责任保险承保的法律责任主要是致害人（被保险人）依法应承担的对受害人的民事损害赔偿责任，简称民事责任。

（一）民事责任的概念与分类

民事责任，是指民事主体因违反合同或者不履行其他民事义务所应承担的民事法律后果。我国《民法通则》第106条规定："公民、法人违反合同或者不履行其他义务的，应当承担民事责任。公民、法人由于过错侵害国家、集体的财产，侵害他人财产、人身的，应当承担民事责任。没有过错，但法律规定应当承担民事责任的，应当承担民事责任。"

民事责任按照责任发生依据的不同，可以分为侵权责任和违约责任，如图9-1所示。

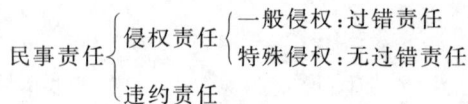

$$民事责任 \begin{cases} 侵权责任 \begin{cases} 一般侵权：过错责任 \\ 特殊侵权：无过错责任 \end{cases} \\ 违约责任 \end{cases}$$

图 9-1　民事责任分类示意图

（二）侵权责任的含义

侵权行为的民事责任，简称侵权责任，是指民事主体因实施侵权行为而应承担的民事法律后果。侵权责任产生的基础是侵权行为。侵权行为是指行为人由于过错侵害他人的财产或者人身,依法应当承担民事责任的行为以及依照法律特别规定应当承担民事责任的其他致人损害的行为。

侵权责任分为一般侵权责任和特殊侵权责任。

一般侵权责任,是指民事主体基于主观过错而实施的适用于侵权行为一般构成要件和一般责任条款的致人损害行为而应承担的民事责任。例如故意侵占和毁损他人财物、毁谤他人名誉等诸如此类的行为所导致的民事责任。一般侵权行为的构成要件,是指在一般情况下,构成侵权行为所必须具备的因素。只有同时具备这些因素,侵权行为才能成立。一般侵权责任的构成要件包括:第一,有加害行为。加害行为又称致害行为,是指行为人做出的致他人的民事权利受到损害的行为。从表现形式上看,加害行为可以是作为,也可以是不作为,以不作为构成加害行为的,一般以行为人负有特定的义务为前提。第二,有损害事实的存在。损害事实,是指因一定的行为或事件对他人的财产或人身造成的不利影响。损害事实依其性质和内容,可分为财产损害、人身伤害和精神损害三种。第三,加害行为与损害事实之间有因果关系。侵权行为只有在加害行为与损害事实之间存在因果关系时,才能构成。如果加害人有加害行为,他人也有民事权益受损害的事实,但两者毫不相干,则侵权行为仍不能构成。因此,加害行为与损害事实之间有因果关系,是构成一般侵权行为的又一要件。第四,行为人主观上有过错。过错包括故意和过失两种形式。行为人明知自己的行为会发生损害他人民事权利的结果,并且希望或放任该结果发生的,为故意。行为人应当预见自己的行为可能损害他人的民事权利但因为疏忽大意而没有预见,或者虽然已经预见但轻信能够避免,结果导致他人的民事权利受到损害的,为过失。衡量行为人是否有过失,应根据具体的时间、地点和条件等多种因素综合进行确定。

特殊侵权民事责任,是指当事人基于与自己有关的行为、物件、事件或者其他特别原因致人损害,依照民法上的特别责任条款或者民事特别法的规定仍应对他人的人身、财产损失所应当承担的民事责任。特殊侵权民事责任基于特殊侵权行为而产生。特殊侵权行为,一般由法律直接规定,在侵权责任的主体、主观构成要件、举证责任的分配等方面的构成要件不同于一般侵权行为,是适用民法特别责任条款的致人损害的行为。在民法特别规定的范围内,不论加害人在主观方面是否存在过错,只要具备加害行为、损害事实以及两者之间的因果关系,就认定加害人的行为构成特殊侵权行为。不考虑加害人的过错,是特殊侵权行为构成要件的本质特征。但是,不考虑加害人的过错,并不意味着不考虑受害人的过错,也并不意味着不考虑第三人的过错,在确定责任承担时,往往应当考虑受害人的过错和第三人的过错。根据《民法通则》的规定,在我国特殊侵权行为主要有以下八种:国家机关及其工作人员职务侵权行为,产品缺陷致人损害的行为,高度危险作业致人损害的侵权行为,污染环境致人损害的侵权行为,地面施工致人损害的侵权行为,地上工作物致人损害的侵权行为,饲养动物致人损害的侵权行为,无民事行为能力人和限制民事行为能力人致人损害的侵权行为。

(三)违约责任的含义

违约责任即违反合同的民事责任,是指合同当事人一方不履行合同义务或者履行合同义务不符合约定时,依照法律规定或者合同的约定所应承担的民事责任。违约责任制度是保障债权实现及债务履行的重要措施,它与合同义务有密切联系,合同义务是违约责任产生的前提,违约责任则是合同义务不履行的结果。

根据我国《合同法》的规定,我国违约责任的形态具体包括以下几个方面:

(1)预期违约,即在合同履行期限到来之前,当事人一方明确表示或者以自己的行为表明不履行合同的行为。可分为预期拒绝履行和预期不能履行两种类型。

(2)完全不履行,是指当事人根本未履行任何合同义务的违约情形。

(3)延迟履行,是指在合同履行期限届满而未履行债务。

(4)不适当履行,是指虽有履行但履行质量不符合合同约定或法律规定的违约情形,如数量不足、质量不合格、假货等。

违约责任的承担方式有四种:实际履约,是指违反合同的行为人无论是否已经承担赔偿金或违约金责任,都要根据对方的要求,并在自己能够履行的条件下,对原合同未履行的部分继续按照要求履行;采取补救措施,是指履行合同不符合约定条件的一方依照法律规定或约定采取修理、更换、降价等各种措施,给权利人弥补或挽回损失以防止损失发生或扩大的责任形式;赔偿损失,是指民事责任方式中适用最广的责任形式,责任保险就负责这种损失;支付违约金,是指当事人违反合同时按照法律规定或约定向对方支付一定金额的责任形式。

四、责任保险的作用

1. 能够及时补偿被保险人因承担民事损害赔偿责任而遭受的经济利益损失

任何企业、团体、家庭和个人都不可能完全避免责任事故的发生。一旦发生责任事故,造成他人人身伤亡和财产损失,致害人就必须依法承担相应的经济赔偿责任。但是,致害人的经济状况各不相同,对于这种经济赔偿责任,有的能够全部承担,有的只能承担一部分,有的甚至完全无力承担。但即便是能够承担经济赔偿责任的致害人,因赔偿责任而产生的经济负担可能仍是非常沉重的。现实生活中由于责任事故导致致害人倾家荡产的现象并不罕见。而通过责任保险,把被保险人面临的责任风险转移出去,能够稳定被保险人的经济状况,有助于被保险人生产、生活的正常进行。

2.有利于保护受害人的利益

对于各种责任事故的受害人,如果没有责任保险,其合法权益能够得到保障,就很难保证,因为其合法权益能否得到保障取决于致害人的经济承受能力。而责任保险是由保险人代替被保险人(也即致害人)承担赔偿责任,这无异于提高了致害人的赔偿能力,从而保障了受害人的经济利益。

3.有利于法律制度的贯彻实施

国家通过法律对造成他人损害的单位或个人进行制裁,包括民事处罚和刑事处罚。民事处罚的主要手段是经济补偿,但一方面致害人的赔偿能力大不相同,另一方面如果遭遇重大责任事故,任何单位和个人恐怕都不能承担,可见,致害人无力支付经济赔偿的现象极易出现。在致害人无力赔偿的情况下,即便有法律规定,但法律的贯彻实施却成了空谈,而责任保险制度的实行减少了此类情况出现的可能性。

4.能促进社会更加和谐与文明

责任事故发生后,事故双方会因经济赔偿问题不能达成一致意见而产生纠纷并影响社会稳定,严重时甚至会引发社会骚乱。可见,责任事故容易造成个人、家庭、单位、政府、社会之间的不和谐。但如果保险公司、个人、企业等通过建立和运行责任保险制度形成责任风险的分摊机制,在责任事故发生后既能使受害人获得及时的赔偿,又能在一定程度上减轻致害人的赔偿责任,这无疑会使受害人与致害人之间的矛盾得到缓解,使纠纷容易化解,社会理所当然也就更加和谐安定和文明。此外,保险人在承保责任保险时通常以被保险人的安全管理、质量管理等符合一定条件为前提,并会通过安全检查和相关保险条款督促被保险人加强安全管理,这能有效防范责任事故的发生。可见,责任保险能促进社会更加和谐与文明。

五、国外责任保险的产生和发展

从历史上看,责任保险起源于 19 世纪初叶的法国。1804 年 3 月,法国《拿破仑法典》中首次出现了损害他人财产或身体者须负赔偿责任的规定,由于法律责任风险的明确化,法国率先开办了责任保险。接着,德国、英国也纷纷开办责任保险。

(一)雇主责任保险的产生和发展

最初以独立险种形式出现的责任保险险种是雇主责任保险。1880 年,英国颁布《雇主责任法》,当年即有专门的雇主责任保险公司成立,承保雇主在经营过程中因过错致使雇员受到人身伤害或财产损失时应负的法律赔偿责任。1886年,英国在美国开设雇主责任保险分公司,而美国自己的雇主责任保险公司则在1889年才出现。美国于1911年和1912年制定了《劳工补偿法》,使得雇主对雇员应承担的法律责任增大,雇主责任保险有了更快的发展。20世纪初,英美两国已将雇主责任保险纳入法定保险之列,随即被众多国家所仿效。

(二)第三者责任保险的产生和发展

1875年,英国出现了马车第三者责任保险,专门承保因使用马车而引起的责任。这可以看做是汽车第三者责任保险的先导。在汽车问世后不久,1896年,英国法律事故保险公司签发了保费为10～100英镑的第三者责任保险单,成为汽车责任保险第一人。此后,美国于1898年也开办了机动车责任险,但对于第三人财物毁损责任险则于1902年开办。到了20世纪40年代,很多国家将机动车第三者责任保险规定为法定的强制性保险,以后更多的国家继而仿效。经过几十年的发展,汽车、船舶、飞机等第三者责任保险和工程项目的第三者责任保险的发展日渐成熟和完善,构成了完整的第三者责任保险体系。

(三)公众责任保险的产生和发展

一些西方国家的公众责任保险已经开办了100多年。如1886年出现了承包人责任保险,1888年出现了升降梯责任保险,房东住户责任保险始于1894年,个人责任保险始于1932年。在20世纪40年代,随着西方国家工业化的发展,公众责任保险的发展也进入了成熟阶段。在法制日益健全和完善的今天,人们的法律意识和维权意识不断增强,公众责任保险已经成为企业、团体、家庭和个人的重要保障机制。

(四)职业责任保险的产生和发展

1885年,第一张职业责任保险单问世,承保药剂师过失责任。1890—1990年间,医生职业责任保险产生。1923年,会计师职业责任保险产生。在20世纪80年代后期,职业责任保险飞速发展。目前,职业责任保险已经涵盖了医生、护士、药剂师、美容师、律师、会计师、公证人、建筑师、工程师、房地产经纪人、保险经纪人和代理人、公司董事和高级职员等数十种不同的行业,在责任保险市场上占据了十分重要的地位。

（五）产品责任保险的产生和发展

产品责任保险中最早的险种是毒品责任保险,产生于1910年。在20世纪70年代以后,由于美国确立了严格责任原则并在世界上产生了广泛的影响,产品责任保险迅速发展,其承保范围日益扩大。当今,各种食品、药品、日用品、电子产品等都可投保产品责任保险。美国是产品责任保险业务量最大、索赔案最多、赔偿金额最高的国家,西欧国家和日本的责任保险业务增长也很快,产品责任保险已成为西方发达国家财产保险的主要业务之一。

总之,责任保险于20世纪70年代获得全面、迅速发展,大部分的责任保险产品均已产生并形成了独立的保险产品体系。目前,责任保险的服务领域不断扩展,形成了门类齐全、险种众多、内容丰富的责任保险体系。责任保险已成为企业、团体、家庭及个人必不可少的转嫁责任风险的手段。对于保险人来说,责任保险的保费收入逐年提高,已成为其支柱业务。在西方保险业发达国家,责任保险的保费收入占整个非寿险业务的比重一般在30％以上。

六、我国责任保险的发展历史与现状

在20世纪50年代初期,我国开办过汽车、飞机的附加第三者责任保险和船舶碰撞保险以及在涉外保险领域开办过少量的展览会公众责任险,但这一时期的责任保险业务仅维持了几年便于1955年停办了。1979年以后,随着国内保险业务的恢复,责任保险业务也开始恢复。经过几十年的发展,目前我国的责任保险已涵盖公众责任、产品责任、雇主责任、职业责任等各个方面,开办的险种多达数百个,服务范围涉及社会的各个领域。总体而言,目前我国责任保险市场的发展呈现出如下特点。

1.发展速度较快,但业务总规模仍很小

近年来我国责任保险总体呈现出较快增长的趋势。表9-1所示是2001—2007年我国责任保险发展状况,从表中可看出,这几年我国责任保险的发展速度较快,除2003年和2004年出现小幅负增长外,责任保险在其他年份都保持了两位数的增长;2007年,我国责任保险保费收入为66.6亿元,同比增长18.91％。但责任保险市场的总体规模仍非常小,占财产保险的比重还不足4％,这与我国保险业发展水平很不相称,其应该发挥的功能和作用远未发挥。

表 9-1　2001－2007 年我国责任保险发展状况

项目 年份	责任险保费收入 （亿元）	责任险保费收入同比 增长（％）	责任险占财险比重 （％）
2001	27.70	33.10	4.02
2002	36.86	33.07	4.73
2003	34.82	－5.53	4.01
2004	33.00	－5.23	2.93
2005	46.36	40.48	3.29
2006	56.00	20.79	3.71
2007	66.00	18.90	3.33

数据来源：2002－2008 年中国保险年鉴。

注：责任保险保费收入不包括机动车第三者责任保险、建筑安装工程第三者责任保险及飞机责任保险。

2. 责任保险从单一向多元化发展，但险种内部结构发展不平衡

近年来，各保险公司根据市场需求先后推出多种责任保险，据中国保监会"保险产品管理信息系统"的统计数据，截至 2008 年 4 月底，中国保监会共审批或备案的责任保险产品条款 1500 多个，而 2004 年这一数字仅为 400 多个。特别是近年来中国保监会先后与国家有关部委联合下发了多个有关责任保险的文件，掀起了各保险公司开发责任保险产品的热潮。如 2005 年 1 月，重庆市首次推出了动物饲养责任保险；2005 年 7 月，中国人民财产保险股份有限公司推出了国内首款美容师责任保险；2006 年 3 月，AIG 旗下的美国美亚保险公司在上海首次推出了传媒业职业责任保险；2008 年 3 月，华泰财产公司首次在国内推出了场所污染责任保险和"场所污染责任保险（突发及意外保障）"两款保险产品。2007 年 9 月开业的长安责任保险公司，是我国首家专门经营责任保险的专业保险公司，目前已开发了金融机构责任保险、风景名胜区责任保险、儿童计划免疫责任保险、个人责任保险等 30 个责任保险产品。虽然责任保险种类众多，但从责任保险保费收入构成来看，仍是产品责任险和雇主责任险占大部分，即便是直接关系到人民群众切身利益的公众责任险和医疗责任险的保费收入也相当少，更多责任保险险种的市场反应是"叫好不叫座"。

3. 经营责任保险的市场主体不断增加，但各公司对责任保险的重视程度不够

目前国内大部分财产保险公司都经营责任保险业务，责任保险的市场主体多达几十家。尽管保险公司都意识到责任保险的重要性，但由于责任保险比一般财产保险风险大，在技术、管理上对保险公司的要求较高，主流保险公司开展责任保

险的积极性不高,在经营管理中未给予责任保险足够的重视。

4.责任保险的覆盖范围不断扩大,但地区间的发展仍不平衡

近几年在保监会的推动下,保险公司在一些地区进行了责任保险新险种的试点,在化解民事纠纷、缓解社会矛盾、维护社会稳定等方面发挥了积极作用,提高了全社会的风险意识和风险防控水平,充分体现了责任保险这一市场机制辅助社会管理的功能,试点工作取得初步成效。尽管我国责任保险已涵盖公众责任、产品责任、雇主责任、职业责任等方面,服务范围涉及社会的各个领域,覆盖范围不断扩大。但由于责任保险的发展与经济社会发展水平的关联较大,而当前我国各地经济社会发展水平差距较大,造成我国各地责任保险发展不平衡。2007年全国责任保险保费规模超过3个亿的省市有7个,分别是:上海、广东、北京、浙江、深圳、四川,该7省市责任保险保费总量约占全国责任保险总保费的50%,其他28个省区市(含计划单列市)的责任保险保费仅占50%。

第二节 公众责任保险

一、公众责任和公众责任保险的概念

所谓公众责任,是指致害人在公众活动场所由于疏忽或过失等侵权行为,致使他人的人身或财产遭受损害,依法应由致害人承担的对受害人的经济赔偿责任。公众责任一般有两个特征:一是致害人所损害的对象不是事先特定的某个人,二是损害行为对社会大众利益的损害。公众责任的构成,是以法律上负有责任为前提,各国的民法及各种有关的单行法规均是判断公众责任的法律依据。一般地说,建筑场所、运动场所、交通运输场所、贸易场所、会展场所、娱乐场所、餐饮场所等各种公众活动场所,均有可能因生产、营业等各项活动而出现意外事故,造成他人的人身伤害或财产损失,此时,这些场所的所有者和经营管理者不得不依法承担相应的民事损害赔偿责任。可见,公众责任风险是普遍存在的。既然公众责任风险存在,必然有转嫁公众责任风险的市场需求,而公众责任保险是转嫁公众责任风险的最好途径之一。

公众责任保险又称普通责任保险或综合责任保险,主要承保被保险人在公共场所进行生产、经营或其他活动时,因发生意外事故而造成的他人人身伤亡或财产损失,依法应由被保险人承担的经济赔偿责任。

二、公众责任保险的种类

公众责任保险适用的范围非常广泛,其业务复杂,险种众多。它主要包括场所责任保险、承包人责任保险、承运人责任保险和个人责任保险等。

(一)场所责任保险

场所责任保险是公众责任保险中业务量最大的一个险别,它是公众责任保险的主要业务来源。场所责任保险承保因公共场所存在结构上的缺陷或管理不善,或被保险人在场所内进行经营活动时因疏忽或过失发生意外事故造成他人人身伤害或财产损失的经济赔偿责任。根据场所的不同,场所责任保险又可以进一步分为旅馆责任保险、电梯责任保险、车库责任保险、展览会责任保险、娱乐场所责任保险(如公园、动物园、影剧院、溜冰场、游乐场、青少年宫、俱乐部等)、商店责任保险、办公楼责任保险、学校责任保险、工厂责任保险、机场责任保险等若干具体险种。

(二)承包人责任保险

承包人责任保险承保各种建筑工程、安装工程、装卸作业和各类加工的承包人在进行承包合同项下的工作或其他作业时所造成的损害赔偿责任。承包人是指承包各种建筑工程、安装工程、装卸作业以及承揽加工、订做、修缮、修理、印刷、设计、测绘、测试、广告等业务的法人或自然人。在经营实务中被保险人(承包人)的分承包人也可列作共同被保险人而获得保障。

(三)承运人责任保险

承运人责任保险承保承担各种客货运输任务的部门或个人在运输过程中发生交通事故或其他事故后可能要承担的损害赔偿责任。包括旅客责任保险、货物运输责任保险等。与其他公众责任保险不同,承运人责任保险面对的责任风险处于流动状态。

(四)个人责任保险

个人责任保险承保自然人或其家庭成员因其作为或不作为造成他人人身伤害和财产损失所应承担的损害赔偿责任。任何个人或家庭都可以将自己或自己的所有物(动物或静物)可能造成损害他人利益的责任风险通过投保个人责任险而转移给保险人。主要的个人责任保险有住宅责任保险、综合个人保险和个人职业保险等。

（五）其他公众责任保险

除上述险种外，公众责任保险还有其他很多险种。如电梯责任保险承保被保险人的电梯在运行期间造成乘客的人身伤亡或财产损失而应承担的经济赔偿责任；油污责任保险承保由于油类污染海面、河道、湖泊而带来的经济赔偿责任；核责任保险承保被保险人由于核事故导致的经济赔偿责任。

三、公众责任保险的责任范围

（一）保险责任

公众责任保险承担的是在保险期内、保险地点由于被保险人的侵权行为而造成的对第三者的民事损害赔偿责任，具体可分为如下三项。

1. 第三者的财产损失和人身伤亡

财产损失是指物质财产的损坏和灭失，包括由此引起的丧失使用的损失和其他费用。人身伤亡，仅指受害人身体上的伤残、疾病、死亡，一般不包括受害人的精神伤害。目前，我国人身损害赔偿的法律依据主要是 2003 年 12 月 4 日由最高人民法院审判委员会第 1299 次会议通过的《最高人民法院关于审理人身损害赔偿案件适用法律若干问题的解释》，其对人身伤害的赔偿分为一般伤害、致残和致死三种类型。第一种类型，受害人遭受一般的人身伤害，致害人应就医治疗支出的各项费用以及因误工减少的收入，包括医疗费、误工费、护理费、交通费、住宿费、住院伙食补助费、必要的营养费，予以赔偿。第二种类型，受害人因伤致残的，其因增加生活上需要所支出的必要费用以及因丧失劳动能力导致的收入损失，包括残疾赔偿金、残疾辅助器具费、被抚养人生活费以及因康复护理、继续治疗实际发生的必要的康复费、护理费、后续治疗费，致害人都应予以赔偿。第三种类型，受害人死亡的，致害人除赔偿因抢救治疗而发生的医疗费用外，还应当赔偿丧葬费、被抚养人生活费、死亡补偿费以及受害人家属办理丧葬事宜支出的交通费、住宿费和误工损失等其他合理费用。

2. 因保险事故引起的诉讼抗辩费用

因保险事故引起的诉讼抗辩费用包括被保险人和受害人在法院进行诉讼或抗辩而支出的费用以及被保险人向有关责任方进行追偿而产生的诉讼费用。这些费用的支出事先必须经保险人的认可。

3. 事先经保险人同意的其他费用

事先经保险人同意的其他费用主要是指发生保险事故后，被保险人为缩小或

减少对第三者人身伤亡或财产损失的赔偿责任所支付的必要的、合理的费用

(二)责任免除

公众责任保险的责任免除有两个方面:一是绝对责任免除,即保险人不能承保的风险;二是不能在公众责任保险中承保的但可以在其他保险中承保的风险。

1.绝对责任免除

(1)被保险人及其代表的故意行为或重大过失引起的责任。

(2)由于战争、类似战争行为、敌对行为、武装冲突、恐怖活动、谋反、政变直接或间接引起的任何后果所致的责任。

(3)由于罢工、暴动、民众骚乱或恶意行为直接或间接引起的任何后果所致的责任。

(4)地震、火山爆发、洪水、龙卷风、台风等人力不可抗拒的原因引起的损害事故。

(5)烟熏、大气、土地、水污染及其他污染。

(6)由于震动、移动或减弱支撑引起任何土地、财产、建筑物的损坏责任。

(7)由被保险人做出的或认可的医疗措施或医疗建议引起的直接或间接损失责任。

(8)由于核裂变、核聚变、核武器、核材料、核辐射及放射性污染所引起的直接或间接责任。

(9)有缺陷的卫生装置或任何类型的中毒或任何不洁或有害的食物或饮料引起的责任。

(10)罚款、罚金或惩罚性赔款。

2.应由其他险种承保的风险

(1)被保险人的雇员所遭受人身伤害的责任。雇员在工作期间从事与其职业有关的工作时所遭受的人身伤害,属于雇主责任保险的保险责任。

(2)被保险人及其代理人或雇员所有的财产或由他们保管、控制的财产遭受的损失。这些财产的损失应当通过投保火灾保险等来为其提供保障。

(3)被保险人及其代理人或雇员因经营活动一直使用和占用的任何物品、房屋或建筑物的损失。这些损失应属于火灾保险、机器损坏保险等保障的范围。

(4)被保险人及其雇员因从事医师、会计师、美容师或其他专门职业所发生的赔偿责任。这种责任属于职业责任,可以通过投保职业责任保险转嫁风险。

(5)被保险人所有的或以其名义使用的各种机动车辆、飞机、船舶等引起的损害事故以及建筑工程、安装工程所有人的责任风险,由各种专门的第三者责任保险承保。

四、公众责任保险的保险期限与责任限额

(一)保险期限

公众责任保险的保险期限一般为 1 年或不足 1 年。通常情况下,投保人一般按年来进行投保。但有时公众责任风险存在的时间比较短,可能是几个月,甚至是几天,在这种情况下,投保人一般会投保短期公众责任保险。短期公众责任保险中最常见的如展览会责任保险。

(二)责任限额

制定公众责任保险责任限额的方法有三种:

(1)规定每次事故总的责任限额,无分项限额,也无累计限额,只控制每次事故总的财产损失和人身伤害两项损失之和的最高限额,它对整个保险期内的赔偿总额无影响。

(2)规定每次事故的分项限额和累计限额,即既确定每次事故人身伤害和财产损失各自的赔偿限额,又确定保险期内累计赔偿限额。

(3)规定每次事故总的赔偿限额和累计赔偿限额,不再分项规定人身伤害和财产损失各自的赔偿限额。

现行公众责任保险一般采用第一种或第二种方法,但也可以根据具体情况采用第三种方法确定赔偿限额。

(三)免赔额

公众责任保险的免赔额以承保业务的风险大小为依据,并在保险单上注明。公众责任保险对他人的人身伤害一般无免赔额的规定,但对他人的财产损失则规定每次事故的绝对免赔额。

五、公众责任保险的保险费率和保险费

(一)保险费率的厘定

保险人一般按每次事故的责任限额和免赔额的大小分别订立人身伤害和财产损失两项费率,如果责任限额和免赔额增减时,费率也适当增减,但并非按比例增减。除考虑责任限额和免赔额因素外,保险人在厘定费率时,还应考虑下列因素:

(1)被保险人的业务性质及产生民事损害赔偿责任可能性的大小；

(2)承保区域的大小和位置；

(3)被保险人的管理水平与管理效果；

(4)被保险人以往损失赔偿的记录。

保险费率确定后,保险人在区分短期业务与一年期业务的基础上按责任限额选择适用的费率计算保险费。

(二)保险费的计算

公众责任保险的保险费计算有三种情况:

(1)以累计责任限额为计算依据,即

应收保险费＝累计责任限额×适用费率

(2)是以每次事故责任限额为计算依据,即

应收保险费＝每次事故责任限额×适用费率

(3)是对场所责任保险按场所面积大小计算保险费,即

应收保险费＝场所占用面积(平方米)×每平方米保险费

应收保险费＝每次事故责任限额×适用费率

六、公众责任保险的赔偿处理

被保险人申请赔偿时,应向保险人提供下列证明和资料:保险单正本和保险费交付凭证;有关部门出具的事故证明;有关部门或机构出具的伤残鉴定书、死亡证明或其他证明;二级以上(含)或保险人认可的医疗机构出具的医疗费用收据、诊断证明及病历;财产损失清单;生效的法律文书(包括裁定书、裁决书、判决书、调解书等);投保人或被保险人所能提供的,与索赔有关的、必要的,并能证明损失性质、原因和程度的其他证明和资料。

被保险人赔偿金额的确定可按照下列方式之一确定:

(1)被保险人与向其提出赔偿要求的索赔权利人协商并经保险人确认;

(2)仲裁机构裁决;

(3)人民法院判决;

(4)保险人认可的其他方式。

在确定经济赔偿责任后,保险人对每次事故的实际赔偿金额还应在此基础上扣减保险单中载明的每次事故免赔额,并且保险人对每次事故的赔偿金额不超过保险单中载明的每次事故最高赔偿限额。在保险期内,保险人的累计赔偿金额不超过保险单中载明的累计赔偿限额。

第三节　雇主责任保险

一、雇主责任与雇主责任保险的概念

雇主责任是以雇佣关系为前提的一种民事责任。雇主责任包括两个方面的内容：一是雇主对雇员在从事雇佣活动时所受损害应承担的民事责任；二是雇主对雇员在从事雇佣活动时致第三人损害时应承担的民事责任。

雇主责任的构成必须具备一定的条件，包括：雇佣关系的存在，雇员执行雇主委托的事务即从事与雇主经营业务有关的活动，雇主承担特殊侵权责任以及雇员的行为必须符合侵权行为等。

雇主责任保险是以被保险人（雇主）的雇员在受雇期间从事职业工作时因遭受意外导致伤、残、死亡或患有与职业有关的职业性疾病而依法或根据雇佣合同应由被保险人承担的经济赔偿责任为保险标的的一种责任保险。

可见，雇主责任保险并非承保所有的雇主责任，它只承保雇主对雇员在从事雇佣活动时所受损害应承担的民事责任，一般不承保雇主对雇员在从事雇佣活动时致第三人损害时应承担的民事责任。而且，即便是雇主所承担的对雇员的责任，保险人也会将雇主的故意行为所致的对雇员的人身伤害应承担的赔偿责任列为除外责任，只承保雇主的过失行为以及无过失行为所致的对雇员的人身伤害应承担的赔偿责任。

下列情况被视为雇主的过失或疏忽责任：

（1）雇主提供危险的工作地点、机器设备和工作程序；

（2）雇主提供的是不称职的管理人员；

（3）雇主本人直接的疏忽或过失行为，如对有害工种未提供合格的劳动保护用品等。

二、雇主责任保险与其他保险的区别

（一）雇主责任保险和人身意外伤害保险的区别

人身意外伤害保险是保险人对被保险人因意外伤害事故造成死亡或者残废，

按照合同规定给付全部或部分保险金的一种人身保险。由于雇主责任保险与意外伤害保险都与自然人的人身伤害或死亡有关，人们容易将两者混淆。实际上，这两个险种性质完全不同，主要区别如下。

1. 保险标的不同

意外伤害保险以被保险人的身体为保险标的，是一种有形标的，属于人身保险范畴，只要符合保险单规定的自然人都可以作为被保险人。雇主责任保险的保险标的是雇主的民事损害赔偿责任，是一种无形的利益标的，属于责任保险范畴。

2. 保障范围不同

在意外伤害保险中，被保险人所遭受的意外伤害事故无严格的地点限制；而雇主责任保险中，雇员必须在为雇主工作期间在特定的场所遭受意外事故造成的伤残或死亡，才属于其保险责任范围。另外，意外伤害保险不承担被保险人因疾病所导致的伤残或死亡；而雇主责任保险要承担雇员因职业病引起的伤残或死亡。

3. 保障对象不同

意外伤害保险的保障对象是被保险人的身体，保险事故发生造成被保险人的伤残或死亡，保险人对被保险人或其受益人支付保险金；雇主责任保险的被保险人是雇主，当保险事故发生时，保险人代替雇主对雇员履行经济赔偿责任，直接保障了雇主的利益，客观上也保障了雇员的利益，而雇员与保险人之间不存在保险合同关系。

4. 实施形式不同

对于意外伤害保险，一般采取自愿投保方式实施；而对雇主责任保险，许多国家采取强制方式实施。

5. 保险费与赔款计算的依据不同

意外伤害保险以保险合同双方约定的保险金额作为计算保险费的依据和赔款的最高限额；雇主责任保险的保险费和赔款均以被保险人的雇员若干个月的工资收入作为计算基础。

(二)雇主责任保险与工伤保险的区别

工伤保险是社会保险制度的重要组成部分，是指劳动者因工作原因受伤、患病、致残乃至死亡，暂时或永久丧失劳动能力时，从国家和社会获得医疗、生活保障及必要的经济补偿的社会保障制度。工伤保险与雇主责任保险的区别主要表现在以下几个方面。

1. 性质不同

工伤保险属于社会保险范畴，具有强制性、社会性、互济性、保障性和福利性的特点。雇主责任险是责任保险的一种,属于广义的财产保险的范畴,具有补偿性的特点。

2.承保对象不同

从承保对象看,工伤保险适用于企业、有雇工的个体工商户,而雇主责任保险则适用于企业、有雇工的个体工商户、机关、事业单位和社会团体。两者相比,雇主责任保险的承保对象要宽些。

3.保险责任范围不同

虽然工伤保险与雇主责任保险都对雇员因工作原因受伤、患病、致残乃至死亡,而导致暂时或永久丧失劳动能力的风险进行保障,但是它们的保险责任范围存在一定的不同。例如,雇主责任保险承保雇主应付索赔人的诉讼费用以及经保险公司书面同意给付的诉讼费用及其他费用,而工伤保险则不负责这些费用。又如,在抢险救灾等维护国家利益、公共利益活动中受到伤害的;职工原在军队服役,因战、因公负伤致残,已取得革命伤残军人证,到用人单位后旧伤复发的,都是工伤保险承保的范围,而雇主责任保险则不承保。

4.赔付方式不同

工伤保险规定对伤残补偿按照伤残级别给予 6～24 个月工资不等的一次性补偿。另外,逐月发放伤残津贴。死亡给予一次性补偿。发放补偿金的多少仅与月工资有密切的关系。雇员只能在法律规定的尺度内获得赔偿。雇主责任险的赔偿限额由雇主自行确定或雇主根据与雇员协商的结果进行确定,然后一次性给付受害人。如果购买的限额较高,则同等伤残等级下可以获得的补偿越高,反之亦然。影响雇员获得赔偿金的因素不仅仅是月工资,还有雇主购买的赔偿限额。

三、雇主责任保险的责任范围

(一)保险责任

在雇主责任保险中,保险人一般承担以下责任:

(1)雇员在保险单列明的地点和保险期限内从事与其职业有关的工作时遭受意外而致伤、残、死亡或者发生事故下落不明,被保险人依据法律或雇佣合同应承担的经济赔偿责任。

(2)因患有与业务有关的职业性疾病而致雇员人身伤残、死亡的经济赔偿责任。

(3)被保险人依法应承担的雇员的医疗费用。此项医疗费用的支出以雇员遭受前述两项事故而致伤残为前提条件,对于非前述两项事故所致的雇员医药费,保险人不负赔偿之责。

（4）被保险人应支出的法律费用，包括抗辩费用、律师费用、取证费用以及经法院判决应由被保险人代雇员支付的诉讼费用，但该项费用必须是用于处理保险责任范围内的索赔纠纷或诉讼案件，且是合理的诉诸法律而支出的额外费用。

（二）除外责任

雇主责任保险一般将下列原因引起的雇员伤残、死亡或疾病列为除外责任：

（1）被保险人的雇员由于职业性疾病以外的疾病、传染病、分娩、流产以及因上述原因接受医疗、诊疗所致的伤残或死亡；

（2）由于被保险人的雇员自伤、自杀、打架、斗殴、犯罪及无照驾驶各种机动车辆所致的伤残或死亡；

（3）被保险人的雇员因非职业原因而受酒精或药剂的影响所导致的伤残或死亡；

（4）被保险人直接或指使他人对其雇员故意实施的骚扰、伤害、性侵犯，而直接或间接造成其雇员的伤残、死亡；

（5）任何性质的精神损害赔偿、罚款、罚金；

（6）被保险人对其承包商所雇佣雇员的责任；

（7）战争、军事行动、恐怖活动、罢工、暴动、民众骚乱或由于核子辐射所致被保险人雇员的伤残、死亡或疾病。

四、雇主责任保险的保险期限与责任限额

（一）保险期限

雇主责任保险的保险期限，通常为1年，期满续保。但若考虑某些特殊雇佣合同的需要，也可按雇佣合同的期限投保不足1年或1年以上的雇主责任保险。如果保险期限为2年或2年以上，保险费应按年计收，以保证财务核算与保险人所承担的年度风险责任相适应。

（二）责任限额

雇员责任保险的责任限额一般规定为若干个月的雇员月平均工资收入，具体的赔付金额还需计算每个雇员的月均工资收入及伤害程度才能获得。其计算公式为：

责任限额＝雇员月平均工资收入×规定月数

确定责任限额时,应考虑如下因素:

(1)每个雇员的工种及月工资额。

(2)死亡责任限额,为每个雇员若干个月的工资额为宜,保险人可规定若干档次(如 72 个月、60 个月、48 个月等),由被保险人选择,也可以根据有关法律、法规及雇佣合同规定或保险双方协商确定。

(3)伤残责任限额,确定方式同死亡责任限额,但要考虑其养老或伤残抚养的生活保障,其最高限额应超过死亡责任限额。

(4)医疗费用责任限额,一般规定为死亡或伤残责任限额的一定比例。

与其他责任保险不同的是,雇主责任保险一般没有免赔额的规定。

五、雇主责任保险的保险费率和保险费

雇主责任保险的保险费率,一般根据一定的风险归类确定不同行业或不同工种的不同费率标准,同一行业基本上采用同一费率,但对于某些工作性质比较复杂、工种较多的行业,则还须规定每一工种的适用费率。同时,还应当参考赔偿限额、免赔额的高低、被保险人的经营性质、管理情况及以往损失记录等。

雇主责任保险采用预收保险费制,保险费可按责任限额的等级来确定,其计算公式如下:

应收保险费＝A 工种(年工资总额×费率)＋B 工种 (年工资总额×费率)
＋……

年工资总额＝该工种人数×月平均工资×12

六、雇主责任保险的赔偿处理

发生保险事故,被保险人在保险人申请赔偿时,应提交保险单、有关事故证明书、保险人认可的医疗机构出具的医疗证明和医疗费等费用的原始单据及保险人认为必要的有效单证材料。

经过合法的索赔程序,保险人在责任审核的基础上,在责任限额内计算赔付金额:

(1)死亡赔偿金,以保单约定的每人死亡赔偿限额为限。

(2)伤残赔偿金,按伤残鉴定机构出具的伤残程度鉴定书,并对照国家发布的《职工工伤与职业病致残程度鉴定标准》确定伤残等级而支付相应赔偿金。相应的赔偿限额为该伤残等级所对应的下列"伤残等级赔偿限额比例表"的比例乘以每人死亡赔偿额度限额所得金额。

（3）职业病的赔偿标准及额度根据有关规定计算。

（4）保险人仅赔偿必需的、合理的医疗费用，具体包括挂号费、治疗费、手术费、床位费、检查费、医药费，且不超过保单约定的医疗费用赔偿限额。

第四节　产品责任保险

一、产品责任的概念

产品责任是指由于产品存在缺陷，造成使用者或其他人的人身伤害或财产损失，产品的生产者、销售者、修配者等依法应承担的经济赔偿责任。如手机电板爆炸给用户造成的人身伤害、化妆品不合格对人体皮肤造成的损害等。

产品责任的构成要件包括：产品有缺陷、损害事实的存在、产品缺陷和损害事实之间存在因果关系。可见，产品缺陷是确定产品责任的前提条件，可分为以下几种类型：

（1）产品设计上的缺陷。即由于设计上的原因，导致产品存在危及人身、财产安全的不合理危险。例如，煤气灶因结构或安全系数设计上的不合理，有可能导致在正常使用中爆炸的，该产品即为存在设计缺陷的产品。

（2）产品制造上的缺陷。即由于产品加工、制作、装配等制造上的原因，导致产品存在危及人身、财产安全的不合理危险。例如，生产的幼儿玩具制品，未按照设计要求采用安全的软性材料，而是使用了金属材料并带有锐角，危及幼儿人身安全。该产品即存在制造上的缺陷。

（3）因告知上的缺陷（也称指示缺陷或说明缺陷）。即由于产品本身的特性而具有一定合理危险性。对这类产品，生产者应当在产品或者包装上，或者在产品说明书中，加注必要的警示标志或警示说明，告知使用注意事项。如果生产者未能加注警示标志或者警示说明，标明使用注意事项，导致产品产生危及人身、财产安全的危险的，该产品即属于存在告知缺陷的产品。例如，燃气热水器在一定条件下对使用者有一定的危险性，生产者应当采用适当的方式告知安全使用注意事项，如必须将热水器安装在浴室外空气流通的地方等。如果生产者没有明确告知，就可认为该产品存在不合理的危险。

二、产品责任的归责原则

(一)产品责任归责原则的历史演变

1.合同关系阶段

根据这一原则,制造商或销售商对因生产或销售有缺陷产品致使他人受到损害是否承担责任,完全取决于双方是否签订过买卖合同。如果受害人与制造商或销售商有合同关系,则可以提起要求损害赔偿的诉讼,如无合同关系,受害人便无法得到赔偿。

合同关系原则的确立是在1842年英国的"温特博姆诉怀特"一案的判决。该案的原告是受雇于驿站站长的马车夫,因驾驶雇主从被告那里买来的有缺陷的马车而受伤,遂向被告提起赔偿诉讼。被告辩称原告与他无直接合同关系,不应赔偿。结果法院认可了被告的理由,判其胜诉。法院认为,被告保证马车处于良好状态的责任是向第一契约方即驿站站长承担的契约责任,被告无需对原告负责。审理此案的法官还指出:"如果责任要扩展到没有契约关系的人,那就会出现最荒谬和最可悲的后果,而对此后果尚看不到任何限制的可能。"当时采用这一原则的原因是,如果允许没有合同关系的人可以提起诉讼,法院担心产品责任诉讼案会大量增加。显然这一原则是不合理的,因为消费者与制造商或销售商之间一般没有合同关系。美国受"温特博姆诉怀特"一案判决的影响,在1916年以前也奉行合同关系原则。

2.过错责任阶段

随着经济的发展,商品种类和数量大幅度增加,产品责任以合同关系原则为前提的法律已经不能满足生产与消费关系发展的需要。于是,1916年美国纽约上诉法院审理的"麦克弗森诉别克汽车公司案"彻底摒弃了合同关系原则,确立了过错责任原则。该案案情为:原告从零售商处购买了一辆由被告制造的汽车,当他驾车行驶时,因车轮破裂,汽车突然翻覆,原告被抛在外而受伤,遂向被告提起求偿诉讼。被告引英国合同责任判例作为抗辩。卡多佐法官代表上诉法院多数意见表示拒绝接受英国判例的约束,因为"它不适用于今天的旅行条件"。他指出:"制造者如果知道该项物品将由买受者以外的第三者未经检查而使用的。则无论有无契约关系,制造者对该项危险的制造,均负有注意义务。制造者未尽注意的,就所产生的损害,应负赔偿责任。"最后,法院判决被告败诉。

过错责任原则的确立,将产品责任纳入侵权行为的范畴。依据该原则,可以请求赔偿的权利主体扩大到了合同以外的第三人。义务主体也不限于合同一方当事人,如果生产者预见到危险却不加以防范而致人损害,生产者就对此负有责任。

但当受害人对生产经营者提起过错侵权之诉时,必须证明:①被告对产品的缺陷负有注意义务;②被告违反了这一注意义务;③原告因此受到了损害;④违反义务是造成损害的原因。原告举证成功后才能获得赔偿,但在许多情况下,原告要证明被告有注意义务且违反了该注意义务很困难。为了解决举证难这一问题,大陆法系采用"过错推定"原则减轻原告的举证责任,即当损害发生时,法律上推定被告有过错,由被告证明自己没有过错而免责,实现举证责任倒置。如果被告举证不能,那就要承担相应的责任。

3. 保证原则阶段

根据过错责任原则提起诉讼,原告要承担举证之责,这对受害人来说往往是十分困难的,而且被告还会以种种理由要求免责。为此,美国法院又提出了保证原则。所谓保证原则,是指制造商或销售商因违反了对产品的明示保证或默示保证,致使消费者或用户遭受损害,他们就应承担赔偿责任。在英美法中,保证原则既具有合同法性质,又具有侵权法性质。保证原则的两面性,使人们在以违反保证为由提起诉讼时不必局限于合同关系,受害方的范围可以扩大到消费者或用户的家属、亲友和客人等,加害方的范围也可以扩大到制造商以外的批发商和零售商等。

根据明示保证,只要产品存在违反合同中规定的明示保证的情况,消费者就可以获得赔偿;根据默示保证,即便合同中没有规定,按照普通法或制定法规定的默示担保义务,也可以要求制造商对产品缺陷造成的人身或财产损害进行赔偿。在司法实践中,只要认定卖方违反了保证,就无需证明他的疏忽行为了。但保证也不能从根本上解决充分保护广大消费者的权利和利益的问题。原告仍须证明存在明示保证或默示保证而且卖方违反保证。且根据保证的性质不同,原告的举证责任也有所偏重。如违反明示保证要求损害赔偿时,原告须证明:①被告作了说明;②原告相信该说明;③损害是由于产品不符合被告所作的说明而引起的。在违反适合特定用途的默示保证诉讼里,原告要证明被告知道或应该知道产品的特定用途以及原告对被告提供合适产品的技术和判断力的依赖。

4. 严格责任阶段

1944 年的"埃斯科勒诉可口可乐制瓶公司"一案标志着美国法院开始采用严格责任原则。所谓严格责任原则,是指一个人即使做到了适当注意以避免伤害他人,但最终还得承担法律责任。也就是说,一个人虽然无明显过错,但他仍须对无辜的受害方承担赔偿责任。上案中的受害者是一家餐馆的女招待,她将运到的可口可乐放入冰箱,瓶子突然爆炸,结果把她的手炸伤。此案中的受害者并未证明被告有疏忽,而是仅仅向法官显示该损害的事实,陪审团便根据严格责任原则判被告应当承担赔偿责任。

1963年的"格林曼诉尤霸动力品公司案"最终确定了美国的严格责任原则。该案情的由来是:1955年圣诞节,格林曼夫人为丈夫买了一件电动工具作为圣诞节礼物。该工具在加入配件后可改为车床使用。为此,格林曼先生于1957年买了配套装置。当他正在加工一根木料时,该电动工具飞出,击中了格林曼的前额。格林曼先生于1963年起诉,向尤霸动力品公司索赔。虽然格林曼先生不是该电动工具的购买者,但是他证明了该电动工具的固定螺丝有问题并指出该工具制作粗糙的事实。格林曼在初等法院胜诉,但尤霸公司不服判决并依法向加利福尼亚州最高法院提起上诉。结果是加利福尼亚州最高法院的判决使制造商更加失望。加利福尼亚州最高法院指出:"当制造商将一件产品投入市场并且知道该产品将不会再进行检验就被使用时,如果证明该产品有缺陷并造成了伤害,那么该制造商就应承担侵权法上的严格责任。"在确定尤霸公司承担严格责任的判决中法庭进一步陈述了采用严格责任的理由:"这种责任的目的是保证受缺陷产品伤害的损失费用,由将该产品投入市场的制造商承担,而不是由无力保护自己的受害者承担。"

（二）我国产品责任的归责原则

我国《民法通则》第122条规定:"因产品质量不合格,造成他人人身、财产损害的,产品的制造者、销售者应依法承担产品责任。"这明确了产品责任是一种侵权责任。

《产品质量法》第41条规定:"因产品存在缺陷造成人身、缺陷产品以外的其他财产损害的,生产者应当承担赔偿责任。生产者能够证明有下列情形之一的,不承担赔偿责任:①未将产品投入流通的;②产品投入流通时,引起损害的缺陷尚不存在的;③将产品投入流通时的科学技术水平尚不能发现缺陷存在的。"由此可见,我国生产者所适用的产品责任归责原则为严格责任原则。

而根据我国《产品质量法》第42条规定:"由于销售者的过错使产品存在缺陷,造成人身、他人财产损害的,销售者应当承担赔偿责任。销售者不能指明缺陷产品的生产者也不能指明缺陷产品的供货者的,销售者应当承担赔偿责任。"同时,《产品质量法》第43条规定:"因产品存在缺陷造成人身、他人财产损害的,受害人可以向产品的生产者要求赔偿,也可以向产品的销售者要求赔偿。属于产品的生产者的责任,产品的销售者赔偿的,产品的销售者有权向产品的生产者赔偿。属于产品的销售者的责任,产品的生产者追偿的,产品的生产者有权向产品的销售者追偿。"可见,对销售者适用过错推定责任和严格责任相结合的原则。

三、产品责任保险的概念和适用范围

产品责任保险是以产品的生产者、销售者、修配者等因生产、销售、修理的产品存在缺陷,造成使用者或其他人的人身伤害或财产损失而依法应承担的经济赔偿责任为保险标的的保险。

产品的制造商、修理商和销售商等一切可能对产品事故负有赔偿责任的人都对产品责任具有保险利益,都可以投保产品责任保险。保险单列明的被保险人,除了投保人外,可以将其他有关利益方作为被保险人,并且规定被保险人之间的责任实行互不追偿。在产品责任各有关利益方中,除非其他有关利益方已将产品重新装配、改装、修理、更换使用说明书,凡因产品缺陷引起的损害赔偿责任,最终会追溯到制造商。

四、产品责任保险的责任范围

(一)保险责任

(1)被保险人生产、销售、分配或修理的产品发生事故,造成用户、消费者或其他任何人的人身伤害或财产损失,依法应由被保险人承担的损害赔偿责任,保险人在保险单规定的赔偿限额内予以赔偿。

此处要注意三点:一是产品责任事故必须是在偶然和意外的状态下发生的,是被保险人事先无法预料的;二是产品责任事故必须发生在被保险人制造或销售场所以外的地方,是被保险人无法控制和掌握的环境;三是发生产品责任事故的产品的所有权已经转移至用户,是被保险人无权使用、消费和操作的产品。

(2)被保险人为产品责任事故支付的法律费用及其他经保险人事先同意支付的合理费用,保险人也负赔偿责任。

(二)除外责任

(1)根据其他合同或协议应由被保险人承担的责任;

(2)由被保险人承担的对其雇员的赔偿责任;

(3)因产品缺陷造成被保险人所有、照管或控制的财产的损失;

(4)产品仍在制造或销售场所,尚未转移至用户或消费者手中时所造成的损失赔偿责任;

(5)被保险人故意违法生产、出售或分配的产品造成他人的人身伤害、疾病、死亡或财产损失的赔偿责任；

（6）被保险产品本身的损失及被保险人因收回、更换或修理有缺陷产品造成的损失和费用；

（7）被保险的产品造成大气、土地、水污染及其他各种污染所引起的责任；

（8）被保险的产品造成对飞机或轮船的损害责任；

（9）由于战争、类似战争行为、敌对行为、武装冲突、恐怖活动、谋反、政变直接或间接引起的任何后果所致的责任；

（10）由于罢工、暴动、民众骚乱或恶意行为直接或间接引起的任何后果所致的责任；

（11）由于核裂变、核聚变、核武器、核材料、核辐射及放射性污染所引起的直接或间接责任；

（12）罚款、罚金或惩罚性赔款；

（13）保险单明细表或有关条款中规定的应由被保险人自行负担的免赔额。

五、产品责任保险的保险期限和责任限额

（一）保险期限

责任期限通常为 1 年，到期可以续保。对于使用年限较长的产品或商品，也可以投保 3 年、5 年期的产品责任保险，但保险费仍逐年结算。产品责任保险的索赔有效期限应按保险单规定或当地有关法律规定的时间区间为准，如我国按法律规定为 1 年，有的国家或地区规定为 3 年。

保险人承保产品责任保险，通常采用统保方式。所谓统保，就是以投保人制造或销售的全部产品统一投保为条件，并按照被保险人当年生产或销售总额或营业总额计算收取保险费。

（二）责任限额

产品责任保险不仅规定每次事故责任限额，通常还规定保单累计责任限额，每种责任限额下还分别规定人身伤亡和财产损失的限额。超过保险单规定的责任限额部分由被保险人自行承担。产品责任保险赔偿限额的高低主要由两个因素决定：一是产品事故可能引起的损失程度；二是地区、国别。

六、产品责任保险的保险费率和保险费

(一)影响保险费率厘定的因素

产品责任保险费率拟订,主要考虑如下因素:

(1)产品的特点和可能对人体或财产造成损害的风险大小。如药品对人体造成损害的风险高于服装,波及面也广,其使用必须谨慎,因而费率较服装要高。

(2)产品的数量和价格。一般与保险费呈正相关关系,与保险费率呈负相关关系。

(3)承保的区域范围。一方面,承保的地区范围大,风险也大,产品责任保险费率亦高,如世界范围或出口销售的产品就比国内销售的产品责任风险大;另一方面,承保销往产品责任严格的国家和地区,比其他国家或地区风险大,因为这些国家或地区的索赔金额高,且实行绝对责任制原则,故费率亦高,如出口美国与出口美洲国家及至英国、日本的产品责任保险在费率上就应有所区别。

(4)产品制造者的技术水平和质量管理情况。

(5)赔偿限额的高低。

在美国,保险人一般按属于美国政府保险管理部门的保险服务部制订的产品责任保险费率规章确定其费率的。费率规章根据各保险人经营产品责任保险的业务资料和实际经验,制定各类产品的生产、销售、修理行业等的产品责任保险的费率和最低保险费以及不同限额的计算保险费办法等,并根据保险人的业务经营情况(主要是损失赔付情况)的变化,定期进行修订。然而,由于美国产品责任保险市场竞争激烈,各保险人实际执行的费率一般均低于保险服务部制订的费率规章的费率,具有较大的灵活性。

(二)保险费的计算

产品责任保险实行预收保险费制,即在签订产品责任保险合同时,按投保生产、销售或分配计划的全部产品或商品价值计算收费,待保险期满后再根据被保险人在保险期内的实际生产、销售或分配的产品或商品总值计算实际保险费,对预收保险费实际多退少补,但实收保险费不得低于保险人规定的最低保险费。如某企业投保产品责任保险,预交保险费6000元,但保险期内实际销售额较计划指标下降了30%,应退保险费1800元,但保险人规定类似业务每笔的最低保险费(保险费起点)为5000元,因此,被保险人只能获得1000元的退费。

产品责任保险的保险费计算公式为:

应收保险费＝生产(销售)总值×适用费率

在经营中,保险人原则上一次收清预收保险费,到保险期满时调整,但对于应交保险费较多,被保险人一次交清确有困难者,亦可允许被保险人分期(按季或半年)交付预收保险费。

七、产品责任保险的赔偿处理

被保险人在向保险人申请赔偿时,应提交有关事故证明书、医疗证明、产品合格证及保险人认为有必要的有效单证材料。

若发生保险单承保的任何事故或诉讼时,要注意以下几点:

(1)未经保险人书面同意,被保险人或其代表对索赔方不得作出任何责任承诺或拒绝、出价、约定、付款或赔偿。在必要时,本公司有权以被保险人的名义接办对任何诉讼的抗辩或索赔的处理。

(2)保险人有权以被保险人的名义,为本公司的利益自付费用向任何责任方提出索赔的要求。未经本公司书面同意,被保险人不得接受责任方就有关损失作出的付款或赔偿安排或放弃对责任方的索赔权利;否则,由此引起的后果将由被保险人承担。

(3)在诉讼或处理索赔过程中,保险人有权自行处理任何诉讼或解决任何索赔案件,被保险人有义务向本公司提供一切所需的资料和协助。

此外,生产出售的同一批产品或商品,由于同样原因造成多人的人身伤害、疾病或死亡,或多人的财产损失,应视为一次事故造成的损失。

第五节　职业责任保险

一、职业责任和职业责任保险的概念

职业责任是指从事各种专业技术工作的单位或个人在履行自己的职责过程中,因疏忽或过失行为而对于他人造成的损失或伤害而产生的经济赔偿责任。职业责任事故是人为原因所致,但也与自然灾害等风险一样,具有存在的客观性和发生的偶然性等特征。由于现代科学技术发展的局限性和人类知识和经验的局限性,人们在从事专业技术工作中,职业责任事故是不可能完全避免的。人们对于职业责任风险,除采取各种预防措施,积极地防范并加强工作责任心外,还应该通过职业责任保险转嫁、分散和控制风险,减少各种由于职业责任所产生的矛盾和纠纷。

职业责任保险就是承保各种专业技术人员因工作上的疏忽或过失,造成对第三者的经济损失或人身伤亡,依法应承担的经济赔偿责任的一种责任保险。其适用于医生、药剂师、设计师、工程师、律师、会计师、保险经纪人、教师等各种专业工作者。由于职业责任具有很强的连续性和继承性,职业责任保险承保的职业疏忽和过失不仅仅针对保险合同有效期间的专业技术人员,还包括这些专业技术人员的前任以及这些前任的前任所发生的职业疏忽或过失,对于专业技术人员职业责任的上溯期限通过保险合同加以明确。

二、职业责任保险的种类

职业责任保险的覆盖范围很广,包括医疗、建筑、会计、高级管理人员等很多专业工作者,客户可根据工作类别的不同选购合适的责任保险。如医疗责任保险、律师执业责任保险、注册会计师执业责任保险、建设工程设计责任保险、公司董事及高级管理人员责任保险、保险经纪人责任保险、特种设备检验检测责任保险、家政服务人员责任保险等。以下介绍几种主要的职业责任保险。

(一)医疗责任保险

医疗责任保险是指在保险期限或追溯期及承保区域范围内,被保险人在从事与其资格相符的诊疗护理工作中,因过失发生医疗事故或医疗差错造成依法应由被保险人承担的经济赔偿责任,并由被保险人在保险有效期限内首次提出索赔申请的,保险人负责赔偿的保险。医疗责任保险,是职业责任保险中发展历史最长也是占主导地位的险种。

(二)律师执业责任保险

律师执业责任保险是以律师在执业过程中,因工作过错给他的当事人或利害关系人造成的直接经济损失依法应承担的民事赔偿责任为保险标的的保险。随着我国法律制度的日益健全,公民索赔意识的逐步增强,律师执业过程中所面临的风险也日趋增长。律师在执业中处理大量诉讼和非诉讼事务,很可能因过错、过失、疏忽等而致使委托人遭受经济损失,存在着较大的民事责任风险,律师事务所可透过投保律师执业责任保险的方式来降低这种风险。

1998年12月28日,中国平安保险公司在上海举行了内地首个职业责任保险——律师执业责任保险的签约仪式。会上,平安保险与上海市司法局签订了总协议,并与代表当时全市 300 余家律师事务所的 18 家律师事务所分别签订了保单。

(三)注册会计师执业责任保险

注册会计师在执业过程中,因各种主客观原因的影响,存在着审计过失的风险,会计师事务所可通过投保注册会计师执业责任保险的方式把此类风险转嫁出去。可见,注册会计师执业责任保险是以注册会计师因其过失而对审计委托人或其他利害相关人应承担的民事赔偿责任为保险标的的保险。会计师事务所投保注册会计师执业责任保险,有助于提高其抵御风险的能力,也有利于提高注册会计师的公信力。

(四)建设工程设计责任保险

建设工程设计责任保险是以建设工程设计人因设计上的疏忽或过失而引发工程质量事故造成损失或费用,应承担的民事赔偿责任为保险标的的一种保险。工程设计责任保险的投保人一般为经工商行政管理部门注册取得企业法人营业执照,并具有国家或省建设行政主管部门颁发的工程设计资质证书,从事建设工程设计业务的设计单位。

(五)公司董事及高级管理人员责任保险

公司董事及高级管理人员责任保险,是以公司董事、经理等高级管理人员向公司或第三者(股东、债权人等)承担的民事赔偿责任为保险标的的一种保险。

公司董事及高级管理人员责任保险产生于 20 世纪 30 年代的美国,60 年代以后得到了较快的发展。在西方发达国家,尤其是美国,绝大多数的上市公司都为自己的董事及高级管理人员购买了董事责任保险。在 2002 年 1 月,国内几大财产保险公司——平安、美国美亚、中国人保、华泰财产保险公司等相继隆重推出了公司董事及高级管理人员责任保险。2002 年 1 月 24 日,万科企业股份有限公司与平安保险公司签订首份保单,成为"董事及高级职员责任保险"的第一买主。

三、职业责任保险的责任范围

(一)保险责任

职业责任千差万别,所以保险人不可能设计统一的保险条款及保险单格式,也不可能规定统一的责任范围,需要根据不同种类的职业责任设计制订专门的条款和保险单。但是,毕竟职业责任保险承保的内容都是职业责任,不同职业责任保险的保险责任又有许多共性的规定。具体包括以下三项。

(1)被保险人在保险单列明的追溯期或保险期限内,从事专业技术业务时,由于疏忽或过失造成委托人的经济损失,并在本保险期限内由委托人首次向被保险人提出索赔申请,依法应由被保险人承担经济赔偿责任的,保险人负责赔偿。

(2)事先经保险人书面同意的诉讼费用,保险人负责赔偿。一般规定此项费用与上述经济赔偿的每次索赔赔偿总金额不得超过本保险单明细表中列明的每次索赔赔偿限额。

(3)发生保险责任事故后,被保险人为缩小或减少对委托人遭受经济损失的赔偿责任所支付的必要的、合理的费用,保险人负责赔偿。

(二)除外责任

1.对于不可抗力造成的损失、费用和责任,保险人不负责赔偿。如:
(1)战争、敌对行为、军事行动、武装冲突、罢工、骚乱、暴动、盗窃、抢劫;
(2)政府有关当局的行政行为或执法行为;
(3)核反应、核子辐射和放射性污染;
(4)地震、雷击、暴雨、洪水等自然灾害;
(5)火灾、爆炸。

2.对于被保险人的故意等行为造成的损失、费用和责任,保险人不负责赔偿。如:
(1)因职业文件或技术档案的灭失或损失引起的任何索赔;
(2)被保险人或其受雇人员的故意行为所致的任何索赔;
(3)被保险人被指控有对他人诽谤或恶意中伤行为而引起的索赔;
(4)因被保险人的隐瞒或欺诈行为而引起的任何索赔;
(5)被保险人在投保时或保险有效期内不如实向保险人报告应报告的情况而引起的任何索赔;
(6)被保险人被指控对委托人的诽谤或泄露委托人的商业秘密,经法院判决指控成立的;等等。

3.保险人不负责赔偿的项目。如:
(1)被保险人对委托人的身体伤害及有形财产的毁损或灭失;
(2)被保险人对委托人的精神损害;
(3)罚款、罚金、惩罚性赔款或违约金;
(4)被保险人在保险单中列明的追溯期起始日之前执行业务所致的赔偿

责任；

(5)本保险单明细表或有关条款中规定的应由被保险人自行负担的每次索赔免赔额。

四、职业责任保险的保险期限与责任限额

(一)保险期限

职业责任保险的保险期限通常是一年,到期续保。

(二)责任限额

保险人承担的赔偿责任一般包括责任赔偿和法律费用。由于职业责任风险的特殊性和复杂性,在保险人履行责任赔偿方面,或者只规定一个保险单累计责任限额,或者只规定每次事故的责任限额,不像其他责任保险业务那样同时规定保险单累计责任限额和每次事故的责任限额。对于法律费用的赔偿,在责任限额之外另行计算赔付,如果被保险人最终赔偿金额超过了责任限额,保险人则按比例分担法律费用。

五、职业责任保险的保险费率和保险费

(一)保险费率厘定的影响因素

虽然各种职业的特点和面临的职业责任风险不尽相同,但通常下列因素对于职业责任保险费率的厘定具有重要影响:

(1)职业种类;

(2)工作场所;

(3)工作单位性质,包括所有制类型、行业性质、盈利或非盈利性;

(4)业务数量;

(5)被保险人及其雇员的专业技术水平、工作责任心和职业道德;

(6)被保险人职业责任事故的历史统计资料及索赔、处理情况;

(7)被保险人的管理水平;

(8)责任限额、免赔额及其他承保条件。

（二）保险费的计算

保险费的计算一般依据投保人的业务总收入和责任限额,计算公式如下：

保险费＝固定保费＋年业务收入总额×费率＋调整额

其中,年业务收入总额是承保年度实际业务收入额,承保时参考承保前12个月的业务收入额预期确定,承保年度结束后,再按实际业务收入额调整保费,多退少补。调整额是保险公司综合考虑费率厘定影响因素后得出的。

六、职业责任保险的赔偿处理

被保险人向保险人申请赔偿时,应提交保险单正本、证明执业人员责任的法律文件、索赔报告、损失清单、执业证书、与委托人签订的委托合同以及其他必要的证明损失性质、原因和程度的单证材料。

发生保险责任事故时,未经保险人书面同意,被保险人或其代表自行对索赔方作出的任何承诺、拒绝、出价、约定、付款或赔偿,保险人均不承担责任。必要时,保险人可以被保险人的名义对诉讼进行抗辩或处理有关索赔事宜。

保险人对被保险人每次索赔的赔偿金额以法院或政府有关部门依法裁定的或经双方当事人及保险人协商确定的应由被保险人偿付的金额为准,但不得超过本保险单列明的每次索赔赔偿限额。在保险期限内,保险人对被保险人多次索赔的累计赔偿金额不得超过本保险单明细表中列明的累计赔偿限额。对每次索赔中被保险人为缩小或减少对委托人或其他利害关系人的经济赔偿责任所支付的必要的、合理的费用及事先经保险人书面同意支付的诉讼费用予以赔偿。

附录十一：××保险公司火灾公众责任保险条款

总　则

第一条　本保险合同由保险条款、投保单、保险单及批单组成。凡涉及本保险合同的约定,均应采用书面形式。

保险责任

第二条　在保险期间内,被保险人在本保险合同载明的场所内依法从事生产、经营等活动时,因该场所内发生火灾、爆炸造成第三者人身损害,依照中华人民共和国法律应由被保险人承担的人身损害经济赔偿责任,保险人按照本保险合同约定负责赔偿。

第三条　保险事故发生后，被保险人因保险事故而被提起仲裁或者诉讼的，对应由被保险人支付的仲裁或诉讼费用以及事先经保险人书面同意支付的其他必要的、合理的费用（以下简称"法律费用"），保险人按照本保险合同约定也负责赔偿。

责任免除

第四条　下列原因造成的损失、费用和责任，保险人不负责赔偿：

（一）被保险人从事与保险合同载明的经营范围不符的活动或违法违规经营；

（二）投保人、被保险人的故意或重大过失行为；

（三）战争、敌对行动、军事行为、武装冲突、罢工、骚乱、暴动、恐怖活动、盗窃、抢劫；

（四）由地震、火山爆发、地下火、核爆炸、空中运行物体坠落引发的火灾、爆炸；

（五）行政行为或司法行为。

第五条　下列损失、费用和责任，保险人不负责赔偿：

（一）被保险人或其雇员的人身损害；

（二）被保险人应该承担的合同责任，但无合同存在时仍然应由被保险人承担的人身损害经济赔偿责任不在此限；

（三）罚款、罚金及惩罚性赔偿；

（四）精神损害赔偿；

（五）火灾、爆炸事故造成的任何直接或间接财产损失；

（六）未经有关消防及安全监督管理部门验收或经验收不合格的固定场所或设备发生火灾、爆炸事故造成的损失。

责任限额

第六条　责任限额包括每人责任限额和累计责任限额，由投保人与保险人协商确定，并在保险合同中载明。

保险期间

第七条　除另有约定外，保险期间为一年，以保险合同载明的起讫时间为准。

投保人、被保险人义务

第八条　投保人应履行如实告知义务，如实回答保险人就被保险人和保险场所的有关情况提出的询问，并如实填写投保单。

投保人故意隐瞒事实，不履行如实告知义务的，或者因过失未履行如实告知义务，足以影响保险人决定是否同意承保或者提高保险费率的，保险人有权解除保险合同，保险合同自保险人的解约通知书到达投保人或被保险人时解除。

投保人故意不履行如实告知义务的，保险人对于保险合同解除前发生的保险事故，不承担赔偿责任，并不退还保险费。

投保人因过失未履行如实告知义务，对保险事故的发生有严重影响的，保险人对于保险合同解除前发生的保险事故，不承担赔偿责任，但可退还保险费。

第九条　除另有约定外，投保人应在保险合同成立时一次性支付保险费。保险费交付前发生的保险事故，保险人不承担赔偿责任。

第十条　被保险人应严格遵守国家公安消防等部门有关消防、安全生产操作、特种设备使用等方面的相关法律、法规及规定，加强管理，采取合理的预防措施，尽力避免或减少责任事故的发生。

保险人可以对被保险人遵守前款约定的情况进行检查，向投保人、被保险人提出消除不安全因素和隐患的书面建议，投保人、被保险人应该认真付诸实施。

投保人、被保险人未遵守上述约定而导致保险事故的，保险人不承担赔偿责任；投保人、被保险人未遵守上述约定而导致损失扩大的，保险人对扩大部分的损失不承担赔偿责任。

第十一条　在保险期间内，如经营范围、营业面积或其他足以影响保险人决定是否继续承保或是否增加保险费的保险合同重要事项变更，被保险人应及时书面通知保险人，保险人有权要求增加保险费或者解除合同。

被保险人未履行通知义务，因上述保险合同重要事项变更而导致保险事故发生的，保险人不承担赔偿责任。

第十二条　发生保险责任范围内的事故，被保险人应该：

（一）立即通知当地公安消防部门，并尽力采取必要、合理的措施，防止或减少损失；否则，对因此扩大的损失，保险人不承担赔偿责任。

（二）立即通知保险人，并书面说明事故发生的原因、经过和损失情况；对因未及时通知导致保险人无法对事故原因进行合理查勘的，保险人不承担赔偿责任；对因未及时通知导致保险人无法核实损失情况的，保险人对无法核实部分不承担赔偿责任；

（三）允许并且协助保险人进行事故调查；对于拒绝或者妨碍保险人进行事故调查导致不能确定事故原因或核实损失情况的，保险人不承担赔偿责任。

第十三条　被保险人收到第三者的损害赔偿请求时，应立即通知保险人。未经保险人书面同意，被保险人自行对第三者作出的任何承诺、拒绝、出价、约定、付款或赔偿，保险人不承担赔偿责任。

第十四条　被保险人获悉可能发生诉讼、仲裁时,应立即以书面形式通知保险人;接到法院传票或其他法律文书后,应将其副本及时送交保险人。保险人有权以被保险人的名义处理有关诉讼或仲裁事宜,被保险人应提供有关文件,并给予必要的协助。

对因未及时提供上述通知或必要协助引起或扩大的损失,保险人不承担赔偿责任。

第十五条　被保险人向保险人请求赔偿时,应提交保险单正本、事故证明书、保险人指定或认可的医疗机构或司法机关出具的残疾鉴定诊断书、死亡证明、县级以上(含县级)医院或保险人认可的医疗机构出具的医疗费用收据、诊断证明及病历、有关的法律文书(裁定书、裁决书、判决书、调解书等)、损失清单以及保险人合理要求的有效的、作为请求赔偿依据的其他证明材料。

被保险人未履行前款约定的单证提供义务,导致保险人无法核实损失情况的,保险人对无法核实部分不承担赔偿责任。

第十六条　被保险人在请求赔偿时应当如实向保险人说明与本保险合同保险责任有关的其他保险合同的情况。对未如实说明导致保险人多支付保险金的,保险人有权向被保险人追回应由其他保险合同的保险人负责赔偿的部分。

第十七条　发生保险责任范围内的损失,应由有关责任方负责赔偿的,被保险人应行使或保留行使向该责任方请求赔偿的权利。

保险事故发生后,保险人未履行赔偿义务之前,被保险人放弃对有关责任方请求赔偿的权利的,保险人不承担赔偿责任。

在保险人向有关责任方行使代位请求赔偿权利时,被保险人应当向保险人提供必要的文件和其所知道的有关情况。

由于被保险人的过错致使保险人不能行使代位请求赔偿的权利的,保险人相应扣减赔偿金额。

赔偿处理

第十八条　保险人的赔偿以下列方式之一确定的被保险人的赔偿责任为基础:

(一)被保险人和向其提出损害赔偿请求的第三者协商并经保险人确认;

(二)仲裁机构裁决;

(三)人民法院判决;

(四)保险人认可的其他方式。

第十九条　发生保险责任范围内的损失,保险人对每人人身损害的赔偿金额不超过每人责任限额,在保险期间内,保险人累计赔偿金额不超过累计责任限额。

第二十条　对每次事故法律费用的赔偿金额,保险人在第十九条计算的赔偿金额以外按应由被保险人支付的数额另行计算,但不超过累计责任限额的2%。

因同一起火灾、爆炸事故造成多人伤亡,导致多人同时或先后向被保险人索赔的,视为一次保险事故。

在保险期间内,保险人对多次事故法律费用的累计赔偿金额不超过累计责任限额的10%。

第二十一条　保险事故发生时,如果存在重复保险,保险人按照本保险合同的累计责任限额与所有有关保险合同的累计责任限额总和的比例承担赔偿责任。

其他保险人应承担的赔偿金额,本保险人不负责垫付。

第二十二条　保险人收到被保险人的赔偿请求后,应当及时作出核定,并将核定结果通知被保险人;对属于保险责任的,在与被保险人达成有关赔偿金额的协议后十日内,履行赔偿义务。

第二十三条　被保险人对保险人请求赔偿的权利,自其知道保险事故发生之日起两年不行使而消灭。

争议处理

第二十四条　因履行本保险合同发生的争议,由当事人协商解决。协商不成的,提交保险合同载明的仲裁机构仲裁;保险合同未载明仲裁机构或者争议发生后未达成仲裁协议的,可向人民法院起诉。

第二十五条　本保险合同的争议处理适用中华人民共和国法律。

其他事项

第二十六条　保险责任开始前,投保人要求解除保险合同的,应当向保险人支付相当于保险费5%的退保手续费,保险人应当退还剩余部分保险费;保险人要求解除保险合同的,不得向投保人收取手续费并应退还已收取的保险费。

保险责任开始后,投保人要求解除保险合同的,自通知保险人之日起,保险合同解除,保险人按短期费率计收自保险责任开始之日起至合同解除之日止期间的保险费,并退还剩余部分保险费;保险人要求解除保险合同的,应提前十五日向投保人发出解约通知书,保险人按照保险责任开始之日起至合同解除之日止期间与保险期间的日比例计收保险费,并退还剩余部分保险费。

附录十二：××保险公司产品责任保险条款

一、责任范围

在本保险有效期内，由于被保险人所生产、出售的产品或商品在承保区域内发生事故，造成使用、消费或操作该产品或商品的人或其他任何人的人身伤害、疾病、死亡或财产损失，依法应由被保险人负责时，本公司根据本保险单的规定，在约定的赔偿限额内负责赔偿。

对被保险人应付索赔人的诉讼费用以及经本公司书面同意负责的诉讼及其他费用，本公司亦负责赔偿，但本项费用与责任赔偿金额之和以本保险单明细表中列明的责任限额为限。

二、除外责任

本公司对下列各项不负责赔偿：

（一）被保险人根据与他人的协议应承担的责任，但即使没有这种协议，被保险人仍应承担的责任不在此限；

（二）根据劳动法应由被保险人承担的责任；

（三）据雇佣关系应由被保险人对雇员所承担的责任；

（四）保险产品本身的损失；

（五）产品退换回收的损失；

（六）被保险人所有、保管或控制的财产的损失；

（七）被保险人故意违法生产、出售的产品或商品造成任何人的人身伤害、疾病、死亡或财产损失；

（八）保险产品造成的 XK、土地及水污染及其他各种污染所引起的责任；

（九）保险产品造成对飞机或轮船的损害责任；

（十）由于战争、类似战争行为、敌对行为、武装冲突、恐怖活动、谋反、政变直接或间接引起的任何后果所致的责任；

（十一）由于罢工、暴动、民众骚乱或恶意行为直接或间接引起的任何后果所致的责任；

（十二）由于核裂变、核聚变、核武器、核材料、核辐射及放射性污染所引起的直接或间接的责任；

（十三）罚款、罚金、惩罚性赔款；

（十四）保险单明细表或有关条款中规定的应由被保险人自行负担的免赔额。

三、赔偿处理

（一）若发生本保险单承保的任何事故或诉讼时：

1.未经本公司书面同意，被保险人或其代表对索赔方不得作出任何责任承诺或拒绝、出价、约定、付款或赔偿。在必要时，本公司有权以被保险人的名义接办对任何诉讼的抗辩或索赔的处理。

2.本公司有权以被保险人的名义，为本公司的利益自付费用向任何责任方提出索赔的要求。未经本公司书面同意，被保险人不得接受责任方就有关损失作出的付款或赔偿安排或放弃对责任方的索赔权利。否则，由此引起的后果将由被保险人承担。

3.在诉讼或处理索赔过程中，本公司有权自行处理任何诉讼或解决任何索赔案件，被保险人有义务向本公司提供一切所需的资料和协助。

（二）生产出售的同一批产品或商品，由于同样原因造成多人的人身伤害、疾病或死亡，或多人的财产损失，应视为一次事故造成的损失。

（三）被保险人的索赔期限，从损失发生之日起，不得超过两年。

四、被保险人义务

被保险人及其代表应严格履行下列义务：

（一）在投保时，被保险人或其代表应对投保申请书中列明的问题以及本公司提出的其他问题作出真实、详尽的回答或描述。

（二）被保险人及其代表应根据本保险单明细表和批单中的规定按期缴付保费。

（三）保险期满后，被保险人应将保险期间生产、出售的产品或商品的总值书面通知本公司，作为计算实际保险费的依据。实际保险费若高于预收保险费，被保险人应补交其差额；反之，若预收保险费高于实际保险费，本公司退还其差额，但实际保险费不得低于所规定的最低保险费。

本公司有权在保险期内的任何时候，要求被保险人提供一定期限内所生产、出售的产品或商品总值的数据。本公司还有权派员检查被保险人的有关账册或记录并核实上述数据。

（四）一旦发生本保险单所承保的任何事故，被保险人或其代表应：

1.立即通知本公司，并在七天或经本公司书面同意延长的期限内以书面报告提供事故发生的经过、原因和损失程度；

2.在预知可能引起诉讼时，立即以书面形式通知本公司，并在接到法院传票或其他法律文件后，立即将其送交本公司；

3.根据本公司的要求提供作为索赔依据的所有证明文件、资料和单据。

（五）若在某一保险产品或商品中发现的缺陷表明或预示类似缺陷亦存在于其他保险产品或商品时，被保险人应立即自付费用进行调查并纠正该缺陷；否则，由于类似缺陷造成的一切损失应由被保险人自行承担。

◆ 本章小结

1.责任保险是指以被保险人对第三者依法应负的赔偿责任为保险标的的保险。责任保险转嫁的是责任风险，与一般财产风险有很大不同，从而使责任保险具备狭义财产保险并不具备的特点，表现为：其产生和发展的基础是健全和完善的法律制度；保险标的是无形的民事损害赔偿责任；保险金可以直接支付给第三者；以责任限额方式限定保险人承担的责任。

2.责任保险有多种分类方法。按险别分为公众责任保险、产品责任保险、雇主责任保险、职业责任保险。以保险人承担保险责任的基础为标准分为期内发生式责任保险和期内索赔式责任保险。按照实施方式不同分为自愿责任保险和强制责任保险。按保单是否具有独立性，可分为独立责任保险和附加责任保险。按照责任保险的原因可分为过失责任保险、无过失责任保险和合同责任保险。

3.我国责任保险市场的现状呈现出如下特点：①发展速度较快，但业务总规模仍很小；②险种从单一向多元化发展，但险种内部结构发展不平衡；③市场主体不断增加，但保险公司对责任保险的重视程度不够；④覆盖范围不断扩大，但地区间的发展仍不平衡。

4.责任保险所承保的法律责任只能是民事责任。民事责任按照责任发生依据的不同，可以分为侵权责任和违约责任。侵权责任，是指民事主体因实施侵权行为而应承担的民事法律后果，分为一般侵权责任和特殊侵权责任。违约责任是指合同当事人一方不履行合同义务或者履行合同义务不符合约定时，依照法律规定或者合同的约定所应承担的民事责任。

5.公众责任保险又称普通责任保险或综合责任保险，主要承保被保险人在公共场所进行生产、经营或其他活动时，因发生意外事故而造成的他人人身伤亡或财产损失，依法应由被保险人承担的经济赔偿责任。公众责任保险适用的范围非常广泛，其业务复杂，险种众多，主要包括综合责任保险、场所责任保险、承运人责任保险和个人责任保险等。

6.雇主责任保险是以被保险人（雇主）的雇员在受雇期间从事职业工作时因遭受意外导致伤、残、死亡或患有与职业有关的职业性疾病而依法或根据雇佣合同应由被保险人承担的经济赔偿责任为保险标的的一种责任保险。

7.产品责任保险是以产品的生产者、销售者、修配者等因生产、销售、修理的产品存在缺陷,造成使用者或其他人的人身伤害或财产损失而依法应承担的经济赔偿责任为保险标的的责任保险。产品的制造商、修理商和销售商等一切可能对产品事故负有赔偿责任的人都对产品责任具有保险利益,都可以投保产品责任保险。

8.职业责任保险就是承保各种专业技术人员因工作上的疏忽或过失,造成对第三者的经济损失或人身伤亡,依法应承担的经济赔偿责任的一种责任保险。其适用于医生、药剂师、设计师、工程师、律师、会计师、保险经纪人、教师等各种专业工作者。

关键术语

责任保险　期内发生式责任保险　期内索赔式责任保险　自愿责任保险　强制责任保险　独立责任保险　附加责任保险　过失责任保险　无过失责任保险　合同责任保险　法律责任　民事责任　侵权责任　违约责任　公众责任　公众责任保险　综合责任保险　场所责任保险　承运人责任保险　个人责任保险　雇主责任　雇主责任保险　产品责任　产品责任保险　职业责任　职业责任保险　医疗责任保险　律师执业责任保险　注册会计师执业责任保险　建设工程设计责任保险　公司董事及高级管理人员责任保险

思考题

1.责任保险有哪些不同于财产损失保险的特点?

2.责任保险有哪些分类方法?

3.责任保险的作用体现在哪些方面?

4.如何理解法律和责任保险的关系?

5.可以把哪些法律责任风险通过责任保险转嫁给保险人?

6.简述责任保险的发展历史。

7.分析我国责任保险的发展现状。

8.侵权责任和违约责任的区别有哪些?

9.如何区分一般侵权责任和特殊侵权责任?

10.简述公众责任保险的概念和种类。

11.雇主责任保险的概念是什么?如何区分雇主责任保险和意外伤害保险?

12.产品责任的归责原则如何演变?我国产品责任的归责原则是什么?

13. 产品责任保险的保险责任范围有哪些?

14. 简述职业责任保险的概念和种类。

◆ 案例分析题

1. 某市政公司于2004年5月向某保险公司投保了公众责任保险,保险责任是其施工过程中的过失造成他人的人身伤害或财产损失的赔偿责任,赔偿限额为每起事故10000元。同年10月2日,该公司一队工人在维修路边窨井时因下大雨跑回施工棚,忘记在井边设立标志,也未盖好窨井盖。傍晚时分,雨还在下,一行人骑自行车经过此地时跌入井中受伤,并受感染致死。受害人家属向该市人民法院起诉要求市政公司承担损害赔偿责任。法院判决被告方应向死者家属支付16756元。

你认为保险公司是否应承担赔偿责任?赔偿多少?

2. 某洗浴中心于开业初期向某保险公司购买了公众责任保险,保险期限为一年,自2001年11月20日至2002年11月19日,每次事故赔偿限额为20万元,累计赔偿限额为200万元,绝对免赔率为10%。在保险期内,顾客童某来此消费,从蒸浴间出来时,未注意到门前的窨井正在维修且未加盖窨井盖,右脚不慎踩入井内,被井中阀门螺杆扎中右脚掌心,深入脚骨,并因身体失衡摔倒在地。后经诊断,童某的右足外伤并感染,同时因为摔跤导致轻微脑震荡和骨盆破裂,住院治疗131天后出院,期间共支付医疗费、交通费、护理费等30万元。出院后,童某与浴池经营者没有达成赔偿协议,童某即向人民法院提起诉讼。经法院判决,该浴池在管理上存在疏忽、过失,导致意外事故发生,使消费者受到人身意外伤害,洗浴中心应该承担赔偿责任。而后洗浴中心向保险公司提出索赔,经保险公司现场查勘后确认属于保险责任,最终赔偿洗浴中心18万元。但该洗浴中心认为,他向客户支付了30万元,所以要求保险公司在200万保险金额以内进行全额赔偿。因未能达成协议,该洗浴中心将保险公司告上了法庭。

你认为保险公司赔偿是否正确?为什么?

3. 某中学投保校园责任保险,保险期限一年。每人赔偿限额为10万元。该校高一新生张某入校后,由学校组织进行封闭式住宿军训。老师和教官对参加军训的学生进行了军训注意事项的教育,关照同学们在训练时遇到有不舒服或不适应可及时举手提出。随后,同学们被带出进行训练,按照教官要求挺胸笔直立正练习站姿。当时正值炎夏,气温高达34.5℃,训练开始后不久,张某热得汗流浃背,可教官不在操练队伍的前面,他突然眼前一黑直挺挺地向前栽倒,造成面部外伤,随即被教官和老师送到医院,经诊断为下颌骨多发性骨折和双侧下颌骨髁骨折。为此,张某监护人诉至法院,起诉学校在组织军训过程中未采取必要的安全措施,致使张某受伤,张某监护人要求学校承担赔偿责任。法院判决,某中学承担70%赔偿责任。该中学即要求保险公司承担赔偿责任。

你认为保险公司是否应该赔偿?赔偿多少?

4. 某旅行社在某保险公司购买了旅行社责任保险,约定年度累计赔偿限额为200万元,每人赔偿限额为12万元。赵某所在单位与该旅行社签订赴外地七日游合同。合同签订当日晚,赵某及其所在单位职工一起在旅行社的组织下,乘坐某班次火车。次日清晨6点左右,同行人员发现赵某不在铺上,寻找不见后报告列车长,最终在中途车站附近发现赵某尸体。经公安部门现场勘验,认定其意外坠车死亡。赵某家属就此向人民法院提起诉讼,法院判决某旅行社承担相应的赔偿责任。旅行社支付了赔偿费用后,即向保险公司要求赔偿。保险公司以赵某坠车原因不明为由拒绝赔偿。

你认为保险公司拒赔是否有理?为什么?

5. 2001年7月15日,5岁的豆豆随妈妈到某商场四楼儿童用品部冷饮销售处买饮料喝,喝完后,豆豆独自跑到位于电梯旁边的果皮箱扔饮料盒,不慎摔下了电梯。豆豆被迅速送往该市人民医院急救,但因原发性脑干损伤,豆豆抢救无效死亡。因该商场事前投保了顾客团体意外伤害保险,在事故发生后,保险公司按合同规定赔付给豆豆的父母3万元人民币。但保险公司赔付后,豆豆父母又向商场进行索赔,该商场认为,商场投保了顾客团体人身意外伤害险,目的就是为维护消费者的利益,也减少自身风险。保险公司赔付保险金就是商场对顾客承担的责任。因此,不同意在保险公司赔偿之外再承担任何赔偿责任。

你认为商场的观点是否正确?为什么?

6. 某医院投保了医院责任保险,保险合同规定每起医疗事故赔偿限额为50000元。在保险期内,该医院接受孕妇李某做胎儿性别鉴定,结论是"胎儿性别为女性"。结果,孕妇生产时却发现生下的是男孩,孕妇遂以医院医疗责任事故为由向法院起诉,要求院方赔偿损失。受害方认为,医院断男为女,是严重的失职,应承担一切后果。因为该孕妇患有"杜氏进行性肌营养不良症"家族病,其特点是生女为阴性带菌不发病,生男为阳性带菌必发病,且目前无医可救,故男性一般均在成年前发病致死。因此,由于鉴定错误给李某及家人带来了巨大痛苦。院方对此应承担损害赔偿责任。医院方认为,李某接受检验时可能怀的是双胎,另一胎为女性已被男性胎儿吸收,故导致诊断出错。因此,不承认是医疗责任事故,而只承认是一般的医疗差错,如果接受检验者不是特殊的家族病,并无实际伤害,因此拒绝承担赔偿责任。因而保险公司也就不承担赔偿。

你认为医院方和保险公司是否要承担赔偿责任?为什么?

7. 2005 年 10 月，李某、王某和郝某共同出资筹办 A 公司。当时除李某外，其余股东均未按公司章程规定足额缴纳股金，而是以 A 公司名义存入某农行房地产信贷部 10 万元，该信贷部却为 A 公司出具了 50 万元的存款证明。在此基础上，某会计师事务所为 A 公司出具了注册资金为 50 万元的验资报告。随后，A公司领取了企业法人营业执照，经营范围为商品零售服务。2006 年 10 月，A 公司因未按规定参加工商年检而被工商行政管理机关吊销营业执照。在经营期间，A 公司与宋某签订了商品买卖协议，协议期满后 A 公司未履行协议，A 公司实际欠款 30 万元。宋某以 A 公司设立瑕疵、出资不实、拒不履行协议及虚假验资为由，将 A 公司股东、某会计师事务所诉至法院，要求偿还原告本息。在法庭审理过程中，当事人达成了调解协议，A 公司股东同意偿还所欠款项，某会计师事务所愿意在 5 万元的范围内承担补充赔偿责任。此前，某会计师事务所投保了注册会计师职业责任保险。某会计师事务所向保险公司请求赔偿，保险公司以某会计事务所不应承担赔偿责任为由，拒绝赔偿。

你认为保险公司是否应该承担赔偿责任？为什么？

8. 甲生育两个儿子，一直以来与大儿子乙关系好，便想到自己百年之后，将名下拥有的所有财产让大儿子乙一人继承。经人指点，2002 年 12 月 5 日，甲到某律师事务所将自己的意愿作了说明，委托该所代书遗嘱。双方签订了《聘请律师合同》，约定由该所的王律师完成代书遗嘱的相关事宜，甲支付了 1000 元非诉代理费。第二天，王律师携带草拟的遗嘱到甲处，告诉他还需一名证人。甲听后表示可以请其弟张某当证人。此后，王律师到张某家，在王律师说明缘由后，张某在遗嘱上签了名。后甲病逝。办完丧事，乙即持遗嘱要求继承全部遗产，但遭到其母和弟的反对，乙于是诉至法庭，要求法院确认遗嘱有效。法院审理后认为，这份代书遗嘱无效，因张某作为遗产继承关系人不能作为证人，判决甲的遗产按照法定继承的方式由乙、其母、其弟三人均分。乙就将某律师事务所作为被告提起诉讼。法院判决该律师事务所赔偿乙合理损失 15 万元。律师事务所因投保了律师职业责任险，就请求保险公司支付保险金。保险公司拒赔。

你认为保险公司拒赔是否有理？为什么？

9. 某建筑公司为其全部员工投保了雇主责任保险，其中包括员工 A 和员工 B。不久，该公司与员工 A 签订了一份内部承包协议，由 A 承包该公司下属的采石分厂，并同意由员工 B 担任该分厂采石爆破工。双方在协议中约定，如员工 B 从事爆破工作时造成人身伤亡，由员工 A 承担一切赔偿责任，与建筑公司无关。在保险有效期内，员工 B 不幸从事爆破作业时意外身亡。虽然有免责协议在先，但该公司考虑其家属生活困难，况且已将员工 B 在保险公司投保了雇主责任保险，就承诺给予员工 B 家属部分经济补偿。同时，该公司向保险公司提出了雇主责任保险项下的索赔。对此种情况,保险公司是否应该赔付,产生争议。结果,双方因此诉诸法律,法院最终从"有利于保护被保险人利益"原则出发,判定保险公司对此进行赔付。

你认为法院判决是否正确?为什么?

10. 某厂为其所属幼儿园向某财产保险公司投保了校园责任保险,保险期限为一年,保险合同约定保单累计限额为人民币 150 万元,每次事故赔偿限额 50 万元,每人赔偿限额为 5 万元。某日,该幼儿园女教师张某在管教六岁儿童王某过程中,用脚踢了王某的屁股,不料王某突然倒地,造成轻微伤害,送医院治疗,用去医疗费用 3000 元。监护人即要求某厂和张某共同承担民事责任。某厂向监护人支付了全部赔偿费用,然后向保险公司索赔。保险公司在理赔过程中对于是否赔偿、赔偿多少产生了三种不同意见:

第一种意见认为,张某有加害行为,主观上有过错,其加害行为与王某受损害有因果关系,因此张某应独立承担侵权民事责任。保险公司不予赔付。

第二种意见认为,根据《民法通则》第 43 条规定,企业法人对它的法定代表人和其他工作人员的经营活动,承担民事责任。张某是幼儿园的保育员,其民事责任应由厂方承担。保险公司应赔偿。

第三种意见认为,张某与某厂共同承担民事责任。理由是张某是侵害人,应承担民事责任,同时,张某是某厂的工作人员,某厂应承担连带责任,保险公司应部分予以赔付。

你认为哪一种意见正确?为什么?

第十章

信用保证保险

◆ **学习目标**

1. 理解信用保险与保证保险的含义与特点。
2. 理解信用保险与保证保险的主要区别。
3. 掌握信用保险主要险种的内容。
4. 掌握保证保险主要险种的内容。

第一节　信用保证保险概述

一、信用保险的概念与特点

（一）信用保险的概念

信用是一种借贷行为，是以偿还和付息为条件的价值单方面让渡。其表现形式主要是赊销、贷款和延期付款。债权人用协议或契约的方式赊销商品或贷出货币，债务人则按照协议规定的日期支付欠款或偿还贷款。

信用保险是权利人向保险人投保义务人信用的保险。具体来说，就是以权利人（债权人）作为投保人和被保险人，以义务人（债务人）的信用作为保险标的，当义务人（债务人）到期不能履行契约中规定的清偿义务时，由保险人负责赔偿被保险人经济损失的一种保险。

（二）信用保险的发展历史

信用保险是伴随着商业信用的发展而产生的一类保险业务。它产生于19世纪中叶的欧美国家。1850年法国的一些保险公司开始经营商业信用保险，但不久便失败了。直到1893年，美国成立信用保险公司并专门经营商业信用保险获得成功。英国在 1893 年由全英地方受托资产公司开始承保澳大利亚贸易风险。1911 年,英国海上事故保险公司也办理了顾客营业额的定期信托保险。1919 年,鉴于东方和中欧诸国的政治局势险恶,英国政府出面对这些国家的贸易实行担保,为此专门成立了出口信用担保局,并创立了一套完整的信用保险制度,成为以后各国纷纷仿效的样板。

第一次世界大战后,信用保险迅速发展,欧美国家纷纷成立专营的商业信用保险公司,一些私人保险公司也联合组织成立了专门机构。然而,1929—1933 年世界性经济危机爆发,只有少数实力雄厚的公司幸存下来。经过这次冲击后,许多西方国家效仿英国的做法,先后成立了专门的国营机构来经营出口信用保险。1934 年,欧洲的英国、法国、意大利、西班牙四国私营和国营信用保险机构在瑞士伯尔尼联合成立了国际信用保险协会。此后,各国信用保险业务虽然屡屡受到经济动荡的冲击,但都逐步稳定地发展起来。目前,在世界许多国家都形成了完善的信用保险制度,建立了固定的信用保险机构。

我国信用保险发展于 20 世纪 90 年代初,当时由中国人民保险公司经办全国的出口信用保险业务。1994 年新成立的中国进出口银行,也经办各种出口信用保险业务。2001 年 12 月 18 日我国在多哈会议上加入世贸组织后,于 12 月 19 日正式挂牌成立中国出口信用保险公司,是隶属于国务院的一家事业单位。从 2001 年 12 月起,中国出口信用保险公司将原来的中国人保和中国进出口银行中的出口信用保险业务逐步接管。

(三)信用保险的特点

信用保险属于广义的财产保险,但与一般财产保险相比较,具有其自身的特点。

1.信用保险承保的标的是信用风险

信用保险承保的保险标的是无形的信用风险,这种无形的标的不仅与财产损失保险的有形财产风险不同,也有别于责任保险承保的无形的民事赔偿责任风险。所谓信用风险,是指在经济交往中,权利人与义务人之间,由于一方违约或违法致使对方遭受经济损失的一种特殊的风险。与其他财产风险相比,信用风险预测的难度要大得多,信用保险的经营技术也较为复杂,保险人须对被保险人的资信情况进行严格审查,以确定是否承保。

2.信用保险合同中必须列明第三者及其行为

在一般的财产保险中,保险事故不一定是第三者造成,即使是,第三者及其行为事先也是无法确定的,因此在保险合同中不可能列明第三者。但信用保险合同中,权利人是被保险人,义务人就是第三者,保险事故的发生肯定涉及第三者,因此在信用保险合同中必须列明第三者,并限定保险人所承担的第三者可能造成被保险人利益损失的行为。

3.信用保险的保险利益产生于主合同

信用保险的投保人(权利人)对义务人的信用风险状况拥有保险利益,这种利益是产生于权利人与义务人之间债权债务关系的主合同,且这种利益受到法律认可和保护。因此,主合同必须是合法有效的合同,只有这样,当主合同的债务人因有某种违法或违约行为而使债权人的利益遭受损害时,保险人才会进行保险赔偿。如果主合同是一个无效合同,双方当事人的权利义务关系不受法律保护,当然也就不会有保险利益存在了。

4.信用保险是以代位求偿为赔偿基础的

代位求偿原则是财产保险普遍采用的原则,但只有在保险事故是第三者造成时才适用该原则。但信用保险中的被保险人损失应该说都是由特定的第三者(义务人)造成的,因此,只要被保险人提出了索赔要求,保险人都是以获得向第三者(义务人)代位求偿的权利为条件,履行赔偿义务,也就是说,取得代位求偿权,是保险人进行赔偿的前提。

(四)信用保险的作用

1.有利于促进贸易活动的健康发展

商业贸易活动包括商品转移和货款收回两个方面。受多种因素的影响,期间蕴涵着货款回收的风险,一旦贸易过程中的买方出现信用问题,不仅会造成卖方的损失,而且容易引起连锁反应,使贸易关系不断,最终影响商业贸易的健康发展。信用保险是为贸易的卖方提供货款回收保障,从而有利于促进商业贸易活动的健康发展。

2.有利于促进企业加强信用风险管理

市场经济条件下,企业间的信用关系越来越复杂,信用风险是主要风险之一,特别是应收账款不能及时回收和雇员不忠于职守等问题在很大程度上影响企业经营活动的连续性。在提供信用保险服务过程中,保险公司在承保前对企业的资信和履约能力进行全面调查,承保期间也会加强履约情况的监督检查,发生赔付后还要对有关责任方追偿,协助企业进行销售分账户管理、应收账款催收和信用风险控制等。通过上述活动,将有效改善企业的信用风险管理水平,保障企业稳健经营。

3.有利于增强企业的融资能力

银行向企业发放贷款首先要考虑贷款的安全性,即能否按期收回贷款问题。而企业在投保了信用保险后,可以将保单抵押给贷款银行,作为一种保证手段,要求保险人向贷款银行出具担保等方式,使银行得到收回贷款的可靠保证,以解除银行发放贷款的后顾之忧,增强了企业的融资能力。

4.有利于增强出口创汇的能力

外贸出口面向的是国际市场,风险大、竞争激烈,一旦出现拖欠或拒付货款的信用风险,往往会使外贸企业陷入困境,进而影响其市场开拓和国际竞争能力。如果企业投保的出口信用保险,在被保险人因商业风险或政治风险不能从买方收回货款时,可以从保险人那里得到赔偿。因此,出口信用保险有利于出口商的经济核算和开拓国际市场,增加其出口创汇的能力。

二、保证保险的概念与特点

(一)保证保险的概念

保证保险是被保证人(义务人)根据权利人的要求,请求保险人担保自己信用的保险。如果因被保证人的作为或不作为致使权利人遭受损失,由保险人代替被保证人承担赔偿责任。

保证保险的被保证人可以是法人,也可以是自然人。保证保险承保投保人的履约责任,主要是还款、提供劳务或商品及其质量。保证保险通常采取出具保函的形式办理,与一般财产保险单差别很大。

(二)保证保险的发展历史

保证保险源于由个人、公司或银行办理的担保函。20 世纪初出现了合同担保,主要保证从事建筑和公共事业的订约人履行约定的义务,并在订约人破产或无力履行合同时代为偿还债务。1901 年,美国马里兰州的诚实存款公司在英国首次提供合同保证。随后,英国的几家保险公司也开办了该项业务,1914 年诚实存款公司从欧洲撤回,几家英国的保险公司继续开辟了欧洲合同担保的保险市场。

我国开办保证保险业务始于 20 世纪 80 年代初,中国人民保险公司开办了以引进国外的工程履约保函,以英文条款为主。进入 90 年代后,条款形式的保证保险也获得一定的发展,这是一类具有中国特色的险种,是由一定时期国内经济发展和社会法律环境所决定的。

(三)保证保险的特点

保证保险属于广义财产保险,但和一般财产保险相比,具有如下特点。

1. 保证保险涉及三方当事人

保证保险合同涉及三方当事人：一是保险人，在被保证人与权利人之间扮演着保证人的角色；二是被保证人（义务人），通过向保险人投保获得保险人为其信用提供经济担保；三是被保险人（权利人），其权利需要保险人提供保障。为了控制承保风险，保险人在为被保证人出立保证书之前，一般会要求后者提供反担保，在这种情况下，反担保人则作为另一个有关方参与保证保险合同。

2. 保证保险的赔款具有返还性

在保证保险中，由于保险事故的发生导致保险人对权利人的赔偿，保险人有权利实现反担保，投保人有义务返还。也就是说，保险人代替被保证人支付给被保险人（权利人）的任何补偿，依然有权利向被保证人追回。

3. 保证保险实质上是保险人对被保证人提供的担保行为

开办保证保险的保险公司和可以从事担保业务的其他商业机构一样，在担保行为中处于保证人的地位。可以担任保证人的应是法律允许从事保证业务的各类法人，并不限于保险公司。在保证保险中，保险事故一旦发生使权利人遭受损失时，主要在被保证人不能补偿损失时，才由保险人代为补偿，本质上保证保险只是对权利人的担保。

4. 保证保险合同是附属性合同

保证保险合同是保证人对权利人的附属性书面承诺，这种承诺文件表达了如下意思：在权利人与被保证人签署的合同或协议所规定的履行条件已具备，而被保证人拒不履行合同义务的条件下，保证人才履行赔偿责任。所以，保证人（保险人）所承诺的责任通常属于"第二性"责任，只有被保证人不履行承诺时，作为从属于被保证人和权利人签署的合同或协议之外的保证保险合同才能正常履行。

三、信用保险与保证保险的联系与区别

（一）信用保险与保证保险的联系

1. 保险标的相同

信用保险与保证保险承保的标的都是信用风险，信用保险承保的是被保险人交易伙伴的信用风险，而保证保险担保的是被保证人的信用风险。

2. 经营基础相同

信用保险与保证保险在经营过程中都必须依靠信息来经营业务，保证保险业务中，保证人（保险人）是否受理担保申请，完全取决于对被保证人的资信、财力及以往履约状况等信用资料的获得和核实；信用保险业务中，决定保险费率的主要

是被保险人交易伙伴的信用资料,如财务状况、经营现状、经营历史及所在国家的政治与经济环境等信息。

(二)信用保险与保证保险的区别

1.当事人关系不同

信用保险的当事人与一般财产保险一样,包括保险人与投保人,投保人同时也是被保险人。而保证保险涉及三方当事人,即投保人(义务人、被保证人)、保险人(保证人)和权利人(被保险人),甚至包括反担保人。两种业务的当事人关系如图 10-1 所示。

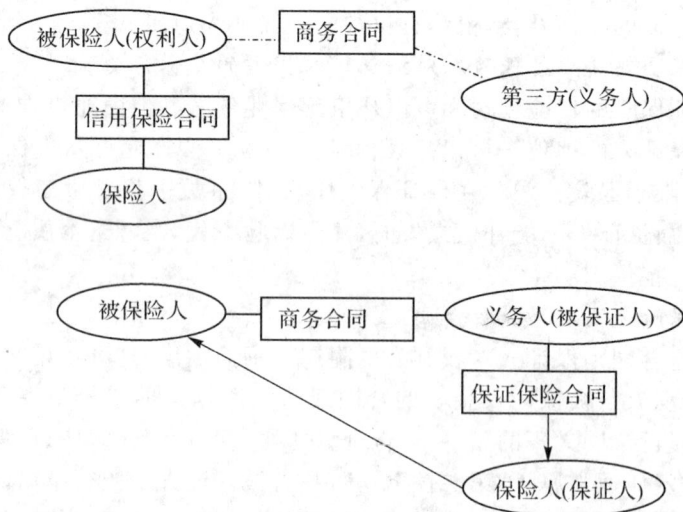

图 10-1 信用保险与保证保险当事人关系示意图

2.业务性质不同

信用保险在性质上属于保险,信用保险业务中被保险人所付出的费用是一种保险费,是被保险人将被保证人的信用风险转移给保险人所支付的价格。而保证保险性质属于担保行为,保证保险业务中被保证人所交付的费用是一种担保手续费。

3.经营风险不同

信用保险是被保险人将风险转移至保险人的保险业务,在理论上,保险人承担的风险来自保险人和被保险人都不能控制的交易对方的信用风险,保险人实际承担的风险相对较大。保证保险在理论上属于"零风险"业务,即保险人在签发保证书(或保函)之前已经排除了可以预见的风险,一般不存在风险转移的问题。与此相联系,信用保险的保险费是被保险人转移风险的价格;而保证保险中,被保证人向保证人支付的款项并非真正意义上的保险费,而是保险人凭借其信誉、财力和专业技术服务获得的服务费用。

4.承保方式不同

信用保险是以保险单形式来承保的,其保险单同一般财产保险单无太大区别,同样规定责任范围、除外责任、保险金额、保险费、损失赔偿和被保险人权利义务等内容;而严格的保证保险是通过出具保证书(或保函)来承保的,该保证书只是一个内容简单的文字凭证,只规定担保事宜,分一般保证和连带责任保证。具体承保条件、费率及其他保险事项,一般在保证人和被保证人签署的补充协议书中进行约定。

5.追偿方式不同

在信用保险中,保险人和第三方(义务人)没有任何合同关系,如果保险人发生赔付,只能获得代位向第三方追偿的权利,不能向被保险人(权利人)索赔或追偿。而在保证保险业务中,义务人是保险合同中的投保人,一旦保险人发生赔付后,保险人可以直接向被保证人(投保人)或其提供的反担保人进行追偿。

第二节　信用保险

一、出口信用保险

(一)出口信用保险的含义与特点

1.含义

出口信用保险,是承保出口商在经营出口业务过程中因进口商的商业风险或进口国的政治风险而遭受经济损失的一种信用保险。

出口信用保险是出口信贷的重要组成部分,是国家为了推动本国的出口贸易、保障出口企业的收汇安全而开办的一项由国家财政提供保险准备金的非营利性政策保险业务。按出口合同对进口方的赊账期限不同,出口信用保险又可分为短期出口信用保险和中长期出口信用保险。

2.特点

(1)不以盈利为经营目标

各国开办的出口信用保险业务的目的都是为了保护本国出口商的利益,为出口商扩大出口提供安全保障。但是,不以盈利为目的,并不意味着出口信用保险机构可以不讲究经济效果;相反,出口信用活动中的高风险要求出口信用保险机构严格控制风险,加强管理,力求以最小的成本换取最大的收益。

(2)以扩大出口为经营目的

举办出口信用保险的宗旨是向本国出口商提供出口安全保证,鼓励他们扩大出口,积极开拓市场,从而推动国家对外贸易的发展。

(3)经营风险大且难以控制

由于出口商所在国与卖方所在国分属不同国家,彼此在政治、经济、外交、法律以及经营作风、贸易习俗等方面存在较大差距,由此造成买方违约的原因非常复杂,保险人一般难以控制,也不易使用统计方法测算损失概率。所以,如果没有政府支持,商业保险公司是不愿经营这种保险业务的。

(4)由政府机构或委托保险机构经营

无论是从经营的目的,还是从承保的标的和承保风险来看,出口信用保险都不同于一般的商业保险,它是一种政策性保险。综观世界各国开展出口信用保险的情况,经营该险种业务的机构或者是政府机构,或者是国家财政投资成立的出口信用保险公司,或者是委托商业保险公司经营,不管哪一种形式,都离不开政府的参与和支持。政府的参与和支持一般表现在三个方面:一是财政上给予补贴支持;二是颁布专门的法律法规经营和管理;三是提供各项优惠政策,如税收优惠等。

(二)出口信用保险的分类

1. 按信用期长短分,可分为短期出口信用保险和中长期出口信用保险

所谓信用期,是指买方从提单日起或见单日起或交货日起到应该支付货款的最大时间间隔。短期出口信用保险是指信用期在 180 天之内,通常采用统保的承保方式,即要求出口商将其适用范围内的全部出口业务投保。这是国际上出口信用保险使用最广、承保量最大的一个险种。中长期出口信用保险是指承保信用期在 1 年以上的出口信用保险。中长期出口信用保险一般采取对出口合同逐个协商承保的方式。

2. 按承保风险范围不同分,可分为商业风险的出口信用保险、政治风险的出口信用保险和综合出口信用保险

商业风险的出口信用保险承保的风险仅限于商业风险,包括进口商资信或信誉方面的风险,即买方不付货款的风险。

政治风险的出口信用保险承保的风险仅限于政治风险,包括买方国家的法律、政策或政局改变,地震、水灾等自然灾害发生的风险。

综合出口信用保险是既承保商业风险又承保政治风险,提供综合性风险保障。

3.按保险责任起讫时间不同分,可分为出运前的出口信用保险和出运后的出口信用保险

出运前的出口信用保险是指保险人承担责任从出口合同生效之日开始至货物出运时终止,承保货物出运前因商业风险或政治风险致使买方取消或中止合同,给出口商造成的不能出口的直接损失。

出运后的出口信用保险是指保险人承担责任从货物交付承运人开始至出口商安全收汇时终止。承保出口商在出口合同规定的信用期满后因保险责任范围内的风险而不能收汇的损失。

4.按出口合同的性质分,可分为货物出口的出口信用保险、劳务输出的出口信用保险和建筑工程承包的出口信用保险

(三)出口信用保险的责任限额

出口信用保险承保的是特殊的信用风险,风险特别巨大,经营机构为了控制风险,通常在保险单上规定三种责任限额,即保单累计赔偿限额、买方信用限额和被保险人自行掌握信用限额。

1.保单累计赔偿限额

保单累计赔偿限额是保险人在保险期限内累计赔偿的最高限额,一般根据被保险人出口业务的规模和平均信用期长短来确定。

2.买方信用限额

买方信用限额是保险人对被保险人向某一特定买方出口所承担的最高赔偿金额。它是由被保险人向保险人提出申请,申请时须提供一切与该买方有关的资信资料以及银行或信用机构签发的调查报告等,保险人根据买方的资信情况和经营情况予以审批,并将审批结果以书面形式通知被保险人。买方信用限额是保险人对被保险人向买方出口货物所承担的最高赔偿责任,当被保险人因买方无力偿还而遭受收汇损失时,保险人对被保险人承担的赔偿责任以买方信用限额为限。

3.被保险人自行掌握的信用限额

被保险人自行掌握的信用限额是指保险人在被保险人没有为某一买方申请买方信用限额情况下,在保险单上确定的一个让被保险人自己掌握的信用额度。规定被保险人自行掌握的信用限额,有利于被保险人在一定范围内灵活安排处理出口业务,从而有可能与买方进行更多的交易。一旦被保险人向该买方出口发生收汇损失,保险人在这个信用限额内负责赔偿。

(四)短期出口信用保险

1.适用范围

短期出口信用保险适用于大批量、重复性出口的初级产品和消费性工业制成品的出口,汽车、农用机械和机床工具等半资本性货物的出口也适用。符合以下条件的出口合同投保短期出口信用保险较为合适:

(1)出口商按付款交单(D/P)、承兑交单(D/A)、赊账(O/A)等商业信用方式为付款条件。

(2)出口产品全部或部分在我国制造。

(3)信用期不超过 180 天。

2.保险责任

短期出口信用保险主要承保出口商(被保险人)在发运货物后由于商业风险和政治风险引起的货款损失。

(1)商业风险

商业风险主要包括:

①买方无力偿还债务。指法院已宣告破产,或其已接到法院关于破产清算的判决或裁定,或实际已资不抵债。

②买方拒收货物并拒付货款。指买方拒绝收货及付款,而原因并非由于卖方违约所造成,且卖方已采取必要措施包括在必要时向进口方起诉,迫使买方收货付款。

③买方拖欠货款。指买方在收货后超过付款期限 4 个月以上仍未支付货款。

(2)政治风险

政治风险包括:

①买方所在国禁止或限制汇兑;

②买方所在国实行进口管制,禁止贸易;

③买方所在国撤销进口许可证或不批准进口许可证展期;

④买方所在国或货物需经过的第三国颁布延期付款令;

⑤买方所在国发生战争、内战、叛乱、革命、暴动等;

⑥买方所在国发生买方无法控制的非常事件,如大范围的自然灾害使买方无法履约。

3.除外责任

(1)应由货物运输保险承保的损失。

(2)因汇率变动引起的损失。

(3)因被保险人或其代表违约或违法所造成的损失。

（4）面对买方在货物交付之前已严重违约的情况,有权停止发货的被保险人仍发货给对方所造成的损失。

（5）因买方违反其国家的法令而未获得进口许可证或进口许可证展期所造成的损失。

（6）因被保险人的代理人或买方的代理人破产、欺诈、违约或其他行为引起的损失。

（7）被保险人未按时办妥投保手续的出口业务发生的损失。

（8）被保险人向未经信用保险人批准买方信用限额,或不适用被保险人自行掌握的买方信用限额的买方出口所造成的损失。

（五）中长期出口信用保险

1. 适用范围

中长期出口信用保险适用于大型资本性或半资本性货物,如飞机、船舶等大型运输工具,电站、矿山的成套设备的出口等。凡符合下列条件的出口投保中长期出口信用保险较为合适:

（1）出口商使用银行买方信贷、卖方信贷或其他方式签订的收汇期在1~10年、贸易金额在100万~1亿美元的出口合同;

（2）出口的大型成套设备和机电产品等的国产化率在70％以上,车辆、船舶、飞机等的国产化率在50％以上;

（3）出口企业所经营的出口产品应获得国家有关部门的批准,出口企业经营状况良好。

2. 保险责任

中长期出口信用保险是承保由于买方的商业风险和买方所在国的政治风险造成出口商不能收汇的损失。具体有以下几个方面:

（1）买方、借款人或其还款担保人倒闭、破产、被接管或清盘,或丧失偿付能力。

（2）买方、借款人或其还款担保人从商务合同或贷款协议规定的还款日起逾期6个月仍未履行还款义务。

（3）买方因故单方面停止或终止执行贸易合同。

（4）买方所在国或借款人所在国,或任何与履行商务合同或贷款协议有关的第三国政府颁布政令、法令,实行外汇管制,限制汇兑。

（5）买方所在国或借款人所在国与中国,或与任何第三国政府发生战争、革命、暴乱等事件,或发生不可抗拒的特别事件造成进口商不能履行商务合同或借款人不能履行贷款协议项下的还款义务。

3.除外责任

中长期出口信用保险的除外责任与短期出口信用保险基本相同,在此不再阐述。

4.承保比例

根据国际惯例,信用保险公司承保中长期出口信用保险金额的比例一般为贸易合同总金额的85％,其余15％的贸易合同金额应在贸易合同签字后,在买卖双方规定的时间内,由买方以现汇形式支付给出口商。

二、国内信用保险

国内信用保险也称商业信用保险,是保险人为国内企业之间商品赊销活动中卖方的应收账款回收提供的保险。国内信用保险主要有以下三种。

(一)赊销保险

赊销保险是为国内商业贸易中延期或分期付款的行为提供信用担保的一种信用保险业务。这一业务的特点是赊账期长,风险分散,承保手续复杂,保险人在承保前必须仔细调查买方的资信状况。赊销保险的投保人和被保险人是制造商或供应商,保险人承保买方的信用风险。赊销保险适用于那些以分期付款方式销售的耐用商品,这类商品贸易数量大、金额高,需要保险人提供相应的保险服务。

(二)企业贷款信用保险

企业贷款信用保险是指保险人对银行或其他金融机构与企业之间的借贷合同进行担保并承担其信用风险的保险。这一保险业务的保险责任一般包括政府部门干预、市场竞争、企业部门决策失误等风险,只要不是投保人或被保险人故意或进行违法犯罪所造成的贷款无法收回,均可承保。

(三)个人贷款信用保险

个人贷款信用保险是承保金融机构对自然人进行贷款时,由于债务人不履行贷款合同致使金融机构遭受经济损失的信用保险。这一险种的投保人和被保险人为金融机构,保险人承保的是贷款的自然人的信用风险。由于借款人是自然人,保险人必须对贷款用途、经营情况、个人信誉等作比较全面的了解,必要时还可以要求借款人提供反担保。由于这一保险业务风险很大,目前我国尚未开办。

三、海外投资保险

(一)海外投资保险的概念

海外投资保险是承保去国外投资的本国投资者因东道国的政治局势动荡或政府法令变动所引起的投资损失的一种信用保险。海外投资保险保障的是本国投资者在国外的投资利益,被保险人是本国投资者。

开办海外投资保险的主要目的是鼓励本国的资本输出。投资保险作为一项独立的保险业务,是于 20 世纪 60 年代在欧美国家形成的,发展至今已成为本国投资者去国外进行投资活动的前提条件。我国是从 21 世纪初才开始经营海外投资保险业务。

(二)海外投资保险的保险责任与除外责任

1. 保险责任

(1)战争风险,即战争、革命、暴乱风险。

(2)征用风险,是指被保险人在国外投资资产被东道国政府有关部门征用或没收的风险。

(3)外汇风险,是指被保险人因东道国的突发事件(如战争、外汇管制等)而不能按照投资合同规定把应属于其所有并可汇出的款项兑换货币转移的风险。

2. 除外责任

(1)被保险人或其代理人违背或不履行投资合同,或故意违法行为导致东道国政府有关部门的征用或没收造成的损失。

(2)被保险人的投资项目受损后造成商业损失。

(3)被保险人没有按照东道国政府有关部门所规定的期限汇出外汇所造成的损失。

(4)被保险人在投资合同范围以外的任何其他财产被东道国政府有关部门征用或没收造成的损失。

(5)被保险人的投资由于原子弹、氢弹等核武器造成的损失。

(三)海外投资保险的保险期限、保险金额与保险费率

1. 保险期限

海外投资保险的保险期限有一年期和长期两种。长期保险期限有 3～15 年不等。不管是一年期还是长期,期满后,被保险人可要求续保,但承保条件均需双

方重新商谈。期限在 3 年以上的投资保险,允许被保险人在投保 3 年后提出注销保险单的要求,若被保险人提前即未满 3 年就提出注销,就必须缴足 3 年的保险费。

2. 保险金额

保险金额分为最高保险金额和当年保险金额,保险金额一般按投资额的90％确定,投资者要承担 10% 的风险。当年的保险金额是根据被保险人的当年投资金额确定的;最高保险金额是根据被保险人在整个保险期内的投资总额确定。

3. 保险费率

保险费率分为短期和长期两种。短期费率是指 1 年期的保险费率,我国规定为 8‰,相应的保险费是保险金额乘以短期费率;长期保险费率是由年度基础费率和年度差额费率两个部分组成,我国实行的年度基础费率为 6‰,年度差额费率为 0.6‰。相应的保险费计算公式如下:

年度保险费＝当年保险金额×年度基础费率＋(最高保险金额－
　　　　　当年保险金额)×年度差额费率

(四)海外投资保险的赔偿处理

1. 赔偿期限的规定

(1)战争风险造成投资损失的,保险人在被保险人提出财产损失证明或被保险人投资项目终止 6 个月以后赔偿;

(2)征用风险造成投资损失的,保险人在被保险人投资项目被征用或没收发生满 6 个月以后赔偿;

(3)外汇风险造成投资损失的,保险人在被保险人提出申请汇款 3 个月以后赔偿。

2. 赔偿金额的确定

当被保险人的投资项目发生保险责任范围内的损失时,保险人按投资金额与保险金额的比例赔偿,保险金额最高占投资金额的 90%;如果被保险人的投资损失在保险人赔偿后又得到追回,应由被保险人和保险人按各自承担损失的比例分享。

第三节　保证保险

一、诚实保证保险

(一)诚实保证保险的概念

诚实保证保险也称雇员忠诚保险,是承保雇主因担心其雇员的不诚实行为而使自己有可能遭受经济损失的一种保证保险。

诚实保证保险的投保人并不是被保证人,而是由权利人雇主投保,这一点与其他保证保险由被保证人投保的情况不同。雇主在投保时,既可以其所有的雇员为被保证人,也可投保其指定的某雇员。

(二)诚实保证保险的保险责任与除外责任

1. 保险责任

诚实保证保险是承保被保险人(雇主)因雇员的不诚实行为而遭受的经济损失。这种不诚实行为主要包括:盗窃、侵占、伪造、非法挪用、故意误用等行为。经济损失主要包括:

(1)被保险人的货币和有价证券的损失;

(2)被保险人所拥有的财产损失;

(3)被保险人有权拥有的财产或由其负责的财产损失;

(4)保险单指定区域的可移动财产损失。

2. 除外责任

(1)因雇主(被保险人)擅自减少雇员工资待遇或加重工作量而导致雇员的不诚实行为所带来的经济损失;

(2)因雇主(被保险人)没有按照安全预防措施和尽职督促检查而造成的经济损失;

(3)因雇主及其代理人与雇员恶意串通而造成的经济损失;

(4)因雇主(被保险人)超过了索赔期仍未提出索赔的经济损失。

(三)诚实保证保险的承保方式

诚实保证保险有以下四种承保方式。

1.指名保证保险

指名保证保险是指以特定的雇员为被保证人,它又分为两种:

(1)个人保证保险,是以特定的某一个雇员为被保证人,通常是由该被保证人支付保险费。当被保险人因这个特定的被保证人单独或与他人串谋造成雇主损失时,保险人承担赔偿责任。

(2)表定保证保险,是以特定的两个或两个以上雇员为被保证人,在同一合同中承保,这些雇员每人有各自的保险金额,并列表显示。所列雇员可随机增减,但必须列出被保证人的姓名及各自的保额。

2.职位保证保险

职位保证保险是指承保特定职位的诚实保证保险。根据职位多少分为两种:

(1)单一职位保证保险,是承保某一职位的若干雇员为被保证人,无论任何人担任这一职位均有效。如果约定的承保职位与所列出的被保证的人数没有变化,只是被保证人人员更换,则不必通知保险人,但如果任职人数发生变动,则必须通知保险人。担任同一职位的每个被保证人都按职位确定保险金额,保险人对该职位被保证人的不诚实行为造成雇主的损失,根据规定的保险金额负责赔偿。

(2)职位表定保证保险,是承保几个不同的职位,对每一职位都规定其对应的保险金额。不论哪一个雇员担任这些职位中任何一个职位的职务,都成为被保证人,保险人对这些职位被保证人的不诚实行为造成的雇主的损失,保险人根据不同职位的保险金额负责赔偿。

3.总括保证保险

总括保证保险是指承保所有正式雇员的诚实保证保险。它也包括两种做法:

(1)商业总括保证保险,既不指名又不确定职位,每个正式雇员均为被保证人。一旦被保险人(雇主)因被保证人的不诚实行为而遭受损失,即使不知道具体哪个雇员所为,保险人都负责赔偿。

(2)职位总括保证保险,其赔偿限额适用于每个雇员,其余内容与商业总括保证保险基本相同。

4.综合保证保险

综合保证保险是指包括诚实保证与盗窃保证两者在内的综合保单。也称为三D保单,三 D 是指不诚实(dishonest)、损毁(destruction)、失踪(disappearance)。承保企业因雇员的不诚实、盗窃、失踪、伪造或篡改票据等遭受的各种损失。

（四）诚实保证保险的保险期限和损失发现期

1.保险期限

诚实保证保险的保险期限通常为一年,期满可以续保。

2.损失发现期

损失发现期为3个月,具体是指被保险人因被保证人的不诚实行为而遭受损失最迟应在被保证人辞退或退休或死亡之后的3个月内,或者是在保险合同期满后的3个月内发现,保险人予以赔偿。之所以有损失发现期的规定,是因为被保证人的不诚实行为所遭受的损失不是一下子就能发现的,大多数情况下甚至要过很长一段时间才被被保险人(雇主)发现,等到被保险人发现并证明自己因被保证人的不诚实行为而遭受损失时,保险期限有可能已经结束。规定损失发现期的目的,就是让保险人把自己的责任限制在这段时间内。

（五）诚实保证保险的赔偿规定

（1）被保险人或其代理人一旦发现雇员有不诚实行为并造成其经济损失,应立即通知保险人说明雇员的下落及所发现不诚实行为的细节,并自损失发现之日起的3个月内提交完整的索赔单证。

（2）被保险人只能向保险人提出一次索赔的请求,在被保险人提出索赔后,应将其所有账册及其有关任何会计报告交保险人检查,并全力协助保险人向有不诚实行为的雇员进行追偿,包括对该雇员提出起诉。

（3）自发现雇员有不诚实行为之日起,若被保险人还有应付雇员的工资或佣金或其他报酬,应从保险人支付的赔偿金额中扣除。

二、合同保证保险

（一）合同保证保险的概念

合同保证保险,也称履约保证保险,它承保因被保证人不履行或不能履行合同中规定的义务而给被保险人造成经济损失的一种保证保险。实际上,保险人承保的是被保证人的违约风险。

合同保证保险主要适用于建筑工程的承包合同,由工程项目的承包人投保,承包人是被保证人,工程所有人是权利人。

(二)合同保证保险的主要险别

根据建筑工程的不同阶段,合同保证保险分为以下几种。

1.供应保证保险

供应保证保险是承保被保证人作为供货合同的一方因未能按照合同的要求向合同另一方履行供货义务而造成对方的经济损失。

2.投标保证保险

投标保证保险是承保被保证人作为工程项目中标人因在中标后未能继续签订承包合同而给工程所有人造成的经济损失。

3.履约保证保险

履约保证保险是承保被保证人作为工程项目承包人因不能按时、按质或按量交付工程而给工程所有人造成的经济损失。

4.维修保证保险

维修保证保险是承保被保证人作为工程项目承包人因不履行合同规定的维修义务而给工程所有人造成的经济损失。

(三)合同保证保险的保险责任与除外责任

1.保险责任

保险人对因被保证人不能履行或不能完全履行工程承包合同规定的义务而给工程所有人造成的经济损失给予赔偿。具体的保险责任要根据承包合同的内容来确定。

2.除外责任

(1)因人力不可抗拒的自然灾害所造成的权利人的损失;

(2)因权利人负责提供的设备、材料不能如期运抵工地而使工期延误所造成的损失。

(四)合同保证保险的保险金额与赔偿处理

1.保险金额

合同保证保险的保险金额一般不超过工程总造价的90%,应与工程承包合同中规定的被保证人承担的经济赔偿责任保持一致。

2.赔偿处理

不管是哪一种合同保证保险,保险人赔偿的金额只能以工程承包合同规定的承包人对工程所有人承担的经济责任为限。

三、产品质量保证保险

(一)产品质量保证保险的概念

产品质量保证保险是指作为被保险人的产品制造者或销售者制造或销售的产品丧失效能或不能达到合同规定的效能,而给使用者造成经济损失时,由保险人对质量有缺陷的产品本身及由此引起的有关费用承担赔偿责任的一种保证保险。

(二)产品质量保证保险与产品责任保险的区别

1.保险性质不同

产品责任保险是承保被保险人因产品质量问题导致使用者及其他人人身伤害和财产损失而依法因承担的民事赔偿责任的保险,是属于责任保险。产品质量保证保险是保险人承担产品质量问题带来产品本身的经济损失,属于保证保险。

2.承保责任不同

产品责任保险承保被保险人应承担的第三者民事损害赔偿责任,对产品本身的损失是不负责的;而产品质量保证保险是承保被保险人的产品质量违约责任,仅对产品本身损失负责赔偿,包括对有缺陷产品的修理、更换的费用。

(三)产品质量保证保险的保险责任与除外责任

1.保险责任

(1)被保险人对消费者负责修理或更换有质量缺陷产品的损失和费用。造成产品质量缺陷的原因包括产品设计错误、产品原材料缺陷、产品在制造或加工过程中的缺陷以及产品说明书的使用说明不当等。

(2)被保险人赔偿消费者因产品质量不符合使用标准而丧失使用价值的损失和由此引起的额外费用。

(3)被保险人根据法院的判决或有关政府部门命令,收回、更换或修理已投放市场的有质量缺陷的产品所遭受的经济损失和费用。

2.除外责任

(1)产品购买者、使用者的故意行为或过失行为所引起的损失。

(2)产品使用者未按产品说明书安装、调试和使用产品所造成的损失。

(3)产品在运输过程中因外部原因所造成的损失或费用。

(4)因制造或销售的产品缺陷致使他人人身伤害和其他财产损失。

(5)产品在制成并投放市场之前经质量检验已确认为不合格所造成的损失。

(四)产品质量保证保险的保险金额与保险费率

1. 保险金额

产品质量保证保险的保险金额一般按被保险产品的购货发票金额或修理费用收据金额来确定,如被保险产品的出厂价、批发价、零售价均可作为确定保险金额的依据。

2. 保险费率

产品质量保证保险的费率主要考虑的因素有:产品制造商、销售商的技术水平和质量管理水平;产品的性能和用途;产品的数量和价格;产品的销售区域;保险人承保该类产品的以往损失记录等。

(五)产品质量保证保险的赔偿处理

1. 被保险产品发生保险事故时,若可以修理的,保险人在规定的保险金额范围内按实际修理费用赔偿,包括更换的零配件材料费和修理的人工费。

2. 若被保险产品报废,无法修理,保险人则按规定的保险金额扣除残值,或按该产品的重置价值扣除残值后赔偿,两者以低者为准。

3. 被保险人要求赔偿时,应提供保险单、损失清单、质检部门的事故检验报告及其他必要单证。索赔时效是从事故发生之日起不得超过 2 年。

四、个人贷款保证保险

个人贷款保证保险主要是承保投保人(借款人)不能按贷款合同约定的期限偿还所欠贷款的风险,当借款人不能按期偿还贷款时,由保险人承担偿还责任。该险种是为了配合金融机构发展个人消费贷款业务而开办的,主要适用于个人住房消费贷款、个人汽车消费贷款等贷款业务。目前我国主要开办了个人汽车消费贷款保证保险和个人住房抵押贷款保证保险两个险种。

(一)个人汽车消费贷款保证保险

1. 概念

个人汽车消费贷款保证保险是为用贷款购买汽车的个人提供还款保证的一种保证保险。这一险种是将向购车人提供汽车消费贷款的金融机构确定为被保险人,借款购车人为投保人。

我国于 1997 年由平安保险公司试办汽车分期付款销售信用保险,1999 年中国保监会批准中国人民保险公司在全国开办《机动车消费贷款保证保险》,使消费信贷保证保险业务在全国范围内全面推开,也大大推动了汽车消费贷款的开展。但由于汽车消费贷款拖欠贷款情况严重,该险种承保责任大、风险高,到 2004 年,很多保险公司开始停办这一业务。目前,除少数保险公司重新开办汽车消费贷款保证保险外,大多数保险公司尚处于观望状态。

2.保险责任

购车人连续 3 个月未履行或未完全履行《购买机动车辆借款合同》所约定的还款义务,贷款人根据《购买机动车辆借款合同》的规定宣布贷款全部提前到期后,投保人仍没有在规定的期限内履行还款义务,即为保险事故发生,由保险人承担赔偿责任。

3.除外责任

保险人以下列原因引起投保人不履行约定的还款义务不承担赔偿责任:

(1)车辆被政府征用;

(2)因购车人违法使其车辆及其他财产被罚没、查封、扣押、抵债及车辆转让、转卖;

(3)所购车辆毁损或灭失,并且无法得到机动车辆保险的赔偿;

(4)因车辆的质量问题致使投保人不履行还款义务。

(二)个人住房抵押贷款保证保险

1.概念

个人住房抵押贷款保证保险是为以贷款购买的商品房向银行进行抵押的个人提供还款保证的一种保证保险。

该险种的投保人是购买商品房并以商品房作抵押物向银行借款的个人。被保险人是向购房人提供商品房抵押贷款的银行。

2.保险责任

保险人对发生以下情况承担还贷责任:

(1)投保人丧失偿还能力;

(2)投保人死亡无继承人或受赠人;

(3)投保人死亡而其继承人或受赠人无偿还能力或丧失偿还能力;

(4)投保人死亡而其继承人或受赠人拒绝履行贷款合同。

3.除外责任

保险人对发生下列情况不负赔偿责任:

(1)被保险人未按《贷款通则》对投保人进行审核及贷款催收;

(2)被保险人的故意行为;

（3）没有征得保险人的事先同意变更贷款合同或附件内容。

4.保险期限

保险期限是自保单签发次日起,至贷款合同履行期届满 6 个月时止。

5.赔偿限额

被保险人以书面形式提出代偿要求时,投保人尚未偿清贷款合同的本息部分。

附录十三：中国出口信用保险公司短期出口信用保险综合保险条款

第一章　适保范围

第一条　本保单适用于在中华人民共和国境内注册的企业进行的符合下列条件的出口贸易：

（一）销售合同真实、合法、有效，一般应包括合同主体、货物种类、数量、价格、交货时间、地点和方式及付款条件等主要内容。

（二）以信用证或非信用证为支付方式，信用期限不超过 360 天；其中，信用证应为按照约定的《跟单信用证统一惯例》开立的不可撤销的跟单信用证。

第二章　保险责任

第二条　保险人对被保险人在本保单有效期内按销售合同约定出口货物后，或作为信用证受益人按照信用证条款规定提交单据后，因下列风险引起的直接损失，按本保单约定承担保险责任。

（一）商业风险

非信用证支付方式下，包括以下情形：

1.买方破产或无力偿付债务；

2.买方拖欠货款；

3.买方拒绝接受货物。

信用证支付方式下，包括以下情形：

1.开证行破产、停业或被接管；

2.开证行拖欠；

3.开证行拒绝承兑。

（二）政治风险

非信用证支付方式下，包括以下情形：

1.买方所在国家或地区颁布法律、法令、命令、条例或采取行政措施：

（1）禁止或限制买方以合同约定的货币或其他可自由兑换的货币向被保险人支付货款；

（2）禁止买方所购的货物进口；

（3）撤销已颁发给买方的进口许可证或不批准进口许可证有效期的展延。

2.买方所在国家或地区，或货款须经过的第三国颁布延期付款令。

3.买方所在国家或地区发生战争、内战、叛乱、革命或暴动，导致买方无法履行合同。

4.导致买方无法履行合同、经保险人认定属于政治风险的其他事件。

信用证支付方式下,包括以下情形:

1.开证行所在国家或地区颁布法律、法令、命令、条例或采取行政措施,禁止或限制开证行以信用证载明的货币或其他可自由兑换的货币向被保险人支付信用证款项;

2.开证行所在国家或地区,或信用证付款须经过的第三国颁布延期付款令;

3.开证行所在国家或地区发生战争、内战、叛乱、革命或暴动,导致开证行不能履行信用证项下的付款义务;

4.导致开证行无法履行信用证项下付款义务的、经保险人认定属于政治风险的其他事件。

第三章　除外责任

第三条　除非本保单另有规定,保险人对下列损失不承担赔偿责任:

(一)汇率变更引起的损失。

(二)被保险人或其代理人违约、欺诈以及其他违法行为所引起的损失,或被保险人的代理人破产引起的损失。

(三)被保险人知道或应当知道本条款第二条项下约定的风险已经发生,或者由于买方根本违反销售合同或预期违反销售合同,被保险人仍继续向买方出口所遭受的损失。但在拖欠风险项下,保险人对于被保险人在拖欠日后 15 天内的出口仍然承担保险责任。

(四)非信用证支付方式下发生的下列损失:

1.通常可以由其他保险承保的损失;

2.买方的代理人破产、违约、欺诈或其他违反法律的行为引起的损失;

3.银行擅自放单、货运代理人或承运人擅自放货引起的损失;

4.被保险人向其关联公司出口,由于商业风险引起的损失;

5.由于被保险人或买方未能及时获得各种所需许可证、批准书或授权,致使销售合同无法履行或延期履行引起的损失。

(五)信用证支付方式下发生的下列损失:

1.因单证不符或单单不符,开证行拒绝承兑或拒绝付款所造成的损失;

2.信用证项下的单据在递送或电讯传递过程中迟延或遗失或残缺不全或误邮而引起的损失;

3.虚假或无效的信用证造成的损失。

(六)本保单保险责任以外的其他损失。

第四章 责任限额

第四条 责任限额包括最高赔偿限额和信用限额。

（一）最高赔偿限额是指在本保单年度有效期内，保险人对被保险人按本保单规定申报的出口可能承担赔偿责任的累计最高赔偿额。该最高赔偿限额在《保险单明细表》中列明。

（二）信用限额是由保险人批复的，保险人对被保险人向特定买方出口或在特定开证行开立的信用证项下的出口可能承担赔偿责任的最高限额，具体赔偿额按本保单约定的赔偿比例计算。

1. 被保险人应就本保单约定保险范围内的出口，区别支付方式为每一买方或者每一开证行向保险人书面申请信用限额。

2. 批复的信用限额对其生效日后的出口有效。该限额在本保单有效期内除特别注明外均可循环使用。保险人有权根据被保险人限额的实际使用情况调整限额。对于被保险人超出《保险单明细表》列明的"限额闲置期"仍未申报出运的，保险人有权撤销相应限额。

3. 新的信用限额生效后，被保险人针对同一买方或开证行的相同支付方式项下的原信用限额自动失效。该失效的信用限额内的保险责任余额自动归于新批复的信用限额内。

4. 自被保险人针对任一买方或开证行提交《可能损失通知书》之日起，保险人对该买方或该开证行批复的信用限额自动被撤销；当风险发生重大变化时，保险人有权调整或撤销信用限额，并以书面形式通知被保险人。

5. 信用限额的调整或撤销适用于调整日或撤销日之后的出口，不影响此前保险人已承担的保险责任。

6. 对于任一买方或开证行，如果被保险人未在出运前获得信用限额或信用限额已失效或被撤销，保险人对相应出口不承担赔偿责任。

第五章 申 报

第五条 被保险人应按照《保险单明细表》列明的申报方法，以保险人规定的格式申报约定保险范围内的全部出口。

第六条 保险人对被保险人未申报或误申报的出口有权拒绝承担赔偿责任。对于未在规定的时间内申报的出口，被保险人有义务及时补报。对于在补报前已经发生的损失或者可能引起损失的事件已经发生的，保险人对该补报部分不承担赔偿责任。

如果被保险人有故意不报或漏报行为，对本保单项下被保险人所有出口发生的损失,保险人有权拒绝承担赔偿责任,并不退还已收保险费。

第六章 保险费

第七条 保险人按《保险单明细表》约定的方式计算并收取保险费。被保险人未在规定期限内足额缴纳保险费,保险人对被保险人申报的相关出口有权拒绝承担赔偿责任。被保险人拖欠保险费超过规定期限 60 天的,保险人有权解除本保单,并应书面通知被保险人,本保单自该通知到达被保险人之日起解除。本保单项下被保险人缴纳的所有保险费不予退还。该解除不影响解除日前保险人按照本保单规定应承担的保险责任。

第八条 当风险发生重大变化时,保险人可修改保险费率,并书面通知被保险人。修改后的费率自修改通知列明的生效日起生效。

第七章 索 赔

第九条 被保险人应在知道或应当知道本保单条款第二条项下拖欠风险发生之日起 60 天内,或其他风险发生之日起 10 个工作日内,向保险人提交《可能损失通知书》。被保险人提交《可能损失通知书》是索赔的前提条件。被保险人未能在本保单规定期限内提交《可能损失通知书》,保险人有权降低赔偿比例。如果被保险人在规定期限后六个月内仍未提交《可能损失通知书》,保险人有权拒绝承担赔偿责任。

第十条 被保险人提交《可能损失通知书》后又收回货款的,应在收到货款后10 个工作日内书面通知保险人。

第十一条 被保险人在索赔时,应在提交《可能损失通知书》后 4 个月内向保险人提交《索赔申请书》以及《索赔单证明细表》列明的相关文件和单证。超过上述期限,保险人有权降低赔偿比例或拒绝受理索赔申请,但事先经保险人书面同意的除外。被保险人提交的索赔单证不全而又未能按保险人要求提交补充文件的,保险人有权拒绝受理索赔申请。

第十二条 保险人在受理被保险人的索赔申请后,应在 4 个月内核实损失原因,并将核赔结果书面通知被保险人,但本保单另有规定除外。在符合最高赔偿限额约定的前提下,保险人对保险责任范围内的损失,按照核定损失金额与信用限额从低原则确定赔付基数。该赔付基数在任何情况下不得超过出口货物的申报发票金额。赔付金额为赔付基数与本保单约定的赔偿比例的乘积。

第十三条 对有付款担保或贸易双方存在纠纷的情况,保险人定损核赔的原则是:

(一)对有付款担保的销售合同,除非保险人书面认可,在担保人按担保协议付款以前,或被保险人对担保人申请仲裁或在担保人所在国家(地区)提起诉讼,在获得已生效的仲裁裁决或法院判决并申请执行之前,保险人不予定损核赔;

(二)因贸易双方存在纠纷而引起买方拒付货款或拒绝接受货物,除非保险人书面认可,被保险人应先进行仲裁或在买方所在国家(地区)提起诉讼,在获得已生效的仲裁裁决或法院判决并申请执行之前,保险人不予定损核赔;

(三)上述发生的诉讼费、仲裁费和律师费由被保险人先行支付,在被保险人胜诉且损失属本保单项下责任时,该费用由保险人与被保险人按权益比例分摊;否则,由被保险人自行承担。

第十四条　保险人定损核赔时,应扣除下列款项:

(一)买方已支付、已抵消以及被保险人未经保险人书面同意擅自降价、放弃债权的部分或接受买方反索赔的款项;

(二)被保险人已通过其他途径收回的相关款项,包括但不限于转卖货物或变卖抵押物所得的款项及担保人支付的款项;

(三)被保险人已从开证行或买方获得的其他款项或权益;

(四)被保险人根据销售合同应向买方收取的利息、罚息和违约金等;

(五)其他不合理的款项或费用。

第十五条　在发生保险责任范围内的风险时,如涉及货物处理,在被保险人处理完货物前,保险人原则上不予定损核赔。被保险人处理货物的方案事先须经保险人书面同意,否则保险人有权拒绝承担赔偿责任。

第八章　追　偿

第十六条　被保险人提交《可能损失通知书》后,应委托保险人进行追偿或按照保险人的指示自行追偿,否则保险人有权降低赔偿比例或拒绝承担赔偿责任。

第十七条　在被保险人委托保险人追偿的情况下,如查明被保险人所受损失属于赔偿责任,保险人与被保险人按照各自权益比例分摊追偿费用;如查明被保险人的损失不属于保险人的赔偿责任,追偿费用由被保险人承担。

第十八条　在保险人赔付后,被保险人应将赔偿所涉及的销售合同、信用证项下的权益转让给保险人,同时,被保险人仍有义务协助保险人向买方或开证行追偿。追回欠款后,保险人按照本保单项下各自的权益比例与被保险人分摊追偿费用和分配追回款。被保险人及其代理人从买方或开证行追回或收到的任何款项,在与保险人分配之前,视为代保险人保管。被保险人应在收到上述款项后10个工作日内将保险人应得部分退还保险人。

第十九条　保单约定的风险发生后,无论被保险人与买方是否有特别约定,除非保险人书面同意,买方对被保险人的任何付款均被视为按时间顺序偿还保险项下被保险人对该买方的应收账款。

第二十条 赔付后出现下列情况时,被保险人应在收到保险人退款要求后10个工作日内退还保险人已支付的赔款及相关利息:

(一)保险人发现被保险人与买方存在付款担保或贸易纠纷,或被保险人未遵守最大诚信原则;

(二)被保险人擅自接受退货、同意折扣、擅自放弃债权或与买方或开证行私自达成和解协议;

(三)因被保险人原因导致保险人不能全部或部分行使代位追偿权;

(四)保险人查明致损原因不属于本保单保险责任范围。

第九章 被保险人义务

第二十一条 未经保险人书面同意,被保险人不得就本保单项下的约定保险范围内的出口向其他机构投保信用保险。

第二十二条 被保险人应将可能影响保险人风险预测、费率厘定、限额审批和理赔追偿的信息真实、全面、准确、及时地书面告知保险人。出口后,被保险人应经常检查销售合同的执行情况,切实做好货款催收工作。在知道或应当知道买方或开证行不利的消息以及本保单条款第二条项下任一风险发生时,被保险人应及时采取一切必要措施,避免或减少损失,并书面通知保险人。买方或开证行进入破产程序的,被保险人有义务及时在相关法院或机构登记债权。

第二十三条 被保险人在申请信用限额后,变更销售合同的支付方式、付款期限、转让债权债务以及其他可能影响保险人权益的合同内容时,应事先征得保险人书面同意;否则,保险人对相关出口项下发生的损失有权拒绝承担赔偿责任。

第二十四条 被保险人有义务协助保险人核查与本保单相关的账册、合同、单证以及往来函电等资料。保险人对相关资料保密。

第二十五条 被保险人应对本保单条款、单证及保险人提供的有关买方的相关信息保密。被保险人未能履行保密义务的,应承担相关的法律责任。

第二十六条 被保险人应按本保单规定履行其义务。被保险人未履行应尽的义务而影响保险人利益时,保险人有权降低赔偿比例、拒绝承担赔偿责任或解除保单,并不退还已收保险费。

第十章 其他规定

第二十七条 被保险人在本保单有效期内有权解除本保单,但应书面通知保险人。本保单自该通知到达保险人之日起解除,除本保单另有规定外,被保险人缴纳的所有保险费不予退还。该解除不影响解除日前保险人按照本保单规定应承担的保险责任。

第二十八条　本保单有效期为一年。如保险人和被保险人双方均未提出解除，则本保单在有效期届满时自动续转一年。

第二十九条　未经保险人事先书面同意，被保险人转让、抵押、质押、典当或以其他任何方式处置其在本保单项下权益的行为，对保险人无任何约束力。由此给保险人造成的损失，被保险人应当予以赔偿。

第三十条　保险人与被保险人在本保单项下发生的一切争议，应通过协商解决。如协商不成，按《保险单明细表》约定的方式解决。

第三十一条　本保单以中文文本为准，适用中华人民共和国法律。

第三十二条　名词解释

（一）本保单：指本《短期出口信用保险综合保险单》（编号：见《保险单明细表》编号），其中包括《投保单》、《保险单明细表》、《批单》、《条款》、《国家（地区）分类表》、《信用限额申请表》及其附表、《信用限额审批单》、《索赔单证明细表》、《委托代理协议》、《出口申报单》及其他相关单证。

（二）保险人：指中国出口信用保险公司。

（三）出口：指货物报关后交付给承运人或直接交付给买方，或经保险人认可的其他形式。

（四）非信用证支付方式包括付款交单（D/P）、承兑交单（D/A）和赊账（OA）等支付方式。

（五）信用期限：在非信用证支付方式下，指货物出口之日起至买方应付款日止；在信用证支付方式下，指被保险人将信用证项下单据提交议付行或通知行之日起至开证行应付款之日止。

（六）关联公司：是指与被保险人在股权、经营或人员等方面，存在直接或间接的拥有或控制关系的公司；或与被保险人共同为第三者直接或间接所拥有或控制的公司。

（七）开证行：指接受开证申请人委托开立信用证并按信用证条款和条件独立承担付款责任的银行。本保单关于开证行的规定适用于保兑行。

（八）最终付款日：近期信用证的最终付款日为有关信用证适用的《跟单信用证统一惯例》规定的银行审单期限的最后一日，远期信用证的最终付款日为开证行的承兑付款日或通知到期日。

（九）追偿费用：指在追偿过程中发生的全部费用，包括调查费、诉讼费、仲裁费、律师费、公证费、认证费和执行费等以及追回欠款后支付给追账公司或律师事务所的佣金。

（十）破产：指依照买方或开证行所在国/地区的法律，买方或开证行已进入破产程序,或法院、有权机关依法采取了其他使买方或开证行免受债权人直接追偿的措施。

(十一)拖欠:指买方收到货物后,违反销售合同的约定,超过应付款日仍未支付货款;开证行拖欠指在单证相符、单单相符的情况下,开证行超过最终付款日仍未支付信用证项下款项。

(十二)拒绝接受货物:指买方违反销售合同的约定,拒绝接受已出口的货物。

❖ 本章小结

1. 信用保险是权利人向保险人投保义务人信用的保险。信用保险的保险标的是信用风险,其保险利益产生于主合同,赔偿是以代位求偿为前提的。

2. 保证保险是被保证人(义务人)根据权利人的要求,请求保险人担保自己信用的保险。保证保险实质上是一种担保行为,涉及保险人、权利人和义务人三方当事人,保险赔款具有返还性。

3. 信用保险与保证保险既有联系,又有区别。其联系表现为:保险标的均为信用风险,两者的经营基础相同,均以信息充分为前提。两者的区别表现为:当事人关系不同,业务性质不同,经营风险不同,承保方式不同,赔偿方式不同。

4. 信用保险主要险种有出口信用保险、国内信用保险和海外投资保险三种。出口信用保险是最主要的信用保险,是各国为鼓励本国出口而开办的有政府补贴的政策性保险。

5. 保证保险主要险种有诚实保证保险、合同保证保险、产品质量保证保险、个人贷款保证保险等。

❖ 关键术语

信用　信用保险　保证保险　出口信用保险　商业风险　政治风险　短期出口信用保险　中长期出口信用保险　赊销保险　贷款信用保险　海外投资保险　诚实保证保险　合同保证保险　产品质量保证保险　个人贷款保证保险　个人汽车消费贷款保证保险　个人住房抵押贷款保证保险

❖ 思考题

1. 信用保险的含义与特点是什么?
2. 保证保险的含义与特点是什么?

3.信用保险与保证保险有何区别？

4.出口信用保险承保的风险主要有哪些？

5.产品质量保证保险与产品责任保险有何区别？

6.诚实保证保险的承保方式有哪几种？

◆ 案例分析题

1.江苏某出口企业(以下简称 A 公司)于 2001 年 1 月期间,按销售合同向巴西某公司(以下简称 B 公司)出口化学药品,同时向某保险公司投保了出口信用保险,并获得信用限额 D/P150 天 40 万美元和 OA150 天 30 万美元。B 公司是巴西国内医药行业较大的分销商,与 A 公司合作 5 年期间年均订单量在 150 万美元左右,双方一直采取 D/P90 天的付款方式,还款比较正常,亦未出现过质量问题。但从 2001 年底开始,B 公司以种种理由累计拖欠货款达 695117 美元。A 公司曾多次通过函电催讨欠款,并聘请巴西律师与 B 公司进行协商,但无法取得实质性进展。2002 年 4 月 10 日,A 公司向某保险公司通报了可能损失情况,并将全部贸易单证和往来函电提交保险公司,于 4 月 26 日正式委托该保险公司进行追讨。该保险公司在巴西的合作律师接到该案后,立即与 B 公司取得联系,B 公司对拖欠事实和金额无任何异议,但提出因内部人员工作失职,超额订货导致库存过量、资金周转困难,要求在全部货款扣减 12% 后分 10 期逐月还款,随即又以质量缺陷为由要求扣款 18215 美元。为尽快收回欠款,有效控制汇率及债务人信用风险,A 公司同意接受此还款协议。由此造成的一定损失,向保险公司申请索赔,并书面同意将赔款相应的权益转让给保险公司。

你认为保险公司是否应承担赔偿责任？为什么？

2.2002 年 8 月,国内 A 公司向国外 B 公司出运两批货物,合同金额 10 万美元,支付条件为 T/T90 天。国内 A 公司向出口信用保险公司投保了出口信用保险。2002 年底,第一批货物的货款已逾期近一个月,B 公司仍未付款。A 公司一方面加紧向 B 公司催讨货款,另一方面及时向保险公司书面通报了可能损失情况。收到 A 公司上报的《可能损失通知书》后,虽然风险事件尚未发生,但保险公司考虑到 B 公司拖欠时间并不长,追偿时机比较有利,立即发函建议保户委托保险公司进行海外调查追讨。但保户坚持自行追讨。在充分尊重保户意见的前提下,保险公司一方面同意暂由保户自行追讨,另一方面紧密跟踪保户的追讨情况。在了解到进口商的财务状况开始恶化甚至有可能破产的情况后,保险公司建议介入追讨,2003 年 1 月 23 日,保户填写了《委托代理协议书》,并提供了相关的贸易单证,委托保险公司进行海外追讨。在进行海外追讨的同时,2003 年 3 月 2 日,保险公司收到保户提出的《索赔申请书》及包括保险合同文件、贸易单证、损失原因证明及金额等材料。经审核,该案单证齐全、案情基本清晰,被保险人履行了其应尽义务。

你认为保险公司是否应该承担赔偿?为什么?

3.被保险人中国 A 公司从 2001 年 7 月开始,以 OA60 天付款方式向欧洲 B 公司出口盐渍牛肝菌。同时,A 公司向保险公司投保了出口信用保险,保险公司对 B 公司批准限额为 OA60 天 150 万美元。2001 年 7 月至 10 月期间,A 公司向 B 公司发货共计 199 万美元,B 公司已支付 85 万美元,尚欠货款 114 万美元。因 B 公司逾期没有付款,A 公司于 2002 年 2 月就上述拖欠款向保险公司报案索赔,并委托保险人代为追讨。本案争议的问题主要有:

(1)存在贸易纠纷。B 公司提出桶装货物短重程度超过合同允许的范围,并出具了 SGS 就重量问题随机抽样做的检验报告。

(2)交易过程和当事人关系复杂。贸易合同签字人的资格不明确,给 B 公司拖欠贷款以可乘之机。

首先,A 公司与 C 公司签订销售合同,C 公司是一家与 B 公司无任何资金关系的海外注册公司,其中国代表处出示的 B 公司致中国供应商的函中明确该代表处具有监控质量、安排出运的权利,同时有权安排在中国的全部采购,但未明确其是否具有以自己名义在采购合同上签字的权利。

其次,A 公司向 B 公司发货。A 公司商业发票上的抬头人为香港注册的 D 公司。

最后,E 公司是付款人。收汇水单中付款人为另外一家香港公司 E。

资信报告显示,D 公司和 E 公司的注册地址和负责人相同,两公司均是注册资本不足 1000 美元的一人公司,无实际履约付款能力。B 公司与 D 公司和 E 公司合作是为了避税。同时根据国内同业出口商反映,C 公司虽然在账面上与 B 公司无关系,但两者私人交往密切,且 B 公司对 C 公司拥有实际控制权。基于上述交易情况,B 公司以贸易合同不是其签署的和相关商业单据均未规定 B 公司义务为由,拒绝承担付款责任,甚至全盘否认交易事实。

基于上述情况,你认为保险公司是否要承担赔偿责任?为什么?

4.2003 年 10 月 20 日,刘某与 A 银行某分行订立了汽车消费借款合同,向银行借款 10 万元,期限 3 年。同日,应银行要求,刘某作为投保人向某保险公司投保了汽车消费贷款保证保险,银行为受益人。合同约定:投保人未能按合同约定的期限偿还贷款的,视为保险事故发生。保险事故发生后 3 个月,投保人仍未履行约定的还款义务,保险人按该保险合同约定负责偿还投保人所欠款项,但以不超过保险金额为限。保险期限与汽车消费贷款合同约定的贷款期限一致。到还款期限届满时,刘某还有 4 万元贷款未还。银行便向刘某寄送了催款通知书,限令其在 15 日内还清所有欠款。15 日后,刘某仍没有还款。还款到期后的第二年 1 月 2 日,银行以刘某未履行还款义务为由将刘某告上了法院,并将保险公司列为共同被告,法院受理了此案。保险公司对其被列为共同被告向法院提出质疑。有两种不同意见:

第一种意见认为,借款人刘某在保险公司投保了贷款保证保险,现在刘某逾期未能还款,即保险事故发生,保险公司对刘某的欠款负有相应的责任,因此将保险公司列为共同被告是合理的。

第二种意见认为,根据贷款保证合同,只有在借款人刘某无力还款的情况下,保险公司才有代被保证人还款的义务。银行应先向刘某追讨贷款,而不应在向法院起诉刘某时就直接将保险公司列为共同被告。

你认为哪一种意见正确? 为什么?

5. 2004 年初,某合资公司策划在 S 市某百货商场举办护肤用品专柜特卖活动月。为组织好这次特卖活动,该公司通过某人才市场招聘,雇佣了 5 名小姐担任此次活动的推销员。由于雇员是在人才市场临时聘用的,雇主便对这些推销员在某保险公司投保了雇员忠诚保证保险。有一天,该公司急需将 20 箱护肤用品,价值 5 万多元的货物从公司驻 S 市办事处运往商场。当时正值下午 4 时,公司专用送货车辆均已外出未归,行动现场又急等要货。为此,负责这次活动的业务员便安排推销员 A 叫一辆出租车送货,并再三吩咐其随车押货到指定商场,同时联系商场专柜售货组派人在商场门口接货。但数小时后,在商场门口接货的人员却始终未见随车押货的推销员 A。业务员根据公司提供的手机号码与 A 联系,可是一位回电话的男士称是机主,根本不认识推销员 A。发现这批货物已遭不测后,该公司立即向当地派出所报了案。公安人员调查发现,推销员 A 在人才市场留下的身份证及姓名、地址、手机号码均是假的。对于此案,公安部门虽然对所有的线索作了进一步的调查,但终究没有结果。鉴于 5 万多元的损失是由于雇员不忠诚所导致的,因此,该公司在事故发生后向保险公司提出索赔申请。保险公司内部有两种意见:

第一种意见认为,应该赔偿。因雇主忠诚保证保险承保的就是雇主因雇员不忠诚行为,如盗窃、侵占、非法挪用、欺骗等而受到的经济损失。现被保险人因其聘用的雇员不忠诚盗窃了护肤用品而受损,这些损失属于保险责任范围内,保险公司应当赔偿。

第二种意见认为,不应该赔偿。认为投保人所投保的是临时雇员,在没有正确验明雇员身份情况下,将他们进行投保,是违反诚实信用原则的。因此,保险公司可以拒赔。

你认为哪一种意见正确? 为什么?

参考文献

[1]魏华林,林宝清.保险学.北京:高等教育出版社,2006

[2]陈维伊.财产保险.天津:南开大学出版社,2005

[3]张洪涛,王国良.保险核保与理赔.北京:中国人民大学出版社,2006

[4]乔林,王绪瑾.财产保险.北京:中国人民大学出版社,2008

[5]郑功成,许飞琼.财产保险.北京:中国金融出版社,2005

[6]魏巧琴.保险公司经营管理.上海:上海财经大学出版社,2007

[7]付菊.财产保险.上海:复旦大学出版社,2005

[8]张洪涛,郑功成.保险学.北京:中国人民大学出版社,2003

[9]王海明.船舶保险理论实务与经营管理.大连:大连海事大学出版社,2006

[10]应世昌.新编财产保险学.上海:同济大学出版社,2005

[11]郝演苏.财产保险.北京:中国金融出版社,2003

[12]张洪涛,王和.责任保险理论、实务与案例.北京:中国人民大学出版社,2005

[13]郭颂平.责任保险.天津:南开大学出版社,2006

[14]许飞琼.责任保险.北京:中国金融出版社,2007

[15]张金章,刘连生、张晔.责任保险.成都:西南财经大学出版社,2007

[16]张洪涛,王国良.财产保险案例分析.北京:中国人民大学出版社,2006

[17]许飞琼.财产保险案例分析.北京:中国金融出版社,2004

[18]应世昌.中外精选保险案例.上海:上海财经大学出版社,2005